韓国 古い町の路地を歩く

오래된
도시의
골목길을
걷다

ハン・ピルォン（韓弼元）著
萩原恵美 訳

三一書房

韓国 古い町の路地を歩く

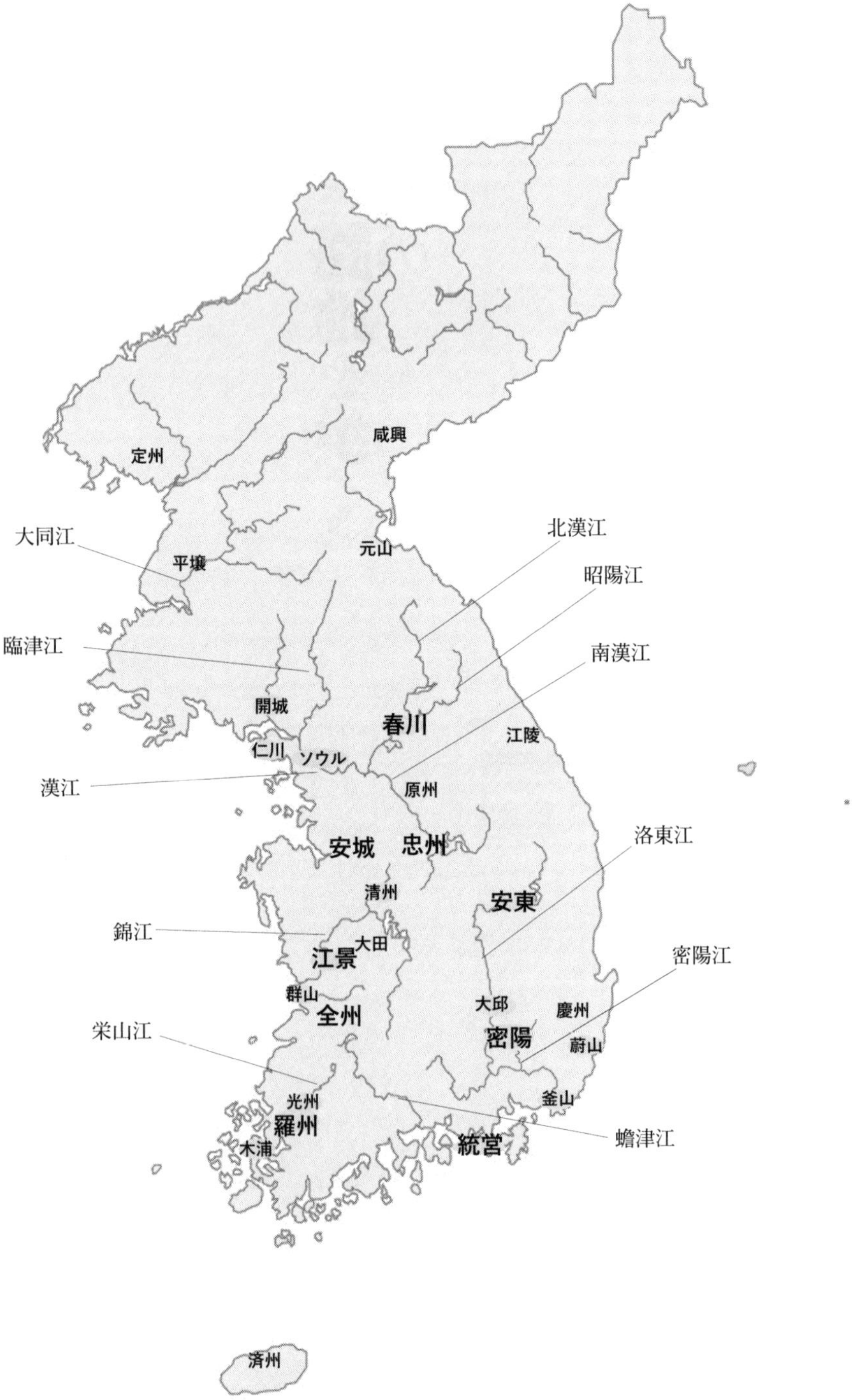
定州
咸興
大同江
平壌
元山
北漢江
昭陽江
南漢江
臨津江
開城
春川
江陵
仁川
ソウル
漢江
原州
安城
忠州
洛東江
清州
安東
錦江
大田
江景
密陽江
群山
大邱
慶州
全州
栄山江
密陽
蔚山
釜山
光州
羅州
蟾津江
木浦
統営
済州

韓国の古い町への時間旅行

日本の読者のみなさんへ

日本から訪れたある旅人が韓国の古い町の路地に迷い込んだとき、ふいに覚えるであろう好奇心、戸惑い、胸騒ぎ、心細さを想像してみます。そんなとき本書が、襲いくる感情の嵐に対して落ち着きを取り戻すうえで役に立ち、あたたかな心の友になってくれれば、という思いをこめてこの原稿を書いています。

本書のページをめくれば、古地図と現代の地図が「韓国の古い町」という見知らぬ世界へとみなさんの手を取って導いてくれるでしょう。

とはいえ韓国の歴史都市は、日本人、つまり外国人だから見知らぬ世界というわけではありません。そこそこ教養のある韓国人にとっても、やはりそこは見知らぬ世界です。韓国の町、とりわけ地方にある古い町は、韓国人からさえたいして関心を持たれぬまま、歴史の荒波に揉まれつつこんにちまで耐えてきました。それらの町は近代期以降にきわめて激しい変化と変形とをくぐり抜けてきたために、地元住民でも違和感を覚えるところさえあるほどです。

もう10年以上も前のことです。町を構成する空間やスポットに時間の層が降り積もり、混在してわけのわからない対象になってしまった韓国の歴史都市、その違和感に正面から向きあって想像の翼を広げられるようサポートする本があればいいのに、そんな思いから本書を書きはじめました。街角の名もなき片隅、更地になった空間、あるいは塔や建築といった昔の記念物を見てまわりながら、そこに重層する時間の薄皮を一枚ずつはがし、その違和感の奥の、もともと有していた意味ある何ものかを探り当てようと努めました。

町は歴史的な事件や記憶、そして地元ならではの生の営みや文化の堆積した場所です。

この序文を書くに当たって、本書に「日本（人）」や「植民地（期）」という単語がどれくらい登場するのか数えてみました。全部で128回も出てきます。取り上げた町は9つですから単純に平均してもそれぞれの町につき14回にもなります。もちろん春川《チュンチョン》や安東《アンドン》のように5回しか出てこない町もあれば、江景《カンギョン》や羅州《ナジュ》のように30回くらい出てくる町もあります。確かにいえるのは、韓国の歴史都市は日本とさまざまな面で関連づけられているということです。日本または日本人は、韓国の歴史都市を破壊したことも、変形したことも、また新たに建設したこともありました。取り上げた9つの町のあちこちには、1592年から7年間にわたる壬辰倭乱《イムジンウェラン》（＊豊臣秀吉の朝鮮出兵＝文禄・慶長の役）によってもたらされた破壊や爪痕、そして植民地期に日本人の建てた公共建築や日本文化の影響を受けた住宅が残っています。また、日本人によって造成された街区もあります。つまり本書は韓国の読者に向けて書いた作品でしたが、日本の読者のみなさんにとっても一定の意味があるといえましょう。日本のみなさんが——韓国の歴史都市を通して、そして本書を通して、韓国の歴史や文化はもとより、韓国と日本の戦争と葛藤、そして相互の影響について理解するうえでのヒントを得てもらえればと期待しています。

ある歴史都市を理解する作業は1篇の推理小説を読むのと似ています。推理小説と同様、歴史都市も事件の全容は見えず、痕跡のみがうっすらと残っているだけです。推理小説を手にしたとき、当初はストーリー展開が難解で読むのをやめようかと思っても、わずかな糸口から核心に迫ると予期せぬワクワクに満ちた物語世界に惹きこまれます。本書を21世紀初頭に韓国の町に残った歴史の痕跡の忠実な記録、と呼びたいと思います。韓国の21世紀初頭とは、現代の都市開発または再開発が絶頂に至り、その反作用として是が非でも過去に回帰すべしという「復元」なる別の開発の始まった時期です。前者は韓国の町の前近代を破壊し、後者は町の近代を破壊しつつあります。研究者として、自らの研究対象が破壊の危機に瀕していると判断したときに取りうる最善の方法が、それを記録することでした。

韓国の歴史都市は破壊と変形の激流の中に置かれています。けれど町の一歩奥へと足を踏み入れてみれば、意外にも変化の騒音は消え、蓄積された時間の紡ぎ出す重みにおのずと沈黙が訪れます。つまり韓国の歴史都市は、変化の招いた混沌と持続のもたらす落ち着きをふたつながら体感することのできるダイナミズムに満ちた生の現場なのです。日本のみなさんには、ぜひ韓国の歴史都市の現場で、本書を片手に古い町の見せてくれる混沌と豊かさとを経験していただきたいと思います。

出版されてから5年たってふたたび序文を書く、それも外国語版の刊行に向けて書くことになるとは、著者としてこのうえない喜びです。けれどこの5年のあいだに多くの古い建物が失われたばかりか住所体系まで変わったために、おそらく翻訳作業は困難で途方に暮れたことも多々あったに違いありません。文章の翻訳に加え、この5年間に変わってしまったことを確認する厄介な作業に取り組まなければならなかったはずですから。細かなところまで丁寧に調べて本書の翻訳とアップデートを同時にこなしてくださった萩原恵美さんの労苦に深く感謝します。また、本書を日本の読者のみなさんに紹介できるようお骨折りくださった三一書房および出版にかかわった関係各位にも厚くお礼申し上げます。

ハン・ピルォン（韓弼元）

2017.12.3

著者のことば……僕をとりこにした古い町、そして路地

田舎で生まれ育った僕は、幼いころは都市にあこがれ都市が好きだった。だが高校進学に合わせて家を離れて大田《テジョン》で暮らすようになってから、都市はつねに居心地の悪い場所だった。都市のスピード、密度、騒音、人間関係……。すべてに不慣れな僕は都市という空間になかなかなじめなかった。大学で西洋的な理論一辺倒の都市計画と設計を学び、それを土台に韓国の都市を批判してばかりいたこともあり、その思いはますます募っていった。

都市が苦手な僕は主として農村の民家や集落を研究し、その結果、『韓国の伝統集落を訪ねて』という本を出版したこともあった。同書で僕は古い空間や場、そこにまつわる興味深い物語や先人の知恵、そして真のデザインを記録し、分析し、解釈していった。対象は「古い」過去のモノとはいえ、いずれ新たな空間や環境をつくりだすことを念頭に置いた作業だった。それが一段落すると「研究すべき意味ある空間は必ずしも農村にばかりあるわけではないはず、それなら人々が実際に住んでいる古い町はどうだろう」という好奇心がわいてきた。そんなふうに思っていたころ、たまたま

高校時代の友人で詩人のヤン・ムンギュから久しぶりに連絡があった。いわく、創刊したばかりの季刊文学誌『シエ』に韓国の町の面白そうなところを紹介する連載を書いてほしいと。2006年の初めごろだった。

それからは、次はあの古い町に行くぞと決めては、やみくもに出かけてあの路地この路地と歩きまわった。現場で始まった町から学ぶことの醍醐味はとびきりだった。自然の理によって生まれ成長してきたからなのか、それらの町は人を追いたてるような大都市とは違い、僕の心を惹きつけた。地元の大田に戻っても、さっき別れを告げたばかりのその町のことが気になってついその町のことを考えてしまう。歩いていても、運転中でも、寝床に入ってからも……。それほどに古い町は僕をとりこにした。そしてついに、これらの町をきちんと研究して形あるものにすべきだと思い至った。そこで僕を夢中にさせた古い町について資料を集め、何度も足を運び、写真を撮り、スケッチをし、文章にまとめていった。思い返せばここ数年間、週末はいつもどこかの町の路地を歩いていた。終わってみると、いつかまたここまで何かに没頭することがあるのだろうかと感慨深い。

古い町について学ぶにあたって既成の理論やスキームを借りることはせず、現場でそれぞれの町なりの存在のしかたや論理を探ろうと努めた。少なくとも本書で扱った町は、都市理論やスキームの登場する前から形成されていた空間なのだと肝に銘じた。これまでの薄っぺらな勉強にみずから惑わされぬよう、現場で目の当たりにし、感じ、確認したことを文章やスケッチ、図面に残していった。

7年間にわたって歩きまわった歴史都市のうち、9つの町の物語を本書に収めた。

いくつもの町からこの9つの町を選んだのはなぜかというと、僕なりに3つの基準がある。第一に、長い歴史を有する町であること。大田のような近代都市ではなく、少なくとも朝鮮時代から都市の機能を果たしてきた町を選んだ。千年以上も行政の中心だった羅州《ナジュ》や安東《アンドン》は、都市空間そのものが興味津々の歴史書であり物語の宝庫だ。また安城《アンソン》と江景《カンギョン》は、この国で商業がいかに萌芽し、新たな商業空間がいかにして形成されていったかを教えてくれる。

第二に、中心部を歩いて一巡りできるくらいの比較的小さな町であること。研究の力量を考えて決めた面もあるが、大都市はこれからの町の歩むべき道ではないと確信しているからだ。城壁に囲まれていた統営《トンヨン》や忠州《チュンジュ》のかつての都市空間は、ゆっくり歩いても1日で回れるほどこぢんまりしている。そうした小さな市街地には、空疎に拡張した新市街地からは味わえない町なかの暮らしの趣きがビビッドに息づいており、人々の文化の感受性に気づかせてくれる。20世紀には政治と経済が大都市の全盛期をもたらしたが、新たな時代にはもう少しコミュニティっぽい小さな町が注目されると思う。そのことについてはまた別の機会に客観的な各種指標に基づいて論じるつもりだ。

第三の基準は、現代都市としての魅力とポテンシャルの大きな町であること。この基準はいたって主観的だが、きわめて重要な観点でもある。僕が歴史都市の研究を進めてきたのは、その町の過去を論じるにとどまらず、将来の姿をも模索したいと思ったからだ。そこで現代の生の営みの場としての健康で魅力的な町を探そうと努めた。この3つ目の基準によって、歴史都市といえばまず思い浮かぶ三国時代の古都は本書に収めなかった。代わりに密陽《ミリャン》、春川《チュンチョン》、全州《チョンジュ》という平和で穏やかで品格ある日々を送りつつ未来を夢見ることのできる町を選んだ。

以上の3つの基準をすべて満たしている密陽、統営、安東、春川、安城、江景、忠州、全州、羅州の9つこそ、韓国の古い町の輝けるスターのごとき存在だ。共同体の暮らしが消えうせ、個人の利益ばかりが優先される現代の大都市ではお目にかかれないような、美しくも人間くさい空間に出会える場所だからだ。それらの町のそこここで発見した知恵や教訓、アイディアは、今後、僕ら同世代や未来世代の暮らしの場となる都市空間を模索するうえで重要な指針となり、資料になるものと期待している。

本書には9つの町の物語とともに読者のみなさんに向けて2つの文章を収めた。「韓国の歴史都市を語る」では韓国の歴史都市が東アジアの他の国の歴史都市と同じ根をもちながら、異なったバリエーションを奏でてきたことをお伝えしたいと思う。歴史都市論とまで風呂敷を広げるには物足りない点があるが、現在の混迷する韓国の歴史都市の姿を理解するうえで役立つものと思う。さらに「キーワードで読み解く韓国町歩きのノウハウ」では、過去7年間の歴史都市のフィールドワークを通じて会得した町歩きのノウハウを公開する。中心と境界、横軸と水の流れ、路地と住宅、コミュニティ、物語と場は、どの町で応用しても役立つ町を読み解くためのフレームワークになるはずだ。

9つの町を訪ね、理解し、今後の方向性を模索しながら、さまざまな感慨や感動に心揺さぶられただけでなく、意図せぬ幸運に巡りあったことも打ち明けねばなるまい。その町を舞台に繰り広げられる文学やアートに現場で触れて心の糧にすることができたし、北は春川のタッカルビから南は統営のプリプリの刺身に至るまで地元ならではのグルメを本場で堪能した。これらの町を知らない、まだ訪れたことがない、そういうみなさんこそ本書を執筆しながら念頭に置いた読者だ。

本書の執筆にかかった長い期間、実に多くの方々のお世話になり、ご厚意に甘えさせてもらった。いちいち名を挙げることのできないほど多くの方々が見知らぬ訪問者に親切に対応してくれ、自分たちの町に秘められた物語を愛情をこめて語ってくれた。そうした地元の方々の配慮と協力にお礼申し上げたい。とりわけ、密陽のイ・ホヨル教授、統営の建築士ソル・ジョングク氏、安城の趙庸薫《チョヨンフン》教授、江景のチョン・ジェホン博士、そして羅州のソン・スングァン教授はそれぞれの町についての自身の研究を紹介、貴重な資料を提供してくれたばかりか、みずから町のあちこちを案内してくださった。こうした方々の先行研究に敬意を表し、感謝のことばを記しておく。本書を企画し編集する過程でヒューマニスト編集部のみなさんが示してくれた忍耐と助力にも深く感謝する。おかげでなんとか読める体裁に仕上がり、安心して読者のみなさんへお届けすることができた。

厳密にいうと、本書は僕個人の著作というよりはＡＴＡ（アジア建築研究室）の研究員たちとの共同作品だ。イ・ジュオク博士をはじめ、イ・ジョンビン、ソ・ホソク、イ・ソンギョン、イ・ミョンネ、イ・ミギョンの各氏は膨大な資料を探し、現地フィールドワークに赴き、図面を引き、写真を撮り、原稿を読んで修正を加えるなど、本書出版のためのほぼすべての作業にかかわってくれた。写真作家のチョン・ジェホン博士とキム・チョリョン教授はすばらしい写真を提供してくれ、写真の作業にも手を貸してくれた。苦楽をともにした研究員の仲間たちに心からの感謝の意を伝え、本書の出版をともに喜びたいと思う。いつものことながら本書の執筆にあたっても家族の理解と協力は大きかった。妻カン・ソへは本書に収められた文章の最初の読者として貴重な助言をしてくれたし、適当な同行者がみつからないときはわが子チョンユン、キョンウとともにフィールドワークにも同行してくれた。本書が家族の理解と支持に対するささやかな返礼となるならば幸いである。

2012年10月3日

「ソリキョル」* の壁をつたって差しこむ晴れやかな秋の陽を眺めつつ

ハン・ピルォン（韓弼元）

＊著者のプライベートな研究室で「音の肌理《きめ》」という意味。ドラムが趣味という著者は研究室にドラムセットとピアノを置いており、そう名付けたという。

もくじ

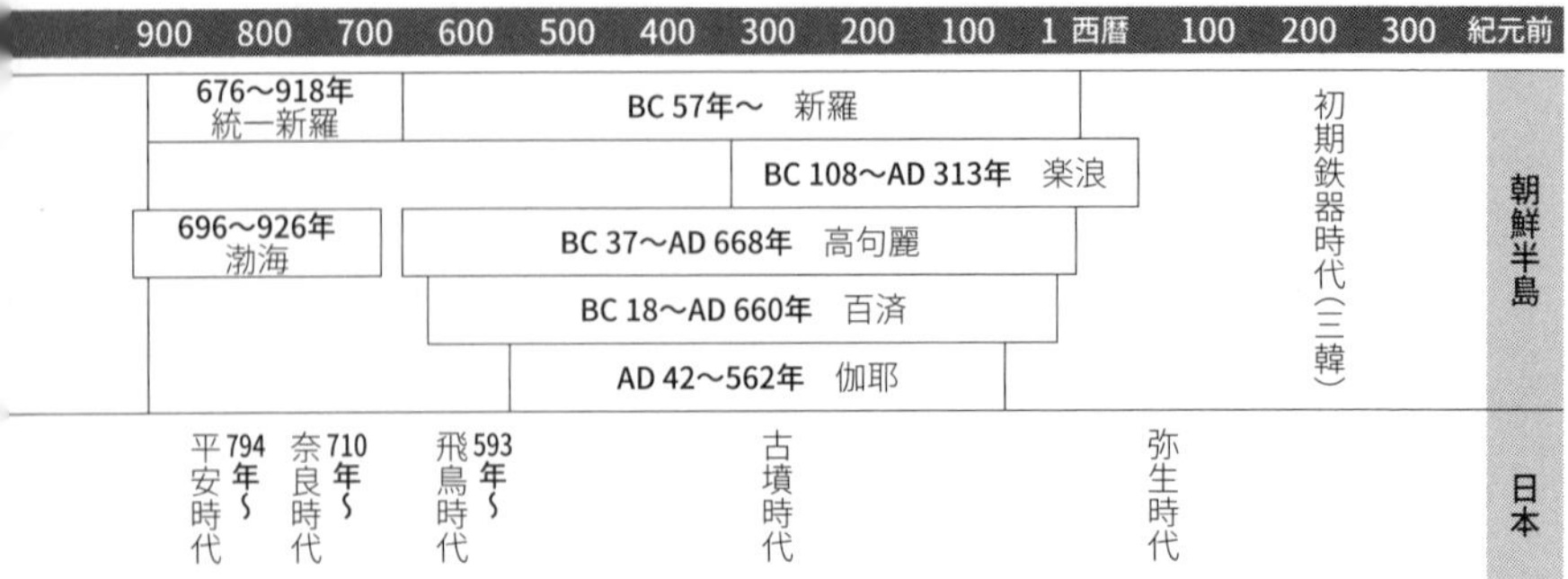

900 800 700 600 500 400 300 200 100 1 西暦 100 200 300 紀元前
朝鮮半島
676〜918年 統一新羅
BC 57年〜 新羅
BC 108〜AD 313年 楽浪
696〜926年 渤海
BC 37〜AD 668年 高句麗
BC 18〜AD 660年 百済
AD 42〜562年 伽耶
初期鉄器時代（三韓）
日本
794年〜 平安時代
710年〜 奈良時代
593年〜 飛鳥時代
古墳時代
弥生時代

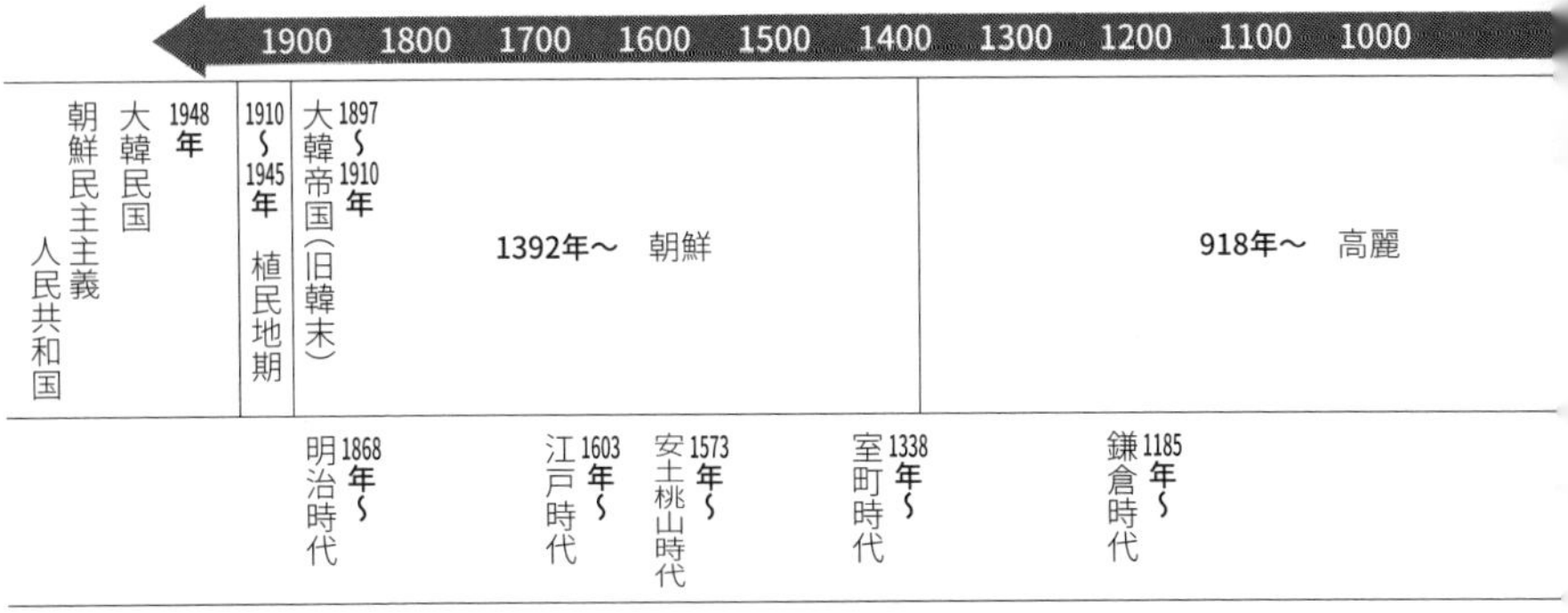

1000
1100
1200
1300
1400
1500
1600
1700
1800
1900
918年～　高麗
1392年～　朝鮮
1897～1910年 大韓帝国(旧韓末)
1910～1945年 植民地期
1948年 大韓民国
朝鮮民主主義人民共和国
1185年～ 鎌倉時代
1338年～ 室町時代
1573年～ 安土桃山時代
1603年～ 江戸時代
1868年～ 明治時代

＊本書の各章に掲載した現在の地図は、韓国語版原著に収載された地図に訳出時点で確認できた情報を追記したものです。実際には都市計画等で道筋が変更されている場合もあり、現状とは異なる箇所もあることをお断りします。

＊訳注のうち短いものは（＊）として本文に入れ、長いものは各章の末尾に付しました。

1 밀양

密陽（ミリャン）

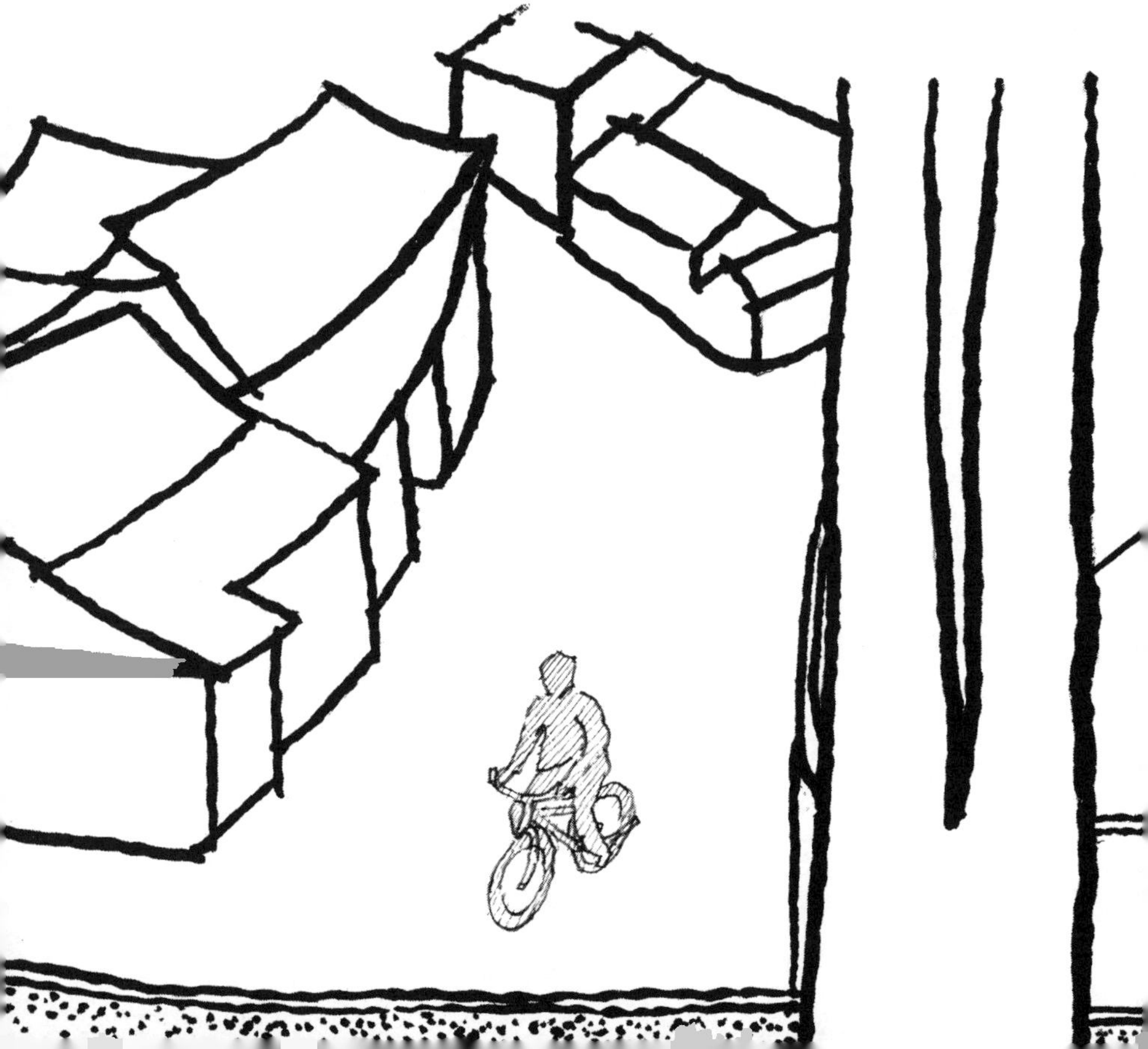

1

ゆるやかに流れる川、まっすぐに流れる時間

密陽《ミリャン》

川向こうに成長した巨大な堤防の町

洛東江《ナットンガン》の支流の密陽江《ミリャンガン》が蛇行して美しい景観を紡ぎ出す密陽《ミリャン》は、釜山《プサン》からソウルに向けて一歩踏み出したところに位置する古い歴史の町だ。密陽江は周辺の農耕地を潤し、三浪津《サムナンジン》の南で洛東江と出会って釜山の海へと注ぐ。1872年の密陽の古地図を見ると、北から流れてきた密陽江と西から流れてきた洛東江の出会う地点に税倉《セチャン》・漕倉《チョチャン》・三浪《サムナン》社倉《サチャン》という一種の租税倉庫が三浪《サムナン》の市場とともに記されている。三浪津は洛東江を利用して税として納められた穀物をソウルへと輸送する舟運の要地であり、密陽江はそこにつながる重要な水路だったことがわかる。

密陽は、3世紀後半について記録した『魏志東夷伝』に弁辰十二国のひとつ「彌離彌凍国《ミリミドン》」という名ではじめて登場する。新羅のころにはこの地域は推火郡《チュファ》として記されていたが、757年に密城郡《ミルソン》に変わり、高麗時代に密州《ミルチュ》に昇格した。「密陽」と名付けられたのは高麗34代王・恭譲《コンヤン》王（在位1389～1392）のころだ。密陽という漢字が「秘密めいた陽光」を意味することは、『シークレット・サンシャイン』という英題（＊邦題も同じ）の映画『密陽』（イ・チャンドン監督、2007）によって広く知れわたった。だが、町の名にしてはちょっとおシャレすぎるような気がして、その語源を調べてみた。

密陽の地名に使われた「推《チュ》[1]」と「密《ミル》」はどちらも彌離彌凍国の彌離《ミリ》に由来すると推定される。「彌離」は「竜」や「長」の意味だという。「秘密めいた」ではなく「巨大だ」という意味なのだ。「彌凍」は堤防のことであり、密陽に大きな土手があることからそう呼ばれるようになったらしい。洛東江流域の沖積平野に位置する密陽は、当初から河川の氾濫という大きな悩みを抱えていた。そこで河川の氾濫を防いで安らかに暮らし、農耕にいそしめるように大きな土手を築いたのだろう。つまり資料をたどった結果、密陽の本来の意味は「秘密めいた陽光」ではなく、「大きな土手のあるところ」だった。

◀**牛市場の宿屋**　中庭を挟んで回廊型の牛舎と母屋が向かい合い、まるで対話しているようだ。30ページ参照

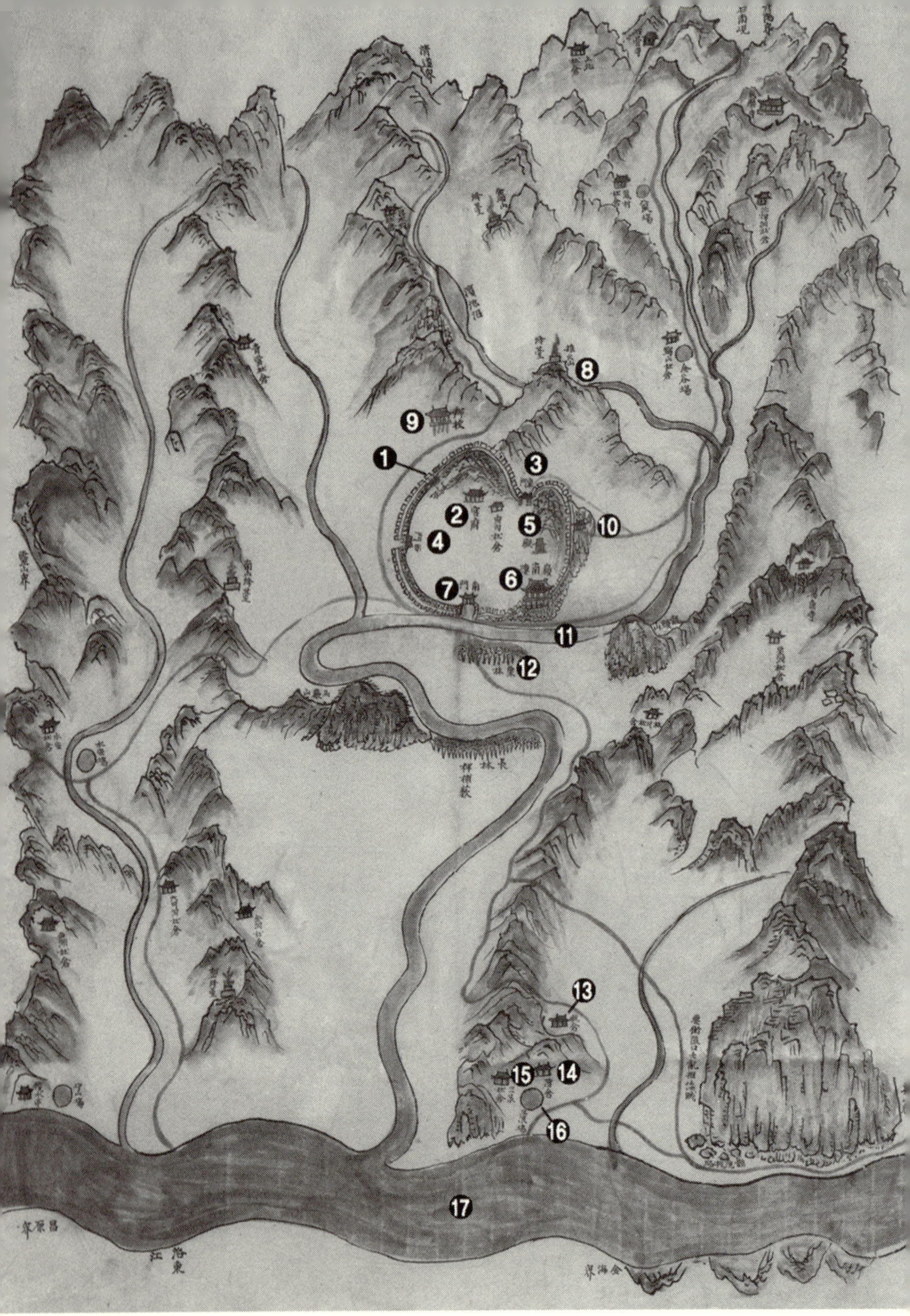

▲密陽古地図　1872年、ソウル大学奎章閣（キュジャンガク）所蔵
①北門　②東軒　③東門　④西門　⑤客舎　⑥嶺南楼　⑦南門　⑧推火山　⑨郷校　⑩舞鳳庵
⑪密陽江（凝川江）　⑫栗林（現・三門洞）　⑬税倉　⑭漕倉　⑮三浪社倉　⑯三浪市場　⑰洛東江

▲現在の密陽市の中心部

城壁と旧建造物の位置は資料をもとに推定

密陽邑城《ゆうじょう》（*城壁に囲まれた旧市街地）の城壁は１４７９年にはじめて築かれた。衙北《アブク》山と衙東《アドン》山の稜線を結んだ密陽城は、川沿いであることも手伝って防御の側面からは山城にも劣らぬ役割を果たすことができた。あるとき、衙東山の稜線の城壁から山道づたいに宝物《ほうもつ》（*日本の重要文化財に相当）の石造如来坐像のある舞鳳寺《ムボンサ》まで下ったのだが、そのとき密陽城の立地条件を全身で思い知らされた。落ち葉の積もった山道はボブスレーコース並みに滑りやすく、傾斜はそれこそ絶壁さながら、ガイドロープがなかったら密陽江まで真っ逆さまに転がり落ちかねなかった。この絶壁は倭寇といえども容易に這い上がれなかっただろう。

密陽出身で朝鮮時代の性理学［2］の一派である嶺南《ヨンナム》学派の重鎮・金宗直《キムジョンジク》（１４３１～１４９２）のまとめた地理書『東国輿地勝覧』によると、密陽邑城は周囲４６７０尺、高さ９尺で、４つの井戸と池があった。当時は反物を計る際に用いられる１尺が44・75㎝または46・73㎝の布帛《ふはく》尺を利用していたと思われ、メートル法に換算すると城壁は高さ約４ｍ、周囲２㎞ほどになる。四方に城門を置き、東西２か所に人目につかないように設けられた暗門があり、死体や葬列の輿《こし》はその門を通って城外へと運び出された。だが現在では城門の形跡すらない。南北の城門を結ぶ道は細い通りとして残っており、その１本東側に広くまっすぐな中央路《チュンアンノ》が走っている。東西の門を結ぶ道もまた細い通りとして残っており、その１本北側に大通りが作られて町の東西を結んでいる。

官衙《かんが》（*近代期以前の役所）の建物がほとんど省略された１８７２年の地図とは違い、他の密陽の古地図には推火山から南西に下った衙北山の裾野に官衙の建物が描かれている。官衙の正門・凝香門《ウンヒャンムン》を過ぎて内門に至り、その内部に地方長官である守令《スリョン》の執務する庁舎・東軒《トンホン》と守令の家族の住居・内衙《ネア》をはじめとする多くの建物があった。多層楼閣の凝香門は現在の中央路の市場の入口あたりにあったものと推定される。

近民軒《クンミノン》と名づけられた東軒は朝鮮時代初期に建てられたが、１５９２年の壬辰倭乱《イムジンウェラン》の際に焼け落ち、１６１１～１６２２年に再建された。それまでは、やはり壬辰倭乱で焼失した嶺南楼《ヨンナムヌ》（宝物）の敷地内に仮設の草葺き小屋を設け、そこで執務したという。東軒は１８９４年の東学農民戦争［3］で再度被害を受け、植民地期に取り壊された。その跡地に密陽郡庁舎が建てられ、密陽邑事務所、内一洞《ネイルトン》事務所として使われ、２０１０年に東軒が復元された。

東軒は一般に内衙の東側に置かれるが、密陽ではなぜか西側にあった。また、中央政府からやってきた役人の宿舎となる客舎《ケクサ》も東軒と並んで配置されるのが一般的だが、密陽の客舎は東軒からかなり離れた嶺南楼の敷地内にあった。こうした特異な配置は、壬辰倭乱の際に官衙の建築群も客舎も焼失し、再建する過程で生じたものと思われる。

客舎には王権を象徴する木製の牌を奉安し、守令は毎月1日と15日に拝礼を捧げる。嶺南楼は密陽の客舎・密州館《ミルチュグァン》に付設された楼閣であり、密陽を訪れた賓客を宴席でもてなす場所だった。8世紀半ばの新羅のころ、この地にあった嶺南寺《ヨンナムサ》という寺の境内に小さな楼閣があったが、1365年に晋州《チンジュ》の矗石楼《チョクソンヌ》をモデルにより大きく建て替えられたのが嶺南楼だ。壬辰倭乱で焼け落ちたのちも復旧と焼失を何度も繰り返した。現在の建物は1844年に密陽府使・李寅在《イインジェ》によって再建されたものだ。嶺南楼は東の凌波閣《ヌンパガク》、西の枕流閣《チムニュガク》をそれぞれ渡り廊下と階段でつないだ、ダイナミックなバランスを備えたユニークな建築である。

▲密陽・三門洞の航空写真　真ん中に密陽江のこしらえたギョーザのような形の島があり、両側に都市空間が直線の通りに沿って続いている。

僕にとって密陽は、釜山に向かう列車の中で終点に近づいたことを知らせてくれる地名にすぎなかった。まどろみの中で通過してばかりいたせいで、僕の意識下ではその存在さえ希薄な町だった。

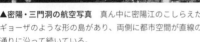

そんなある日、デスクに広げられた密陽の地形図と航空写真を眺めていて、なんと面白い形をしているんだろうと思った。真ん中にギョーザみたいな形の中州があり、その両側にまっすぐ伸びる通りに沿って都市空間が長く続いていた。そのユニークな見た目が、一度ここを歩いてみないか、と誘っているようだった。

結局、僕はその誘惑に負けて釜山行きの列車に乗り、はじめて密陽に降り立った。そして町の3つの地区を結ぶ中央路を何度も往復した。駕谷洞《カゴットン》、三門洞《サンムンドン》、内一洞、そしてまた内一洞、三門洞、駕谷洞……。道と橋とを歩くにつれ時間が流れ、橋の下では川が流れていた。僕が時間の軸を遡って駕谷洞から内一洞に向かうとき、洛東江の河口から遡上してきた鮎も西瓜《すいか》の匂いをかぐわしく放ちながら流れを遡って泳いでいたのだろう。

☯町と川とに出会う2つの方法

乙字江《ウルチャガン》という別名の示すとおり密陽江はくねくねと蛇行した川だ。蛇行した川は悠久の時間をかけて地形を変えてゆく。川が蛇行して流れるとき、カーブの外側を絶え間なく削って土砂を内側に堆積させるからだ。それは人間がちょっとガリガリやる程度の土木工事では抗いようのない大自然の営みだ。そうやってできた堆積地形をポイントバーといい、韓国で確認できる代表的な集落立地のパターンである。三門洞はまさにそうした川の流れの作りだしたポイントバー地形だ。洛東江上流にある安東《アンドン》近隣の河回《ハフェ》の集落もまたこうした地形に位置している。

密陽江はたえず流れつづけ、土地を陸地・島・半島という3つの形状に分割した。現在の内一洞、三門洞、駕谷洞がそれぞれの地形に当たる。1175年、庚寅の乱[4]のあおりを受け、高麗の都・開城《ケソン》を逃れて嶺南楼に身を寄せた詩人・林椿《イムチュン》が生まれ変わってふたたび密陽を訪れたなら、様変わりした地形に当惑することだろう。密陽江は北岸を絶え間なく削り、そこから流出した土砂を南の三門洞へと堆積させたため、地形がすっかり変わってしまっているから。つまり密陽は地形のうえからは川の北が縮小して南が拡大する宿命のもとに生まれた町なのだ。古きを侵食して新しきを増殖させるのは自然の理。密陽江がそうしたように人々もまた自然の理に従って川向こうに町を広げていった。

密陽江の水利を活かして町をつくった人々は、川辺をシンボリックな建築の場とした。陰陽思想上もっとも陽なる場所に豪壮で男性的な美しさを誇る楼閣・嶺南楼を、もっとも陰なる場所に阿娘祠《アランサ》を建てた。阿娘祠は嶺南楼に月見に出かけた際に怪漢に襲われて命を落とし、竹林に捨てられた密陽府使の娘アランの魂を慰めるための祠堂だ。「吾を見よ」と始まって「南川江《ナムチョンガン》くねりて嶺南楼を巡り　碧空にかかる月阿娘閣照らす」で終わる軽やかなリズムの民謡・密陽アリランは、こうした町の歴史を物語っている。

だが川沿いで肩を寄せ合って暮らしていた人々は、やがて川の流れを恐れるようになった。事あるごとにあふれてせっかく整備した町を水浸しにしてしまうからだ。ついに人々は土手を築き、松の木を植えて防水林を整えた。大邱《テグ》釜山高速道の密陽インターチェンジを降りて密山《ミルサン》橋のあたりに来ると、道沿いに枝を長く伸ばした数千本の松の古木が見えてくる。「沂回《キフェ》松林公園」といい、150年ほど前に地元住民が北川江《ブッチョンガン》の氾濫を防いで集落と耕地を守ろうと無尽講をつくって造成した防水林だ。夏場にはキャンプにうってつけということで釜山、大邱、蔚山《ウルサン》、馬山《マサン》、昌《チャン》原《ウォン》など近隣の都市から大勢の人々がやってくる。だが、ここを訪れる人々は松林誕生の裏にあった人々の思いをどれほど知っているだろう。

沂回松林公園以外にも三門洞の東のはずれには三門松林がある。これら密陽江沿いの松林は自然を畏れた、だが都市化の過程で自然を制御しようとした人間の努力の証だ。そんな努力にもかかわらず、1959年の台風サラの襲来時には氾濫した水が三門洞へとあふれ、多くの家が流された。そのため年配の人々にとって密陽江はなお畏怖の対象なのだ。

都市化とは、密陽江のような畏怖の対象だった自然を制御する過程でもある。人々は猛々しかった水を手なづけて町の景観を構成する要素へと変えた。中国の竹林の七賢になぞらえて江左七賢と呼ばれた名士のひとり、高麗の詩人・林椿は「遊密州書事」で密陽のことを「絶景甲餘杭（絶景は杭州に勝る）」と詠った。林椿が密陽と引き比べた中国・杭州の美しさは、その半分以上が蘇東坡が杭州知事として在職していた時期に堤防を築いて制御した水辺、つまり西湖という広大な湖によるものだ。町の西の境界をなすこの静謐な湖の水面を見て、人々ははじめて自然の「仁」ならざるを忘れ、西湖十景の美しさにみとれる。

川の恐ろしさを知っていた密陽の人々も川の両側に堤防を築いた。そして密陽江の北、つまり内一洞の側には堤防のすぐ下まで家が建てられるように宅地を整備した。宅地の南側に当たる堤防のきわは庭や畑を設けて階段を設置し、堤防から敷地に降りられるようにした。こうして堤防は道路の役割も果たすようになった。家は敷地の北側に堤防のほうを向いて南向きに建てられた。家を堤防寄りに建てれば日当たりが悪くなるが、堤防の側に庭や畑があれば、庭や畑はもとより家も日照を確保できる。

密陽江の南、つまり三門洞の側では堤防寄りには宅地を造成せず、堤防と宅地のあいだにゆったりとした道をつくった。堤防の下の道に面して宅地を整備し、家を宅地の北側、つまり土手下の道に沿って建てた。そして家の南に庭や畑を配置した。では密陽江の南ではなぜ北岸のように宅地を堤防寄りにせず、堤防と宅地のあいだに道路という空間のバリアを置いたのか。堤防があるとはいえ、ぴったり寄せて家を建てるほどには安心できなかったからだろう。それほどに密陽江は恐ろしい存在だったのだろう。

　密陽江の北岸の堤防を歩きながら、一方で南からの日差しを受けて輝く川の流れを見下ろし、もう一方で低いところにある家々の庭に大きく茂った木々の青葉に手を触れる。そんな都市生活のゆとりも、密陽江を畏れて築いた堤防があるから味わえるのだ。堤防はさまざまな面で密陽という町の重要なエレメントだ。

　北岸の堤防は低い庭と畑、そしてそこで大きく茂った木々によってその存在感を示している。片や南岸の堤防は、土手下を通る道によってその存在感を示している。密陽江は南と北の都市空間でどちらも幅の広い堤防によってみずからの存在感を暗示している。だが、近年になって北岸の堤防上の道に面して高層ビルが建てられたことで堤防の存在感がコンクリートの中に埋もれ、ただの平凡な道に転落してしまった。堤防の間近に建つビル群にひとこと言わずにはいられなかった。「おまえたちに川のことなどわかるまい」。

☯町の時間軸、中央路

密陽駅で下車すると、駅前広場のなだらかな下り坂が2車線の駅前通りへと歩みをいざなう。近代期に開かれた道らしい雰囲気を今なお残すこの通りが密陽の都市空間をまっすぐに貫く中央路だ。この通りを左（南）に行くと三浪津、右（北）に向かうと歴史都市・密陽の市街地だ。

　右へと歩を進めるとまっすぐ伸びた道沿いに純喫茶、易断所、搾油店、氷室の順で並ぶ。密陽という町の半島に当たる駕谷洞だ。だがこれだけでは密陽が古い町だということは実感しがたい。そのまま北へと進むと龍頭橋《ヨンドゥ》に出て、橋を渡るとこの町の島といえる三門洞だ。さらに歩いて今度は密陽橋を渡るとついに町の陸地・内一洞に至る。南から北へと導く直線の通りが東西に分かれるところに復元された官衙の建築群がある。朝鮮時代の官衙を始点として三浪津へとまっすぐ伸びる街道。僕らは今、歴史都市・密陽の時間軸を遡ってきたのだ。

　密陽の都市空間は前近代・近代・現代の空間にははっきりと分かれており、この3つの時期はそれぞれ内一洞・三門洞・駕谷洞という3つの地区に対応している。もちろん、ひとつの地区にひとつの時代につくられた建物や施設ばか

▲密陽江北岸の堤防　一方で南からの日差しを受けて輝く川の流れが、もう一方で低いところにある家々の庭や畑が堤防の存在感を示している。堤防はさまざまな面で密陽という町の重要なエレメントだ。

り集中しているという意味ではない。地区の骨格が一定の時期に形づくられ、当時の特性を反映しているということだ。ともあれ、そのように町の各地区がそれぞれ異なる時代性をもつことにより、密陽は進化する町の姿をわかりやすく示している。

内一洞の「ヒャンチョンカルビ」のような韓屋《ハノク》（＊伝統的な木造建築）は三門洞では日本式の住宅に、駕谷洞では洋風のビルに移り変わっていく。さらに駕谷洞にはこれからも建築可能な空間が多い。内一洞から駕谷洞へと進むうちに、曲線を描く甍の家は直線の幾何学的なビルに変わっていく。内一洞には中央路と直角に交わる通りに沿って、主に農水産物や手工業製品を商う伝統市場がある。それに対して三門洞と駕谷洞には主として工業製品を扱う商店や飲食店などのサービス業、あるいは工場が並んでいる。内一洞と三門洞のカーブを描く道は駕谷洞では直線になる。密陽で川の両岸を比べてみると、「南橘北枳（淮水の南で育てれば橘《たちばな》に、北で育てれば枳殻《からたち》になる）」という中国の古い言い回しを思い出す。

密陽で3つの時代性をもつ地区を串刺しのように貫く時間軸である中央路は、曲線を描いて流れる川の上を直線で横切っている。内一洞の中央路は、かつて儀式の軸だった南門と東軒を結ぶ南北の道の東に並行して作られた新道だ。この道が密陽江を渡ると三門洞ではパブリックな生活の軸となる。官衙や嶺南楼といった内一洞のスポットでは歴史的・象徴的な意味が重視されるが、三門洞や駕谷洞ではアクセスしやすい公共性や効率が重視される。

密陽とは違って前近代・近代・現代の３つの時代がひとつの地区に混在する町は多い。とはいえ密陽に見られるような地区と時代性との対応もさほど珍しい現象ではない。おおまかにいってソウルは漢江《ハンガン》を境にして近代以前の江北《カンブク》と現代の江南《カンナム》の２つの空間からなり、僕の住む大田《テジョン》も密陽のように前近代の懐徳《フェドク》、近代の元都心《ウォンドシム》、現代の屯山《トゥンサン》という３つの地区に分かれている。ただ、密陽がユニークなのはこれらの３つの地区のあいだに川が流れていて、それぞれの地区が明確な境界を有し、はっきり目に見えるという点だ。こんなふうに町の領域が川という自然の要素によって分割され、それぞれ異なる時代性をもつことは、他の町には類を見ない密陽の大きな魅力である。

☯ 内一洞は復元中

石を積み上げた城壁で囲まれていた密陽邑城、つまり前近代の領域はほぼ現在の内一洞に相当する。遅くとも朝鮮時代初めにはこの地区の基本的な枠組みは作られており、その後の変化もまたその枠組みに基づいている。邑城の正門である南門と守令の執務室である東軒を結ぶ南北の道、東門と西門を結ぶ東西の道がくねくねと変形しつつT字形をなしているが、かつての市街地はこの道を中心に成り立っていた。そしてこの２つの道の出会う地点に東軒をはじめとする朝鮮時代の官衙があった。

密陽江から西門を経て北門に至る城の西の平坦な区間には城壁の外側に濠があった。裏山から流れてくる水を城壁に沿って人工的に流したもので、邑城内の防御を目的として設けられた水路だ。海川《ヘチョン》と呼ばれた濠を１９９３年に暗渠化してその上を道路にしたのだが、そこが現在の内一洞と内二洞《ネイドン》の境界だ。

壬辰倭乱の際に釜山に上陸した日本軍は、時の東莱《トンネ》府使・宋象賢《ソンサンヒョン》が命を賭して守ろうとした東莱城を陥落させ、破竹の勢いで密陽へと攻め入って密陽邑城を焼き討ちにした。その際に城壁は崩され、官衙は焼失した。後に城壁は再建されたが、１９０２年にふたたび撤去された。撤去で出た石材は、ちょうどそのころ敷設された京釜《キョンブ》線の鉄道工事に利用されたとのことだ。城壁と城門は失われ、濠は暗渠となったが、内一洞は今なお伝統の雰囲気を色濃く漂わせている。かつて目抜き通りだった南北の道の付近にはヒャンチョンカルビのような韓屋が残っている。中央路の東西に広がる薬種問屋市場や伝統市場も昔ながらの雰囲気を伝えている。

　内一洞地区ではつねにどこかしらで発掘作業や復元工事が行われている。２００９年春、僕が密陽の町歩きを始めたころに衙東山の稜線に沿って城壁の東側が復元された。東門の峠から嶺南楼に至るこの城壁は低くて幅が広く、その上を歩くのは実にのんびりと気分のいいものだ。夏場は東風が吹いてきて汗ばんだ肌を心地よくくすぐる。ある日、城壁の上を歩いていると少女が２人、小走りに追い抜いていった。声をかけると、２人は「秘密の隠れ家を作りにいくの」と明るく答えた。子どもたちの大好きな遊びのひとつが秘密の隠れ家作りだ。城壁のどこかに秘密の隠れ家を作る少女たち、町なかで久しぶりに見かけた子どもらしくほほえましい姿だった。

　最近嶺南楼周辺と官衙が復元され、２０１０年からは海川の復元工事が始まった[5]。他の歴史都市でも、文化財庁や自治体が旗振りをして町のあちこちで官衙を復元しているのを見かけるようになった。だが、町なかに広い面積を占める割には復元された昔の建物はひと気のないのが常で、訪れるのは数人でこっそりタバコを吸いにくる中高生が関の山だ。密陽でも週末などに古式ゆかしい婚礼の儀が営まれることはあるが、日ごろは人形の衛兵だけが寂しく官衙を守っている。

　昔の施設を原型どおりに復元するのもいいが、復元された施設をじゅうぶんに活用することのほうがずっと重要だろう。復元された歴史建築が都市生活の意味あるスポットになりきれないまま観光の対象にとどまるのなら、それは「他者化された建築」でしかない。そうした建築は、やることもなく偉そうにふんぞり返って月給だけはたんまりもらって老害をふりまく上司のように、つねに維持管理の手間ばかりかかって結局は町の空間と財政に損失をもたらすことだろう。市民の役に立つ、市民が町の古い空間に誇りを持てるようなプログラムが切実に求められている。

町に浮かぶ島、三門洞

　19世紀末の写真に映る三門洞一帯は人家もまばらな沼地だった。死体捨て場だったという話は事実だと思われる。朝鮮19代王・粛宗《スッチョン》（在位１６７４〜１７２０）のころに編纂された『密州旧誌』では三門洞を「沙門郊《サムンギョ》」としている。新羅期の寺・嶺南寺の門外という意味だと推測される。１８

72年に発行された古地図には「栗林《ユルリム》」と記されている。密陽の名産かち栗を産する栗の木が生い茂り、「栗林」、「南林《ナムニム》」と呼ばれていたという。また、川向こうの町という意味の「水越里《スウォルリ》」と呼ばれることもあった。

密陽江が悠久の時間とともに土砂を運んで面積を広げてくれたおかげで、三門洞は20世紀には町の一地区になることができた。植民地期に日本人が川沿いに堤防を築き、三門洞を居住空間へと造成した。当初は渡し船で内一洞と往来し、やがて南川《ナムチョン》橋と呼ばれる舟橋を渡して両地区を緊密に結びつけた。

1927年、「新しい酒は新しい革袋に」ということばにならい、内一洞の官衙跡にあった密陽郡庁・地裁支所・税務署といった近代の公共施設が三門洞に移転したことで、町の中心が前近代の空間の内一洞から近代の空間の三門洞に移動した。公共施設が続々と移転してくるにつれ、三門洞の中央路は次第にパブリックな活動の軸になった。一方、住民センター以外の公共機関がすべて移転した内一洞の中央路を見ると、町の中心がそっくり移ってしまったことが実感できる。

三門洞の中央路は公共施設の建ち並ぶ町の中心だが、一歩入った内側は幅2mほどの路地で緊密に組織されたきわめて安定した住宅地だ。この路地裏のネットワークは全国随一だ。路地は直線ではなくループ状に入り組んでよそ者は道に迷いやすく、僕自身も歩きまわっていて何度も同じ住民や同じ犬に遭遇してヘンだと思ったことがある。相手にしても僕のことを不審の目で見ていたようだ。後から思うに、住民も犬もずっと同じところにいたのに、僕のほうがその路地をぐるぐる回っていたのだ。

では、なぜ路地がループ状なのか。住宅地をぐるりと取り巻く川、この中州を作った川の流れを反映したものなのだろう。川は都市空間の大きな枠組みを決めるだけでなく、こうして細部の組織にも影響を及ぼす。一般に路地の奥（大通りから遠いほう）に上層階級の家を配置する直線型の路地とは異なり、ループ状の路地は家どうし階層区分のない平等な道だ。また、ループ状の路地では動線と視線の方向が刻々と変わっていくので好奇心がそそられる。袋小路とは違ってどの家も二方向からアクセスでき、どちらから行こうか選ぶ楽しみもある。そればかりかループ状の路地では門の向きも家ごとに違う。どっち向きが吉だとかいう教条的な風水の原則など、自然の流れに従う、より大きな原則の前では意味を失う。

ループ状の路地に沿って家々がまちまちな向きに建って

◀ループ状の路地と門構え　門前のスペースと路地は、胸ときめかせて誰かを待ったり別れの名残を惜しんだりする「つなぎ空間」だ。

いるその迷路で、僕は意外にも混乱ではなく「アットホームな心地よさ」を覚えた。いつからか「家をなくした存在(homelessness)」になってしまったからか？　なんとなくその心地よさが身にこそばゆい。暮らしの便利さとすべてを引き換えにしたマンション、人を質より量で世の中を見る「計算人（つねに自宅の面積を計算して友だちの家と比較したがるHomo Calculusとでもいうべきか）」へと変えてしまうマンション、そこで暮らす現代人は「家をなくした存在」になってしまう。ゆえに人は、今やこうして家を離れたときはじめて家に戻ったような感覚になるのだ。

三門洞の住宅街で覚えた安定感や心地よさは、多分にループ状の路地のおかげによる。門前に小さなスペース[6]を設けた家々の並ぶ路地は大通りというパブリックな空間と住宅というプライベートな空間を橋渡しする「つなぎ空間」だ。町のオープンな空間からひっそりとしたこのつなぎ空間に足を踏み入れるとき、パブリックな空気は次第にプライベートな空気へと変わる。逆にそこから出ていくときはプライベートな空気が次第にパブリックな空気へと変わる。公と私しかなく両者を媒介するつなぎ空間がきわめて貧弱な現代都市ではなかなか味わえない経験だ。

よきデザインはよき空気感を醸し出す。三門洞の路地もそうだ。それは「統一感の中の変化」というデザインの基本原理に忠実な路地だ。路地を構成する塀には同じ素材と色合いが使われ、一定の間隔で現れる門の外枠のつくりも似通っている。こうした統一性は、住民が同じ路地を利用する共同体の一員だという意識をもっていることの表れだ。一方、門扉のほうは住人の趣向によって素材もデザインもまちまちだ。大きな門扉にさらに小さな扉を設けて勝手口として使ったり、小さな扉越しに路地にいる人と会話したりしている家を何軒も見かけた。門の色を家の色に合わせているのも興味深い。そんなふうに三門洞の家々の門は、似たような背広の中でサラリーマンの個性が光るネクタイのように、住人の美的センスの発露なのだ。

☯三門洞の眠れぬ夜

三門洞の旧市場を歩きまわっているとき、住民のご厚意で、牛市場に出される牛をつないでおいた路地にあるビルの屋上に上がらせてもらった。そこから見下ろしたある建物が、はからずも過ぎし日々のできごとを伝えていた。中に暮らす人々の経済状況以外にはほとんど何も語らない近年のビルとは異なり、その建物はそこで人々がどんなふうに生きていたのか、この半世紀のあいだに僕らが何を失ってきたのかについての物語へと、僕らを導いていた。

　その屋上で僕は、不意に幼いころのことを思い出した。そのころ僕は鶏龍《ケリョン》山の山奥の人里離れた家に住んでいた。当時、農家ではなかったわが家で家畜と呼べるのは数羽の鶏だけだった。何人ものお客さんを迎える日や青空にトンビが輪を描いて飛び回る日には、その鶏小屋もからっぽになった。そんなある日、家業の手伝いで山中をめぐって牛に草を食ませていた地元の友だちが、引いてみるかといって手綱を持たせてくれた。太い綱を手にしたとき、巨大な牛から伝わってきたあの重量感は今も忘れられない。今思い返すと、あれは何とも知れぬ信頼感のようなものだった。それからは、家に戻るとカバンを板の間に放り出して野へ山へと牛を引いて歩く友だちが羨ましくてたまらなかった。それでどうしてもまた牛を引いてみたくなったときは、友だちの姿を探しては頼みこんだものだ。２００９年に公開されたイ・チュンニョル監督の『牛の鈴音』が自主制作の映画としては信じがたいほどの興行成績を収めたとき、僕はその友だちのことを思い出していた。

　牛を人間の本性、本心になぞらえて描かれた十牛図に見られるように、日常生活において牛は自然を開拓する人間のパートナーだ。『牛の鈴音』の牛は、農業を営む老夫婦と三角関係になるほど堂々たる存在だった。牛と苦楽をともにしてきた韓国人が心の奥に牛を貴ぶ気持ちを秘めているのは自然なことだ。小説『大地』で中国の農民の暮らしを描いたパール・バックは、そうした韓国人の気持ちをも鋭く見抜いていた。バックは韓国を訪れた際に、「牛の負担にならないように背負子で荷を担いで荷車の後を行く農夫の姿に感銘を受けた」と述懐している。

　三門洞で見た建物は実は宿屋だったのだが、その構造がなんともユニークだった。母屋と回廊を巡らした牛舎とが中庭を挟んで向かい合わせに建ち、まるで対話をかわしているようだ。母屋は人間の宿泊する空間、牛舎は牛の寝起きする空間だ。だが、牛舎もたんに壁面がないだけで、規模も軒の高さも堂々たるものだ。『牛の鈴音』でおばあさんが「あたしゃあの牛にゃかなわん……あの牛めにとっととくたばってもらわにゃ……」と不平を漏らしていたように、牛は配偶者に次ぐ人生のパートナーだったことをこの宿屋は物語っている。この宿屋では数多《あまた》の人と牛とが、絆を締めくくる最後の夜をまんじりともせずに過ごしたことだろう。

　牛市場が当地から移転して40年あまりたった。飼い主と信頼で結ばれていた牛たちが各地から集まり、不安な心持ちで次の主《あるじ》を待っていた空き地には、次々と新しい家が建ち並んだ。そして牛市場が移転すると隣接する食品や雑貨を商う市場も店じまいした。現在は定食屋などがぽつぽつと入居する細長いテナントビルが何棟か、看板を下ろしたまま、あるいは架け替えて建ち、そこがかつて人と牛とでごったがえしていた市場だったことを今に伝えている。今では牛の主も、牛も、そして宿屋の主もいないガランとした建物を見ていると、与えられた役をきっちり演じて舞台袖に消えていくベテラン役者の姿を見ているようだった。スポットライトの当たる舞台から降りたとはいえ、この宿屋の建物は近代化以前にこの地で人と牛とが結んでいた絆を今も鮮明に語り伝えている。[7]

牛市場の宿屋もそうだが、建築はつねに社会的関係を表象化している。密陽市校洞《キョドン》の昔ながらの韓屋と鷺谷洞の都市型の韓屋との違いもそこにある。女性の起居する母屋と一家の主の起居する舎廊棟《サランチェ》[8]に分かれた伝統的な韓屋には前近代期の儒教社会の男女関係が反映されているとするなら、母屋と門間棟《ムンカンチェ》[9]からなる都市型の韓屋には近代資本主義社会の所有関係、つまり家の主人と間借り人との関係が投影されている。したがって空間を構成することは、そこを使う人々の関係を決めることでもある。そうした側面から考えると、三門洞で隣人どうしのたまり場となりうるスポットを発見できなかったことは返すがえすも残念だ。家畜とさえ庭を共有していた時代がほんの数十年前にあったのに……。今後そうした空間が作られるなら、町歩き中に一休みしたくなるたびに何度もカフェに立ち寄り、コーヒーばかり飲むはめにならずにすむのだが。

☯ □□□□

近代の地区にふさわしく、三門洞では中央路沿いに幾何学的な外観の2階建てのビルが建ち並んでいる。似たような時期に建てられたとおぼしきこれらのビルのうち、通りの中ほどにある1軒のビルが目を引いた。セメントブロックの外壁を格子型のフレームで縁取って区切り、フレームの部分をライトグレーのタイルで、あとはモルタル吹き付け塗装で仕上げたシックな近代建築だ。このビルが特に目を引いたのは、最上部の壁面に同じサイズの四角い鉄板が4枚取り付けられているせいだ。□□□□？　だがよく見るとそれは装飾ではなく、浮き彫りされた4文字のビル名を隠すための覆いだった。

都市空間そのものをひとつの謎解きととらえたがる僕の好奇心にまた火がついた。まず隠された文字が何なのか見

▲**三門洞の中央路にある病院だったというビル**　このビルもおのれの名を隠していくつもの看板を掲げ、匿名性を確保することによってはじめて近代の古臭さを脱ぎ捨て、現代のビルと肩を並べて通りの一部になれた。

破ろうと思ったが、4字とも端っこにはみ出した部分はごくわずかでもどかしい限りだ。ちょうど昼時になったのをいいことに、向かいにある「ミラク食堂」に入った。（すぐ前なんだから秘密を知る者くらいいるだろう。食後にじっくり説明してもらえるかも……）。だが店の人は誰ひとりナゾを解いてくれなかった。店内にいた年配の客に尋ねても、通りを行きかうお年寄りに訊いてもやはり埒が開かなかった。

「Z·ip」という店名に誘われてそのビルの1階のブティックの女性経営者に尋ねてみたが、やはり自分の入居するビルの名を知らなかった。むしろみな「なんでそんなことを知りたがってるんだ?」という表情だった。「ずっとここで暮らしてるのに、なんでそれくらい知らないんだよ?」と僕のほうこそ不思議だった。ひとしきりうろついて尋ねまわり、何人もの住人から言われたセリフはこうだ。「何じゃ?」、「どげんしよった?」、「何しつこく聞きよる?」。それは答えではなく質問だった。

なんとか聞き出せたのは、このビルがかつて病院だったという事実だけ。近代都市では病院は重要施設に数えられ、目抜き通りに面して建てられる傾向があったから説得力のある話だ。だが4文字のわずかにはみ出した部分をもう一度よく見てみると、後ろの2字が「病院」でないことは確かだ。ナゾは深まるばかり。

近代のビルと一体化した名称、そしてその後に行われたビルの名称隠しにはどんな事情があるのだろう。近代期にはこのようにビルとその名を一体のものととらえ、前面に名称を刻むのはよくあることだった。名称隠しは近代のビルが現代の脈絡へと移行するプロセスで起きたできごとだ。現代都市でビルの前面にその名称をくっきりと刻むことはきわめてまれだ。その代わり分割して利用する者の数だけさまざまな看板がビルに掲げられる。このビルもおのれの名を隠していくつもの看板を掲げ、匿名性を確保することによってはじめて近代の古臭さを脱ぎ捨て、現代のビルと肩を並べて通りの一部になれた。こうして看板用スペースへと転落していく現代のビルの壁面は韓国の都市景観のきわめて深刻な問題だ。だが看板大好き社会なのだからしかたないという自嘲気味の声が聞こえるばかりで、今のところうまい解決策はみつかっていない。

「看板との戦争」という表現まで使っていくつかの自治体では看板をなんとかしようと奮闘中だが、効果は一時的でたいていはまた元通りになってしまう。規制だけでは抜本的な解決は不可能な問題なのだ。これからは看板を相手に宣戦布告するようなヒステリックな対応ではなく、近代と現代の看板の相異なる意味合いを深く考えることでその解決策を探ってみてはどうだろう。壁面と同じ素材や色合いで刻まれた近代のビル名と、壁面に設置された大きくて刺激的な現代の看板がそれぞれ何を意味しているのか考えてみよう。

近代までは商業ビルといえどもオーナーはたいていひとりで、そう変わることもなかった。だが現代のビルはオーナーも複数だし入れ替わりも激しい[10]。ビルとテナントとの関係も永続的かつ全面的なものから一時的かつ部分的なものへと変わった。もはやテナントはビルにみずから(の売ろうとしている商品)を投影することができない。今はブティックでも以前は食堂だったのなら、食堂の外壁がむきだしのままではブティックの役には立たない。ゆえにビルは匿名性を有していなければならず、看板によって現在の一時的な状態を示すほかない。ビルが美しい外観をあらわにすることは、今やリスクでさえありうる。ひとことで言って、ビルの看板化はビルとテナントとがてんでに振る舞うことから発生した現象だ。そこでビルたちは言うかもしれない。「自分らしくいられた時代は終わった。今や生き残りの道は看板の後ろに身を潜めて自分を隠すことのみ」。

そう考えると、現代のビルの看板問題は実に厄介だ。ヨーロッパや米国のように看板のサイズ、位置、カラーなどを具体的に制限し、厳しく規制する以外に方法はなさそうだ。看板が大きく派手だからといって商品やサービスの質がいいとは限らないという認識が定着すれば解決するのだろうか。結局はあらゆる都市問題の解決策は節度ある市民意識に求めるほかない。

☯ 密陽の現代的イメージを担うべき駕谷洞

駕谷洞とは「モンエシル」、つまり軛《くびき》（＊荷車などを引かせるために片馬の首にかける横木）のあった谷という意味だ。駕谷洞の谷あいには今もこの地名が残っている。釜山から洛東江を遡って、または陸路でソウル方面に向かうときに休憩する場所で、牛馬や駕籠《かご》の集まる場所だからそう命名されたのだが、１９０５年に京釜線が開通して龍頭山の南麓に密陽駅が開業してからは、牛馬の代わりに列車が止まるようになった。密陽にやってくる列車は19世紀まで密陽を守ってきた城壁をリサイクルした砕石の敷かれた線路を力強く走った。

近代期まで町はずれだった駕谷洞のところどころに陶磁器、ガラスなどを製造する工場があった。いくつかの工場は今もなお稼働している。幼いころ三度の食事のたびに食卓に並んだ、底に「囍」というマークの記された器も、今思うに駕谷洞の線路ぎわの「密陽陶磁器」で生産されたものだった。

本章では駕谷洞を現代の領域に分類したが、そこが都市空間として形づくられはじめたのは近代期である。そのため中央路の裏手には風情ある近代建築もいくつか残っている。東西方向の裏道に面したチョン・マルスンさん宅は近代の駕谷洞の様子をうかがい知ることのできる日本式の店舗兼住宅で、建物の通り側が土間と広い板の間を設けた店舗になっている【11】。群山《クンサン》や江景《カンギョン》のように植民地期に栄えた港湾・舟運都市でも似たような日本式の商店建築を見かけるが、この家の特徴は店と並んで庭と住居があり生活空間を広くとっている点だ。また、駕谷3洞には築１００年以上の瓦葺きの家々の並ぶ一角がある。近年新築された家も点在しているが、その一角は今も品格を失っていない。今後はそうした家々を保存しつつそれと調和をなす現代のデザインを考案していくべきだろう。

密陽の都市空間を見渡したとき、もっとも難しい課題だと感じられたのは駕谷洞地区をいかに方向づけていくかということだった。低層の純喫茶、易断所、搾油所、氷室などの並ぶ駕谷洞の中央路は、どの町にもありそうな特色のない通りだ。ここで映画『シークレット・サンシャイン』のロケが行われ、主演女優の名から「チョン・ドヨン通り」との別名もついたが、実際には映画撮影に向いているとも思えない。ここをロケ地に選んだのは、おそらく本来の意味とは無関係な「秘密めいた陽光」と解釈可能な地名に惹かれたからではなかろうか。

だががっかりすることはない。駕谷洞は中央路沿いやその裏手に空き地も多く、これから変化していく可能性を秘めた都市空間だからだ。正確にいうならば駕谷洞は特色がないのではなく、まだ独自の性格が備わっていないのだ。今後、駕谷洞に密陽の未来を感じさせるスポットが作られるならば、密陽は過去と現在、そして未来が共存する歴史都市の魅力を存分に備えることになるだろう。密陽の現代的イメージをつくりあげる真のスポットはいかなる属性を備えるべきか。駕谷洞の中央路はどのような性格の建物で定義づけられるべきか。そうした模索の結果が駕谷洞の空き地を埋めていくことを期待する。それが駕谷洞を「現代の領域」に分類した本当の理由である。

美しき密陽江、嶺南楼の他者化

2千年ほど前に人々がこの川の流域に定着して以来、密陽江は人々にとってもっとも大切な暮らしの場になった。人々は海で冬をすごして戻ってきた鮎を待っていましたとばかりに捕らえて刺身にして食べ、腹からワタと卵を取り出してうるかにして食べた。そのため密陽には「身は賤夫に食われようとも、はらわたは代官さまの膳に捧げたもう」なる鮎の切なる遺言が伝わっている。

旧暦小正月のころになると邑城内に住む人々は2つの組に分かれて川の両岸に陣取り、凝川江《ウンチョンガン》の大綱引きに興じた。そして中秋の名月が天にかかる秋夕《チュソク》前後には大シルム（＊朝鮮式の相撲）大会を開いた。人々は川辺で行われるイベントにだけ「大」のつく名をつけた。密陽の「密」がもともと「巨大」という意味だったことを考えると、当地の人々は、いつとはなしに密陽を貫いて流れる密陽江を「大きな川にして一大イベントの繰り広げられる場所」と思ってきたようだ。

密陽江のように暮らしのそばにある自然を制御することは、人間が町をつくるうえで必須のプロセスだ。だが現代人はさらに欲をかく。制御された自然を甘く見て、眺めて

▲嶺南楼　嶺南楼は東の凌波閣、西の枕流閣をそれぞれ渡り廊下と階段でつないだ、ダイナミックなバランス感覚をもつユニークな建築だ。©イ・ジュオク

見栄えのする自然のひとコマに作り変えようとする。そうした態度は必然的に自然を他者化する。20世紀の後半、韓国の歴史都市には一様にそうした「傲慢な都市化」現象が起きた。密陽も例外ではなかった。こんにち目にする密陽江は美しい。けれどただ眺めるばかり、近づくことはできない。

舟橋の架けられた20世紀初めの南川江の写真と、現在の密陽江の風景とを比較してみると、この「傲慢な都市化」が近年に起きた変化だということがわかる。かつて舟橋を渡るときは、実に悠久の時間をかけて丘をつくり町の境界を隔て、新たな町のための土地を生み出した川の力、その途方もない自然のエネルギーを身近に感じることができた。流れる川の水位に応じて時々刻々と高さの変わる舟橋を渡ることは、人が川のリズムに合わせて踊るダンスにも似ていた。だが１９３４年にどんな急流にもビクともしない鉄筋コンクリート構造の密陽橋を建設してからは、もはや誰も川の流れに合わせてダンスを踊らなくなった。

密陽江を制御するには堤防を築くだけでじゅうぶんだった。だが人はそこで立ち止まらなかった。今、龍頭橋から眺めた三門洞側の川辺は、野性を去勢された密陽江をあざ笑いでもするかのように、こぎれいだが単調な日本式の造園スタイルで整えられている。

嶺南楼は晋州の矗石楼、平壌《ピョンヤン》の浮碧楼《プビョンヌー》とともに、わが国の三大名楼のひとつとして名を馳せていた。嶺南楼の美しさは、何といっても走ってきた山並みがふと歩みを止めたところの丘の上、川に向かってすっくと建つ大型木造構造物の醸し出す荘厳さ壮大さにあるといえよう。地方代官の娘がこの場所で当地出身の名僧・惟政《ユジョン》[12]に求婚という人生の一大イベントを決行したという伝説は、そんな気高さ漂う美を感じた人々の創作した物語だろう。衙北山・衙東山とひとつらなりのごとく築かれた城壁からも感じられるように、自然とともにある嶺南楼の姿からは朝鮮建築の時空を超えた普遍的価値を見出すことができる。

嶺南楼は、それだけで密陽という町全体に品格を与えている。多くの人がその堂々たる姿に圧倒され、思わずカメラを手に取る。だが実際に嶺南楼まで足を運ぶ人はそう多くない。昨今は「自撮り」が流行とはいえ、本来写真とは自分ではなく他者を写すものだ。とすると嶺南楼は今や他者になってしまったのだろうか。

誰もが密陽橋の中ほどに用意された丸く張り出したスペースに一行を立たせ、嶺南楼をバックにシャッターを切る。それゆえ嶺南楼の写真は誰が撮ろうといつ撮ろうとおんなじだ。建築を遠くから眺める美の対象としか考えない現代の建築観によって、身を置く者と関係を切り結びつつ融通無碍な姿で存在していた嶺南楼が、今では客体化された対象になってしまった。そうしたプロセスを経て建築に対する僕らの経験は少しずつ画一化されつつある。

町歩きから戻ってふと『朝鮮古蹟図譜[13]』に収録された嶺南楼の写真を見たところ、背負子を地べたに置いて楼に上がりこんだ人々が手すりにもたれて休憩し、その下では子どもたちが遊んでいる。今日この目で見てきた嶺南楼はもはやかつての嶺南楼ではない。嶺南楼ではもう、都からやってきた役人が密陽江を眺めつつ旅の疲れを癒やしたりはしないし、庶民が背負子を置いて楼に上がり、川風に汗を乾かしたりもしない。今そこは一定の距離を置いて眺めたとき美しく見栄えのする被写体でしかない。もはやそれは僕らの写真の中にのみ存在する、あくまでも他者なのだ。

人が屋根を見下ろせる町

山裾に面しているため田舎の無人駅のような風情漂う密陽駅を出て中央路を進む。駕谷洞、三門洞、内一洞を経て官衙跡まで歩くと、歴史の中に徐々に入りこんでいくような気分になる。町の地区が川で隔てられ、それぞれに異なる時代性を有しているという特性をうまく活かせれば、密陽はきわめてユニークで魅力あふれる町になるだろう。それには過去半世紀のあいだに遠ざかってしまった川と和解し、川をふたたび市民のそばに呼び戻すことが必要だ。この町を生み育んだのは、まさにこの川なのだから。

２００９年の暮れ、駕谷洞と三門洞を結ぶ龍頭橋が架け替えられた。だがこの雄大な龍頭橋はむしろ密陽江をさらに遠ざけ、アーチ橋なので歩行者が渡るにはえっちらおっちら坂を上り下りしなければならない。造形上の美しさを追求したデザインだからだ。龍頭橋の代わりにこんな橋があったらどうだろう。車両は歩行者の目に触れずに川を渡り、歩行者が川を身近に感じられるように水位に合わせて橋の高さも変わる、そんな橋（かつての舟橋にヒントを得た概念だ）。未来の密陽に自然と一体となったそんな橋を期待することはできないだろうか。

密陽江を眺めながら、貴重な歴史都市・密陽の進むべき道は、他者化された自然をふたたび「僕らのもの」にすることだとつくづく思う。そのほうが官衙復元事業よりずっと重要かもしれない。どの町も似たり寄ったりの官衙を復元したところで、活用しにくいうえに観光客誘致に役立つわけでもない。官衙建築が見たくてリピーターになる者がはたしてどれほどいるだろうか。だが水辺のオーラが感じられる町があるならば、ストレスを抱えた現代人が生きるパワーをもらえる町があるならば、おそらく繰り返しその町を訪れるはずだ。誰しも現代都市で生きていくにはいやがうえでもストレスをためこまざるをえないのだから。

川の北岸と南岸とでまったく違う密陽江と町とのつきあい方は、密陽という町をいっそう特別な色あいに染めている。こうした町の特色は堤防を存分に活かし、不必要に拡張しないことで維持できるはずだ。いつまでも両岸の堤防を歩きつつ一方に鮎の泳ぐ清らかな川を、もう一方に町の家並みを眺められる町であってほしい。人が屋根を見下ろして立ち、川に沿ってのんびりと歩くことのできる町、なんと魅力的なことか。そんな町ならば高層ビルに埋もれてふさぎこむ現代人を胸のすくような気分にさせてくれるだろう。

訳注

1「推」という漢字の語義である「推す＝押す」は韓国語で「ミルダ」。

2 中国南宋の朱熹が集大成した儒学の一派で、理気説と心性論に立脚し実践道徳と人格陶冶を解く。朝鮮半島には高麗時代末期にもたらされた朝鮮王朝の統治理念となり、多くの儒者により朝鮮性理学として体系化された。

3 1894年、暴政に苦しむ全羅道《チョルラ》地方の農民が平等を理念とする一種の宗教結社である東学のもとに寄って反乱を起こし、その動きは朝鮮全土へと波及していった。だがその鎮圧を口実に清、日本両国が朝鮮半島に進出し、やがて日清戦争へと発展した。

4 高麗期の貴族社会は文臣と武臣から成り立ち、制度上武臣は文臣の下に置かれていた。時の王・毅宗《ウィジョン》（在位1146～1170）の遊興と文臣偏重が社会混乱を招いたとして一部の武臣が1170年にクーデターを起こし、毅宗を廃位させて遠島とした。

5 2015年暮れに海川《ヘチョン》復元事業が完工し、暗渠を撤去して復元された濠に沿って遊歩道が作られた。

6 敷地を塀で囲み、その内部に庭と建物を配置した空間が朝鮮の伝統的な家の構造である。塀には屋根付きの門を設けるため、必然的に門の軒下に小さなスペースが生まれ、現代のマンションのアルコーブのような位置づけといえる。

7 2011年9月までは確認できるが、2014年には一帯の古い家々が撤去されて三門中央路5通りと同6通りを結ぶ300mの直線道路が開通している。

8 その家の当主の起居する場所、来客への対応を行う応接間でもある。部屋なら舎廊房《サランバン》、独立した棟なら舎廊棟《サランチェ》と呼ぶ。

9 「門間棟《ムンカンチェ》」は「長屋門」と訳されることも多い。伝統的な韓屋では周囲に塀を巡らして外部との出入りは門を通じて行うが、裕福な家では塀を長屋のように部屋の連続する棟として築いて使用人を起居させた。この門と一体化して塀を兼ねた棟を「門間棟」または「行廊棟《ヘンナンチェ》」といい、形状や機能は日本建築の長屋門と基本的に同じである。本書では「門間棟」の用語をそのまま用いる。

10 著者の指摘したとおり、写真のビルのテナント3軒はその後何度か入れ替わり、2016年9月現在すべて別の店になっている。

11 2016年10月現在のストリートビューでは確認できるが、2017年9月現在の地図にその地番が記載されていない。取り壊されてしまったのかもしれない。

12 文禄・慶長の役の際には義兵僧の指揮官として戦い、加藤清正と交渉するなど活躍した。戦後は京都伏見城で徳川家康と会見して和平を進めるとともに、数千人の朝鮮人捕虜を帰国させた。

13 原注：朝鮮総督府の監督下に関野貞らが朝鮮各地の遺跡・遺物を調査・集成し、1915～1935年の20年間にわたって刊行した報告書。

2 통영

統営（トンヨン）

2

海とアーティストの紡ぎ出した町の知恵 統営《トンヨン》

軍事の町からアートの町へ

1962年に発表された朴景利《パクキョンニ》（1926〜2008）の『金《キム》薬局の娘たち』は、朝鮮時代末期から植民地期までの統営《トンヨン》を舞台に繰り広げられる長編小説だ。この小説の第1節のタイトルがそのものずばり「統営」で、その冒頭のくだりはこうである。「統営は多島海《タドヘ》の一角にあるこぢんまりとした漁港だ。釜山《プサン》と麗水《ヨス》とを往復する航路の中間点で、地元の若者たちは朝鮮のナポリと呼んでいる」。小説に描かれたとおり、20世紀を目前に控えた当時の統営は軍事都市という重苦しさを脱し、徐々に漁業都市、海上交通都市、商業都市として活気を帯びつつあった。

統営は温暖な南の海辺の町だ。1981〜2010年の30年間の統計を見ると、統営の1月の平均気温は3・1℃と済州島《チェジュド》を除けば釜山（3・2℃）に次いで高い。『金薬局の娘たち』にもあるように「井戸端にうっすら氷が張ったなら、ここではいちばん寒い日だ」。日照時間も1日平均6時間を超え、全国でも飛びぬけて長い。統営の建物はどこもかしこも白一色で、クリアな日差しが白い壁に映えて町じゅうが晴れやかになる。そのうえ波消しの役目をしてくれる弥勒島《ミルット》、閑山島《ハンサンド》、巨済島《コジェド》のおかげで海はいつも穏やかで、寒流と暖流の出会う沖合の海の幸に恵まれ、高級グルメがふんだんに味わえる。ゆえに統営は観光・休養都市の自然条件を取り揃えているわけだ。

大小151もの島々の浮かぶ南海岸の拠点となる町、作曲家・尹伊桑《ユンイサン》（1917〜1995）を記念して開かれる「統営国際音楽祭」に象徴されるアートの町、統営は壬辰《イムジン》倭乱《ウェラン》以前はぱっとしない漁村だった。だが1604年に朝鮮水軍の本拠地である統制営《トンジェヨン》が当地に置かれ、田舎者が成り上がったかのごとく一躍朝鮮を代表する軍事都市になった。

統営は統制営の略称であり、統制営は「三道（*慶尚《キョンサン》道・全羅《チョルラ》道・忠清《チュンチョン》道）水軍統制営」の略称だ。壬辰倭乱当時、現在の海軍本部ともいうべき三道水軍統制営が閑山島の制勝《チェスン》

◀**カンチャンコル**　朝鮮時代には韓屋の並ぶ高級住宅街だった。向かい側に西ピランの家々が望める。64ページ参照

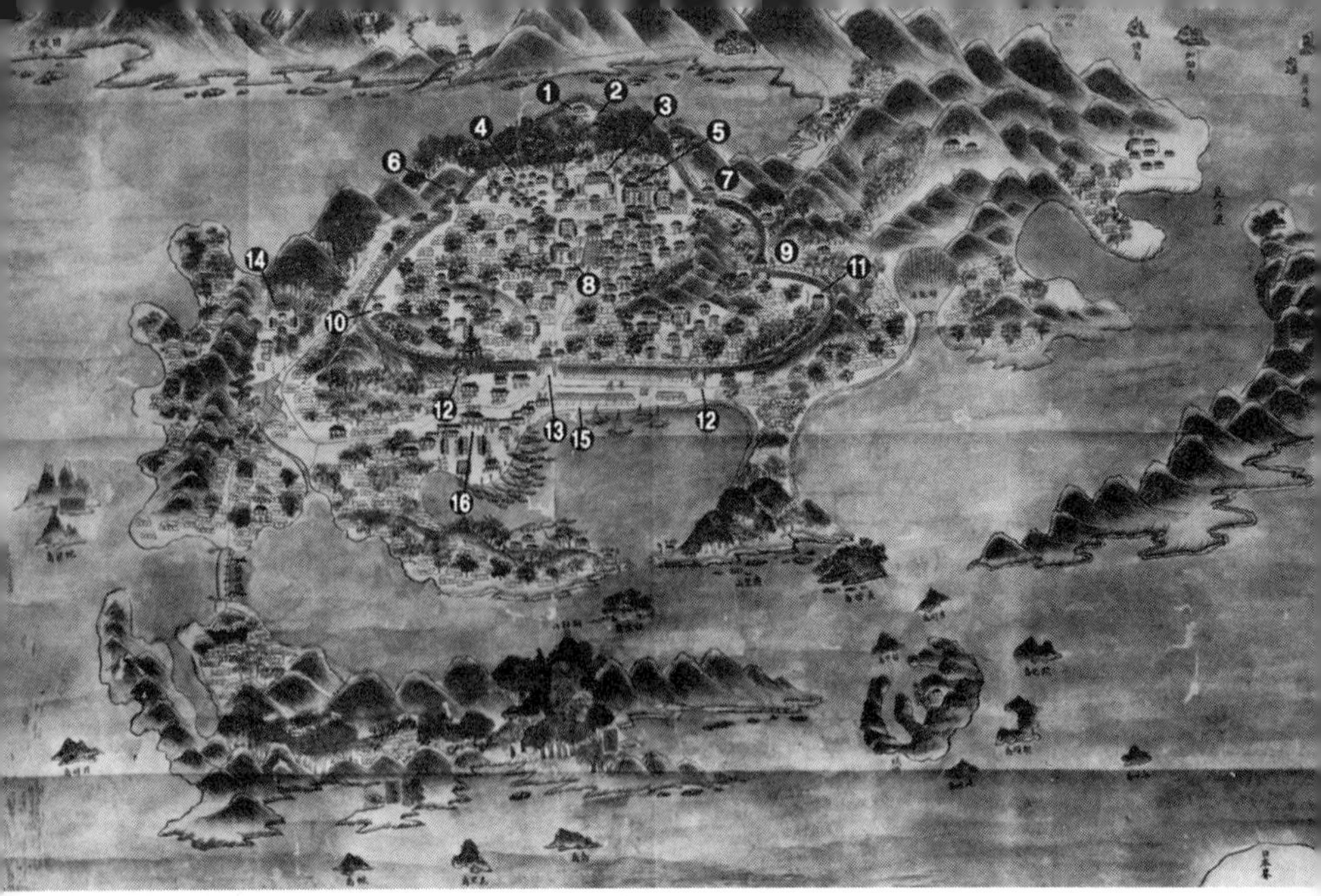

▲**統営古地図**　1865年頃、ソウル大学奎章閣所蔵
①北鋪楼　②鯑艎山　③洗兵館　④工房　⑤運籌堂　⑥西門　⑦北門　⑧中営　⑨東門
⑩西鋪楼　⑪東鋪楼　⑫暗門　⑬南門（清南楼）　⑭忠烈祠　⑮場市　⑯受降楼

堂《ダン》一帯に創設され、壬辰倭乱の英雄・李舜臣《イスンシン》（1545～1598）が初代統制使《トンジェサ》として赴任してきた。その後、統制営は巨済島に移されたが、1604年に第6代三道水軍統制使・李慶濬《イギョンジュン》が赴任し、巨済島にあった統制営を巨済《コジェ》県頭《トゥ》龍浦《ヨンポ》、つまり現在の統営市に移した。洗兵館《セビョングァン》手前の広場の右隅にある「頭龍浦紀事碑」には、統営が軍事都市として出発した経緯がそう記されている。この碑は1625年に南門外の海辺に建てられたのち、1904年に現在の場所に移設したもので、この手の碑には珍しく町の生い立ちが詳細に書かれている。

　統営は1895年に統制営が廃止されるまでの292年間、朝鮮水軍の総指令部の座を守ってきた。行政区分としては市より小さな邑《ゆう》だった統営は、1955年に「忠武《チュンム》公《ゴン》」という李舜臣の諡号からとった忠武《チュンム》市に昇格し、1995年に近隣の統営郡と合併して統営市となり、元の名を取り戻した。

　統営には洗兵館をはじめ数十棟の官衙と十二工房、兵営施設、倉庫などが建てられた。このうち現在まで残っているのは洗兵館のみだ。洗兵館は統制営の歴史的記憶をたどるうえでもっとも重要かつ貴重な証である。正面9間《けん》、側面5間【1】の大空間を確保した洗兵館は、その深い奥行を

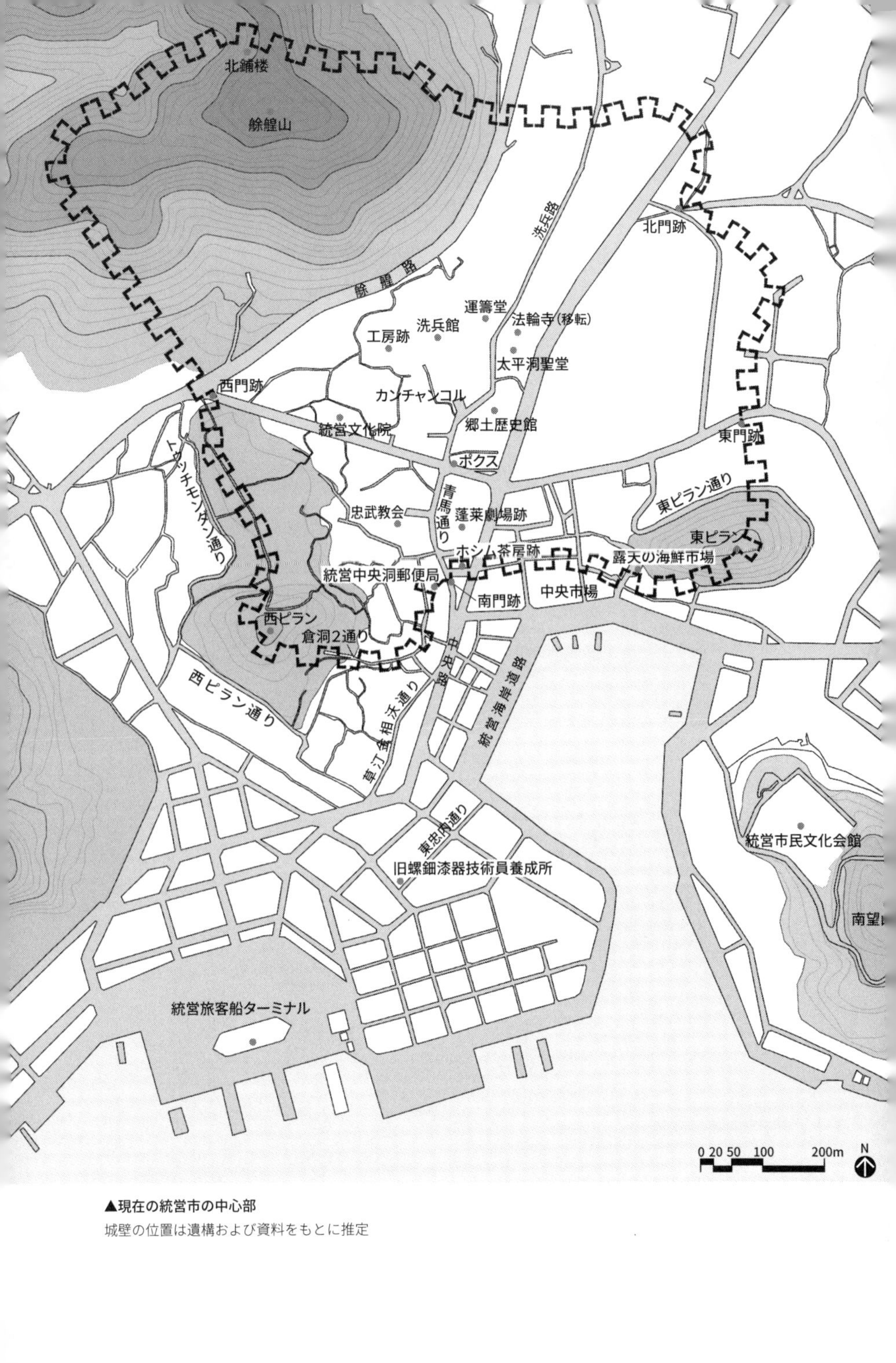

▲現在の統営市の中心部

城壁の位置は遺構および資料をもとに推定

実現するために9列の桁を配した伝統様式の建築だ。床面は井桁状に床板を敷くわが国固有の工法（*日本の建築業界では「朝鮮張り」と呼ぶ）が採られている。おおらかに広げた鷲の翼のような入母屋屋根の下に広間を湛えた洗兵館の趣は、朝鮮の建築はせせこましいという偏見を一発で吹き飛ばしてしまう。さすが国宝に指定されるだけのことはある。1963年の解体・補修の際に発見された「洗兵館重修上梁文（*棟札）」によると、李慶濬が統制営をこの地に移した翌年の1605年に50人あまりの大工を動員して6か月で洗兵館を建てたという。李慶濬は2年8か月という短い任期のあいだに統制営を移転し、洗兵館を完工させて町の基礎を固めた。

洗兵館は統制営の客舎《ケクサ》だ。洗兵館の奥には他の部分より45cm高く作られた壇があり、そこに王を象徴する「殿」の文字と宮廷を象徴する「闕」の文字を刻んだ2枚の木牌が奉安されている。客舎とは中央から出張にきた役人の宿舎だが、洗兵館にはオンドル[2]の部屋がないため、宿泊の機能を果たしていたかどうかは不明だ。いずれにせよ王権を象徴する客舎は、かつてわが国の町でもっとも重要な建物だった。統制営が廃止されたのち、1950年代まで洗兵館は統営小学校の教室として使用されたこともあった。

2003年には洗兵館の東のかつて裁判所と検察庁のあったところに統制使の執務室である運籌堂《ウンジュダン》、景武堂《キョンムダン》、兵庫《ビョンゴ》、そして統制使の官舎である内衙《ネア》が復元された。その他については目下のところ発掘・復元中だ[3]。

僕もご多分に漏れず統営の魅力に惹かれて何度かこの地を旅したことがある。けれどそんな通り一遍の旅行ではおいしい海の幸に海底トンネルといったメジャーな観光スポットの思い出が残るだけで、都市空間を理解するうえではたいして役に立たない。統営の思い出が薄らぎつつあった2006年秋、この町に何度も往復することとなった。閑山島のある漁村集落再生の仕事を任されたのだ。とはいえ、しばらくは統営旅客船ターミナル周辺のご当地グルメ・忠武キンパ[4]の店で軽く腹ごしらえを済ませてフェリーで慌ただしく島に渡る日々だったので、統営の都市空間について関心をもつ余裕はなかった。ただ閑山島へと往復する船上でときおりぼんやりと町を眺めているだけだった。

餘艎《ヨファン》山の裾野にある雄大な洗兵館が少しずつ遠ざかっていく風景で1日をスタートし、ふたたび少しずつ近づいてくる風景で1日を締めくくっていたある日、偶然ニュースで画家・李仲燮《イジュンソプ》（1916〜1956）の『統営沖』という作品を目にした。船上から眺めていたあの町が、精神を病むほどに孤独と生活苦にあえいでいた李仲燮がたったひとり海を眺めていたまさにその地だった。その日から、『統営沖』、『南望山《ナンマン》に登る道の見える風景』、『統営風景』といった李仲燮の描いた統営の絵を探しては眺めた。町から海を描いたそれらの絵画に、僕は統営という町について知りたい気持ちをいっそうかきたてられた。

そこで、ただ通り過ぎていただけの町にはじめて足を踏み入れた。あちらこちらとさまよい歩いては、人々に、そして空間に話しかけるようになった。小さな町なのに数多くのアーティストを輩出し、作品の舞台になり、多くの観光客を惹きつける町だけあって空間は多彩で、話題のタネは豊富だった。いつしか統営の興味深い物語に魅了され、3年間の閑山島での仕事を終えた後も町歩きは続いた。これまでにこの町の聞かせてくれた数々の物語のビーズの一粒一粒に、そろそろ糸を通してみようと思う。そうして心の奥に大事な宝ものとしてしまっておけば、統営の思い出はとこしえに消えないだろう。

☯ 統営のランドマーク、洗兵館

洗兵館は統営のどこからでもよく見える。いわば統営のランドマークだ。統営に来るたびに、町を見守るご先祖さまに挨拶するような心持ちで真っ先に洗兵館に向かったものだ。二十四節気を意味する24段の階段（下の2段は地面に埋もれている）を昇って望日楼《マンイルルー》の下をくぐり、洗兵館に至る。朝鮮の伝統建築によく見られるこうした楼閣の下からのアプローチは、これから特別な領域に入るのだという緊張感を訪れる者に抱かせる。楼閣を抜けると右手に受降楼《スハンヌー》が見える。壬辰倭乱の戦勝記念のために１６７７年に建てられたもので、もとは南門前の埠頭のきわ（現在のウリ銀行の位置）にあったのを移築したものだ。「降伏を受ける楼閣」、ストレートで自信あふれるネーミングだ。この楼閣の前の「兵船《ピョンソン》マダン（*「広場」の意）」、つまり壬辰倭乱で活躍した亀甲船の船溜まりでは日本軍に見立てた一行から降伏の申し入れを受ける儀式が執り行われていた[5]。

さらに24段の階段を昇って止戈門《チグァムン》という門を抜けると、四面とも壁面のない洗兵館が雄大な姿を現す。それにしても止戈門という名は不思議だ。「戈《ほこ》を止める」？ 軍事施設の門ならば「戈を構える」のほうがふさわしいのではなかろうか。止戈門をくぐると、第１３６代統制使・徐有大《ソユデ》の揮毫《きごう》による「洗兵館」という大きな扁額が重さに耐えかねるようにかかっている。この「洗兵」とは兵士を洗うという意味ではない。そう解釈したら洗兵館は巨大な風呂場になってしまう。それは唐の詩人・杜甫の詩「洗兵馬行」にちなんだ一節である。この詩は、「安得壮士挽天河　浄洗甲兵長不用（安《いずく》んぞ壮士天河を挽きて　浄く甲兵を洗うて長く用いざるを得ん＝いかにすれば壮士を雇って天の川の水を引きこみ、鎧や武器をきれいに洗って永久に用いずにすむようになるものか）」と締めくくられる。

門の名も建物の名も必勝の意志を固めるものではなく、不戦の思いがこめられているのだ。朝鮮の軍事都市・統営随一のランドマークの名にこめられたメッセージは、「戦《いくさ》に勝利して覇権を握るべし」ではなく、「戦を終息させて暮らしを守るべし」なのだ。

洗兵館の体育館みたいな板の間に腰かけてその名のもつ意味や戦争について考えてみる。朝鮮半島の南北のあいだで武力衝突があったりすると戦争についてしばし考えることもあるが、朝鮮戦争後の世代である僕にとって、実のところ戦争はまるでよその国の話だ。そんなよその国のうち戦争の話題でもっとも多く耳にするのは米国だ。３０００人あまりの死者を出した２００１年の９・11を根拠に、米国はアフガニスタンで10年以上も「テロとの戦争」を繰り広げた。米軍の戦略はテロ集団を壊滅させるというものだったが、抵抗は続き被害は増大した。

ところが初代と第３代の統制使として初期の統制営を率いた李舜臣の戦略は、それとはおおいに違っていた。それはパーフェクトな勝利、すなわち必勝の戦略ではなく、敗れまいとする不敗の戦略だった。アフガン戦争における米軍のように、必勝の戦略では味方も大きな被害に遭わざるをえない。ひるがえって不敗の戦略は味方の被害を最小限にとどめるものだ。李舜臣の偉大さは多くの敵を殺したことにあるのではない。幾多の闘いで一度も負けず、味方の被害を最小限にとどめたことにある。そうした李舜臣の戦争観と戦略は、孫子以来脈々と東アジアに受け継がれてきた伝統だ。『孫子　謀攻篇』にあるように、「不戦而屈人之兵、善之善者也（戦わずして人の兵を屈するは善の善なる者なり）」なのである。

☯ 統営、もうひとつのテクスト

その歴史を17世紀初めまで遡ることのできる統営の市街地は、歩きながら思索するのにちょうどいい規模だ。そこでは、中央路《チュンアンノ》のように何の考えもなく、または効率性のみを考えてただただ伸びる単細胞じみた道より、「草汀金相《チョジョンキムサン》沃《オク》通り」のようにカーブを描く道が好きだ。この通りが曲

▲洗兵館　庭の右隅のこの角度でしか全景が撮影できない大型木造建築で、町の品格あるランドマークだ。「洗兵館」という名称には「戦を終息させて暮らしを守るべし」というメッセージがこめられている。

線なのは偶然の産物ではないはずだ。歴史都市の空間に立ってじっと耳を澄ませば、あたかも子どもに戻って祖母と向き合ったかのように興味深い物語が聞こえてくる。

　ある朝、お気に入りの草汀金相沃通りを歩いていて朝日を浴びる西《ソ》ピラン（*「崖」の方言）を見上げたとたん、あの坂道を昇りたいという衝動に駆られた。案内標識には「倉《チャン》洞《ドン》2通り」と書かれていた。あみだくじをたどるように次々と選択を繰り返しつつ坂道を登っていくと、黒い犬が待ち構えている突き当りで道は終わった。椿、棕櫚《しゅろ》、金木犀といった木々が原始林のように繁る中に1軒の家が隠れていた。犬の鳴き声に鳥たちは声をひそめ、やがておばあさんが出てきた。そのおばあさんと長いこと話しこんだあと、別れ際にふと名を尋ねた。ソン・チャヨン。

　一瞬、僕はおおおっと思った。80代のおばあさんらしからぬオシャレな名前だからではない。そのころ僕の頭の中ではすでに「チャヨン」という単語がぐるぐる回っていたからだ。「差延《チャヨン》（さえん、la différance）」はフランスの哲学者ジャック・デリダ（1930〜2004）の唱えた概念で、空間の概念である差異（la différence）と時間の概念である延期（le délai）を合成したデリダの造語である。デリダは、すべての現象が差延というずれの作用によって現れ、または消えると考える。現象は差異によって構成され、その差異の背後には、それらを生産する差延が存在するというのだ。

デリダの哲学はひとことで「テクスト論」といえるが、ここでテクストとは文章や教材という意味ではなく、異質なものが織物《テクスチャー》のように絡み合って作られたものをいう。いわば、この本を書く僕や読者にとって異質で多様な空間の要素がないまぜになった統営という町は、もうひとつのテクストなのだ。ところが差延という概念によれば同一性(identity)を有するテクストは存在せず、テクストは空間的・時間的にたえず変容し漂流する。したがって根源となるひとつのテクストなど存在せず、その意味もまた確定していない。それは差異を通じてのみ理解され、ひとつの解釈から別の解釈へと移ろっていく。本書の話題に引きつけるならば、固有で原型的なひとつの統営は存在しない。この章に描かれる統営も、僕が現時点で僕の解釈によってつくりだした統営でしかない。

韓国社会は「ルーツ」に執着する傾向がある。だから統営旅客船ターミナル周辺にある忠武キンパの店はいずこも「元祖」を謳ったりおばあさんの顔写真を店先に掲げたりしている。忠武キンパの店だけではない。名高い芸術家の生家をめぐっても元祖論争が起きている。

詩人・柳《ユ》致環《チファン》（１９０８〜１９６７、号は青馬《チョンマ》）の生家は、統営市貞梁洞《チョンニャンドン》に青馬文学館が建設されてから藁葺の韓屋《ハノク》が復元された。だがそこで生まれたわけではない。不思議なことに柳致環の生家は巨済島にもある。統営と巨済の両者が柳致環の出生地だと主張してそれぞれで生家を復元したのだ。柳致環の自作詩解説集である『雲に描く』に、柳致環みずからが統営で生まれたと書いていることを根拠に、統営出身なのだと統営市は主張している。巨済市および柳致環の遺族は、柳致環は巨済で生まれて統営に転居したと主張している。一件は法廷に持ち込まれ、最高裁まで争われた。裁判所がいかなる論理で柳致環のルーツを明らかにするのか気になるところだ[6]。

多くのアーティストを輩出した統営には、町のあちこちにそれらアーティストの生家があった。アーティストの生家の密度なら世界一かもしれない。以前これらのスポットを遊歩道で結べば世界にアピールする観光商品になりうると思ったことがあった。そこでそれぞれの生家がどんな状態なのか気になって訪ね歩いてみた。道泉洞《トチョンドン》の尹伊桑の生家は２０１０年に竣工した尹伊桑記念館に取って替わられていた。港南洞《ハンナムドン》の詩人・金相沃（１９２０〜２００４）の生家跡は安宿になり、南望山公園入口の詩人・金春洙《キムチュンス》（1922〜2004）の生家跡は韓洋折衷の家に、西門《ソムン》峠のふもとの朴景利の生家跡はレンガ造りの家に変わっていた。まともに残っているところは1軒もなかった。

結局、統営でアーティストの真の生家を訪ねることはできないとの結論に達した。それからは生家探しはやめにした。統営市では今なお生家跡を重要な観光マーケティングのネタとして活用している。生家付近の通りにアーティストの名を冠した名をつけて銅像・記念碑・案内板などを設置し、デザインもその人物をモチーフにし、と相変わらずだ。だが残念なことにその名を冠した通りから本人の生家跡にたどり着くのはかなり困難で、よしんばたどり着けたとしてもあまりの変わりように拍子抜けしてしまう。統営には生家の原本は消え失せ、その拡大コピーだけが残っている。

ともあれ、デリダより1歳年上で、デリダよりはるかに以前から「チャヨン」という名を使ってきた坂の上に住むおばあさんは、それまで僕が統営で考えてきたいくつもの「差異」と「延期」について改めて思い起こさせてくれた。そしてそれらを明らかにすることによって統営というテクストをひとつの視点から語っていいのだと教えてくれた。

だがデリダについてはもう忘れようと思う。今大事なのは細かく枝分かれして人を悩ませるデリダの理論ではなく、細かく枝分かれした道の織りなす統営の複雑な空間なのだ。

☯ 暮らしとアートの出会い

やや詳細な韓国地図を開いてみると、統営は鶏の首ねっこみたいに半島の先っぽにかろうじてくっついている。植民地期に「二等道路」[7]として開通した国道14号線がこの町と陸地とをつないではいたが、この道は1970年代まで未舗装だった。かつて統営からソウルに行くには、船で釜山まで行き、そこから列車に乗り換えなければならなかった。地勢からみても人々の動きからみても、海が統営の玄関口であり正面だった。くねくねと走ってきた陸路は、統営にきて両班《ヤンバン》（*高麗・朝鮮時代の支配階級）のかぶる冠帽のごとくそびえる2つの丘のふもとを回りこんで長い旅路を終える。その丘の前に立つと聞こえてくる海鳴りが、疲れた旅人の身と心とを癒やしてくれる。日々の暮らしに追われて疲れ果て、遠い道のりをやってきた者にとって、海をやさしく抱く麗しき港町・統営はもうひとつの故郷だ。

それゆえなのか、韓国の芸術史に太字で記録されるような何人ものアーティストが統営に生まれ、または第二の故郷としている。劇作家・柳致眞《ユチジン》（１９０５〜１９７４）、詩人・柳致環の兄弟を筆頭に、画家・全爀林《チョンヒョンニム》（１９１６〜２０１０）、作曲家・尹伊桑、詩人・金相沃に金春洙、小説家・朴景利はいずれも統営出身だ。この小さな町が20世紀初めの短い期間にこれほど多くのアーティストを生んだという事実は驚くに値する。これらの人々が同郷のよしみで集まれば、韓国芸術家代表会議だって開けそうだ。

平安《ピョンアン》北道定州《チョンジュ》出身の詩人・白石《ペクソク》（１９１２〜１９９５）は統営で暮らしたことはなかったが、五感のすべてを動員して統営の空間構成と人物像を表現した3篇の詩を残した。統営に暮らした柳致環の詩には「統営」という地名が登場することはなかったが、白石の詩はどれもタイトルからして「統営」だ。平安南道平元《ピョンウォン》出身の画家・李仲燮はわざわざこの地にやってきて集中的に創作活動に取り組み、最高傑作の数々を残した。故郷から遠く離れた南の海辺へと彼らを惹きつけたものは何だろう。白石は美しい海に加えて詩に登場する「明井《ミョンジョン》の里に暮らす蘭」なる女性への想いから統営を胸に秘めていたらしい。ならば数え17歳で一家で海沿いの元山《ウォンサン》に引っ越してつねに海を身近に感じていた李仲燮が統営にやってきたのはなぜだろう。

落ち着いた美しい町とはいえ、統営で暮らすならば海の荒波をも受け入れなければならない。海とは本来、青く穏やかだったかと思うと、次の瞬間には猛々しく白波が砕けるものではないか。統営国際音楽祭を５日後に控えた２００７年３月18日、市街地のそこかしこに「ＴＩＭＦ（Tongyeong International Music Festival）」と書かれたフラッグがはためいていた。昼に入った旅客船ターミナル近くの飲食店で食事が出てくるのを待っていると、テレビから統営国際音楽祭のＣＭが流れてきた。するとお昼間から飲んでいたコップ酒をドンと置く音とともにきついお国訛りが聞こえてきた。「統営もんに音楽がわかるけ？　魚祭りならまだしも……」。この町を何度も訪れていると、こうした無骨さ、よくいえば飾らぬ生き方を示す物言いに少なからずぶつかる。最初のころは誰もがケンカ腰なのかと本気で思った。

だがそのときふと疑問が湧いた。海の町、軍事都市として出発した統営の荒っぽい風土から、なぜ名だたるアーティストが次々と生まれたのだろう。またいかにしてこの国を代表する数々の工芸品が制作されえたのだろう。このことについて朴景利は『金薬局の娘たち』で次のように自問自答している。

▲統営港　日々の暮らしに追われて疲れ果て、はるばる訪れた者にとって、海をやさしく抱く麗しき港町・統営はもうひとつのふるさとだ。

それ以外にも栄螺《さざえ》の貝殻で作った螺鈿の器物が名高い。原料を海から採集するからなのかわからないが、真珠の輝きより華やかで表面がつややかな栄螺や鮑《あわび》の貝殻をさまざまな意匠に細工し、木材に象嵌して作った箪笥、床几、鏡台、文箱、ものさしに至るまで、絢爛華麗な家具や器物の製作は早くから発達していた。男たちの多くが海に出て獲った魚の腹なんぞをさばいて生計を立てているこの地の粗野でがさつな風土の中で、あれほど繊細で耽美的な手工業が発達したとは、なんとも不思議なことだ。海の色が美しいからだったのかもしれない。黄色い柚子が熟れ、燃えるように赤い椿の花の咲く清明な気候のせいだったのかもしれない。[8]

だが軍事都市として出発した町が芸術の町になったのには、それなりの理由があった。軍事と芸術、一見すると同列に語るのは難しい単語のようだが、統営に置かれていた十二工房のことを考えれば疑問は解ける。統制営十二工房は洗兵館の裏手、旧統営小学校のところにあった職人の作業場だ。初代統制使・李舜臣が創設したと伝えられる統制営の工房は、軍需品および生活用品を独自に調達し、国への献上品を生産するシステムだった。それぞれの工房には親方である1人または2人の片首《ピョンス》のもと、小規模なところでは1人、大規模な工房では82人の職人が配属されていた。全国から集められた職人の腕前は芸術の域に達していたはずだ。この町の芸術はこうした匠の技から花開いていった。

1895年に統制営が廃止されたのちも相当数の職人が統営に残ったという。気候が温暖で食に恵まれていたからかもしれない。ともあれ、匠の命脈がこんにちまで受け継がれて螺鈿漆器、家具、銘々膳、冠帽などの工芸品が有名になったのだ。特に統営の螺鈿漆器は苦しい生活を強いられた時代にも女性の嫁入り道具として珍重されたいわばブランド品だ。統営出身のアーティストは知らぬまにそうした匠の精神を受け継いでいたのではないだろうか。

李仲燮はなぜ統営に行ったのか

平安南道平元で大地主の末息子として生まれた李仲燮は、当時は平安北道定州にあった五山《オサン》高等普通学校[9]に転校し、白石の後輩になる。五山学校を卒業後、日本に留学した李仲燮は取り憑かれたように絵の勉強に没頭する。そして公募展に出品して日本画壇で認められる。27歳のとき徴兵を逃れて帰国した李仲燮は、その後日本で知り合った山本方子《まさこ》を呼び寄せて結婚、長男を病で亡くしたのちに2人の子をもうけ、山あり谷ありの人生を歩んでいく。朝鮮戦争が始まると家族とともに戦火を逃れて釜山、済州を転々としたが、いよいよ生活が厳しくなったため妻子を日本の実家へと送り返し、休戦後に統営へとやってきた。

1953年、李仲燮の短い生はすでに終焉へと向かいつつあったが、統営でその芸術は学生時代に夢見ていた理想を実現しようとするかのように燃え上がって絶頂期を迎える。李仲燮が統営にやってきた直接の動機は、統営の慶尚南道螺鈿漆器技術員養成所の教育責任者だった工芸家の劉《ユ》康烈《ガンニョル》に誘われたからだ。李仲燮は養成所の片隅に作業スペースをあてがわれ、創作に没頭する。この時期に統営のあちこちを回って一心不乱に風景画を描き、特に牛の絵を好んで描いた。李仲燮が日本の妻に送った手紙によると、統営で冬のあいだに描いた作品は100点を超えたという。

2010年1月8日に統営に着いた僕は、洗兵館の裏手の山へと登る坂道「艅艎路《ヨファンノ》」に車を停めると、町と海を見下ろしてスケッチした。白い壁の家々は一様に、かつて女たちが頭に載せて運んだ水汲みの甕のように、青い給水タンクを屋根に載せている。水の町で給水タンクが必需品というこの逆説的な風景から、この町の差し迫った生存条件とそれに立ち向かった人々の生活力を感じる。統営の上水道の水源は晋州《チンジュ》の南江《ナムガン》だ。そこから西ピランの頂上の配水池へと水を引いて午前6時から午後1時まで時間制で水道水を供給[10]するため、水は溜めておかなければならない。洗兵館の裏手から見晴らすと、湾の向こうに山々がパノラマのように広がっている。風水でいう山脈のエネルギーが集まる「龍穴」と向かい合う「案山」に当たる南望山の中腹にどっかりと腰を据えた統営市民文化会館は、大きさをひけらかすように無遠慮に『南望山に登る道の見える風景』をぶち壊している。

　その後、李仲燮の作品を初期のものから仔細に検討し、僕のスケッチと李仲燮の風景画に共通点のあることを発見した。前景に木立があり、中景には海、その向こうの遠景に山がある。李仲燮の描いた海は水平線の果てしなく広がる大海原ではない。それは山によって仕切られた海、人間が生存のために漁船を浮かべる実存の場だ。こうした木立、海、山からなる構図は、李仲燮が20代のころ描いた『望月』や『望月2』から晩年の大作『桃園』に至るまで繰り返し登場する。30代の作品『統営沖』、『南望山に登る道の見える風景』のような統営の風景画も同じ構図で描かれている。ひょっとするとこの構図こそ李仲燮の考えていた「大郷」、すなわち理想郷ではなかったか。「大郷」とは李仲燮の母校、五山学校の設立者の李昇薫《イスンフン》がモットーとする大理想郷の略で、李仲燮は１９４１年からそれを号としていた。

　五山学校の教師で、学生時代の李仲燮に影響を与えた任《イム》用璉《ヨンニョン》の妻・白南舜《ペクナムスン》の『楽園』を見ると、その推測をいっそう強くする。やはり山に囲まれた水辺を描いたこの屏風形式の油絵では、海は漁船が浮かんで人間に身近な自然、つまり暮らしの場となっている。李仲燮は海と山とが調和をなす『楽園』の構成に近景・中景・遠景の違い、つまり遠近感を際立たせ、早くからこれを自分の理想とする構図にしたようだ。李仲燮が学生時代からあたためてきた理想の構図が、統営にはすでにあったのだ。

　統営での李仲燮の暮らしは、その芸術世界とはうらはらに真っ逆さまに転落していった。生活苦のために妻子を日本へと帰した後だったので、家族もいなかった。統営から東京の妻子に宛てた絵手紙を見ると、明るい表情で頬を寄せ合い肩を組んだ家族4人を絵筆の三脚が支えている。

　けれど家族の再会は絵手紙の中でしかかなわず、１９５４年の夏、李仲燮は短くも意義深い時間をすごした統営を離れてソウルに向かう。そして生の試練は絶頂に達する。作品にはろくな値がつかず、評論家には酷評される。李仲燮に対する美術界や社会の評価は後世の者の手に託された。赤貧洗うがごとき生活苦と北朝鮮地域の出身ゆえに容共主義者と疑われることさえあって苦しんだ李仲燮は、やがて精神病院への入退院を繰り返し、１９５６年に40歳目前の若さで壮絶な生に幕を下ろす。

死後半世紀以上たったこんにち、李仲燮は美術品市場では朴壽根《パクスグン》、金煥基《キムファンギ》とともに高値のつく作家に数えられる。だがそんな大逆転もどこ吹く風、李仲燮はなお統営の都市空間を漂っている。

仕事の都合でたびたび立ち寄った統営では李仲燮のアトリエ近くを何度か通りかかったが、それと知ったのはずいぶんたってからだった。それですら「居酒屋・牛」という看板のおかげだ。李仲燮の代表作『白い牛』を真っ二つにして左右を逆向きにしたうえで上下に並べて配置し、真ん中に「牛」と大書した看板である。上の頭は焼酎を飲む前の牛、下の尻尾は焼酎を飲みすぎてへべれけになった牛の姿。たしかに李仲燮の作品には顔と体の向きがあべこべに描かれた人物像が数多く登場する。

僕はそのとき「なんで今まで気づかなかったんだ」などと自分を責めはしなかった。相応の理由があったからだ。まずアトリエのある路地の名は「大郷通り」とか「白牛通り」ではなく「東忠《トンチュン》内通り（＊現・港南3通り）」だ。よそ者には冬の虫《トンチュン》くらいしか思い浮かばない。案内板は人目につかない壁に適当に立てかけてあるような黒く古びた感じの石で、きわめて節制のきいた一文が書かれていた。「西洋画家李仲燮 LEE CHUNG-SEOB（１９１６～１９５６）が避難期に作品活動をしていた地」[11]。

李仲燮の朝鮮戦争時の避難先は釜山と済州で、統営には休戦後に来たわけだから、碑文の情報も正確ではない。ともあれ、軽量鉄骨トラス構造の屋根で大空間を確保し、日本家屋によくある下見板張りの壁面であることから、黒い石の置かれたその2階建てが１９５１年に設立された螺鈿漆器技術員養成所に違いないようだ。

李仲燮は号を大郷としていたが、彼が作品で再現した「大郷」はむしろごくコンパクトだった。後に妻となる美術学校の後輩・山本方子に送った絵はがきは、てのひらほどの紙幅でも、ときに細やかな、ときに雄大な光景を思いのままに盛りこめることを示している。統営の空間も李仲燮の作品に似ている。大ぶりでフニャフニャではなく、小ぶりでコクがある。まるで忠武キンパに添えられたプリプリのピリ辛イカのように。

統営で城壁に囲まれた場所、つまり風水でいう主山（艅

▲李仲燮の『桃園』 李仲燮が晩年に描いた絵画のうちもっとも大型の作品で、
生涯胸に抱いてきた理想郷が描かれている。
紙に油彩、65×76cm、1954、ソウル市／ソル・ウォンソク所蔵艎山）と左の青龍（東《トン》ピラン）・右の白虎（西ピラン）に囲まれた都市空間は、大きめの集落ひとつくらいがちょうどいいこぢんまりした空間だ。こうした町の条件に長い時間をかけて適応するなかで、狭い空間を賢く使う知恵が生まれたのだろう。この町の至るところにそんな生活の知恵を垣間見ることができる。旅客船ターミナル付近の忠武キンパの店は大半が間口2ｍあまりで、人ひとりの背丈ほどの横幅だ。その狭い空間を2つに分けて一方にテーブルを置き、もう一方はオンドルを施した小上がりにして椅子席と座敷どちらでも食事できるようにしてある。小上がりの高さは35㎝だ。フェリーに乗りこむと、窓際に奥行40㎝ほどのベンチがぐるりと巡らせてある。小さなフェリーだが、これも立席とベンチの両方に対応している。

土地に余裕のない統営には大規模な住宅団地が存在しない。その代わり低層部を商店街にして高層部を住居とした住商複合マンションがあちこちで目につく。マンションも塀で囲わずに、低層の商店街の部分を他の商店建築と並べることで通りの連続性を確保している。統営の町並みを歩くのが楽しい理由は、通りが塀で分断されておらず、建物と一体化しているからだ。ではいよいよ本格的に統営の都市空間へと踏み出そう。

☯流れる道と昇る道

地図に記された統営の道路体系を見ると、この町が主として2つのタイプの道で構成されていることがわかる。等高線に沿ってゆるやかに流れる道、そしてそれらを結んで昇る道。これらの道が統営というテクストを織りなす横糸と縦糸だ。前者はゆるやかに続くループ状、後者は昇るにつれて二股に分かれていく樹形状になっている。この2つのタイプの道は統営が海の町であり丘の町でもあることを物語っている。

枝分かれした道は中心の太い幹から小枝が出ているのではなく、1本の枝が同じような太さで二股に分かれていくかたちだ。ゆえに分岐点の手前と奥とで道幅に違いはない。そんな道で構成される空間は、位階や中心の存在しない均質な空間になる。

坂道でそうした特性の当てはまらない唯一の道が「青馬通り（*正式名称は洗兵路《セビョンノ》）」だ。中央洞《チュンアンドン》郵便局と洗兵館とを結ぶ、詩人・柳致環を記念してその号を冠した250ｍの通りである。とはいえ20世紀に拓かれた道ではない。統制営のころに城壁の築造に合わせて造成されたこの道の歴史は、町の歴史とともにある。1865年ころの古地図の真ん中に薄い線で記されているのがこの道なのだ。

この道は他の坂道とは違い、弓なりにゆるやかにカーブした1本の流れだ。形式に従えばこの町でもっともステータスの高い道だ。海岸が埋め立てられる前はこの道が海まで達しており、海辺から南門（清南楼《チョンナムヌー》）を経て客舎である洗兵館に至る町の目抜き通りだった。行政の中心地として出発した歴史都市では、青馬通りのように南門と客舎とを結ぶ南北方向の道は、統制使の赴任など政治上の儀礼の場となる「儀式の軸」だった。

港南1番街のような海沿いの通りは等高線に沿って形成されたループ状の道のもっとも低い部分で、もともとは海抜0mに近い道だった。この海沿いの道から丘へと昇りつつ道は枝分かれしていく。逆にいえば統営の道は海沿いの道へと集まっていく。港南1番街から西の丘へと続く細い路地をたどっていくと樹形状の坂道を体験できる。路地を進むと二股に分かれ、そこで一方を選んで少し昇るとまた二股に分かれる。まるで子どものころ木登りで枝分かれした地点にくるたびにどちらかの枝を選んで登っていったように。選択に選択を重ねて歩いていくうちに、道は突き当たりに木の葉のような門を構えた家のある袋小路で終わる。

最近、住所体系がブロック単位から道路名[12]に変更になったため、これらの路地にもすべて名前がつき、標識が立てられた。だが町歩きをしてみると、この手の道路名はむしろ混乱を招くだけであまり役立たない。1本の道がどこからどこまでなのかはっきりしないからだ。分岐点から分岐点までを道の単位として名前をつけたらしいが、樹形状の道では始点はひとつだが、次第に枝分かれして道がどんどん増えていくので、ひとつひとつ違う名をつけるには限界がある。そこで統営でも○○1通り、2通り、3通りというふうに名づけた。だがマンハッタンのように格子状に通りの並ぶ町なら道路名の住所体系も有効だろうが、樹形状の道路をいちいち区別するのは実際には町の全世帯を記憶するのと同じくらい難しい。道路名住所への変更を提唱した役人は、果てしなく枝分かれしていく統営の道を歩いたことなどあるまい。

☯ 都市空間の理性と感性、そして歩行本能

韓国の歴史都市では町を横切る広くてまっすぐな大通りのすぐ裏にある路地を歩いてみることをお薦めしたい。統営では中央路の1本裏手の港南1番街がそんな道だ。この通りはパン屋から始まってCD店で終わる商店街である。

2007年には港南1番街に「草汀金相沃通り」という

名もついた。1920年にこの道沿いのある家で詩人・金相沃（*草汀は号）が生まれたからだ。金相沃が生まれたころ、この道は現在のように大通りの裏手に隠れてはいなかった。この通りが海に面した町の表通りで、道沿いには統営名産の冠帽を制作・販売する工房が軒を連ねていた。金相沃の父親は十二工房の匠の技を受け継ぐ冠帽職人だったという。

のちに港南1番街の手前に、海岸を埋め立てて生まれた都市空間を貫く新道である中央路が開通した。すると港南1番街はたんなる横丁へと落ちぶれ、冠帽工房も姿を消した。ミスマッチを揶揄する言い回しに「冠帽をかぶって自転車に乗る」があるが、それも士大夫ファッションの必須アイテムだった冠帽が時代遅れのシンボルへと転落したからだ。金相沃の生まれた1920年代は自転車の普及と冠帽の消滅が盛衰の双曲線を描きはじめたころだ。そのため家計の傾いた金相沃は、普通学校を卒業すると印刷所で活字拾いをする文選工として働きながらの苦学を余儀なくされた。通りも、そこで暮らしていた人々も運命をともにしたのだ。

わずか数歩の差だが、草汀金相沃通りからは大通りでは感じられない情感が伝わってくる。自動車の危険と騒音がないからだろうか。この横丁では町並みの窓越しに伝わる生の営みの風景や音、そして匂いが感じられる。五感を通じて町を感じることができるのだ。そこでは、やっと本当の自分に戻って心のゆとりを取り戻す。

何がその違いを生むのだろうか。自動車の影響も無視できないだろう。だが何よりも道のできたプロセスにその答えを見いだせるはずだ。中央路は、等高線に沿って現れる自然の流れとそれに順応して長い年月にわたって形づくられたきた町のあり方を無視し、できるだけ広くまっすぐ最短距離で作られた近代の理性の産物だ。その道は人間の理性には破壊的で暴力的な一面のあることを示している。そうした道は町の過去を知らない。ゆえに町の昔話に耳を傾け、過去と現在の違いに関心を寄せる人々に、その道はいかなる物語をも聞かせてはくれない。

だが港南1番街は、海と陸地との出会い方や地形の変化を見つめつつ生まれた感性の道だ。その道には海岸に沿って歩いていた無数の人々の痕跡が積み重なっている。その道を歩くことは、歩行の痕跡を重ねることによって町を作りあげていく不断のプロセスにみずからかかわることだ。その道では歩行者と都市空間は相互に交感する。新兵訓練所で規律を叩きこまれた兵士でもあるまいに、中央路のようにまっすぐ前進し、一定の地点に至ると一定の角度で方向転換して進むわけでもなかろう。足の裏から全身に伝わってくる地形の変化を感じつつ、ゆったりと体を動かすのが人間の真の歩行本能だ。不必要に人間の本能を抑圧したりしない、理性的であるより感性的に建築や町と出会わせてくれる道。そんな通りが港南1番街なのだ。

青馬通りの時間

南門と洗兵館とを結ぶ儀式の道だった青馬通りは、近代期に都市生活の道へと変貌した。教会に行き、手紙を送り、茶を飲み、展覧会や演劇・映画・音楽会を楽しむなど、さまざまな都市生活の営まれる場の並ぶ青馬通りは町のメインストリートとなった。現在は車が往来して印象がぼやけてしまったが、このゆるやかに弧を描く坂道が人々の通りだったことは今なお感じることができる。

この道を歩けば、南門跡、統営中央洞郵便局、ホシム茶房跡、蓬莱《ポンネ》劇場跡、忠武教会、ポクス（*集落の守護神の石像）、中営《チュンヨン》（*統制使の補佐を務める参謀長たる虞候《ウフ》の執務室）跡、郷土歴史館を経て最終的に洗兵館に至る。

通りの南端にはポケットパークがあって町歩きの途中で一休みもできる。ここには柳致環の「郷愁」詩碑が携帯電話ショップを背に建っている。「……わが故郷ははるけき南の海辺、きらめく波間のかなた……」と読んでいようものなら、「ホームシックなんかスマホで解決！」とか言われそうだ。メディアの氾濫に押されて詩を味わうことすらままならない。

郵便局と以文堂《イムンダン》書店 [13] とが60年以上も青馬通りの目に見えぬ玄関口の役割を果たしている。もともとこの2つの建物の向かい合うT字路の交わるあたりに統営の四大門でもっとも大きな二層楼門の南門、清南楼があった。だが今では豪壮だっただろう楼門の痕跡はどこにも見当たらない。

統営中央洞郵便局は、当時統営で教師をしていた柳致環が女流時調《シジョ》（*伝統定型詩）詩人の李永道《イヨンド》（1916〜1976）に5000通あまりのラブレターを送った場所として知られる。郵便局の前には柳致環の「幸福」詩碑がある。名称は植民地期の日本式の呼び方「統営郵便局（*우편국）」から韓国式の「統営郵逓局（*우체국）」へ、そして現在の「統営中央洞郵逓局」へと変わったが、1922年からこの場所にはつねに郵便局があった。柳致環が「エメラルド色の空が見はるかせる郵便局の窓辺に来て貴女に手紙を書いた」統営郵便局は、かつては2階建てのシャレた近代建築だったが、現在は3階建ての味気ないビルに変わっ

ている。

郵便局の先にある日本式の2階建ての1階にはホシム茶房があった。ホシム茶房とその前身である緑陰《ノグム》茶寮は芸術家たちの社交室でありギャラリーでもあった。統営に滞在して作品活動をしていた李仲燮もホシム茶房で個展を開いたことがある。ホシム茶房は建て替えられてテナントは「ミューズ」へと名を変え、最近は「視線集中」というカジュアルファッションの店になった（＊2016年9月現在は「東方韓医院」）。

演劇や映画、音楽会などが行われていた多目的ホールの蓬莱劇場は2005年に取り壊されて跡地は駐車場になった。柳致環の兄・柳致眞の戯曲『元述郎《ウォンスルラン》』や『麻衣太子《マイテジャ》』が上演されていた文化施設はモータリゼーションの波に押されて消えてしまった。自動車がこの美しい芸術の都から数々の物語を奪いつつある。

青馬通りを洗兵館方面へと進み、通りを渡るとすぐ右手に1基の石像がある。一般には丸太を加工して造られ「チャンスン」と呼ばれるこの像を統営では「ポクス」と呼ぶ。『金薬局の娘たち』にも、ぼんやりと立ちつくす様子を「ポクスのように立っている」と表現した場面がある。国の重要民俗文化財に指定されているこのポクスは、道路拡張工事のため近くから移設されたものだ。韓国の町では人も文化財も自動車に追われる同じ身の上だ。

チャンスンとは、集落や寺の入口などで境界を示したり結界を張ったりする守護神の役割を果たしていた民間信仰のモニュメントだ。四方を山に囲まれた低地であるこの地の「気」を補強し、集落の安寧を祈るためにこのポクスが立てられたという。チャンスンは男女一対で立っているのが一般的だが、当地のポクスは珍しいことにひとり孤独に立っている。額には深くしわが刻まれ、丸い目をむき、鼻はつぶれた三角形だ。頭に帽子をかぶり、顎の下には太い三筋のひげをたくわえている。ニカッと笑った口からは鋭い牙が長く突き出ているが、恐ろしげでもありユーモラスでもある。胴体の前面には「土地大将軍」と刻まれており、背には「光武十年丙午」と彫ってある。光武10年は1906年。100年以上もこの町のシンボルであり、ペーソスを振りまくありがたい存在だ。

町の中心部、餘艎山の南の裾野

農村地域にある伝統的な集落と統営のような歴史都市の居住地、その違いは何だろうか。外観上はまず家々の軒の高さや密度が違う。だがさらに奥へと踏みこんでみると根本的な違いがある。要約すると、農村の集落では手前－奥の概念が強いのに対し、町なかの居住地では中心－周辺の概念が強い。都市に農村集落には存在しない「場末」という場所があるのはそのためだ。農村集落では奥まった高台にあるほどステータスが上がるが、都市では違う。タルトンネ（*「月の町」の意）と呼ばれる斜面にへばりついて上へ上へと形成された貧民街があるように、都市の居住環境では高度が上がるほど社会経済上のステータスが下がる傾向がある。都市では中心部に近づくほどステータスが上がる。城壁で囲まれた都の中心には王宮があり、地方の行政都市には王権のシンボルたる客舎が置かれた。

　統営では艅艎山の南の裾野が町の中心部だ。艅艎山は統営をその懐に抱く主山であり、『金薬局の娘たち』に何度も登場する「アンドゥィ山（*「内裏山《うちうら》」の意）」とはこの山のことだ。つまり城内の裏山という意味だ。艅艎山の南麓は、風水上は背後に山が控え前方に海を臨む好適地だ。そのうえ左の青龍（東ピラン）、右の白虎（西ピラン）まで従えているのだから、最強のパワースポットといえる。そこでこの地に洗兵館をはじめ統制営の中心施設の数々が置かれた。軍事都市の機能が弱まった20世紀には、法輪寺《ポムニュンサ》、忠武カトリック教会、忠武教会といった宗教施設がこの地に建てられた。

▲**ポクス**　恐ろしげでもありユーモラスでもあるこの石像は、1906年から町を見守りつづけている。

　法輪寺は、1609年に運籌堂の下に建てられた営吏《ヨンニ》庁《チョン》（*統制使以外の役人の執務室）の建物を20世紀初めから本堂・大寶殿《テポジョン》として利用している。役人の出入りしていた建物が宗教施設になったのだ。寺として使うに際して近代風のL字型の庫裏《くり》を増築して庭を囲むこぢんまりした空間を設けた。忠武教会は英国出身でオーストラリア長老会の宣教師アンドリュー・アダムソン（韓国名・孫安路《ソンアルロ》）が1905年に設立した。現在の建物は1984年に新築したもので、2本歯の巨大なフォークのような尖塔が、古くからのランドスケープである艅艎山の裾野のゆるやかな稜線を容赦なく破壊している。

　現在の太平洞《テピョンドン》聖堂の場所にはかつて忠武カトリック教

会があった。植民地期に日本の東本願寺だった施設が解放後の1947年に払い下げられたもので、内部を改修したうえで教会として使用されていた。仏教の施設をカトリックが買い受けて使うというのは、トルコ・イスタンブールのアヤソフィアがイスラム寺院として使われたことを想起させる、きわめて珍しいケースだ。現在の建物は1969年に東本願寺を取り壊して新築したものだ。法輪寺と太平洞聖堂は統制営の復元事業にともなっていずれ移転する予定だ[14]。

　艅艎山の裾野、官衙建築群の下（南側）にカンチャンコル地区がある。もとは「官庁（クァンチョン）のあった谷あい・集落（コルチャギ）」という意味の「クァンチョンコル」だったが、徐々に転訛して現在の地名になった。この地区は海を見晴らせる高級住宅街である。統営城内のほぼ真ん中に位置する古くからの住宅地で、築100年以上の家があちこちに残っている。ソウルでいえばさしずめ朝鮮時代の王宮で観光名所の景福宮《キョンボックン》と昌徳宮《チャンドックン》に挟まれた北村《ブッチョン》地区に当たる。旧韓末期の写真を見ると、統営の大半が藁葺屋根の家々なのに、洗兵館周辺には甍の波が続いている。それが官衙建築群とカンチャンコルの家々だ。

　『金薬局の娘たち』で裕福だった金薬局の住まいのあったのもカンチャンコルだ。カンチャンコルには南北に走る路地が2本あり、東側がカンチャンコル1通り、西側がカンチャンコル2通りだ。幅2mほどのカンチャンコルの路地は人を思索へといざなう落ち着きあるひっそりした空間だ。太陽は日に一度ずつこの路地の西と東の塀を照らし、西ピランへと沈んでいく。悲劇的な文学作品の舞台にしてはあまりにものどかで安定した雰囲気だ。

　カンチャンコル1通りの坂道を昇り、東へと分岐する路地を抜けると、洗兵館前の青馬通りに出る。カンチャンコル2通りを昇ると左に西門《ソムン》1通りがあり、その道の左に近代文化遺産に登録されている統営文化院がある。1923年に建てられた2階建ての赤レンガの建物だが、植民地期に抗日運動を繰り広げていた統営青年団が会合の場所として利用していた場所だ。現在、1階は統営文化院、2階は忠武高等公民学校として使われている。忠武高等公民学校は最近あまり見かけなくなった小中高校課程の夜間制の学校だ。この前の道をまっすぐ昇っていけば西門に至る。

☯町の周辺部、東ピランと西ピラン

　町の中心部に位置する高級住宅地カンチャンコルを挟み、東ピランと西ピランという周辺空間が向かい合うようにそ

▲東ピラン　家々は磁極に集まる鉄くずのごとく、小さな頂上を中心に等高線に沿って肩を寄せ合っている。

びえている。そこは庶民の町だ。東ピラン・西ピランは陸地の奥深くまで切れこんだ入り江、統営港を見下ろせる崖（ピョラン）、つまり丘陵地にある。カンチャンコルから見て左の青龍と右の白虎に当たる小高い丘に形成された住宅地で、勾配はカンチャンコルよりはるかにきつい。

家々は磁極に集まる鉄くずのごとく、小さな頂上を中心に等高線に沿って肩を寄せ合っている。急斜面という地形のおかげで、家々は密集していても互いに干渉しあわない。でたらめに建てられたような家々に秩序を与えているのは高度の同じ地点を結ぶ等高線だ。町なかの家とは地面の形状とは無関係にまっすぐ引いた線に沿って建てられるもの、という僕らの浅薄な思い込みに一撃を加える眺めである。

海岸線は等高線の高度がゼロになる地点を結んだ線だ。海岸線と並行して立体的に描かれた等高線に沿って並ぶ家々は、おのずと海を臨むことになる。出船入船のもっとも緊張感あふれるドラマチックな瞬間を自宅にいながらにして見下ろせる場所が東ピランと西ピランだ。このように東西のピラン地区は同じようにスタートを切った。だが時間の移ろいとともにこの2つの住宅地の「同質性」に亀裂が生じ、「違い」が現れている。

西ピランでは古い家々と長く暮らす人々の姿を目にする。

美しい蔦が塀を飾る家もある。家々は道より低い位置に慎ましく建ち、開いた門の隙間から小さな庭に花木や鉢植えがちらほらと見える。庭の片隅の一段高くなった一角には自家製の味噌やコチュジャンの甕が肩を並べている。道端では近所のおばあさん方が立ち話をしている。ベンチや縁台が道端に置かれていて誰でも座って一休みできる。道はさながら帯状に続くリビングだ。狭い路地の合流地点や道幅のやや広くなったところには店があって路上で客あしらいをすることもできる。

だが東ピランでは最近そうした光景が崩壊しつつある。道に面した側を売り場にして営業する店が現れ、地元の人の姿は見かけない。丘の上へと続く道を拡幅して車道を通したため、人々は道に出てこられない。血の通うふれあいのあった人間の道がなくなり、町の細やかなネットワークを断ち切る、便利そうだが危険な自動車の道が造られた。西ピランとは違って東ピランでは空間の変化や味わい、そしてぬくもりが自動車に寄り切られてしまった感がある。城壁のあった場所であり風水の要地であるこの場所に、あえて自動車を昇らせなければならないのか疑問だ。

かつて統営市は、東ピランの頂上にあった東鋪楼《トンポルー》を復元してその周辺に公園を整備する計画を立てた。計画に従って家々が取り壊しの危機に瀕したとき、有志たちが集まって家々の塀に壁画を描き、パブリックアートの町並みに仕立てた。運動が実って計画は延期され、東ピランに人々の関心が注がれた。だが今や役割を終えた色とりどりの壁画は消されるべきだ。そしてふたたび白い壁が日差しを反射して町の午後を照らすべきだ。道具として利用されたアートが与えられた寿命を超えて生きながらえようとするとき、僕らの生はかき乱される。東ピランは過去も現在も、そしてこれからも外部の人間が絵を描くためのキャンバスとして存在すべき場所ではない。東ピランも西ピランも海の町の周辺部だ。それらが意味を持つのは、海を見下ろして暮らす人々の生の現場であるときのみだ[15]。

☯ 庭の高い家々

詩人・白石は1936年に朝鮮日報に発表した「統営―南行詩抄」で「冠帽を産する地は冠帽にも似たり」とユーモラスなメタファーで統営を描写した。詩人の目が捉えたとおり、「冠帽を産する地」統営の地形は、海に迫る小高い丘が「冠帽にも似」ている。付け加えるならば、その冠帽は2つだ。

白石は同じ詩の中で「軒低き家　塀低き家　庭のみ高き

家にて　十四夜の月を負うて踏み臼を踏む　わが人を想う」と詠み、想い人の暮らす統営の家を描写している。統営の家々が「軒も塀も低いが、庭のみ高い」のは丘の急斜面に建っているからだ。統営には「モンダン」ということばがあるが、「遠くにある土地（モンタン）」という意味ではなく、「高度の高い土地」のことを指す。西ピランの頂上の道路名も「トゥッチ[16]モンダン通り」だ。

　2007年5月のフィールドワークの際に僕らを案内してくれた建築士ソル・ジョングク氏の思い出話によると、幼いころ洗兵館の敷地内にあった統営小学校の校庭で遊んでいて、蹴りそこなったボールはカンチャンコルの瓦屋根の上にころがり落ちたものだという。町の真ん中でいちばんの高台にある広い庭でボールを蹴っていたのだから、さぞかしいい気分だったろう。

　統営では家々はけっして「フラット」ではない。食パンをスパッとスライスしたようなマンションの1フロアを「フラット」というが、韓国人の半数以上がそういう平べったくて中身も容易に想像のつく食パンの1区画に住んでいる。だが統営の家々はおいしい具のたっぷり詰まった分厚いパンだ。統営には上の階の出入口と下の階の出入口が違う路地に面した2階建ての家が多い。中央洞のある家の2階は、路地から小さな専用の橋が渡してあった。その下を1階の門前を通る別の路地が回りこんでいる。家が急斜面にあるので、李仲燮の絵に描かれた子どものように首をのけぞらせても、下の道から家の全容を把握することができない。そんな家々にはそれぞれ高さの異なる小さな庭が2つ3つずつある。その庭がそれぞれ高さの異なる路地を結んでいるわけだ。ほかの町では道は家に突き当たって終わるのがふつうだが、統営の道は家を通り抜けてどこまでも流れていく。統営では道と家とは密接不可分なのだ。

　高低の変化の激しい住宅地が港を取り囲んでいるのは典型的な漁村集落の姿だ。そうした地形は農村集落にはなりにくい。高台にある家から重い農機具や農作物を時に応じて出し入れするのは事実上不可能だからだ。だが海辺の漁村集落はそういう立地が好まれる。高潮や津波を避けることができ、生業の場である海をいつでも見はるかすことができるからだ。

　中心部にあろうと周辺部にあろうと、統営の家々はどれも海のほうを向いている。人々の視線も海へと注がれる。夕暮れ時になると、鉄が磁石に吸い寄せられるようにポンポン蒸気が行儀よく港に戻ってくる。船を吸い寄せるのは海に注がれていた視線だ。視線に吸い寄せられずに遅くなった船だけが北鋪楼《プッポルー》の灯りを頼りにする。東ピランのふもとにある巨大なナポリ・モーテルが悪しき建物である理由は、そうした磁場を乱しているからだ。

統営のように急斜面に位置する集落は、昇り降りがきついという短所がある。とりわけ高齢者にとっては勾配のきつい上下の移動は苦役にほかならない。また、下の家の庭先が上の家から丸見えなのも問題だ。裏の家から覗かれないように庭先をすっぽり覆ってしまうほど屋根の大きな家が多いのはそのためだ。かつて統営小学校の校庭で蹴りそこなったボールがカンチャンコルの屋根瓦を割ることはあっても、庭に置かれた味噌の甕を割ることはまれだったはずだ。

だが傾斜地には利点も多い。まず町なかではきわめて重要な問題である高密度化に好都合だ。平地のように手前の家が裏の家の邪魔にならないから、家と家のあいだを広くとる必要がない。統営は小都市でありながらきわめて密度が高いのは、家々が斜面に建っているからだ。また、傾斜地では広くて平らな土地を確保することが難しいため、空間をコンパクトに賢く利用するしかない。その結果、土地と家の規模がほぼ似たような平等な住宅地が形成される。環境面の利点も大きい。斜面ではよその家の邪魔になる日影がほとんどできない。ゆえにどの家も自然の日差しと通風とをじゅうぶんに享受できる。眺望権や日照権の問題なんて無縁の世界だ。

☯ 心とどまる五感の町

数年にわたって統営を訪ね歩き、統営のもっとも大きな可能性は海と傾斜地にあると思った。ところが現在、統営では海がどんどん遠い存在になりつつある。道幅の広い車道のせいだ。海沿いに4車線の道路が開通してから海に近づきにくくなった。その色彩が文学者を生み、その音響が音楽家を生んだのに、町から海が遠ざかったとき、アートの町・統営から僕らは何かを感じることができるだろうか。

中央市場の中ほどにある露天の海鮮市場をひやかしつつ、ふとこんなことを考えてみる。統営が至るところで発達させてきた狭い空間を巧みに利用する知恵を活かすなら、遠ざかりつつある海をふたたび町の懐へと引き寄せることができるのではないか。近年、海沿いに造られた広い車道を果敢にアレンジしなおすのはどうだろう。自動車の通行を一部区間のみに制限し、そこに露天の海鮮市場のようなものをオープンしたら……。

統営では朝鮮時代後期から商業が発達し、交易の場とし

◀中央市場の露天の海鮮市場　中央市場で今なお統営らしい空間は、中ほどの広い路上で開かれる露天の海鮮市場だ。この市場からも空間をコンパクトに賢く使う町の知恵を読み取ることができる。

안정횟집
다림

ての「場市」も形成されていた。特定の構造物がないために場市は虚市とも呼ばれていたが、海辺の露天の海鮮市場ならその伝統を受け継ぐ現代版の虚市になりうるだろう。

　江口岸《カングアン》と呼ばれる深い入り江に面する中央市場は、かつて市の立ったところだ。朝鮮第22代王・正祖《チョンジョ》の治世（1776～1800）に書かれたと推定される『統営誌』には、「城下の市場は狭小ゆえすべてを受容し難かりしものを、蔡東《チェドン》健《ゴン》統制使が壬申年（1872）に新たに河口を広く埋め立て、あまたの民の日々の贖《あがな》いの便に供せり」との記録がある。また、市が立つのは下一桁が2と7の日で、この市には「米廛三五、布木廛二三、物貨廛一七、南草廛二〇、海参都価八」があるとしている。つまり当時の統営市場ではコメ、麻・木綿、雑貨、煙草、海鼠《なまこ》などが売られていたことがわかる。

　1865年ころに描かれた統営の古地図を見ると、海辺に回廊のような長い建物があり、そこに店が置かれていたものと思われる。また、1910年代の写真を見ると、広場を挟んだ両側に平屋または2階建ての日本家屋が並んでいる。現在それらの建物はほとんどが現代建築へと建て替えられている。

　そんな中央市場で今なお統営らしい空間は、中ほどの広い路上で開かれる露天の海鮮市場だ。早朝になると、この空間には一定のサイズの樹脂製のたらいのような容器が2列に並べられる。そこには色とりどりの新鮮な魚介類が入っている。2列に並んだ容器のあいだにそれぞれを商うおばちゃんたちが背中合わせに陣取る。容器の向こう側には魚介類を買いにきた人々が列をなす。昼ごろにはもう立錐の余地のないほどの賑わいだ。たらいといえばふつうは丸型を想像するが、当地ではほぼ似たようなサイズの四角い容器で、隙間なくびっしりと並べられている。そんなところにも空間をコンパクトに賢く使う町の知恵を読み取ることができる。やがて夜がやってくると、列の向こう側の買い物客がおいおい姿を消してゆき、朝とは逆向きにフィルムが巻き戻されていく。

　統営は五感を刺激する町だ。こんなにも楽しい気分であらゆる感覚を動員して出会いたい町は実のところまれだ。洗兵館の裏手から海を眺めながら李仲燮がそうしたように理想郷を思い描き、海辺をそぞろ歩きながら白石がそうしたように「貝の響き」に耳を傾け、「海苔の香りのする雨」に打たれるのもいい。洗兵館の板の間に腰を下ろしてやわらかな木肌のぬくもりを感じ、港まで行っておいしい海の幸を味わうのもいい。

なのに、こんなにも五感を刺激する町を自動車が脅かしている。便利さばかり追求する輩が洗兵館の目の前に広大な駐車場を造って町の趣を奪おうとしている。どこにでもあるような自動車だらけの町になったら、それは僕らの訪れてみたい統営ではない。自動車を排除したちょっとスローな町、ちょっと不便な町を目指すことこそが統営の生き残りの道だ。

漁村からスタートした統営の歴史は、斜面の住宅地にちゃんと残っている。ゆえに、この町の歴史と伝統をきちんと継承する方法は、これからもあの斜面で人々が代々暮らすことだ。古い家を改修して暮らす者もいるだろうし、新築して住む者もいるだろう。ただ、現在のようによそで流行りのスタイリッシュな洋風建築を建てられては困る。そんな家を建てる住民がいるのは、カンチャンコルや東西ピラン地区にふさわしい統営らしい住宅の姿とはどんなものなのか、なお確かな答えを見いだせずにいるからだ。

新たな統営の家のモデルを考案するには、古い家々のもつ空間構成とその論理をじっくり観察しなければならない。急斜面に建つ統営の家々には不規則な形をしたものが多い。身をよじってでも斜面に対応し、さらに隣家との良好な関係を維持するためだ。そうした関係づくりについてしっかり研究すれば、統営にぴったりの家のモデルをデザインできるはずだ。屋根の大空間がほったらかしのもったいない現状を改め、裏の家の庭として利用するテラスハウスはどうだろうか。戸建ての家ならば、レンガをジグザグに積むように1階と2階をずらして配置すれば、1階の屋上部分を2階の庭として利用できる。ともあれ、統営になじむ家にするには、統営特有の流れる道と昇る道が織物のごとく巧みに絡みあわなければならない。

漁村から軍事都市へ、そしてアートの町へと進化してきた統営。その市街地で人々が美しい家を建てて代々暮らしていくならば、この町の誘惑を振り払える者がどこにいよう。

訳注

1「間《けん》」とは長さの単位ではなく、柱と柱に挟まれた空間の数を表す単位である。9間ならば柱が10本、5間ならば柱は6本であることを意味する。

2 台所のかまどや建物外部に設けた焚口で火をおこし、その熱気を床下に巡らせた煙道に通すことで部屋を温める床暖房。

3 2013年6月に統制営官衙復元事業が完工、同年8月に落成式が挙行された。

4 ピリ辛に味付けされたイカとカクテキを添えて食べる具のない細巻の海苔巻き。

5 現在も復元した亀甲船が展示されている。近年再整備が進められ、モニュメント施工業者の選定をめぐって複数の訴訟が起きるなど紆余曲折があったが、2017年8月に完工して「閑山《ハンサン》大捷《デチョプ》広場」と命名された。

6 最高裁は2004年12月、提出された証拠のみでは柳致環の出生地が巨済とは言い切れないとして原告側の上告を棄却したが、統営、巨済のいずれと判断することなく裁判は終結した。

7 1911年、朝鮮総督府は道路規則を発令して朝鮮内の道路を重要性によって一等、二等、三等、等外の4種に区分した。二等道路は地方の道庁所在地、郡庁、駅、港湾などを結ぶ道路。

8 原注：朴景利『김약국의 딸들』、나남、2002、12ページ

9 1906年に韓国統監府が設置されると、普通学校令が公布されて教育への日本の介入が強化される。五山《オサン》学校は独立運動家・李昇薫《イスンフン》が1907年に創設した朝鮮人教育のための学校で、その後の社会の激変にともなって場所、校名、システムを変えつつも現在に至り、現在はソウル市龍山《ヨンサン》区に私立五山高等学校として存続している。

10 統営市は2010年から韓国水資源公社とともに水道管整備に取り組んで段階的に制限給水地域を解除し、2017年10月に常時給水を実現した。

11 案内板は2014年9月までに肖像と詳細な案内文の書かれたやや大型のものに変わり、建物は2016年11月に韓国ナショナルトラストによって危機に瀕した自然・文化遺産「ぜひともここは守ろう！」に選定された。

12 2007年に新法が制定されて住居表示を従来の街区方式から道路方式に変更する取り組みが進められ、2014年1月1日から全面的に実施された。本書の執筆時期はまさにその経過期間中だった。

13 1945年創業の老舗書店だったが、インターネット書店の台頭に押されて2014年に惜しまれつつ閉店した。書店ビルは現地に残っている。

14 法輪寺は2014年8月に市内の別の場所に移転、太平洞聖堂は官衙復元事業完工後の2017年2月現在も当地に健在。

15 リフォームした空き家をアーティストや地域活動家に賃貸する事業、集落支援センターの開設、住民による生活協同組合の発足と売店の運営へと活動の幅が広がり、2014年にはユネスコ韓国委員会から持続可能発展教育公式プロジェクトの認証を受けた。壁画は2年に一度描き換えられ、2017年には10周年を迎え、著者の願いとはうらはらに観光資源としてすっかり定着したように見える。東ピランの成功を受けて西ピランも再開発と観光地化が進み、町の様子はすっかり変わった。

16 軍旗（トゥッ）をシンボルとする軍神祭（トゥッチェ）が行われていたことに由来する。「トゥッチ」は「トゥッチェ」が転訛したもの。

3 안동

安東（アンドン）

3

袋小路に息づく両班《ヤンバン》の町の品格 安東《アンドン》

安らかなる東の町

わが国の精神文化の都をもって自任する安東《アンドン》は、伝統に対するプライドがほかのどの地よりも高い歴史都市だ。2014年に慶尚《キョンサン》北道庁が大邱《テグ》から安東と醴泉《イェチョン》の境界地域に移転【1】したのにともなって慶尚北道北部地域の行政の中心地の役割を果たすようになった安東は、遠からず慶尚北道全体の行政の中心地として定着するだろう。

統一新羅時代には古昌《コチャン》郡と呼ばれていた安東は、高麗時代を迎えると「安らかなる東」という意味の名を授かって歴史の表舞台に登場する。930年に安東の北約10里（*約4㎞）にある瓶山《ピョンサン》、つまり現在の安東市臥龍面西枝《ワリョンミョンソジ》里《リ》で、王建《ワンゴン》率いる高麗と甄萱《キョンフォン》（在位900～935）率いる後百済が最後の決戦を繰り広げた。このとき、城主・金宣《キムソン》平《ピョン》と将軍・権幸《クォンヘン》、張吉《チャンギル》という古昌の豪族勢力は、王建に味方してこの戦いを勝利へと導いた。これを機に後三国を統一して高麗の太祖《テジョ》（在位918～943）となった王建は、同年に古昌郡を安東府へと昇格させ、軍功のあった3人を地方の官職に就けた。権幸は本来は金《キム》姓だったが、太祖が権道（目的達成のために臨機応変にことを処理する能力）に長けているとして権《クォン》という姓を授け、安東を発祥の地とする権氏の祖となった。3人は死後、安東に設けられた三太師廟《サムテサミョ》という祀堂に開国の功臣として祀られる。

安東が慶尚道内陸地域の中心都市として躍進したのは、高麗31代王・恭愍《コンミン》王（在位1351～1374）とのかかわりに由来する。安東と恭愍王の物語は、契丹《きったん》族の侵入に追われて羅州《ナジュ》へと逃れた高麗8代王・顕宗《ヒョンジョン》（在位1010～1031）の物語と二重写しになる（*258ページ参照）。元王朝に対抗する漢民族の反乱軍である紅巾賊が2度目に侵入した際（1361）に、恭愍王は当時の福州《ポッチュ》、つまり安東に逃れた。高麗の開国に手を貸した安東をもっとも信頼しうる地と考えたからなのか。そうして安東は約3か月のあいだ高麗の臨時の都となった。

福州の人々は難を逃れてきた王室を手厚くもてなし、多

◀**安東の袋小路**　奥の見通せない袋小路に好奇心をそそられる。袋小路にはプライベートな雰囲気が漂い、旅人は足を踏み入れるべきか留まるべきか迷ってしまう。86ページ参照

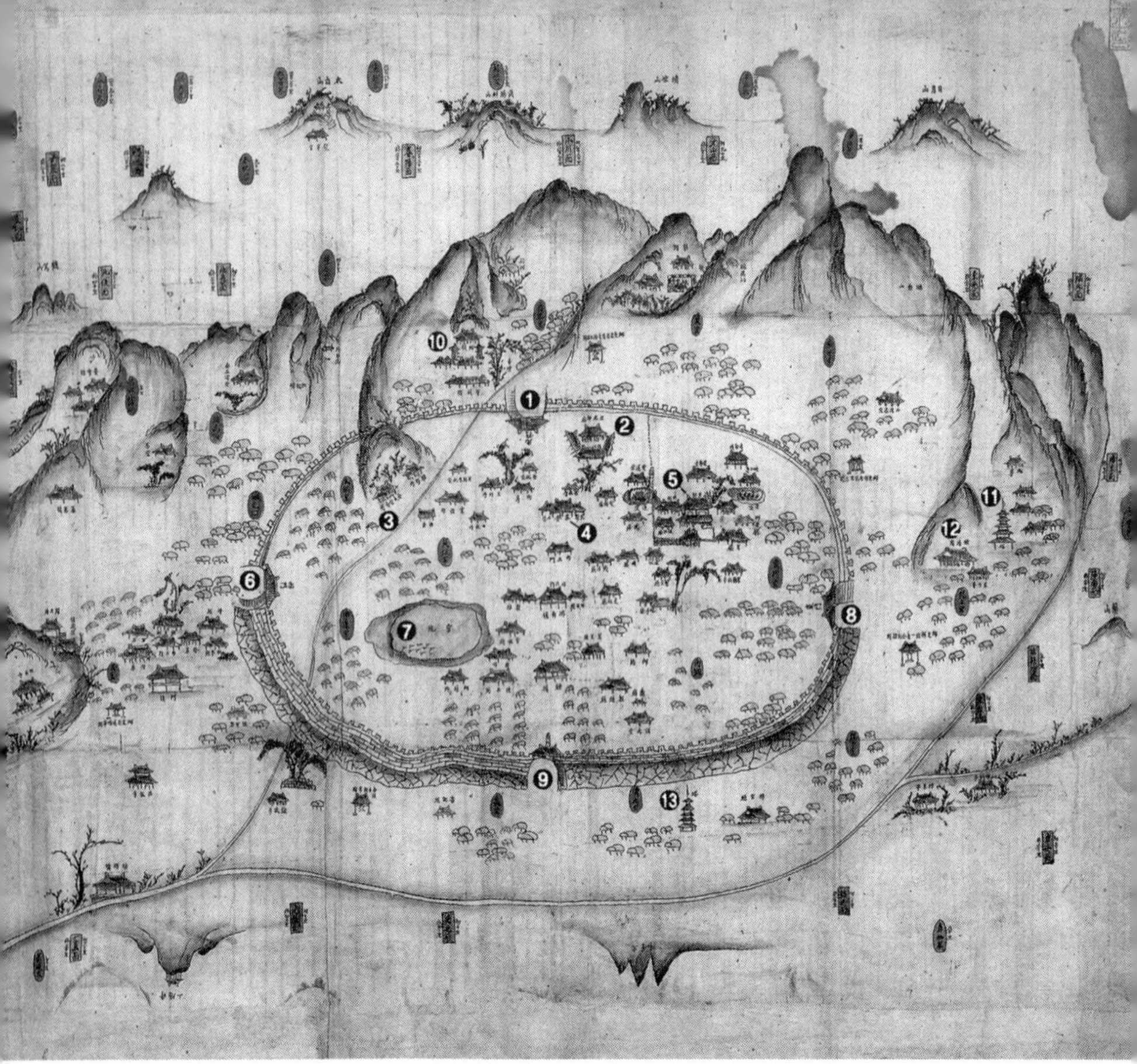

▲安東古地図　18世紀末、国立中央図書館蔵
①北門　②太師廟　③安東金氏宗会所　④客舎　⑤東軒（現・雄府公園）　⑥西門　⑦官池
⑧東門　⑨南門　⑩郷校　⑪法興寺址七層塼塔　⑫臨清閣　⑬雲興洞五層塼塔

▲現在の安東市の中心部

変形した格子型の街路網が基本的な枠組みをなし、袋小路が発達している

くの兵士を動員して都・開京《ケギョン》（*現・北朝鮮内の開城《ケソン》）奪還に協力した。当時の福州の人々の忠誠心を伝える逸話がある。忠州《チュンジュ》から聞慶《ムンギョン》のセジェという峠を越え、醴泉を経て福州へと向かった恭愍王と王妃の一行が、橋の架かっていない小川を渡ることになった。寒い冬のことで王室の一行が困っていたところ、福州の女たちが小川に飛び込んで腰をかがめ、わが身をもって橋の代わりとした。王妃・魯國公主《ノグッコンジュ》は女たちの背の上を歩いて無事に小川を渡ることができた。それが安東地方の伝統芸能ノッタリパッキ（*「魯橋踏み」の意）の起源である。

返礼の意をこめて恭愍王は当地に白翡翠の帯や銀食器などさまざまな財物を下賜し、福州牧《モク》を安東大都護府［2］へと昇格させた。恭愍王が都に戻った翌年の１３６３年、西《ソ》後面台庄里《フミョンテジャンニ》にある鳳停寺《ポンジョンサ》で極楽殿の屋根の大修理が行われたのも偶然ではなかろう。それでもなお飽き足らず、恭愍王は「安東雄府《ウンブ》」という肉筆の揮毫《きごう》をも授けた。この揮毫の扁額は現在は雄府公園となっているところにあった旧安東郡庁舎の玄関に掲げられていたが、郡庁舎を撤去した際に安東市立民俗博物館に移されて展示されている。

安東は独立運動の功労者を全国でもっとも多く輩出した町だ。独立運動の功労者・褒賞受賞者は、全国の各市・郡で平均40人だが、安東は310人にも及ぶ。1919年に中国・上海の地で結成された臨時政府で1925〜1926年に代表を務めた李相龍《イサンニョン》（1858〜1932）、1926年の6・10万歳運動[3]を主導した権五卨《クォンオソル》（1897〜1930）、解放の前年に北京の監獄で命を落とした民族詩人・李陸史《イユクサ》（1904〜1944）などが安東出身である。性理学を体得していた安東の知識人は義兵活動をさかんに繰り広げ、やがて登場してきた帝国主義日本という存在を時代の大勢として受け入れることなく、独立運動または自決をもって抗議の意を示した。1905〜1910年に日本に抗議してみずから命を絶った60人あまりのうち10人が安東出身だ。20世紀初めには安東の有力者の多くが独立運動に身を投じて当地を離れたため、町の景気が沈滞するほどだった。忠清《チュンチョン》北道天安《チョナン》にある独立記念館とは別に、地域記念館である安東独立運動記念館が2007年8月にオープンしたのはそんな理由からだ。

かつて安東は城壁に囲まれた邑城だった。17世紀初めに編纂された安東邑の地誌『永嘉誌』によると、城壁は周囲2947尺、高さ8尺であり、東西南北4つの城門に門楼が建っていたという。だが僕の推定した城壁の位置を基準とすると、城壁の全長は2281mだ。『永嘉誌』の城壁の寸法を朝鮮時代の建築、土木工事に多く使用された営造尺（1尺＝約31㎝）で換算するならば、城壁の周囲は914m、高さ2・5mほど。高さはまあわかるが、城壁の周囲はやけに短い。城壁を円形だと仮定すると直径291mになるが、安東大都護府の城域がそんなに狭かったはずはない。したがってこの記録は誤りと思われる。現在、城壁および城門はまったく残っていない。

1995年に安東郡と旧安東市が統合されて現在の安東市が生まれ、安東郡庁舎は取り壊されて跡地に雄府公園が造成された。2002年にはそこに「永嘉軒《ヨンガホン》」という名の東軒《トンホン》が復元された。安東地裁と地検のあった隣接地には文化公園が造成され、伝統文化コンテンツ博物館と安東文化院が韓屋《ハノク》風の趣で建てられ、町の歴史と文化を伝えようとはりきっている。

大学のとき建築学科の同期50人ほどのうち女子学生はたった1人だった。彼女は仲間うちの合宿やフィールドワークはいつも欠席だった。3年生のとき安東でフィールドワークがあったのだが、今回も欠席だと思っていた彼女が姿を現したので驚いた。話を聞いてみると、行先が安東だと言ったら今まで首を縦に振らなかった祖母があっさり認めてくれたというのだ。

両班《ヤンバン》の里だからといって現代社会で何が違うものかといわれそうだが、実際に安東に来てみると、たしかに違う。まず人々が親切で礼儀正しい。自動車は必ず停止線を守る。タクシーはもとより、迅速を旨とする中華料理店の出前のバイクでさえ飛ばしたりしない。他の町ではなかなか目にしない光景だ。

玉井洞《オッチョンドン》の「町いちばんの高台にある下宿」では、ご主人のほうから「やあ、いらっしゃい」と声をかけてくれる。調査とかいって何を嗅ぎまわっているのかと胡散臭そうに問いただすことなく歓迎してもらえた初めての経験だった。「慶尚道鰍魚湯《チュオタン》（*ドジョウの擂り流し汁）」という店のご主人は「どなたからお出ししましょう」と探訪チームの面々にいちいち尋ねてくれる。年配の人には必ず「どちらからおいでで？」と尋ねられ、大田《テジョン》だと答えると忠清道のやんごとなき両班ですなとヨイショしてくれる。「そちらも両班の端くれなら身を慎むように」とやんわり釘を刺されているようでもある。

李退渓《イテゲ》［4］以来、儒学・嶺南《ヨンナム》学派の中心地となった安東は、朝鮮時代の両班・士大夫文化を代表する町だった。だが安東は歴史的にはいわゆる栄えた地ではなかった。安東は党派間の対立の激しかった朝鮮中期以降つかのま政権を手にした南人《ナミン》派が、３００年以上も世に埋もれてすごした野党の地だった。15世紀末から16世紀半ばに4回にわたって起きたいわゆる四大士禍《しか》［5］で、安東地域では非主流の士林《サリム》派の儒者が数多く弾圧された。１４９８年の戊午士禍の際は士林派の重鎮・金宗直《キムジョンジク》門下の李宗準《イジョンジュン》（?~１４９９）が、１５４５年の乙巳士禍では安東府乃城《ネソン》県（現・奉化《ポンファ》邑）に村を拓いた士林派の改革的な儒者・権橃《クオンボル》（１４７８~１５４８）が弾圧の対象となった。けれどもこんにちの安東からは、疎外され抑圧された地域にありがちな世を拗ねたような卑屈さやシニカルさは見いだせない。

安東は「両班は食わねど高楊枝」という体面にこだわる町、品位を守ろうとする町だ。町なかで体面を気にしていられない場所といえば、たいていは商店街だ。ところが、安東市街地の数ブロックを南北に貫くたいへん長いグルメに特化した通り「食の街」でも人々は慎み深い。当地ではよそでよく目にする「元祖」だとか「テレビで紹介」などといった看板も見当たらない。

『安東市史』では、市の鳥をカササギとしているのは農作物を食い荒らさない「両班気質の鳥」だからだと説明している。だが百科事典を見るとカササギは「雑食性でネズミなどの小動物をはじめ、昆虫、果実、穀物、イモ類など手当たり次第に食べる」と書かれている。万物みなその地の風土にならうものゆえ、安東ではカササギさえも節制を知る両班気質を身につけているのかもしれない。

安東では料理の名称の前にはなんでもかんでも「伝統」という語がつく。探訪チームも夕食に伝統蕎麦粉ムッパ[6]を、朝食には伝統トゥッペギ[7]をよく食べたものだ。いずれも「伝統」の名に恥じぬなかなかの味だった。「プリ（*「根」の意）学生服」などという屋号の店があるように、安東ではルーツのないことを何よりも警戒する。多くの店名が伝統に基づいている。飲み屋の店名は「王建」、銭湯の名は「永嘉湯」、モーテルは「イースト・モーテル」……。あらゆる名称の根拠が町の歴史と空間の中に息づいている。

☯よき町は学校である

フィールドワークで安東に入ると、町の至るところに掲げられている漢文調の広告類に学生たちは感心しきりだった。翌朝には僕もまたひそかに首《こうべ》を垂れた。朝食をと思ってホテルから「食の街」の飲食店まで向かう途中、横断歩道でふと龍門《ヨンムン》薬局のショーウインドーを見た。よそならば「新薬入荷」とでも書かれているべき場所に「立春大吉建陽多慶」の文言とともに何やらコムズカシそうな2行の警句が書かれていた。

飲み屋の看板もハングルの「ワンゴン」ではなく漢字で「王建」だ。安東は時代によって14もの名称で呼び分けられてきたが、安東の人々は高麗時代に15年だけ公式に用いられた「永嘉」という名がお気に入りだ。それで地誌のタイトルは『永嘉誌』だし、東軒の名は「永嘉軒」、現在は「永嘉湯」という銭湯がその名の伝統を受け継いでいる。永嘉とは、英陽《ヨンヤン》郡日月山《イルォル》を水源とする半辺川《パンビョンチョン》が安東市の手前で洛東江《ナットンガン》に合流する様子を表現した名だ。「永イコール二プラス水」という漢字の成り立ちがわからなければ理解しがたいだろう。

路上の看板や広告さえ学ぶべしと語りかけているような町、安東ではなるほど勉強する人々の姿が目に付く。場違いな感じの町なかのコーヒーショップでさえ勉強している人はつねにいる。学ばざる者はこの両班の町では肩身が狭いのだろうか。たしかに両班とはそもそも勉学にいそしむ者だったわけで……。

探訪チームの一行は、思いがけず太師廟で管理人からお目玉をくらうはめになった。理由は所属と身分を名乗って挨拶をしなかったこと、そしてわからないことがあるのに尋ねなかったことだ。要するに学びの姿勢がなってないというわけだ。学生には日ごろ挨拶を心がけるよう指導していた僕も、安東という学びの町では一生徒にすぎなかった。こんなふうに観光客を叱り飛ばす町が安東以外にどこにあるだろうと思いながらうなだれて太師廟を後にしたのだが、そのとき塀の向こうから大声が聞こえてきた。叱られるネタがまだあったのかと耳を澄ましてみると、2人の男が家系図上どちらが上なのかをめぐって論争していた。たまたま通りかかった女性がやれやれといった口調で「また始まった」と言い、よくあることだと教えてくれた。

よき町とは学校のような町、学ぶべきもののある町だ。かつては誰もが家庭だけでなく隣近所で、そして町からも何かを学んでいた。時間の堆積した町では世代から世代へと引き継がれる知恵もそれだけ蓄積され、豊かな学びの場となる。だが1980年代以降、韓国の多くの町は再開発という一種の焚書坑儒《ふんしょこうじゅ》を経て、学ぶべきもののない場所へと転落してしまった。

幸い、安東にはまだ学ぶべきものが多い。町歩きもまた学びだ。文化公園の裏手の道をちょっと歩いてみよう。そこには瓦屋根の韓屋、妻をこちらに向けた日本家屋、スラブの上に勾配屋根の洋風家屋などさまざまなタイプの家が並んでいる。韓国人が時代によっていかなる住居空間で暮らしてきたかを如実に物語る教育の現場だ。僕はこの通りで、ひとつの様式の古い家ばかり並んでいるよりも、いくつもの時代の様式のわかる家々が入り交じっているほうが、町の時間軸と歴史がかえって強く感じられるという大事な事実に気づかされた。

☯市街地のほろ苦き宝探し

安東は言わずと知れた韓国を代表する歴史都市だが、対外的にはあまり知られていない。安東が有名なのは近隣に河回《ハフェ》の里、屏山《ピョンサン》書院、陶山《トサン》書院、鳳停寺、臨清閣《イムチョンガク》、義城《ウィソン》金氏宗家住宅といった観光名所が多いからであり、安東市内は関心の対象ではない。

29年前の大学生のころ、ソウルの清涼《チョンニャン》里《ニ》駅から列車に乗って安東駅に降り立ち、市内の旅館に泊まったことがある。だが安東の市街地については何も憶えていない。その後も安東近隣には何度も調査に出かけたが、市内には一度も立ち寄ったことがない。マイカーでの移動が当たり前になって公共交通機関を利用する人も減り、安東が近隣の観光地に埋もれてしまう恐れがますます増大している。最近、安東駅の近くにあった市外バスターミナルも郊外に移転してしまい、市街地へのアクセスがさらに悪くなった。

　建築学関係で発表された論文を照会してみると、２０１１年８月現在、意外にも安東市街地に関する研究論文はただの１件もない。ソウルはもちろんのこと全州《チョンジュ》、羅州、江《カン》景《ギョン》などについては何本も論文が発表されているのとは対照的だ。安東地域を紹介するパンフレットは多いが、安東市街地を載せたものはきわめてまれだ。なにしろ永嘉軒前の案内板も河回の里など近隣地域の紹介ばかり、市街地の案内はない。歴史都市・安東の空間は学界はもとより安東市民の注目さえ浴びていないのだ。

　現段階では、安東の旧市街に関する研究にとってもっとも参考になる書物は17世紀初めに権紀《クォンギ》（１５４６〜１６２４）らが８巻４冊本として編纂した『永嘉誌』である。安東地域ではじめて書かれた地誌であるこの本を編纂した権紀は、三太師のひとり権幸の23代目に当たる。さまざまな人物が『永嘉誌』の編纂にかかわった。柳成龍《リュソンニョン》（１５４２〜１６０７）は教え子の権紀に本書の編纂を強く勧め、急逝する直前には草稿の校閲もしてやった。だが同書をまとめることができたのは１６０７年に安東府使として赴任してきた鄭逑《チョング》（１５４３〜１６２０）のおかげだ。鄭逑は年内に辞任したため在任期間はきわめて短かったが、同書の編纂を積極的に支援した。柳成龍、鄭逑両人ともに李退渓の直弟子であり、師への尊敬の念から師の故郷である安東地誌の編纂に力を注いだのだろう。とりわけ多くの弟子を育てた大学者だった鄭逑は、地方官吏として赴任した先々で地誌を編纂させた。『永嘉誌』をはじめ『昌山誌』、『咸州志』、『臨瀛志』、『同福志』、『通川志』、『関東志』は鄭逑あってこそ編纂が可能だった。

　安東市街地についての資料がほとんど存在しないため、予習不足のままフィールドワークに臨むこととなった。そのため現地では道に迷ってばかりだった。大石洞《テソットン》でもそうだった。西門跡のさらに西にあるこの町名は、安東地域に巨石文化のあったことを想起させる。「よおし、巨石を探してみよう！」と意気込んでグループに分かれ、大石洞の路地をぐるぐると探し回ったものの、成果はゼロだった。巨石をどけたのかもと思い、しかたなく近所の人に巨石のありかを尋ねた。するとあるご婦人がどこそこだと自信満々に教えてくれた。

　その人の教えてくれたあたりを見回しても、そそり立つ巨石など見当たらない。別の人に尋ねると、「ほら、そこにあるじゃないの！」と言う。１軒のモーテルの前の路地

▲大石洞の「大石」 西門外に「廣巌石」を置く理由は「府の形が行舟形ゆえこの石にて押さえ舟の動揺を鎮めるため」だというが、存在に気づかぬ者も多いだろう。

に立つと、その「大石」は足元の地面の一部だった。地中に埋まった部分がどれほど巨大なのかわからないが、地表に現れた部分はさして大きくもない、ただの平べったい石だった。この道をあと1回舗装しなおしたらすっかり地面の下に埋まってしまい、未来の考古学者の発掘対象になるだろう。

「巨石探し」はゲームみたいで面白くはあったが、なぜかほろ苦い気分になった。僕のように巨石を踏んでいてもそれと気づかず通り過ぎてしまう者がどれほど多いことか。また、苦労して巨石を探し当てても疑問が残る。この平べったい石は都市空間でいかなる意味を持っていたのか。やはり『永嘉誌』に答えが出ている。城の西門外200歩ほどのところに「廣巌石」を置く理由は、「府の形が行舟形ゆえこの石にて押さえ舟の動揺を鎮めるためなり」。

南門跡の標識は、カラオケ店[8]の看板の後ろにあるのをやっとのことで探し当てた。長年のフィールドワークの経験から猟犬のように鼻が利くようになった僕がカラオケ店の看板をどかすと、その標識は僕以上に驚いていたようだった。雲興洞《ウヌンドン》五層磚塔《せんとう》（*「磚」は黒灰色の焼成レンガ）もなかなか見つからなかった。待合室の真ん中にない以上、安東駅構内にあるという説明などまるで役に立たなかった。

駅西側のひと気のない空き地にたたずむこの塔をやっとみつけたが、そこで疑問が湧く。この不格好な塔が宝物《ほうもつ》に指定されたのはなぜだ？　それから、市庁舎前の広い空間のどこにもかつてそこに郷校《ヒャンギョ》（＊朝鮮時代の地方の官立学校）があったことを示す案内板がない。客舎《ケクサ》の跡地も正確には確認できなかった。

　西門跡は、「プリ学生服」の社長さんや病院の守衛さんなど数人があちこち電話をかけたりして労を執ってくれたが、とうとう確認できなかった。地元の人は困り果て、外来の客は訝しむ。守衛さんは、帰っていく僕らに申し訳なさそうに「わからずじまいですか」と声をかけてくれた。77ページの「現在の安東市の中心部」に記した西門跡と客舎跡は、古地図と地形や道路とを照らし合わせて推定したものだ。僕の推定が歴史の歪曲にならないことを祈るばかりだ。

　安東の歴史の証となる建築の相当部分が災害や戦火によって失われてしまった。１９３４年の水害で洛東江の堤防が決壊して市内は瓦礫《がれき》の山と化し、朝鮮戦争時には人民軍本部の置かれていた安東市内が爆撃されて郷校が焼け落ちるなど、大きな被害が出た。安東で年甲斐もなく宝探しをした直接の理由はそこにあった。これが歴史都市の現実なのだ。

☯ 南楼門の釣鐘はなぜ五台山《オデ》に行ったのか

　小学生のころ、当時流行していた切手蒐集に僕もはまった。最初は使用済みの切手を集めていたが、未使用のほうが収益性があるという噂を聞きつけ、１９７４年の「大統領令夫人陸英修《ユクヨンス》女史追悼［９］」切手からは懐具合によって2枚か4枚のセットで買い求めるようになった。真新しい切手は指紋がつかないようにビニールに入れて丁寧に切手帳に挟んだ。先日、久しぶりに切手帳を引っ張り出して見てみたが、コレクションは高校2年の１９７８年まで続いていた。大学入試が10代の僕の高尚な趣味にして生涯唯一の財テクまで諦めさせたわけだ。今もこの切手帳は本棚に鎮座ましましているから、財テクの成果はなお未知数である。生活に困ってこの財テクの収益を当てにする日のこないことを祈るのみだ。

　この切手帳の最初のページと最後のページに「上院寺《サンウォンサ》銅鐘飛天像」切手が挟まれている。最初のページのは１９６８年に発行された１ウォン切手、最後のページのは１９７８年９月に発行された１０００ウォン切手だが、いずれも使用済みだ。最後の１０００ウォン切手は新品を集めていたころに発行されたもので、韓国初の高額切手ということで投資価値が大きかったが、４枚セットは当時下宿生活をしていた僕の1か月の小遣いより高かったため、使用済みのにするしかなかった。ともあれ、当時僕は同じ図柄が繰り返し切手に登場するのを不思議に思い、その図柄の彫られているという鐘を一度見てみたいと思っていた。

その釣鐘は１４６８年まで安東の南楼門である鎮南《チンナム》門楼にあった。安東のみならず東アジアの歴史都市で釣鐘はきわめて重要な役割を果たしていた。時を告げていたからだ。夜10時、つまり人定《にんじょう》の刻には28回撞いて夜間の通行禁止を知らせ、城門には閂《かんぬき》がかけられた。そして午前4時になると33点鐘《てんしょう》を鳴らして通行禁止を解除し、城門を開いた。鐘を撞く回数は仏教の宇宙観に由来するもので、28宿（星座）と33天を象徴している。今では元日の午前0時を期してソウル市鍾路《チョンノ》の普信閣《ボシンガク》で33回鐘を撞くが、この伝統にならったものだ。この33回という数字は１９１９年の３・1運動の際に独立宣言書に署名した民族代表33人を象徴しているという説もあるが、同数であることから強引にかこつけた話だ。

さて、安東ならではの珍風景のひとつに「18時間コンビニ」がある。２００８年まで安東には24時間営業のコンビニはなかった。安東のコンビニは少なくとも6時間は店を閉める。かつて午後10時から午前4時までの6時間は町全体が眠りについていたが、伝統の町・安東ではコンビニもこの6時間就寝の伝統を守ろうとしていたらしい。この町の人々はもっとも品位を失いがちな算盤《そろばん》づくの行為においても品格を守る。その秘訣は意外にも欲を抑えてしっかり眠ることだ。

鎮南門楼にあった釣鐘は高さ1・67m、下端の直径が90・3cm、厚み4・8cmで、エミレの鐘の別名で名高い国立慶《キョン》州《ジュ》博物館の聖徳《ソンドク》大王神鐘が高さ3・663m、下端の直径222・7cm、厚み20・3cmなのを考えると、さほど大きいわけではない。にもかかわらず大きな音がするばかりでなく、消えそうになってはまた尾を引いてその響きは遠く百里（*約40km）にも及んだという。

朝鮮第8代王の睿宗《イェジョン》（在位１４６８～１４６９）は即位の翌年、父王世祖《セジョ》（在位１４５５～１４６８）が生前に持病を治したという五台《オデ》山上院寺にこの鐘を移設する。おそらくもっともよい音のする鐘を国じゅう探させたのだろう。それ以来この鐘は「上院寺銅鐘」と呼ばれている。だが鎮南門楼から降ろされた鐘が道半ばの竹嶺《チュンニョン》の峠にさしかかったとき、梃子《てこ》でも動かなくなって往生したという。そのとき鐘の上部の乳《ち》という突起部のひとつをはずして安東に送ったところ、ようやく鐘を動かせるようになったそうだ。そのため9つで1組のはずの乳のひとつが欠けているという。鐘は五台山の山奥より町なかが好きだったということか。おそらく、お気に入りの鐘を奪われることに不満を抱く者が安東にいたことを暗示する物語ではなかろうか。

この鐘は最初から安東官衙《かんが》のものではなかった。725年に寺の梵鐘として鋳造されたというから、町なかの時の鐘として製作されたものではない。たぶんどこかの寺の鐘楼にあったのだろう。高麗時代まで仏教が栄えていた安東では、朝鮮時代に仏教が廃れると寺にあった数々の品が持ち出された。南門外の道の両側にあった犬をかたどった石像も、もとは石増寺《ソッチュンサ》にあったのを1512年に移設したものだ。上院寺に鐘を奪われてから、安東ではしばらく鐘の代わりに角笛を吹いて時を告げていたが、やがて仁巖寺《イナムサ》から梵鐘を持ってきて鎭南門楼に設置した。そう考えてみると、上院寺の銅鐘ももとは別の寺にあったものである可能性が高い。梵鐘研究で知られる美術史家の黃壽永《ファンスヨン》は「五台山上院寺銅鐘搬移の事実」という論文で「上院寺の鐘は新羅の聖徳王（在位702〜737）によって眞如院《チニョウォン》（新羅の貴族子弟の教育機関）で使用していたものであり、新羅滅亡後に安東の楼閣に移され、さらに五台山上院寺の鐘となった」としている。また、眞如院の跡地に上院寺が建てられたという説もある。この2つの説のどちらも正しいならば、上院寺の銅鐘は元の鞘に収まったわけだ。

上院寺銅鐘の生い立ちと履歴はことほどさようにあやふやだ。だが確かなのはそれがわが国でもっとも古い釣鐘であり、わが国の釣鐘のあらゆる構成要素を備えた元祖にして典型だという点だ。それは聖徳大王神鐘（771年鋳造）など後代に作られる梵鐘のモデルとなった。上院寺銅鐘はその音はもちろんのこと文様も美しく、視覚、聴覚のいずれをも満足させてくれる最高峰の釣鐘だ。特にハープに似た古代の弦楽器・箜篌《くご》と管楽器・笙を奏でる2人の飛天が軽やかに雲上を舞うレリーフは、繰り返し切手の図柄に使われるほどに美しい。

袋小路の町

安東は韓国のどの町より袋小路が発達し、今なお多く残っている町だ。安東の袋小路にはやっとひとりが通れるほど狭いのも、もう少し広いのもある。すぐに行き止まりになってしまうのも、奥行の深いのもある。まっすぐなのも、ゆるやかに弧を描くのもある。等高線に沿って平坦なのも、やや上り坂になっているのもある。そんなふうに安東の袋小路は「ヒューマンスケール」を有し、それぞれに違った趣があっていっそう興味を引く。また、それだけ多彩な町の物語を秘めている。それは短期間に計画して作った現代都市には見いだせない貴重な要素だ。

袋小路のことを英語では「cul-de-sac」といい、これはフランス語からの借用だ。調べてみると、この語が英語で使われるようになったのは1738年からだそうだ。袋を意味する「sac」と底を意味する「cul」をくっつけて袋の底という意味だが、比喩的に行き詰まった状況、窮地、将来性のない地位や職業を表す。その比喩的な用法は韓国語[10]と同じだ。

ヨーロッパでは、袋小路は住宅地を通過する交通量を制限するために現代の都市計画で考案されたものとされている。だがわが国の歴史都市では袋小路という特異なアプローチ形式が早くから発達していた。ヨーロッパはおろか中国や日本など東アジアの古い町でも袋小路はあまり目にしない。中国ではいかに狭い路地でも住宅地を通り抜けて大通りにつながっている。ただし日本では徳川家が16世紀末から都市計画をした江戸に「フクロコウジ」なる行き止まりの路地がある。

袋小路は、帰宅する女性の後をつける痴漢のような都市の危うさや混雑と一線を画す、落ち着いて安全な領域だ。またそこは子どもたちの安全な遊び場であり、ご近所さんと自然に出会える木陰が屋根代わりのサロンだ。たしかに韓屋の小部屋くらいの道幅（約2・4m）の袋小路が多い。町の裏通りが駐車場と化しても袋小路は例外だ。なんとか車を停めるにしても1台しか停められない。他の車に出口をふさがれたら出られなくなるからだ。

袋小路を前にしたら判断を迫られる。足を踏み入れるべきか留まるべきか。好奇心がそそられても用事がなければ覗きこむだけで満足すべきだろう。つい足を踏み入れようものなら住民に怪しまれたり犬の荒っぽい歓迎を受けたりするからだ。路地に暮らす犬たちも住民の顔くらい見分けられる。そんなふうに、そこは相互監視によってよそ者をチェックするセーフティネットでもある。そこがどこかに通じている通り抜けの路地との違いだ。

さまざまな形態の袋小路ではさまざまな韓屋と出会うことができる。家屋の形態は一字型、L字型、コの字型と多様であり、中庭も四角形のもあれば細長いのもある。つねに中庭を中心に構成される韓屋は、建物の中にすべての空間を詰めこもうとする西洋家屋に比べて空間が開放的だ。

こんなあけっぴろげな住宅が町なかにあるのは、もっぱら袋小路のおかげだ。

玉井洞と北門洞《ブンムンドン》にはとりわけ多くの韓屋が残っている。大半が近代から現代にかけて建てられた家々だ。細長い中庭に皐月《さつき》がみごとに咲いてこのうえなく華やかな玉井洞のキム・ウォノさん宅は1976年築。広い敷地を6区画に分割してそれぞれに同じ形式のL字型の韓屋を建て、分譲したのだそうだ。真ん中に袋小路を設けてその両側の3軒ずつが利用している。

韓屋とはやや趣を異にするキム・ウォノさんの住まいは、前面にガラス戸を配し、庭と家を2段の濡れ縁のような通路でつないである。通路と家の前面の壁はタイル張りにして管理しやすく、モダンなデザインだ。装飾的な窓枠のデザインも目立つ。キムさん夫妻は、冬場にやや寒い以外はいうことなしで、特に夏に風通しのいいところが気に入っていると語る。

マンションが本格的に登場して投機対象として活況を呈しはじめたころも、安東の人々はなお韓屋を選択することでわが国の住居の伝統を守った。財政面では不利益もこうむったに違いない。キムさんの奥さんが僕に「韓屋を活かさなきゃ」と言うと、お隣りの奥さんは「マンションの住人をギャフンと言わせてやるわよ」と言って加勢した。僕は最近はちょっとした韓屋ブームだなんてことは言わなかった。あの人たちが僕の切手コレクションとほぼ同世代の韓屋を守っているのは、財テク目当てなどではないと知っているからだ。僕の切手たちと同様、この韓屋も収益のあてにされずに建ちつづけていてほしい。

袋小路と空間利用のエコノミクス

もとの敷地を細分化して何軒も家を建てる場合、道路に面していない家ができてしまう。そんなとき、どの家にも行けるようにするもっとも効率的なやり方が短い袋小路を設ける方法だ。安東の袋小路も限りある都市空間に家々が建てこむうちに生じたものらしい。

『世宗実録』巻四十／十年閏四月壬辰（1428）の記録を見ると「安東地窄人多、無閑曠之處、且人皆節用（安東は土地が狭く人が多いため空き地がない。人はみな節約している）」とある。この文脈で土地とは農地のことだが、広い農地を確保するには都市空間も効率的に利用していたはずだ。その後、ほかの歴史書にもたびたび「安東の風俗は謹厳なり」なる内容が出てくるが、安東の人々の無駄を排する態度は空間についても同じだったのだろう。

▲**韓屋の分譲住宅**　1970年代に広い敷地を複数の区画に分割し、それぞれにL字型の韓屋を建てて分譲した。

袋小路が最低限の通路空間として作られる場合、その幅は1間（＊約1・8m）未満の場合が多く、袋小路に面したギリギリのところまで家を建てることはできない。家の正面がほとんど塀で遮られることになるからだ。そこで、韓屋では長辺に当たる正面ではなく、奥行きの浅い側面を路地の側に向けてその一部を門に面した出入口に当てる。韓屋が都市空間の特性に合わせて変形するプロセスで、本来は見られなかったそうした現象が起きてくる。

現行の民法では建物は敷地の境界から50㎝離して建てるよう定められている。そのため隣接する敷地では建物と建物の間に少なくとも幅1mの空間が生まれる。そうした曖昧な空き地はゴミ溜めになりやすく、町の美観を損なうことが多い。だが安東ではその空間を袋小路として利用した。たとえば安東小学校の裏門も2棟の商店建築のあいだの袋小路の突き当たりにある。その短い袋小路に藤棚をこしらえて「地球にやさしいみどりの小径」の校門が誕生した。

また、韓屋は大半が母屋1棟ではなく2、3棟で1軒の家を構成する場合が多いが、前後に並ぶ棟を用途別に使い分けるとき、道に面していない後ろの棟へのアクセスが問題だった。後ろの棟にも行けるように袋小路を設ければ、前後の棟が干渉しあうことなく、それぞれ利用可能になる。

安東市街地の至るところにこうした例が見られる。

安東には、家を貫いて通り抜けたり急な登り坂だったりするパワフルな袋小路もある。安東駅の近くに身なりも財布も軽いバックパッカー向けとおぼしき安宿がある。通りからこの建物を見ると出入口が2つあるが、左側のは通路として各部屋へと客をいざなう玄関口だ。右側は通路が家を貫いて奥のささやかな庭へと抜けている。建物とその内部に入り込んだ袋小路とが一体化したかたちだ。不愛想に道路と向き合っているだけの最近のビルとは違い、建物が道をおおらかに受け入れて面白い空間を作りだしている。

カトリック上智《サンジ》大学の丘の中腹には気さくなご主人の営む下宿屋がある。日当たりのいいこぢんまりとした庭を囲むコの字型の家の裏手へと回りこむと、思いがけず斜面に沿って路地が伸びていた。坂道をたどると下宿部屋が3つ、上へ上へと並んでいる。土留めのコンクリートを打つとか、ほったらかしのままでもおかしくない斜面を、路地を作って効率的に利用している。

坂道を利用した袋小路のアイディアは、市街地で建物を増築する際にも賢く使われている。平屋建ての上に2階部分を建て増しする場合、一般には建物内部に階段を設ける。それだと階段の分だけ内部空間が狭くなるが、安東市街地の商店では袋小路のアイディアでこの問題を解決している。家ごとに階段を作って空間を無駄遣いする代わりに、隣接する家どうしで話し合って2軒のあいだの空き地に階段を設置し、2軒で共同利用するのだ。これは賢い空間利用であり、都市部コミュニティの萌芽ともいえる。

西門外の宗教密集地帯

西門のあたりからやや外れた市庁舎の南では、「大圓《テウォン》寺《サ》」という仏教の雄《ゆう》と「安東金氏宗会所」という儒教の雄が互いのまわしに手をかけてがっぷり四つに組んでいる。

裏手の木城《モクソン》山の上からはカトリック教会、道を挟んだ向こう側からはプロテスタント教会という後輩たちが見守るなか、高麗時代に全盛期を迎えた百戦練磨の老将と、朝鮮時代から頑固一徹で名をはせた勇者がにらみ合っている体《てい》だ。

市庁舎の敷地にかつてあった郷校という大横綱が去ってから、この場所は宗教の角逐の場となったようだ。だがもし中東あたりなら銃声鳴りやまぬはずのこの場所に、不思議にも怒声ひとつ聞こえない。争いをやめて静かに会議でもしているのだろうか。

仏教寺院の大圓寺の運営する幼稚園の子どもたちが、儒教とカトリックの建物を背景に楽しく遊んでいる。ヨーロ

▲安東駅近くの安宿　袋小路が建物内に入り込んだ特異な例。
建物が道をおおらかに受け入れて面白い空間を作りだしている。©イ・ジュオク

ッパや中東で、キリスト教徒の見下ろすところでムスリムの子どもたちがユダヤ教のシナゴーグを背景に遊んでいるところを想像してみたまえ。考えるだけで背筋が寒くなる。それとは対照的に、この宗教密集地帯ではそれぞれの宗教が共存する韓国社会のユニークな一断面を見せてくれている。

「韓国精神文化の首都」、安東市庁舎の玄関にも、路線バスにも堂々と掲げられているコピーだ。政治・経済・物質面では片隅に置かれているとはいえ、精神面ではいちばんの中心地だったというプライドの発露である。安東市街地や近隣地域を歩き回ってみても、この誇り高きコピーに異議を唱える者はいないだろう。では、安東はいかにして歴史的に精神文化の中心地になりえたのだろうか。まさにこの宗教密集地帯にその手がかりがあるのではないか。

統一新羅時代、高麗時代に安東は仏教の中心地だった。義湘《ウィサン》（625〜702）が唐に渡って学んできた新たな仏教理念である華厳思想は、676年に創建した栄州《ヨンジュ》の浮石寺《プソクサ》を拠点に、安東を経て全国へと広まっていった。それとともに仏教建築の象徴たる磚塔が安東に集中して建てられた。『永嘉誌』には安東府近隣の41の寺と5つの磚塔が紹介されている。

高麗末期、当時は安東府に属していた興州県《フンジュ》（現・栄州市順興面《スヌンミョン》）出身の安珦《アンヒャン》（1243〜1306）が性理学を導入してから、安東地域の役人たちは安東郷校を拠点に率先して性理学の普及に努めた。朝鮮時代には李退渓の陶山書院を中心に性理学が花開いた。それを機に安東を本家とする金一族と権一族はこの新しい哲学を基礎として政治勢力化していった。その拠点が安東金氏宗会所なのだ。

安東金氏宗会所は1770年に三太師のひとり金宣平を祀るための祀堂として建立《こんりゅう》された。この祀堂はのちに一族のあれやこれやを話し合う宗会所として利用され、1804年に増築された。朝鮮戦争の際、陸軍通信隊が使用中にボヤを起こして屋根の桁と柱が黒く焦げてしまった。

また、安東は近代以降キリスト教を積極的に受け入れた。大邱と並んで安東にはカトリックの教区庁とプロテスタントの長老会がそれぞれ置かれている。長老会とは長老派教会内の立法・司法の役割を果たす中心的な機関で、安東の慶安《キョンアン》長老会は1921年に設置されている。カトリック木城洞《モクソンドン》聖堂は安東市街地が一望できる木城山にある。安東にはじめて建てられたプロテスタント教会である安東教会は、西門路《ソムンノ》[11]に隣接する3000坪もの土地を確保して1937年に石造りの2階建て礼拝堂を建設した。

高麗時代まで安東の精神文化の柱は仏教であり、朝鮮時代になると儒教に取って替わられた。近代以降になると仏教が息を吹き返し、キリスト教が加わり、現在は3つの宗教があたかも鼎《かなえ》の足のごとく安東の精神文化を支えている。安東が悠久の年月を通じて精神文化の中心地でありつづけることができたのは、少なからぬ葛藤があろうとも水と油のごとき宗教をすべて受け入れ、精神的な支えが複数あっていいと果敢に認めたがゆえである。いかにしてその柔軟性と受容性を持ちえたのかはにわかに理解しがたいが、ともあれ重要なのは精神であって宗教そのものではなかったのだろう。

また、新たな宗教を次々と受け入れてきた安東で複数の宗教が共存できたのは、新宗教の適応戦略が大きく作用していたようだ。そのことを示すエピソードがある。初期に安東にやってきたプロテスタントの宣教師に権燦永《クォンチャニョン》という人物がいた。本名をジョン・ヤング・クロザーズという米国人で、当初は韓国名を本名の発音に近い具燦永《クチャニョン》としていた。ところが安東に来てみると具という姓はあまりいないため、有力者の権氏にあやかっていつしか権に変えたのだという。

1921年、李源永《イウォニョン》という人物が権燦永から洗礼を受け、

▲西門外の宗教密集地帯　左から大圓寺、木城洞聖堂、安東金氏宗会所（韓屋）と宗会所新館が一堂に会している。過去には儒教精神に凝り固まった代官が寺の磚塔から磚板をはがして客舎の床材に使うという事件もあったが、今では大圓寺幼稚園の色とりどりの遊具が儒教精神の象徴ともいえる安東金氏宗会所の目の前に並んでいる。

1930年に牧師になった。その直後に日本の神社への参拝反対運動を繰り広げて逮捕され、釈放されたのは解放後の1946年になってからだ。この李源永は儒教の大家・李退渓の直系の子孫である。性理学に連なる儒者の子孫には極端なキリスト教排斥に走る者が多かったが、性理学の本家の安東でこうしたことがあったのは、キリスト教の適応戦略がそれだけ優れていたからではないだろうか。

いずれにせよ安東のようにひとつの町に複数の宗教施設が共存していると、町の景観もそれだけ多様化する。それぞれの宗教に特有の建築様式とパターンがあるからだ。相《あい》異《こと》なる宗教を柔軟に受け入れる韓国社会の特性は、統一性よりも多様性を特徴とする歴史都市の景観を作りあげた。つまり都市景観とは視覚的な問題のみならず、文化の問題でもあるのだ。

☯建築文化の原点、建築交流の中心地

韓国でもっとも古い建築物は安東市西後面台庄里の鳳停寺極楽殿とされている。1972年に改修が行われたが、その際に高麗の恭愍王12年（1363）に屋根の大修理が行われた旨の記された棟札が発見された。前年に恭愍王が安東で歓待されたことへの返礼の一環だったと思われる。

伝統工法の木造建築は築後100年ほどで屋根の大修理をするというから、極楽殿が建立された時期は1200年代まで遡る。木造建築としてはきわめて長寿だ。木造建築は火災、湿気、虫害などに弱く、ヨーロッパの石造建築に比べると現存する建築物の年齢は若くならざるをえない。ところが安東には韓国最古の建築物以外にも、いくつもの素晴らしい伝統建築物が点在している。そのため安東は韓国建築史にもっとも多く登場する地域だ。

　年配の読者なら「洛陽城より十里ほど／大小並びしあの墓は」で始まる歌手キム・セレナのリズミカルな民謡「ソンジュプリ」を聞いたことがおありだろう。キム・セレナの歌では省略されているが、民謡「ソンジュプリ」の歌詞には「成主《ソンジュ》の根本いずこなり／慶尚道は安東の／燕飛院《チェビウォン》こそが本なりき／燕飛院の松の種を受け……」と続いて歌の主人公の故郷が語られている。

　歌の主人公「成主」とは、家の建つ土地を支配し、家庭の福徳をつかさどると信じられていた神である。それゆえ新築したり引っ越したりして新たな家に住むときは「成主クッ[12]」を執り行い、穀物を入れた壺などを成主の身体に見立てて祀った。成主クッで巫女の歌う歌を民謡にしたのが「ソンジュプリ」だ。「ソンジュプリ」の歌詞をたどっていくと、「松がやがて成長して木材になり、梁や柱になる」という内容が出てくる。ご存知のとおり韓屋は松材で建てられるので、実にリアルな歌詞といえる。

　ところで、民謡「ソンジュプリ」は慶尚道と全羅道《チョルラ》に伝わっているが、いずれの歌詞でも成主の故郷は安東の燕飛院だと言っている。朝鮮時代の宿場だった燕飛院は、安東市内から栄州方面へ6㎞ほどのところだ。そこには燕飛院弥勒仏と呼ばれる「安東泥川洞《イチョンドン》石仏像」がある。10世紀の建立と推定されるこの仏像は、山のふもとの岩壁に胴体部分が彫られ、頭部を別途彫刻して載せた磨崖仏だ。未来の世に現れる救済の仏である弥勒の肩越しに1本の松の木があり、その松の種が国じゅうに飛んでゆき、成主つまりあらゆる建築の基本になったという。そうならば安東はわが国の建築文化の原点といえるのではなかろうか。

　韓国に現存する磚塔および磚塔跡は計10か所だが、うち7か所が安東にある。塔本体が残っている磚塔5基のうち3基もまた安東にあり、それは法興寺址《ポプンサジ》七層磚塔、雲興洞五層磚塔、造塔洞《チョタットン》五層磚塔である。いずれも統一新羅時代に建立され、貴重な磚塔ゆえそれぞれ国宝や宝物に指定されている。

　今見ると3基の磚塔は例外なくバランスが悪く塔頂部の

相輪もないため、けっして美しいとはいえない。『永嘉誌』によると、法興寺址七層磚塔の相輪は金銅製で華麗な装飾が施されていたが、官僚・李洺《イミョン》が塔の間近に私邸として臨清閣を建てたのち、その息子の李股《イゴ》が相輪を取り外して安東府使に献上したところ、鋳溶かして客舎で使う道具類にしてしまったという。法興寺址七層磚塔と同様、もとは七層だった雲興洞五層磚塔にも金銅製の相輪があったが、壬辰倭乱《イムジンウェラン》直後の１５９８年に援軍に来ていた明国軍の兵士に奪われてしまった。それに先立つ１５７６年、安東府使の梁喜《ヤンヒ》がこの磚塔を破壊して磚板を客舎の床に敷き詰めたという。さらに後のずさんな解体・復元および修復作業のせいで塔のバランスが歪んでしまった。安東の磚塔が不格好にならざるをえなかった道のりは、韓国内に残る文化財の苦難の生きざまを物語っている。

　そればかりではない。法興寺址七層磚塔は２０１１年にこの名称に変更されるまで新世洞《シンセドン》七層磚塔という誤った名で呼ばれていた。塔の所在地はかつて法興寺という寺があったことから法興洞《ポプンドン》なのだが、１９６２年に文化財として登録される際に誤って隣接する町名をつけられてしまったのだ。適当なお役所仕事がまかり通っていた時代、担当者のミスで赤ん坊が違う名で戸籍登録されてしまった話を耳にしたことはあるが、文化財の名称が誤って登録されたなどという話は初めてだ。最近は人間の改名は簡単にできるらしいが、戸籍があるわけでもない文化財の名称を改めるのに50年もかかったのだ。

　ともあれ、よそではめったにお目にかかれない磚塔が安東には複数建立されたわけだが、中国、つまり当時の唐から持ち込まれた建築様式らしい。モデルになったのは唐の都・長安（＊現・西安）に新たな様式として登場した大雁塔、小雁塔と推測される。

　大雁塔は、もともと玄奘三蔵がインドから持ち帰った経典や仏舎利を安置するために、唐の第3代皇帝・高宗が６５２年に建立した高さ60ｍほどにもなる五層磚塔だった。玄奘が見てきたインドの仏塔形式を模倣して建立したのだという。現在の大雁塔はもとの塔が風化のため崩壊しはじめたことから、７０１年に七層で再建したものだ。その際に塔の様式も中国式に改められた。小雁塔は大雁塔が再建された直後の8世紀初めに建立された仏塔で、もとは十五層だったが現在は高さ46ｍの十三層磚塔である。

　韓国に現存するもっとも高い磚塔である法興寺址七層磚塔が16・４ｍ、手本となった大雁塔の現在の高さは64・５ｍなので、規模には大きな開きがある。けれども中国で建立されて間もない新たな仏塔様式を、さほどの時間差なしに受け入れて当時の条件に合わせて安東地域の各地に建立したとするならば、当時、安東は建築の国際交流の中心地だったということではあるまいか。

おそらく長安から取り入れたのは磚塔の様式だけではなかっただろう。当時ユーラシア大陸随一の国際都市だった長安が世界の文化の中心地だったことを考えれば、安東は長安とのパイプを通して世界の文化の流れに触れていたかもしれない。だとしたら統一新羅の都・慶州ではなく慶州と一定の距離を置く安東で、新たな文化と活発にコンタクトをとり交流していたことになる。周辺地域の開放性。それは歴史上、往々にして見られる現象ではないか。

安東をわが国の建築文化の胎動と交流という視点で眺めたことで、ほぼすべての文化の胎動と交流がソウルを中心に行われている現代の文化現象はもはや克服すべきだという問題意識をいっそう強くした。際立った地域性を根拠に文化を生み広めていった歴史都市の姿がもう少し明らかになれば、ほとんど枯渇してしまった地域文化の新たな活路を模索するうえでおおいに役立つだろう。

通りから感じる地元らしさ

最近、各地の都市で競いあうように「文化の街」[13]を造成している。ところが実際にはたんなる歩行者天国というだけで、文化とは縁遠い商店街だ。だが、文化なき文化の街にもそれなりの効用はあった。少なくとも都市空間に活気を呼び戻すには自動車を締め出す以上に効き目のある特効薬はないことがわかった。そしてそんな街にも時間がたつうちに文化が芽生えてくる。

安東では南門から客舎跡へと通じる南北の軸が文化の街である。1997年に造成されたこの文化の街は、今では安東でもっとも賑わう商店街になった。そういえば朝鮮時代にも下一桁が2と7の日には客舎前に市が立ち、この通りは5日ごとに商店街として機能していた。

太師路《テサロ》（*現・文化広場通り）という本名より文化の街として知られるこの道は、各種の政治的なイベントの開催される場所でもある。大統領選や総選挙の際に各候補者が清き1票をと訴えるのは、広々とした雄府公園や文化公園ではなく、ここ文化の街だ。この通りは時にストリート・ギャラリーとして使われ、コンサートなど文化の街にふさわしいイベントも行われる。2008年には3月1日の独立記

◀坂道の下宿部屋 斜面に沿った路地に下宿部屋が3つ、上へ上へと並んでいる。土留めのコンクリートを打つとか、ほったらかしのままでもおかしくない斜面を、路地を作って効率的に利用している。90ページ参照

念日を控え、特大の国旗に願いを書き込んだり、歴史に登場したさまざまなバリエーションの太極旗のスタンプを押して楽しんだりと、太極旗をテーマにしたイベントが行われた。自動車を締め出したら文化が芽生えてきたのだ。

そういえば、過去の時代にもここは文化の場だった。たとえば20世紀初頭まで旧暦小正月の夕方には、現在の新韓《シナン》銀行安東支店前の三叉路のところ、通称「サムットゥル」に人々が集まって伝統芸能ノッタリパッキが行われていた。そのためここに集う「連」の名は「サムットゥル連」だ。そう考えると、安東の文化の街は歴史の息吹を受け継ぐ適切な場所に造成されたわけだ。

安東の文化の街はいろいろなことに利用しやすい好条件を備えている。そもそも歩行者専用の通りが東西から交わっていて人々がスムーズに流れ込みやすい構造だったのだ。町の規模からすれば、安東は歩行者専用道路の総延長がもっとも長い町だろう。この歩行者専用道路は、安東の名物料理チムタク（*鶏肉と野菜のスパイシー煮込み）の味のように刺激的なハーモニーを奏でている。通りは連続性が命だから、こうしてつながり流れることによってはじめて本領を発揮できる。都市空間を東西につなぐ繁栄の道と南北につなぐ食の街、文化の街を歩行者専用道路にすることで、

市街地のコミュニケーションがいっそう円滑になった。

ところで、文化の街については地元ならではの特色が出せていないという批判が各所で提起されている。逆に地元らしさを出さねばという強迫観念が稚拙なデザインとなって現れるケースも多い。地域によって建築様式に大きな違いのない韓国では、特定の建築物やモニュメントに地元の特色やアイデンティティを見いだすのは容易ではない。それはおそらく町の風土に静かに刻まれているものであり、ちらりと通り過ぎただけでは気づきにくいものなのかもしれない。

安東の文化の街もアイデンティティの問題では批判を免れえない。だが、文化の街へと変貌を遂げた太師路は、歴史上は地域のアイデンティティを体現する場所ではなかった。朝鮮時代、南門と客舎を結ぶこの道は政治的な意味を帯びた通りであり、人々の日々の暮らしのための道ではなかった。府使の赴任や離任といった政治色の濃い行列や儀礼が挙行されたこの南北の軸は、王権の偉大さを誇示するための場だった。全国の町で、さらに範囲を広げれば中国文化圏に属するあらゆる町で、この手の道の性格はすべて同じだった。そんな太師路で安東のアイデンティティを活かそうと取り組んでも歴史の脈絡に合わないのだ。逆説的

▲安東市保健所　西門路を歩いていてこのポストモダンなビルを見た瞬間、思わず「オーマイガー！」と声をあげてしまった。

に聞こえるかもしれないが、町のあらゆる場所から地元らしさがプンプンにおってくるとしたら、グローバル時代の町としてかえって不思議かもしれない。ハングルの看板は目につかず、「ダンキンドーナツ」、「バスキン・ロビンス(*サーティワンアイスクリーム)」、といった多国籍企業の英語の看板ばかり並ぶ、いわばグローバル化した現在の太師路を自然なものとして受け入れるべきなのだ。あの道は最初から普遍性または国際性をもった通りだった。

　安東市街地でさまざまな意味で関心を引くもうひとつの通りが西東門路《ソドンムンノ》だ。韓国の古い町では、一般に城壁の東門と西門を結ぶ道がもっとも賑わいを見せる商店街なのだが、安東ではそれは中央路《チュンアンノ》だ。中央路は商店街として安東のファッションをリードしている。それに対して西東門路の北側には西から安東聖蘇《ソンソ》病院、安東教会、旧教育庁(現・慶尚北道儒教文化会館)、大圓寺、中区洞《チュングドン》住民センター(*現・安東市住民健康支援センター)、安東市保健所、中央派出所、旧郡庁(現・雄府公園)、旧安東地方裁判所および検察庁(現・文化公園)と並んでおり、公的施設が集中している。これらの建物が近代以降の施設であることを考えると、西東門路が中央路をしのぐ大通りになったのはそう昔のことではない。

西東門路の公共施設には伝統や両班文化のイメージを生かそうという苦心のあとがあからさまだ。その手法はさまざまだが、西から東に進むほどあざとくなる。安東聖蘇病院ではどことなく両班のかぶる冠帽のイメージが漂う程度だが、安東市保健所はどう見てもビルが冠帽をかぶっている。保健所の裏手の市庁舎の総合窓口は、果敢にも四角い現代的ビルに取って付けたような瓦屋根の一室だ。さらに東に進むと伝統建築を再現した永嘉軒、伝統文化コンテンツ博物館、安東文化院が伝統のイメージをストレートに継承している。

安東が両班の町だからといって、あえて現代的なビルに瓦屋根を載せたり冠帽をかぶせたりする必要があるのだろうか。歴史都市安東の特色はそうした見た目の要素にのみあるわけではない。むしろ袋小路やその相棒たる韓屋の多様性にこそ「安東らしさ」を見いだせるはずだ。袋小路と韓屋、それは韓国の歴史都市ならどこにでもあるものだが、これほど多様な姿で残っている町は珍しい。李退渓が晩年を送る学びの空間・陶山書堂（*陶山書院内にある李退渓の居所）の正面の壁面構成を3尺、7尺、8尺、9尺、6尺5寸とまちまちの長さに設計したように、また朝鮮時代の安東の両班たちがそうだったように、守るべきものはしっかり守りつつも現実の条件や必要に応じて多様性を認める精神に、安東ならではの特色があるのではないか。

☯都市空間をつなぐ「時の回廊」

生まれて100~200年ほどの若い町では感じられない成熟した品格と感動が安東にはある。一見しただけでは気づかないが、安東市街地を歩いているとあちこちに歴史の息吹が感じられる。俗に、両班の生活とは家内における祭祀の執行と来客への応対だと要約されるが、たしかに両班の町・安東で出会う人々は実に親切だ。なのに都市空間のほうはさほど親切とはいいがたい。そこで安東のさまざまな物語、つまり町のコンテンツをわかりやすく案内してくれる「時の回廊」のような空間があればいいのだが。

2007年7月に開館した伝統文化コンテンツ博物館では古昌の戦いを描いた3Dアニメを上映しているが、15分ほどのこの映像がなかなかの見ものだ。それ以外にも3Dシミュレーションなどかなり充実していて3000ウォン（*約300円）の入場料も惜しくはない。問題は、いくらバーチャルリアリティーが体験できシミュレーションを見せてもらっても、コンテンツの「場所性」が感じられないことにある。場所性とは、その土地から感じるパワーのことだ。この件で戸惑いを覚えるのは、当のアニメの主人公を祀った祀堂がすぐそばにある点だ。実物のすぐ隣りでバーチャルなものを見物しているわけだ。

　コンテンツの証拠が跡形もなく消え失せていたとしても、人々は物語を記憶しており、その場に行けば何かを感じることができる。たんに目に見えないだけであって、いにしえの名残を至るところにとどめている安東の市街地なら、歴史や文化を感じることはいくらでも可能だ。だからコンテンツを博物館の中に囲い込むのではなく、都巾空間の随所でそれを人目に晒し、リンクさせるほうがはるかに有効な方法だ。バーチャルではなく実体験なのだから真の感動をもたらすはずだ。

　西は「大石」のあるところまで、東は臨清閣と法興寺址七層磚塔まで都市空間が続き、それらのコンテンツが相互にリンクしていてほしい。このグランドデザインの実現を担うにふさわしい適任者は西東門路だ。だが現段階では西東門路は町の街路としての役割をじゅうぶんに果たせていない。厳しい言い方をするなら、それは2か所で命脈を絶たれた通りだ。この通りに面して駐車場を設けた漢陽《ハニャン》アパートが、さらに通りとのコミュニケーションや対応のしくみを講じることなく中途半端に広いスペースを開けてしまった雄府公園と文化公園の造成のしかたが、この通りを台無しにしてしまった。歴史的に袋小路を巧みに活用して都市空間を賢く利用してきた安東で、重要な通りが都市空間として位置づけられずに浪費されている姿はなんとも残念だ。

　2か所で命脈を絶たれたこの通りを生き返らせる方法として、高麗、朝鮮、近代、現代をつなぐ「時の回廊」をつくってみてはどうか。それが実現するなら、息も絶え絶えの通りが甦って安東の市街地が活気を取り戻し、歴史性と地元らしさとを手にできるはずだ。安東はこの探訪の道によって歴史の教室として生まれ変われるだろう。西東門路は、安東市街地を走る東西方向の道としては駅前通りと並んで道幅の広い通りとはいえ、歩道を含めてもたった15mにすぎない。それは安東くらいの規模の町でコンテンツを結びつける街路として広すぎも狭すぎもしない、ちょうどいい道幅だ。

　「時の回廊」がつくられれば、人の流れは東門路《トンムンノ》から太師廟へと向かうだろう。太師廟では家系図をめぐる論争ではなく古昌の戦いを伝える3Dアニメの音声が聞こえてくる。さらにやがて「嶺南萬人疏《ヨンナムマニンソ》」篇が上映される。1881年、嶺南（＊慶尚道地方）の儒者が太師廟の崇報堂《スンボダン》へと続々参集し、政府の開化政策に反対し、衛正斥邪[14]を主張して王に直訴すべきかどうか論議するシーンでは、観客はみな厳粛な気分になるだろう。太師廟が儒者であふれかえると、一同は安東郷校に移動して夜更けまで討論が続く。やがて李退渓から数えて11代目の李晩孫《イマンソン》が中心となり、数百人の儒者が政府の政策を糾弾し、邪教排斥を求めて直訴するシーンが観客の心をとらえる。

「時の回廊」の散策に疲れたら、南に1、2ブロック歩いて中央路やその先の安東旧市場や繁栄の道の店に立ち寄り、うっすらシャーベット状に凍らせた安東シッケ（*麦芽と米を発酵させ、冷やして供する伝統飲料）でリフレッシュすればよい。がっつり食事したいなら「時の回廊」の中ほどで直交する食の街へとしばし寄り道してもいい。夕刻ならば名産の安東焼酎を思う存分味わえるだろう。朝鮮半島に侵攻してきた元《げん》の軍勢が日本へと攻め入る準備をする際に、安東に駐屯させていた兵士たちに焼酎を振る舞ったことから始まったという安東焼酎の蒸留技術を、人間国宝の趙玉花《チョオクァ》さん[15]が継承している。90歳を超えた匠の技によって醸されるアルコール度数45度の安東焼酎は、韓国の伝統酒でもっとも度数の高い酒とは思えないほどまろやかな香りと静かに染みわたる味わいで旅の疲れを癒やしてくれるだろう。それでも疲れがほぐれないなら米と麦の出会い、いわばバイオ・ドリンクはいかが。米を原料に蒸留された安東焼酎と麦を原料に醸造されたビールを混ぜた、地元ならではの「爆弾酒」だ。

臨清閣は宿泊が可能なので、ホテルに飽きたなら家族連れで韓屋に泊まってみるのも一興だ。１５１５年に建てられた臨清閣は、韓国内に現存する最大級かつもっとも古い韓屋のひとつだ。李相龍の生家でもある臨清閣には独立運動にまつわる物語もいろいろ伝わっている。市街地の目と鼻の先の、コンテンツに満ちた韓屋に宿泊するのも意義深い経験である。

元旦に市長が市民とともに初日の出を拝んで万歳を唱える町はあるかもしれないが、旧暦小正月の晩に樹齢８００年の神木の前で町の安寧を祈願する祭祀を捧げる町は珍しい。それがよそにはまねのできない安東ならではの差別化された風俗、近ごろの言い方ならコンテンツだ。「時の回廊」は、安東の都市空間に広がるコンテンツを、ビーズをつなぐように結び合わせて「精神文化の都」の真価を示してくれるだろう。

安東からの帰り際、「飾り玉が三斗あろうと糸を通してこそ宝」（*「宝の持ち腐れ」の意）ということわざを思い出した。繰り返しこの町を訪れて、歳月を重ねた美しい飾り玉をこれほどたくさん持った町は他にあるまいと思った。そして今なお多くの飾り玉が町のどこかに埋もれているのだと思うとなおのこと歯がゆい。その飾り玉を一つひとつ探し出して「時の回廊」へとつなぎ、安東が僕らみんなの宝となる日を思い描いてみる。

　近代期、韓国社会は歴史と文化の大切な飾り玉を探して世に届ける作業をおろそかにしてきた。その反作用なのだろうか、たまった宿題を一夜漬けで片づけてしまおうとする子どものように、21世紀の僕らは急ぎすぎている。だが僕らの宝になってもらいたいこの町は、千年の歴史を有するきわめて古くてスローな町だということを忘れてはならない。

訳注

1 1981年の行政区域の改編で大邱《テグ》市が政府直轄の直轄市（1995年からは広域市）となって慶尚《キョンサン》北道の管轄を離れてからも、道庁は長らく「道外」の大邱市に置かれたままだったが、この移転によって道内に置かれることとなった。

2 地方行政単位は、厳密には貴族・豪族の居住地に府・牧・都護府が置かれ、平民の居住地には郡・県が置かれた。そのためおのずと前者は都市となり、後者は村落となった。1894年の甲午改革（＊133ページ・第4章「春川」訳注2参照）までこの制度は存続した。

3 1926年6月10日、日韓併合前の最後の王・純宗《スンジョン》の葬儀が営まれた際に葬列の沿道で学生たちが中心となって檄文を撒きながら万歳を叫んだ示威運動。

4 朝鮮時代の代表的な儒学者（1501～1570）。退渓《テゲ》は号で本名は李滉《イファン》。朝鮮朱子学を集大成し、安東《アンドン》郊外の陶山《トサン》書院を拠点に後進の育成にも取り組んだ。現在の1000ウォン紙幣の肖像画の人物。

5 党派対立が高じた結果、主流派が反対派に対して過酷な弾圧を加えた事件。それぞれの発生した年を冠して戊午士禍（1498）、甲子士禍（1504）、己卯士禍（1519）、乙巳士禍（1545）と呼ばれる。

6 蕎麦粉のでんぷん質を利用して寒天状に固めた食品「ムク」と野菜を具にした汁かけごはん。

7 煮込み料理に用いる直火にかけられる黒い陶製の器。料理名ではないが、この器で供される料理を指すこともある。

8 2009年12月現在カラオケ店だが、2011年9月にはビリヤード場、2014年8月には空き店舗となっている。

9 1974年8月15日、日本からの解放を祝う光復節記念式典の会場で発生した当時の大統領・朴正熙《パクチョンヒ》暗殺未遂事件の際に同席していた夫人が流れ弾に当たって死亡した。

10 韓国語の「막다른 골목」は日本語に直訳すると「終端部の突き当たった路地」。

11 旧市庁舎前ロータリー以西が「西門路《ソムンノ》」、以東が「東門路《トンムンノ》」だったが、道路名住所制度の実施に伴って両者をあわせて「西東門路《ソドンムンノ》」と名称変更された。以下、本章では別個に記されている場合は原文どおり、「東・西門路」、「東門路と西門路」と記されている場合は「西東門路」と表記する。

12 巫俗に基づく伝統的な神降ろしの儀礼。供物とともに「巫堂《ムダン》」という巫女が歌舞を捧げて神と交信しつつ吉凶禍福の占いや祈願をする。

13 市街地中心部にある既存の2車線規模の道路を改修し、ベンチ、植栽、モニュメント、ステージ、人工河川などを配置した歩行者専用道路。

14 朝鮮時代末期に儒者の立場から朱子学（正道）を守りカトリック（邪教）を排斥すべしと訴えた主張。

15 1922年生まれ。2017年9月に公開された慶尚北道インターネット放送の動画に出演して健在ぶりを見せている。

4 춘천

春川（チュンチョン）

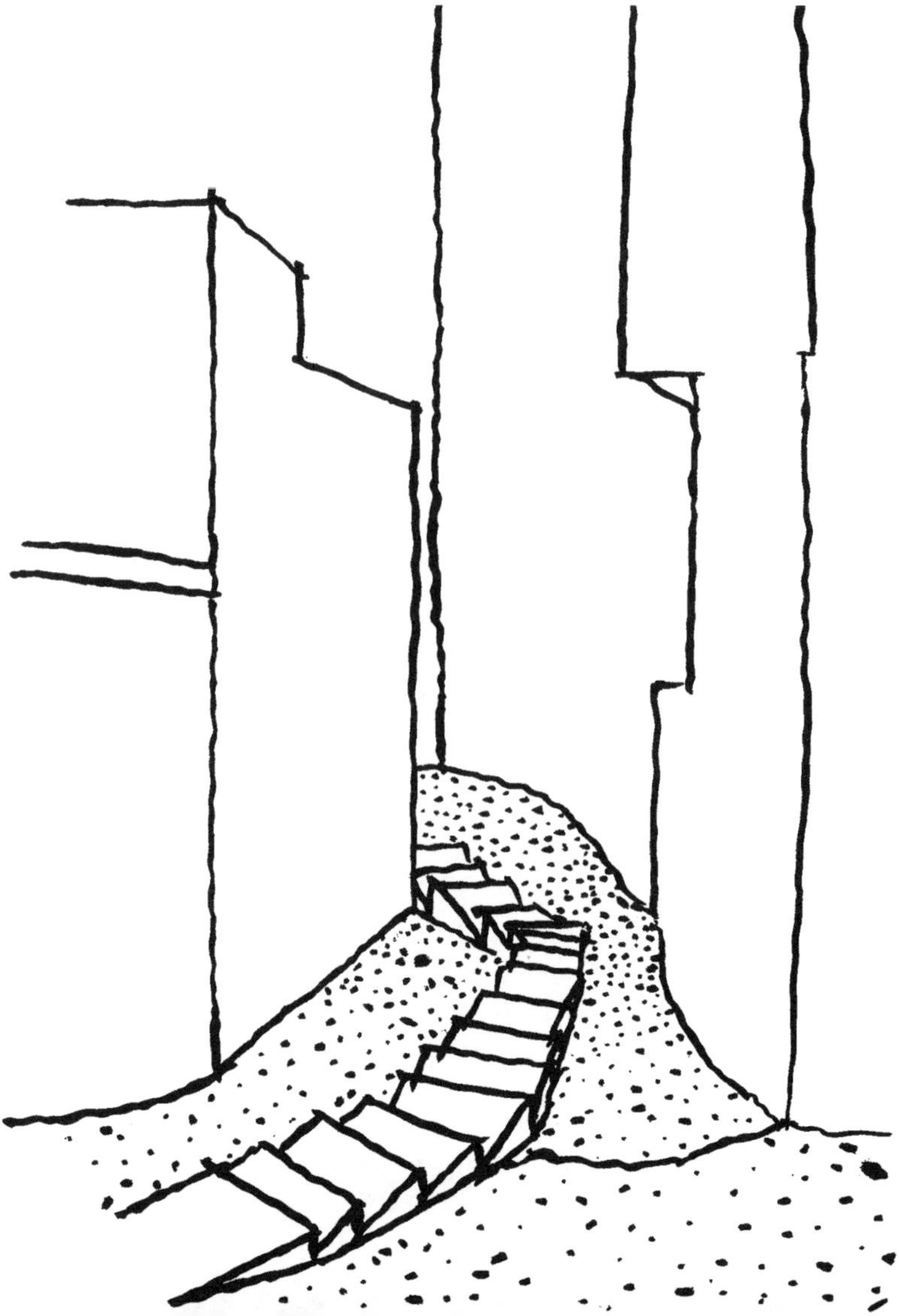

4 歴史の重みを耐え抜いた都市空間の春
春川《チュンチョン》

☯ 秀麗な山河、悠久の歴史

朝鮮半島の真ん中に位置する春川《チュンチョン》は、江原《カンウォン》道の道庁所在地だ。江原道は太白《テベク》山脈の峠・大関嶺《テグァルリョン》（832m）を中心に、その東の嶺東《ヨンドン》と西の嶺西《ヨンソ》の2つの地域に分けられる。歴史上、嶺東の中心都市が江陵《カンヌン》と三陟《サムチョク》だとすると、嶺西の中心都市は原州《ウォンジュ》と春川だった。

春川は940年から春州《チュンジュ》と呼ばれるようになったが、それ以前は牛首州《ウスジュ》、牛頭州《ウドゥジュ》、首若州《スヤッチュ》、朔州《サッチュ》、光海州《クァンヘジュ》などと呼ばれていた。「春川」という地名は1413年に朝鮮の8道[1]体制が整った際につけられた。甲午改革[2]の一環で8道体制から23府体制へと改められたのにともない、1895年に原州にあった江原監営《カミョン》[3]が廃止され、翌年、新たな官庁として春川に観察府《クァンチャルブ》が設置されたことから春川が江原道の中心地となった。

春川がいつごろから町らしい姿を備えていったのか定かではないが、遅くとも高麗時代には鳳儀《ポンイ》山を背景にこの地に大規模な集落が形成されていたものと推定される。春川市街地にかたちとして残る高麗時代の遺構は、江原道庁西側の丘の向こうにある春川七層石塔[4]（宝物《ほうもつ》）だ。二層の基壇が七層の塔身を支えているこの石塔は、高麗時代中期に建立《こんりゅう》されたものと思われる。

現存する資料では19世紀まで遡って春川の様子を確認することができる。まず丁若鏞《チョンヤギョン》[5]（1762〜1836）が1823年に春川について記録した『汕行《さんこう》日記』を見ると、当時の春川は風光明媚で役職を退いた者が隠居生活を送る地というイメージだった。丁若鏞は、都護府使が任期も全うせずに逃げ出すほど疲弊した春川の実情を描きながらも、この地の自然のきわだった美しさを「逐一表現しつくせぬ」と称えている。

1872年に発行された古地図には19世紀の春川の様子が描かれている。この古地図と現在の都市空間とを比較すると、140年間の変化が見てとれる。古地図を見ると鎮山（町を背後から守る大きな山）である鳳儀山と、昭陽江《ソヤンガン》・北《ブッ》

◀**キワジプコル**　『冬のソナタ』など人気を博したドラマや映画のロケ地に利用された古い町並みだが、いつ再開発されてもおかしくない状況に置かれている。114ページ参照

▲**春川古地図**　1872年、ソウル大学奎章閣所蔵
①鳳儀山　②城隍堂　③昭陽江　④客舎　⑤聞韶閣　⑥校宮（郷校）
⑦新淵江（北漢江）　⑧社壇　⑨場市　⑩孔之川

漢江《カンガン》・孔之川《コンジチョン》の３つの川に囲まれた春川府の状況がよくわかる。城壁が見当たらないが、江原道で大都護府の置かれていた江陵と都護府のあった春川、襄陽《ヤンヤン》、三陟、淮陽《フェヤン》、鉄原《チョルォン》のうち、春川と淮陽には城壁がなかった。どちらも倭寇の出没という海辺の町の抱えるリスクを太白山脈が防いでくれたからだろう。そのうえ春川は山と川が町の境界であり、あえて城壁を築く必要がなかった。ただし鳳儀山の上に石積みの山城を築いて防御体制は備えていた。この山城は１２５３年のモンゴルによる５度目の侵略の際の激戦地であり、旧韓末に義兵が蜂起した際には儀式を挙行した場所でもある。

　鳳儀山には町の守護神である城隍神《ソナンシン》を祀る城隍堂《ソナンダン》があり、その裾野、つまり現在の江原道庁駐車場の位置に客舎《ケクサ》の壽《ス》春館《チュングァン》があった。もとは税として納められた穀物を保管する司倉庁《サチャンチョン》があったが、壬辰倭乱《イムジンウェラン》の際に焼失し、１６０１年に府使だった許鋿《ホサン》が壽春館を造営した。この客舎は旧韓末に大火があって跡形もなく焼け落ち、その跡地に朝鮮戦争前までは春川警察署があった。植民地期には鳳儀山の中腹、今の世宗《セジョン》ホテルのところに神社が建っていた。

　客舎の下には内衙《ネア》、その東に東軒《トンホン》、西に聞韶閣《ムンソガク》があった。聞韶閣は１６４６年に府使・嚴愰《オムファン》によって建てられた清の

鳳儀山
キワジプコル
旧西部市場通り
春川七層石塔
江原道庁
威鳳門
中央路
春川芸術マダン
春川郷校
春川高校
春川市庁
中央路ロータリー
明洞通り
タッカルビ横丁
金剛路
中央小学校
青少年文化の家
ブラウン5番街
中央市場
(現・浪漫市場)
映画館前広場
薬司峠通り
春川生涯教育情報館
(現・春川教育文化館)
望楼
キデスーパー
0 20 50 100 200m
N

▲現在の春川市の中心部

襲来に備えるための王の避難用の御殿だ。1890年に春川府に新たに置かれた留守《ユス》という役職に就いた閔斗鎬《ミンドゥホ》が、王命によって聞韶閣を拡張・改築して春川離宮として整えたが、1916年に火災で焼失し、跡地に江原道庁舎が建てられた。だがこの道庁舎も朝鮮戦争で焼失、1957年に西洋古典建築を模した現在の庁舎が再建された。

その下手には複数の官衙建築群があった。遠く西に離れた現在の中央《チュンアン》小学校のところには土地の神に祈りを捧げる社稷《しゃしょく》があった。校宮《キョグン》と記された郷校《ヒャンギョ》は、官衙から東に少し離れている。王宮（ここでは王権の象徴たる客舎）の左には王の先祖を祀る宗廟《そうびょう》（ここでは郷校）を、右には社稷を置く、中国古代都市の配置原理である「左廟右社」にならったものだ。

官衙建築の前方には民家が密集していた。道庁の前、現在の赤十字江原道支社のあたりから中央路《チュンアンノ》ロータリーまでは漢城《ハンソン》（*現・ソウル中心部）でいえば鍾路《チョンノ》のような官用品を調達するための六矣廛《ユギジョン》[6]の並ぶ道だった。

住宅地の外郭には場市があったが、かつて春川では下一桁が2と7の日に市が立った。こうした市は近代期に常設市場に転換し、こんにちまで多くの町で「中央《チュンアン》市場」として命脈を保っている。春川の場市も1930年代に第一公設市場へと変わり、それが現在の「春川中央市場（*2010年に改修、現・春川浪漫《ナンマン》市場）」である。

現在も山と川は140年前の古地図そのままである。町の向きも変わらない。地図は北東を上に北東–南西の軸を基準に描かれており、これは今なお中心軸としての役割を果たす中央路の方向と同じだ。だが現在、古地図にある建物の大半は形跡すら残っていない。1916年に聞韶閣が焼失し、その正門の朝陽楼《チョヤンヌー》と内門の威鳳門《ウィボンムン》だけが残っており、朝陽楼は牛頭《ウドゥ》山に移設されている。威鳳門は朝陽楼の跡地に移設されたが1955年に道庁舎の裏手に、さらに1972年に現在の道庁舎前の道端に移された。移設を繰り返したせいなのか、門の縦横の比率がどこか不自然だ。

町の西に衣岩湖《ウィアム》が広がり湖畔の町と呼ばれる春川には、そこここに川や湖に沿って散策、デート、ドライブを楽しめるコースがある。春川の川や湖は韓水山《ハンスサン》、全商國《チョンサングク》、李外《イウェ》秀《ス》、洪常秀《ホンサンス》といったアーティストたちによって文学や映画の舞台になってきた。そのため湖畔の町、ロマンの町として知られる春川は、このところ「フェスティバルの町」というもうひとつのイメージを手にした。毎年5月に開催される国際マイムフェスティバルを皮切りに、アートフェスティバル、国際人形劇祭、国際演劇祭、昭陽江文化祭、国際マンガフェスティバル等々、各種フェスティバルが目白押しだ。春川は今やフェスティバルの町になった。

中でも国際マイムフェスティバルは春川を代表するフェスティバルであり、成功したフェスティバルの代名詞でもある。2007年から現在まで文化体育観光省の最優秀フェスティバルに選定[7]され、英国のロンドン、フランスのミモスとともに、世界3大マイムフェスティバルに数えられている。韓国でマイムというジャンルを開拓した柳鎭《ユジン》奎《ギュ》が生活の場を春川に移し、芸術監督としてこのフェスティバルを総指揮している。それ以外にも何人ものアーティストが次々と春川に移り住んだことで、春川の文化的なポテンシャルはさらに増している。ならば、春川でフェスティバルが成功し、アーティストがこの町にやってくるのはなぜだろうか。はたしてこの町にアーティストたちの感性をとりこにするいかなる魅力があるのだろうか。また、都市空間はどんなふうにフェスティバルの舞台となるのだろうか。

フェスティバルの開催される町では、市民がひとときであれ日常のストレスを忘れ、その町に暮らす喜びを感じているはずだ。都市空間も喜びにあふれた市民の活気からエネルギーを得る。ゆえに春川に期待するのは寂れて生気を失った地方都市の姿ではなく、生き生きとした都市空間だ。フェスティバルの町・春川を歩いて、都市空間は何を糧に生き、またいかなる原因で死に至るのか考えてみよう。

水の町

1980年代にソウルで大学に通っていた僕にとって、春川は大成里《テソンニ》、清平《チョンピョン》、加平《カピョン》、江村《カンチョン》と続く合コン合宿コースの終点、川底の小石がくっきりと見える北漢江の澄んだ水の流れきたる場所として記憶されている。当時、週末になるとソウルと春川を結ぶ京春線《キョンチュン》の列車は、若い男女でごった返していた。清らかな水辺で解放感を味わい、民宿の部屋で悩みを打ち明け語り明かした大学時代。今なお鮮明な当時の記憶をたどるうちに、ふとあの涼やかな流れを送り出していた町のことが気になった。

春川の地形図を見ると、周囲を山が取り囲み、そこに二筋の川が流れ込んで出会う。古くから人々が集まったのもうなずける場所だ。李重煥《イジュンファン》（1690〜1752）は『擇里志』[8]で川辺の暮らしやすい場所として平壌《ピョンヤン》郊外に次いで春川を挙げている。

春川牛頭村在昭陽江上二水合襟之内……雖峡中開拓既遠畝豁明爽又通下江舟楫魚鹽之利居人多以商販致富自貊國時人烟至今不衰（春川の牛頭村は昭陽江上流の二筋の水が襟のごとく合流するその内に位置する……山間に開けた地とはいえ、はるか広がりすがすがしく明るい。川の下流には舟が通じ、魚と塩の利益がある。住民は商売を営み豊かになった者多く、貊《わい》国のころから今まで人家の減ることなし）

歴史的に春川は北漢江流域最大の拠点となる町であり、朝鮮時代初期には昭陽江倉《カンチャン》が置かれて物資の集散地の役割を果たしていた。昭陽江倉は舟運を利用して税として納められた穀物を漢陽《ハニャン》（＊現・ソウル）に運搬するための中間倉庫だった。北漢江は春川地域では母津江《モジンガン》と呼ばれていたが、その船着き場は漢陽からやってきた塩運搬船が到着し、特産物を積んだ船が漢陽へと出航していく交通の要所だった。舟運で交易を営む商人・船商が北漢江の水路を利用して木材や薪、炭を漢陽に運んで売り、塩を買い付けてきた。朝鮮時代初期の漢陽で王宮などの主要な建物を建造する際に利用された木材は、たいていが江原道から伐り出したものだった。朝鮮時代初期までは道路が整備されておらず、大量の物資の運搬には水運を利用するのが一般的だった。したがって船商の活動が活発だった春川は、漢陽のバックヤードの役割を果たしていた。

春川市街地は三方を水辺に囲まれた半島のようだ。昭陽江が市街地の北の境界を、新淵江《シニョンガン》が西の境界をなしている。新淵江とは春川市街地の西にある衣岩湖の、昭陽江と北漢江の合流地点から先のことをいう。今では町の規模も大きくなって状況がやや変わったが、かつては孔之川が南の境界だった。古くから春川はこの3つの川を挟んで市街地と郊外に分かれて発達してきた。李退渓《イテゲ》らを祀った新北邑龍《シンブクヨン》山里《サンニ》の文岩《ムナム》書院、西面新梅里《ソミョンシンメリ》の道浦《トポ》書院、西面芳洞里《パンドンニ》の申崇謙《シンスンギョム》将軍の墓と高句麗古墳、中島《チュンド》遺跡など、古い時代の文化財はたいていが川の対岸か中州にある。ドラマ『冬のソナタ』のロケ地として脚光を浴びた中島には、新石器時代から鉄器時代にかけての先史時代の遺跡がいくつもある。中島と蝟島《ウィド》は新淵江を堰き止めて衣岩ダムを築造した際に春川市街地の北と西にあった小高い丘が水没し、頂上部分が取り残されてできた島だ。

春川には水辺に広がる公共スペースが多い。孔之川が衣岩湖に注ぐ地点もそんなスポットで、春川の名所として知られている。そこにはエチオピア参戦碑と参戦記念館がある。１９６８年に参戦碑が建てられ、２００７年3月に参

▲イディオピア・ベット　韓国ではじめてレギュラーコーヒーを提供した店。店名は当時のエチオピア皇帝ハイレ・セラシエ1世の命名だという。

戦記念館が開館した。朝鮮戦争が勃発するとエチオピアはアフリカで唯一６０３７人の地上軍を派遣し、春川近隣の楊口《ヤング》、華川《ファチョン》、鉄原などで戦闘に参加した。その後エチオピア参戦碑が建てられ、当時の皇帝ハイレ・セラシエ１世が除幕式に訪れた。そこで同国特産のコーヒーを知ってもらおうと、ある夫婦が「イディオピア・ベット（家）」というコーヒーショップをオープンしたのだそうだ。孔之川側に大きなガラス窓を配して川を見晴らせるこの店は、今も若者たちで賑わう名所である。

ところが20世紀後半からこの水の町が水辺から遠ざかっていった。そして町の性格が変わりはじめた。新淵江にあった船着き場はもはや春川の玄関口ではない。人々は船ではなく電車や自動車でこの町にやってくる。治水のために建設された清平ダム（１９３９）、華川ダム（１９４０）、春川ダム（１９６５）、衣岩ダム（１９６７）、そして昭陽江ダム（１９７３）が船着き場と航路をすべて呑み込んでしまったからだ。そのうえ朝鮮戦争後には「キャンプ・ページ」という米軍基地が新淵江と春川市街地との間をまるごと占拠してしまい、町は水辺から完全に分離された。そのため郊外から町へと渡る航路さえ途絶した。ついこのあいだまでは、鳳儀山に登って船も通わない川をじっと眺めているだけで国家保安法によって処罰されるおそれがあった。軍事施設に探りを入れる行為と誤認されるためだ。ここ半世紀は春川から水辺が奪われた時間だった。

　船に乗って町を訪れることもできず、都市空間で水辺に出会うこともできないが、人々はなお春川を水の町だと考えている。そしてロマンを思い描いて春川に親しみを覚える。近くにいくつもダム湖があるからなのだろう。水の町に親しみを覚えるのは、誰もが母の羊水の中で生を育みはじめるからなのかもしれない。

☯ 人をいざなうスペースと坂道

　春川市街地にはちょっとしたスペースが多い。もちろん古い町並みの「キワジプコル（*「甍家《いらかや》横丁」の意）」[9]の韓屋《ハノク》はどの家にも中庭があるが、ほかに塀に囲まれておらず町のパブリックな活動に使われるスペースも多い。ここではそうしたオープンなスペースについて語ろうと思う。

　いわゆる都市の「オープンスペース」に相当する春川市街地の空間は、サイズ、形状、高低、性格がまちまちで、大半が不定形だ。四角形なのは斜面にある住宅地の路地からじかに上がれる屋上くらいだ。ウレタン防水を施したあの緑色のやつ。もちろん他人の家の屋上に勝手に入りこんではいけないが、路地と屋上のあいだに何の仕切りもない家もあるから、こうした屋上を共同のスペースとして活用するのも悪くないと思う。

　屋上以外の四角いスペースとしてはブラウン5番街の映画館プリマス（*現・CGV春川明洞《ミョンドン》）前のスペースがある。ここが春川市街地でもっとも広い公開空地で、広場といってもいいほどだ。ブラウン5番街は２００５年に市街地の斜面を再開発したショッピングモールで、わが国の再開発の条件を考えると、こんなに広い公開空地を設けるのは容易ではなかったはずだ。規模も適当で、スペースの幅とビルの高さがほぼ同じくらい、いい感じの閉鎖感もある。正面にステージを設けたこのスペースでは、毎週末「土曜文化広場」なるイベントが開かれている。

　市庁[10]前にあるピカデリー劇場（*２０11年に閉館、テナントのみ営業中）前のスペースは三角形でやや小ぶりだ。このスペースは周囲の道路より一段高くなっており、手すりで囲まれている。そして面白いことに真ん中に井戸がある。ブラウン5番街の坂も各店舗の前にちょっとしたスペースがあり、手すりのついたボードウォークにぬくもりを感じる。

　そのほかにも坂道からのアプローチで門前に小さなス

ペースを設けた家が多い。いくら小さくても、一角には菊や鶏頭、向日葵《ひまわり》などの花々が植えてある。外出先でむしゃくしゃすることがあっても、美しい花を見ればホッと一息ついて家に帰れるだろう。それにこうした場所ではご近所さんとも自然と会話を交わすことができる。だからこうしたスペースは都市コミュニティの縁の下の力持ちだ。

町なかのそこここに点在するスペースを坂道が結び、スペースと坂道のネットワークが形成されている。スペースは人の流れの留まる貯水池のようであり、そこに人々をいざなう路地が集まってくる。そうやって人が流れることによって町は息づいていく。そんな生きた通りのみが町の文化を持続させ発展させる。力萎え死にゆく通りは、町を安宿街にするのが関の山だ。生きた通りは人々に、町はたんに食べて寝て稼ぐだけのところではなく、自分とかかわりのある隣人たちとともに生きる大きな「ご近所」だと気づかせてくれる。都市コミュニティを実感させてくれる場所なのだ。

春川では、計画・準備の行き届いたフェスティバルでも通りの存在価値を確認できる。春川には人々の集まれるさまざまな規模の公共スペースが多く、フェスティバルの前提となる場所がすでに確保されているわけだ。ピカデリー劇場前の三角のスペース、ブラウン5番街の通りと広場、春川芸術マダンの庭など、そこここに都市活動のステージがあり、フェスティバルが建物の中に閉じ込められておらず、町を活気づかせてくれる。

とりわけ道庁と郷校の中間地点にある春川芸術マダンは、近年つくられたアートの拠点だ。１９５５年にここに春川中央教会が建てられたが、教会が移転したため２０００年暮れから教会の建物を美術館として使うことになった。だが教会の窓をでたらめに塗りこめたため、どう見ても美術館らしくないのが残念だ。春川美術館の裏手には１９９８年にオープンした「マイムの館」[11]があり、その隣りの高台に奇抜な外観の「ポムネ[12]劇場」がある。そして３つの建物のあいだにはさほど広くない庭があって文化活動の舞台になっている。

春川を代表するフェスティバル、国際マイムフェスティバルは、「マイムの館」をはじめ春川芸術マダン、ポムネ劇場、春川文芸会館、春川人形劇場、春川生涯教育情報館（＊現・春川教育文化館）、北漢江に浮かぶ蛸島、ブラウン5番街、明洞、孔之川、江原大学、翰林《ハルリム》大学など、町の全域をステージにして行われる。また、市民や観客も参加して屋内および街角の公演が随時あちこちで行われる。どの町も似たり寄ったりのフェスティバルだらけの時代にこのフェスティバルが僕の関心を惹いたのは、みずからをホールに閉じ込めておかず、都市空間の至るところを多彩かつ豊かに利用しているからだ。市街地の通りやスペース、児童館、市庁舎、郷校、川に浮かぶ島、大学、病院、団地、ビルの前、そこがどこであれ、このフェスティバルは都市空間を生き生きとした文化空間へと変貌させる。春川国際マイムフェスティバルは、町のあちこちを練り歩き、人々をどんどん巻き込んでいく伝統的なプンムル[13]のスタイルを受け継いでいる。こうして西洋の芸術公演のもつ閉鎖性を克服することにより、マイムはみんなでわいわい楽しむ韓国の芸術になり、人々にとってマイムというアートはさらに身近なものとなった。

☯町の自然・望楼の下の「町里《まちさと》」

歴史都市を散策していて都市部にもなお美しい自然が存在しているのを目にすると、実に心なごむ。20世紀後半の無分別な再開発でずいぶん消えてしまったとはいえ、地方の小都市のそこここに、今なお自然が息づいている。だが、歴史都市をよく観察してみると、美しい自然にも引けを取らぬほど心地よい空間がある。長い時間をかけて人々がともに暮らすなかで育んできた住宅地だ。そこには自然地形や年を経た木立、ときに小さな樹林が残っている。そしてともに暮らす人々のコミュニティが維持されている。そんなふうに自然と人々とが調和して暮らす場所は「里」と呼べるだろう。それが町なかに存在するのだから「町里《まちさと》」とでも呼ぼうか。町里は人間が自然条件をうまく利用してつくったもうひとつの自然だ。

ソーシャルエコロジーを提唱したマレイ・ブクチン（1921〜2006）は、町里のような人間化された、あるいは社会化された自然を、もともと存在する「第一の自然」と区分して「第二の自然」と呼んだ。町なかでは「第一の自然」はもとより「第二の自然」も暮らしの重要な条件であり魅力だ。

ではいよいよ春川の町里を歩いてみよう。5年以上も春川を歩きまわり、主に市街地に目を向けて観察してきた。その際に僕の設定した中心部の南西の境界は「薬司《ヤクサ》峠通り」だった。僕が少年時代をすごした1960〜1970年代の町並みとよく似た雰囲気の薬司峠通り[14]を幾度となく往復したが、それより西に行くつもりはなかった。薬司峠通りとその西の春川小学校のあいだの斜面に20世紀前半に形成された住宅地があるのを知ったのはずいぶん後に

▲望楼と界隈の家々　近代期に形成された住宅地で、似かよった規模と形の家々が調和をなしている。丘のてっぺんに植民地期に建てられた望楼がそびえている。

なってからだった。

　画家・朴壽根《パクスグン》（1914〜1965）と彫刻家・権鎭圭《クォンジンギュ》（1922〜1973）が1930年代末にその界隈で暮らしていたという話を、後になって偶然耳にしたときはしまったと思った。李仲燮《イジュンソプ》とともに韓国近代美術の巨匠と並び称される2人、どちらも52年の短い生涯を終えたこの2人は、春川で芸術への夢を育んだ。2人が若き日に暮らした空間、2人が芸術への夢を育んだ空間はどんなところだろう。そんな疑問を胸に早朝出発して春川に赴き、ついに薬司峠通りの向こうを訪ねたのは2011年9月21日、ちょうど僕が満50歳の坂を越えた日だった。当日の早朝、春川に向かう高速道路を走りつつ、ふと詩人・徐廷柱《ソジョンジュ》の「日曜日がきたら」を思い出した。「いまだ訪れることかなわぬ／最後の路地を訪ねてみようか」、そうみずからに声をかけると前夜2人の評伝を読んで寝そびれたせいでショボショボしていた目が、「しかと見開」いた。

　そこは春川でもっとも素晴らしい第二の自然だった。丘の頂上に植民地期に建てられた火の見の望楼がそびえている。その手前にはゆとりある三叉路が、そしてレンガ造りの2階建てがある。界隈の低いほうから上へ上へと歩いていくと出会うこのレンガ造りの1階部分は「キデ（＊「頼る、寄りかかる」の意）スーパー」という店で、支え合って暮らそうとの思いをこめてそんな店名にしたという。

この望楼の下の町は「望台《マンデ》通り」と「薬司通り」から分岐した路地が蜘蛛の巣のように入り組んでいる。やや広い道とともにループ状の路地、2本の通りを結ぶ路地、民家の門前で行き止まりの袋小路、直角に曲がる路地、弧を描く路地、やや坂道になった路地、唐突に階段や急坂の現れる路地など、多彩な路地の紡ぎだすきわめて興味深い空間だ。それぞれに趣ある空間だが、たえず選択を迫られる。特にこの界隈にはよそでは珍しい直角の路地が多く、いきなり誰かに出くわすかもしれないという緊張感を味わうことになる。

この界隈の家々は、朴壽根の『麗日』に描かれたのと似たL字型で、どれも似かよった規模だ。唯一、お山の大将よろしく高いところに無粋な姿をさらしているカフェ「ハヌル」（*現・ハヌルタッカルビ）だけは、この町里の秩序がまるで理解できずにいるようだ。かつてはほとんどが『麗日』の家のような瓦屋根の韓屋だったのだろうが、今ではセメント瓦、スレート、トタン屋根などに変わった。方角とは関係なく低いほうに庭を配した家々が腕を広げるように建っている。そのため東西南北どこからでも低いところから望楼を仰ぎ見るとL字型の家々の連なる風景が広がる。南向きにこだわる家があったらこんなリズミカルな景色は見られなかったろう。全戸南向きに建てられるマンションとは異なり、方角よりも自然の地形に身をまかせるのが伝統的な建築の考え方だ。

この町内のほぼすべての家に獅子頭をかたどった取っ手のついた鉄製の門扉がある。だがどの家も個性を打ち出したいらしい。そこで門扉の色が隣家と違っている。朝鮮時代の身分社会の集落では門の豪壮さで住人の身分を示したが、近代の平等な町里では門扉の色で住人の個性を演出する。望楼の北に4軒が共同で利用する袋小路がある。門は2軒ずつ隣り合っているのだが、奥からグレーに黒、赤褐色に緑色だ。隣家の門とは片やグラデーション、片や補色関係になっており、それぞれの存在をはっきりと示している。屋根にも個性が現れている。素材は奥の2軒がスレート、手前の2軒がトタンだが、色は白にグレー、水色に黒とまちまちだ。今も昔も門扉や屋根は住人の存在証明だ。

ところが、そんな魅力あふれる町の第二の自然を見てまわるうちに、不意に不吉な予感に襲われた。遠からずここも再開発されるのでは、という懸念である。住まいを不動産の価値でしか判断しない韓国社会で、第二の自然をなす

▲キデスーパー　支え合って暮らそうとの思いをこめて「頼る、寄りかかる」という意味の店名にしたとおり、近所の人々の情報交換と憩いの場になっている。

低層住宅は高層マンションにかなうはずがない。案の定、薬司峠通りから望楼の下へと入る道の一画に再開発組合の設立が承認された旨を知らせる横断幕が掲げられていた。高層マンションへの再開発はこのところ収益性が低迷していることが若干の安心材料ではあるが、望楼の下の町が再開発を当てこむ人間の貪欲さにどれだけ持ちこたえられるか心配だ[15]。

　望楼の下の町里のようなコミュニティでなければ薬司通りも、望台通りも、そこにある木々も守ることができない。ブクチンをはじめ多くのソーシャルエコロジストは言う。「自然環境との持続可能なバランスを担保するコミュニティの創出なくして人と自然との調和はありえない」。もしここが再開発されて蜘蛛の巣のように張り巡らされた路地や木立や家々が失われるなら、そんな記憶喪失の町で古い伝承や物語、それに朴壽根や権鎮圭のようなアーティストの足跡をたどることができるだろうか。

☯望楼の下の町に朴壽根と権鎮圭を探す

　統営《トンヨン》に李仲燮がいるなら、春川には朴壽根と権鎮圭がいる。1935年、朴壽根が数え22歳の年に母親が癌で亡くなり、父親は金剛山《クムガン》へと修行の旅に出てしまい、6人きょうだいは離散の憂き目にあう。そこで朴壽根は春川の望楼の下の町で下宿生活を送りながら、独学で絵画を学ぶことになった。当時、春川で薬局を営んでいた呉得泳《オドゥギョン》を頼って春川に移り住んだのではないかとされている。呉得泳は朴壽根が楊口公立普通学校に通っていたころ、早くもその素質を見抜いていた恩師だ。当時、江原道庁社会課の三吉《みよし》課長という日本人が朴壽根の作品の買い手を探し、個展開催に尽力するなど取り計らってくれた。１９４０年、平安《ピョンアン》南道庁に転勤する三吉の口添えで社会課書記として採用されて平壌への転居が決まり、朴壽根の春川での日々は終わりを告げる。

　朴壽根の春川時代は極度の貧困による一家離散という孤独な日々だったが、絵画への情熱はむしろいっそう燃え上がっていたようだ。当時の朴壽根を知る人物によると、下宿代も払えず、室内に置かれた椀の水さえ凍りつく冷えきった部屋で、ひもじさをこらえて絵を描いていたという。そんな情熱と努力の結果、１９３６～１９３９年には朝鮮美術展覧会に連続入選して気を吐いた。そのころ朴壽根は春をモチーフに多くの作品を描いたが、代表作に赤ん坊をおぶった母親が摘み草をする様子を描いた『春』、早春の瓦屋根の韓屋を描いた水彩画『春がくる』を油彩で描きなおした『麗日』などがある。それぞれ１９３７年、１９３９年の朝鮮美術展に入選した。１９５０年代にも『春日』というタイトルの水彩画、油彩画を1点ずつ描いている。春川が春の町だからだろうか。四季のはっきりした韓国にあって、季節を地名とする町は実は春川だけなのだ。春の、川、春川。

　朴壽根は１０７０年以上も春の町と呼ばれてきた春川であたたかな人生の春を迎える。美術展への連続入選に加えて、春川を離れる直前の１９４０年2月には女学校を卒業した金福順《キムボクスン》と結婚。朴壽根といえば作品ばかりか夫婦仲の良さもつとに知られている。

　権鎮圭は春川高等普通学校に入学した１９３８年から、１９４３年に卒業して兄・権鎮元《クォンジヌォン》とともに東京に向かうまでの5年間を春川で暮らした。1年生と5年生のときは寮で暮らし、2年生から4年生の3年間は望楼の下の町の家に下宿していた。権鎮圭は高校時代を通じて優等生で、3・4・5年でそれぞれ総代、級長、寮代表を務めたが、美術活動をした形跡はない。美術の成績も中くらいだった。

　統営を作品に残した李仲燮とは違い、朴壽根や権鎮圭の作品には春川は直接登場しない。だが朴壽根の作品にしばしば描かれる道、とりわけ路地には20代のころ暮らしていた望楼の下の町、当時の薬司里《ヤクサリ》の路地が影響しているかもしれない。朴壽根は1950年代に『春日』、『路地裏』といった作品で町里の路地の風景を描いた。また、朴壽根の絵の大きな特徴である花崗岩の質感を思わせる独特のマチエールは、20代のころ何度も目にしたであろう高麗時代の春川七層石塔から影響を受けたのかもしれない。実際に朴壽根は「わが国の古い石のもの、石塔や石仏なんかにえもいわれぬ美の源泉を感じ、作品に取り入れるべく努力している」と常々語っていた。朴壽根の見ていた石塔は、朝鮮戦争で破壊されて塔頂部の装飾がすっかり失われ、屋根石の四隅がほぼ欠けてしまった現在のような姿ではなかったはずだ。

ところで、朴壽根や権鎮圭はいったいどの家に下宿していたのだろう。路地を歩きまわっていると、獅子頭の取っ手が動いて実際の年より若く見えるご夫婦が現れ、中を見せてくれると言う。急な坂道の奥の家だ。リフォームを重ねたせいで確認するのは難しかったが、築100年近いと思われる都市型の韓屋で、低くなった敷地の南と西にある庭はよく手入れされていた。数え70歳のご主人はここ薬司洞で生まれ、ずっと暮らしきたという。おかまいなくと言ったのにコーヒーを出してくれたご夫婦に、朴壽根や権鎮圭の話題を振ってみたが、まるで聞いたことがないと言う。

路地を何度も歩きまわったが、朴壽根や権鎮圭の痕跡はなかなか見つからなかった。いつだったか真冬の寒い日に統営で李仲燮の痕跡を求めて歩いたときもこんなだった。昼食に入った店の人にも2人の芸術家のかつての下宿について尋ねてみた。はじめて聞く名前だという。遅い昼食だったが、食事もそこそこに研究室に電話してインターネットで調べてもらうと、春川生涯教育情報館のあたりに案内板があるという。だが、付近をいくら探しても案内板はなかなか見つからない。道行く人に尋ねても誰ひとりわかる人がいない。ついには住民センターの職員までもが「望楼の近所に住んでますけれど、見たことありませんね……」と言って訝しむような目つきだ。住民センターを出て、ちょうど放課後で帰宅途中の中学生たちに聞いてみた。「ねえ、この近くに朴壽根とか権鎮圭……」、「そんな子、知りません」。おっと、一発即答だ。

もはや下宿を探しているのではなく、朴壽根や権鎮圭という下宿生を探していた。彼らが今なおこの町のどこかにひっそり隠れて暮らしてでもいるかのように。最後にやや広い道を車で回ってみたが、その甲斐もなかった。しかたなくあきらめて大田《テジョン》に戻ろうと思ったそのとき、左の塀に小さな案内板が見えた。春川生涯教育情報館脇の通りの向かい側だった。西日で色褪せて消えかかったその案内板には、中学の美術の教科書にも出ている権鎮圭の代表作『チウォンの顔』とともに「韓国彫刻史の星・権鎮圭」というタイトルとゴマ粒みたいな文字が数行記されていた。

僕は隠れていた下宿生を探し当てたかのように一方ではホッとしながらも、猛烈に腹が立った。（なんでこんなちっぽけな案内板なんだよ?）。しかもその家に下宿していたわけでもなく、この町のどこかに下宿していたという無責任な内容だ。（それくらい知ってるし……）。

だが、なぜかすぐに満ち足りた気分になった。少なくともあの2人がこの近くで暮らしていたということだけは確認できたから。彼ら2人のアーティストが歩いた道に、呼吸していた空気に、目にしていた家々や南瓜の蔓に、向日葵の花や棗《なつめ》の木に、こうして触れることができたから……。

生きた町の通り・明洞通り、タッカルビ横丁、中央市場、ブラウン5番街

春川は遅くとも高麗時代からこの地方の中心地だったので、ゆうに千年の歴史を刻む町だ。千年の町ならば1日に1㎜ずつ物語が積もったとして365mの山のような物語が堆積しているはずだ。春川の鎮山である鳳儀山（300・7m）より高く積もった町の物語、その重みはいかばかりか。

だが春川からは歴史の重々しさは思いのほか感じられない。官衙建築を復元する代わりにシンプルな街路灯やボラードを設置して、道庁前通りを洗練されたデザインですっきり整備したからか。それとも市街地に全州《チョンジュ》や安東《アンドン》のような古い町並みが目につかないからか。そういう古い町並みがあるのはキワジプコルだが、町の中心部からははずれている。中心部の春川郷校は春川女子高校 16 の裏手の低くなったところにひっそりとあり、まるで女子高の作法教室棟みたいに見える。二層楼門の蔵修楼《チャンスルー》はハイヒールを履いたような礎石にガラス張りの窓を持ち、伝統的な韓屋というよりやや近代風の趣だ。蔵修楼を含む春川郷校の建築群は朝鮮戦争で焼失し、1960年に再建されたものだ。

幾度となく春川に通ううちに、この歴史都市の重々しさ、あるいは古臭い陰鬱さを通りの活力が蹴散らしていることに気づいた。ピカピカの新市街地に町の活気が移り、近年復元されたひと気のない官衙建築が市街地の一画を占めて沈滞するよその町とは違い、この町はバイタリティーを失

▲明洞通り　若者たちであふれる春川でもっとも賑やかな商店街だ。
街路灯のデザインは2015年に変更されてクリスマスツリーではなくなった。

わず、人生のイベントにあれこれ介入してくる。いわば春川は歴史都市でありながら現代都市なのだ。

　春川市街地の中心軸は、道庁と孔之川橋とを大きな弧を描いて結ぶ中央路だ。１８７２年の古地図にも描かれている古くからの通りだが、植民地期になるとそこに近代都市の枠組みが被せられる。１９３８年、春川に都市計画が策定・施行されて中央路の両側に設計図どおりに格子状の道路網が整備された。だがそこから一歩はずれると今なお昔ながらの自然にできたくねくねした路地のままだ。

　春川市街地の空間的な中心である中央路ロータリーは、いずれも幅20m以上の中央路と金剛路《クムガンノ》の交わる五差路だ。五差路を起点とする放射状の道路システムは中心志向の表れであり、中心部への依存度の高い町といえる。だが中央路ロータリーは人々の活動の中心ではない。この五差路の5つの角で明洞方面に向かう2つを除く3つの角にある銀行がそれを物語っている。町が活気を帯びる午後4時以降と週末にシャッターを降ろしている銀行は、町の活気に冷や水を浴びせる施設だ。それが中央路ロータリーのような町の重要な結節点さえガランとした空間にしてしまう。

　中央路ロータリーで銀行の立地していない南角を先に進めば春川でもっとも活気に満ちた空間に出る。そこで中央路と並行する道が「明洞通り」だ。ソウルの明洞にあやかって名づけられたこの通りは、春川でもっとも賑やかな商店街である。歩行者専用のこの通りはつねに若者たちや観光客で活気にあふれている。まっすぐ伸びる幅7mほどの明洞通りの両側には3、4階建てのビルが建ち並び、路面は四角いタイルが敷き詰められている。ビルの1階はファッション関係の店が、2階はカフェなどの飲食店が多いが、多彩な商業施設が混在している。通りの端から一定の間隔でクリスマスツリーを模した街路灯が立っており、その下にはペ・ヨンジュンとチェ・ジウの寄り添う写真が見える。『冬のソナタ』のおかげで、この通りはつねに冬景色だ[17]。

明洞通りのひとつめの曲がり角は、表通りの中央路からタッカルビ横丁へと伸びる通りとの交差点だ。明洞通りをそのまま南西方向に進むと中央市場。明洞通りの1本内側にタッカルビ横丁がある。直線の明洞通りとは違ってカーブを描く路地である。道幅は3・6mと明洞通りの半分ほど。広い中央路や金剛路とは打って変わった狭い路地を挟んで「○○タッカルビ」という看板を掲げた50数店の食堂の集まる飲食店街だ。

昔から町の魅力と競争力の切り札は名物グルメと相場が

決まっている。春川でグルメといえばタッカルビとマッククス（＊蕎麦粉の冷麺風）が広く知られている。タッカルビはたれに漬け込んだ鶏肉を野菜と米粉《こめこ》の餅といっしょにピリ辛ソースで炒めた料理だ。タッカルビ横丁で長年タッカルビ専門店を経営しているチェ・シヨンさん（2012年現在59歳）によると、当初は炭火焼きで供しており、現在のように鉄板で炒めるようになってまだ15年ほどだそうだ。

タッカルビ横丁の店でマッククスを注文したところ、真っ赤なピリ辛ソースのがてんこ盛りで出てきた。「あれ？スープ麺かと思ったら……」と言うと、おばちゃんは黙ってやかんを傾けた。スープがバシャバシャ注がれてピリ辛麺でもスープ麺でもないものができあがった。見た目ほど辛くもなく、さっぱりとした味わいは名声にふさわしい逸品だった。

春川マッククスがいつ、どのように広まったのか気になって調べてみると、苦難の義兵運動に由来することがわかった。1895年10月8日に明成《ミョンソン》皇后[18]が殺害されると、春川でいち早く義兵運動が繰り広げられた。思想・理念的な基盤を衛正斥邪論に置く旧韓末の義兵運動を主導していた儒者には、朝廷の重職を務めた李恒老《イハンノ》（1792～1868）の門人が多かった。春川で義兵運動が盛んだったのも、李恒老が春川からほど近い洪川《ホンチョン》や楊根《ヤングン》に隠居して後継者を指導したことと無縁ではない。

朝鮮総督府の前身である統監府が１９０７年に大韓帝国軍を解散させると、義兵抗争がふたたび全国に広がり、日本は憲兵を大幅に増員して義兵討伐に乗り出した。憲兵が警察権を行使して戸別捜査に踏み切ると、江原道では義兵とその家族は山に逃げ込んで焼畑農業を営みつつ活動することを余儀なくされた。焼畑で蕎麦、馬鈴薯、大豆、粟などを育てて自給自足し、余剰分を市場で売って日用の品々を賄っていた。やがて生計のために蕎麦粉で作った麺料理が春川マッククスとなり、名物として定着した。この説の確たる証拠は見つからなかったものの、そのことを知ってからはマッククスを食べるたびに背筋がシャンとしたものだ。

タッカルビ横丁から上に伸びる二股に分かれた急な坂道が目を引く。狭い路地なのに中央部がコンパクトな階段になっている。好奇心をそそられて登っていくと一軒の家の門前で行き止まりだった。歴史都市によくある袋小路だ。かつての住宅地とはこんなふうだった。

明洞通りは半透明のトンネルみたいなアーケードになった中央市場へと続く。路面の四角いタイルもそのまま続いている。アーケードにはワゴンがずらりと並んでいる。この市場は種々雑多な品々を売る直線の路地が縦横に張り巡らされてひとつの面を構成している。

市場の外壁は２００５年にアルミ製のパネルで覆われ、一見して伝統的な市場とは思えないほど小ぎれいになった。看板も一定の規格できちんと揃っている。だが整然と洗練された姿を手に入れた代わりに、伝統市場らしい情緒漂う風情を失った。何よりも過去が消えてしまった。１９３５年に春川に移り住んだ朴壽根は中央市場の公会堂で初の個展を開いたというが、それがどのあたりなのか調べるすべがない。建築で新築の代わりにリフォームやリノベーションを選択するのは建物の経てきた時間を活かすためだが、ここにはそうした本来の趣旨は見当たらない。

また、ほとんどの通りをアーケード化したために奥まった路地は薄暗くなった。アーケード化すると雨や冬の寒さをしのげるが、代わりにオープンエアの解放感や活気、とりわけ日中の日差しの変化が感じられなくなる。市場の奥で出会った店主たちの表情も、路地と同じように翳りが見えた。

タッカルビ横丁から坂道を上がっていくと２００５年末に再開発された「ブラウン５番街」というオシャレなショ

ッピング街に出る。駐車場を地下化してその上に低層の商店街を造成、自動車進入禁止のショッピングモールとした。商店街には屋上庭園を設けた。中央市場の路地より広い、広場といってもよさそうな通りを挟んで今風の店が並んでいる。ビルの壁面はブラウンやベージュ、路面は赤褐色とベージュのブロックで舗装され、通りの名にふさわしい統一感ある落ち着いた雰囲気を演出している。

春川で活気ある4つの通りの共通点は歩行者専用道路だということだ。町の通りを活かす第一の必要条件は、こうして車をシャットアウトすることだ。人々で賑わう活気ある町の通りと自動車とは、まさに天敵どうしなのだ。

☯ 多様なるものの哀しみ

ブレヒトは詩「生き残りし者の哀しみ（*原題「Ich, Der Überlebende：おれ、生き残り）」の中で「強き者」が「生き残る」と語ったが、町で生き残るのは強きものではなく「多様なるもの」だ。多様な人々がつどい、互いに補いあう多様な活動の共存する活気ある通りのみが生き残って町の文化を受け継いでいく。

友を捨てひとり生き残った者は、良心があるならば哀しまずにはいられない。町でも「多様なるもの」はひとり生き残りはしても、やがて哀しみに沈む。単調であるがゆえに生き残れなかった友を見捨てたからではない。生き残った喜びはつかのま、何かあれば自分もたちまち没落の道をたどるだろうから。逆説的に思えるかもしれないが、多様性を強みに成功した通りがその多様性を維持することはきわめて難しい。

多様性に惹かれた人々で通りが賑わうと一帯のテナント料は上がり、商店街には収益性の見込めるいくつかの業種ばかりが集まってくる。すると通りは外観も機能も多様性を失う。そのため一時は活気に満ちていた通りが次第に衰退していくのだ。

米ビバリーヒルズの高級ブティック街ロデオドライブにあやかって命名されたソウル・狎鴎亭洞《アプクジョンドン》のロデオ通りは、かつてファッション街として隆盛をきわめた。だが最近はセレブの2世たちがビルを買収して最高級セレクトショップを次々とオープンしたことからテナント料が急騰し、空き店舗が増えて来店者も激減している。現在銀行に占領されている春川の中心地・中央路ロータリーもそんなプロセスを経てきたはずだ。この恐ろしい自己破壊の教訓は、弱肉強食の資本主義の論理だけでは人々で賑わう多様な都市空間は持続できないと気づかせてくれる。

今は活気あふれる春川の４つの通りのうち、明洞通りとブラウン５番街もそんな逆説論にさらされている。明洞通りからは１９５９年の写真にあった種苗店、電気工事店、綿打ち業者はもとより、書店や文具店さえも消えてしまった。１９６５年からこの町にクラシック音楽を紹介し、無名時代の作家・李外秀がＤＪを務めていた「田園《チョヌォン》茶房」は、意味不明の「アイル」という名のカフェに変わっている。看板に「since 2000」とあるところから、21世紀を目前に変身したようだ（＊２０１２年６月以降は別のテナント）。

長いことこの町の文化人のたまり場だった名曲喫茶は、今では李外秀の『夢見る植物』の中にしか残っていない。小説の中でこの名曲喫茶のマスターは、経営難でしばらく店を閉めていたが、再オープンしてニコニコ顔で次のようなチラシを配る。

ブラームスはお好きでしょうか。

しばし閉めていた古典音楽鑑賞室がふたたびオープンしました。音の亡霊たちがつどい暮らすこの森へと、もう一度みなさまをご招待します。朝7時から開店しています。もし僕が深い眠りから目覚めておらず開店していなかったら、トントントンとドアを叩いてください。アレグロ・コン・ブリオで叩いてください。やがて階段を降りてくる足音、アンダンテのはずです。ドアの中から寝ぼけ声で尋ねるでしょう。どちらさまですか。そうしたら問いと答えのあいだに四分休符ひとつくらいの間隔を開けて、ヨハネス・ブラームス！と静かにお答えください。その瞬間からあなたの胸のうちに音楽の驟雨が降り注ぐでしょう。

場所は木草洞《モッチョドン》（＊架空の地名）のワイハウスの隣りです。

１９７Ｘ．７．４．

キム・テヒョン拝

今では明洞通りはブティックと飲食店ばかりだ。文房具を買いにきた孫連れのおばあさんや、今日はクラシック音楽で暇つぶしをしていても、明日はアート界で名を売るかもしれないポテンシャルを秘めたフリーターの姿はもはや見当たらない。

タッカルビ横丁も同じ道を歩んできた。この路地はもとはごくふつうの住宅街だった。50年あまり前には飲食店は路地の中ほどに１軒だけだったが、徐々に集まってきて30年くらい前に現在と似たようなかたちになった。現在この横丁のタッカルビ店では競争がヒートアップしている。いや、すでに勝負はついている。ランチタイム過ぎの午後2時になっても並ばなければ入れない店は2軒ほど。特に平日は終日閑古鳥の鳴いている店が大半だとか。

ブラウン5番街はどうだろう。過去5年のあいだに何度か足を運んだが、そのたびに看板を架け替えた店が何軒も目についた。少しでも収益性のいい業種へと鞍替えしたらしい。そうやってブラウン5番街は次第に高級ブランドファッションの店が主流になってきた。だがなおショッピング、グルメ、エンタメ、癒やしといった比較的多様な業種や機能が維持されている。

ブラウン5番街の一画にあった多文化家族支援センターと、センターの移転後にそこにオープンした「青少年文化の家」は、そうした機能の多様性を示している。その音楽練習室、ダンス練習室、講義室で出会った高校生たちはみずからの個性を存分に表現し、枠にはまった古くさい学校教育など飛び越えていた。こういう施設があれば、道を踏み外す子どもたちは大幅に減るだろうと思った。

春川という町が「多様なるものの哀しみ」に沈むおそれは少ないとみている。個性が強く活気に満ちた4つの通りは長さもほどよく、適度な距離感で集まっているからだ。長い1本の通りではなく、それぞれ独立したこれら4つの

通りは、それぞれの位置する高度、道幅と形状、市街地における立地が異なり、空気感はもとより道行く人々のタイプもみな違う。平坦でまっすぐな明洞通りを歩くとき、道幅も半分でカーブしつつ高低差もあるタッカルビ横丁を歩くとき、そして広い坂道が大きなビルの前の広場に集まるブラウン5番街を歩くときの気分はそれぞれ違う。1本の路地が自然な曲線を描くタッカルビ横丁が伝統芸能パンソリの『春香歌《チュニャンガ》』の枯れた味わいの節回しだとするなら、ブラウン5番街は短い楽章で構成されるソナタのようだ。

明洞通りとブラウン5番街、そして中央市場は連続する通りでありながら、面白いことに明洞通りは中高生、ブラウン5番街は20~30代、中央市場は中高年というふうに、通りごとに年齢層がはっきり違う。明洞通りを歩いていた若者は中央市場へと直進せずに角を曲がってブラウン5番街へと坂を昇る。あらゆる年齢層のさまざまな国籍の人々が訪れるのはタッカルビ横丁だ。タッカルビやマッククスは年齢や国籍に関係なく楽しめる料理だからだろう。狭い横丁で春川ならではのグルメを堪能した人々は、それぞれの年齢に合わせて明洞通り、ブラウン5番街、中央市場という次の通りへと歩きだす。タッカルビ横丁は人々を絶えず迎え入れては送り出す町の心臓だ。

▲昭陽路の裏通り　人々の流れが途絶えると、かつて賑わっていた旧西部市場通りは町の枯れ枝となった。

こうして隣接する4つの通りは、空間も、商店街で扱う商品も、道行く人々もとりどりだ。春川では性格の異なる通りがつながって町の多様性が維持されている。その多様性こそが春川のパワーだ。今後、春川が警戒すべきは、4つの通りが似通っていくことだろう。

☯通りはいかに死にゆくのか

通りを徐々に衰退させていく「多様性の喪失」が多様性を強みに生き残った通りの哀しき運命ならば、短期間に通りを蝕みそこから癌を誘発するのは人の「流れの断絶」だ。町は1本の木であり、通りは木の枝だ。根から幹を通って枝まで水分の流れが届かなければ、枝は生気を失い、カビが生えて黒く朽ちてしまう。春川という生きた木の幹についたままの朽ちた枝、つまり死んだ通りは昭陽路《ソヤンノ》の裏の旧西部《ソブ》市場通りだ。現在は「昭陽路」、「西部市場路（*現・西《ソ》部大成路《プデソンノ》）」という道路名がついているが、同じ名の道が別のところにもあって紛らわしい。大通りの昭陽路から狭いほうの昭陽路に折れたとたん、路地に問いかけられたような気がした。「もしかしてオレ、死んじまったのかな」。2010年4月30日、万物が目を覚ますうららかな春の日だったが、まるで黄泉路《よみじ》を歩いているように思えた。

現在、市場は西部市場路に面する大型マンションの低層階のテナントになっているが、もとの西部市場はこの路地、つまり昭陽江と市街地のあいだにあった。1970年代までここは市街地に直結するかなり賑やかな町だった。北漢江を隔てた西面《ソミョン》地区の人々は、早朝に野菜や農作物を船に載せて川を渡ったこの市場で売り、子どもたちを育てた。西面には博士村と呼ばれる地区があったが、2009年2月現在でその地区の住民の114人が博士号を取得しているという。その多くは西部市場で何人もの手を経てよれよれになった紙幣で本を買い勉強したはずだ。

通りに至る人の流れを遮断するのは、たいていの場合、町全体の流れを無視した都市計画だ。そういう無理な都市計画には政治的意図の介入している場合が多い。都市計画がかえって町の活気を失わせるようなことも少なからず起きている。20世紀の都市計画の歴史を見ると、都市計画とは誤診率のきわめて高い藪医者の診察にも似ている。両者に違いがあるとするなら政治的意図の有無くらいだろう。

日陰を求めて旧西部市場の路地の1軒の門前に集まっていたおばあさんたちは、「以前は通り狭しとばかりにごった返してたんだよ。ここらが春川でいちばんの場所だったもんさ。今じゃ年寄りばっかりだけどね……」と言いながら、あれほど元気よかった枝が朽ちてしまったことをしきりに残念がっていた。衰退の理由を尋ねると、20数年前に裏手の丘で起きた再開発ブームが容疑者だと名指しした。ブームのあおりで1軒、2軒と取り壊されたものの、再開発は進まず[19]流動人口が激減したからだという。かつては商売のやり手だったらしく、その分析はたしかに一理ある。だが旧西部市場の商売がこの界隈のみならず町全体を相手にしていたことを考えると、もっと根本的な原因があってしかるべきだ。それが昭陽江と町の断絶である。その断絶のせいで人の流れという水分が滞り枯渇してしまったため、旧西部市場は衰退し枯れ枝となったのだ[20]。

朝鮮戦争以降、この地区と昭陽江・北漢江とのあいだに「キャンプ・ページ」という米軍基地が置かれた。同基地の立地する広大な帯状の土地は春川で唯一の有効活用できそうな平地だ。そしてそこは春川という樹木の西の枝に水分を供給する幹の根元に当たる。ゆえに旧西部市場通りは幹の根元を切断された枝のように徐々に枯れていった。

米軍基地によって川と市街地とをつなぐ活気に満ちた人々の清冽な流れが遮断され、米軍は町という幹の根元を汚染した。最近、同基地の地中に核兵器関連の放射性物質や枯葉剤が埋められたのではと取り沙汰された。米兵の残したものは町に垂れ流された汚水にも似ていた。町を訪ねて船や列車を降り立った人々を市街地へといざなう華やかな商店街、その町ならではの個性と魅力を寄せ集めた興味津々の場所であるべき駅前通りは、「薔薇村」と呼ばれる春川最大の「特飲街」になってしまった。昭陽路からヒュープラス団地脇の司倉《サチャン》峠へと昇る坂道一帯はすべて悪所[21]だった。いずこの町にも駅裏あたりに紅灯の巷はあるものだが、町の規模と不釣り合いなほどの特飲街が生まれたのはキャンプ・ページという町なかの砂漠のせいだ。李外秀は薔薇村に部屋を借り、そこを舞台とした小説『夢見る植物』を書いたという。

司倉峠の南にあり、昭陽江の川風を浴びていた春川高等学校は、ある日突然道路1本隔てて米軍基地と隣り合うこととなった。1960年代に春川高校に通っていた小説家・韓水山は『春川、心で写した風景』で、図書室横の屋上から眺めた春川の風景は、「少年の心に青臭い反米感情を募らせるのに」最適だったと振り返る。小説家の後輩たちも、放課後の補習を終えて夜遅く校門を出ると、書店や文具店の白熱灯ではなく、あやしく手招きするピンクのネオンを目にせざるをえなかったはずだ。

誰のためにもならないこうした空間配置は、卑屈な対米関係に起因するものだ。春川という樹木への水の供給源に他ならない春川駅からの流れを堰き止める米軍基地を置いたのは、木の根元を切断する行為だった。町で暮らす人々の営み、そこで学ぶ子どもたちの未来など一顧だにしない隷属的な国際関係が、町という樹木の大事な枝を捻じ曲げて枯らしてしまったのだ。

☯ 答えはいつもこの胸の中

呼吸停止からずいぶんたったようにみえるが、実は西部市場通りがこと切れてからまだ半世紀もたっていない。貊国や楽浪に遡る春川の歴史に比べればつい昨日のことみたいなものだから、ひょっとしたらまだ息があって仮死状態なのかもしれない。それならば心肺蘇生術を施す価値はあるだろう。

病院でもそうだがまずは精密検査が必要だ。誤診率の高い輸入ものの都市計画の処方箋を忘れるべきなのは言をまたない。その処方箋は都市空間のきめ細かな組織やそこに息づく歴史になど目もくれない、高層・高密度のスーパーブロック計画だ。実際に最近まで韓国各地でそうした輸入ものの処方に頼っていた。都市計画の専門家と行政が飛びついた受け売りの米国式都市計画あるいは都市再開発とはいかに危険なシロモノか。50年以上前の1961年にジェイン・ジェイコブズはすでに著書『アメリカ大都市の死と生』（＊山形浩生訳、鹿島出版会、2010）で、米国の都市計画とは町を再生するものではなく略奪するものだったと告白した。また、莫大な資本を投下した都市計画がかえって町を台無しにし衰退させたと嘆いた。

それならば他人の顔色ばかり窺わず、冷静に自分の内面を振り返るべきだろう。「キャンプ・ページ」の母国でもすでに見捨てられた古臭い都市計画理論ではなく、春川の生きている明洞通りやタッカルビ横丁、ブラウン5番街から学ぶべきだ。今後、春川という歴史ある樹木のバランスを取り戻すには、枝へと通じる塞がっていた堰を慎重に開いてやる必要がある。

西部市場通りを甦らせる方法も、春川という町全体の脈絡から探るべきだ。現代都市・春川はこれから名実ともに水の町、ロマンの町を目指す。ちょうどいい機会だ。春川の肺のそばに移植されて健康な町を蝕んでいた米軍基地が移転した。そして2010年末に複線化工事のために5年間も閉鎖されていた春川駅が営業再開し、西の衣岩湖から市街地にぐんとアクセスしやすくなった。キャンプ・ページ跡地を都市空間として甦らせて市街地と川と湖とを結びつけなければならない。空間ばかりか人々の足取りも水の流れるごとく中心部と水辺とを巡らなければならない。

では、水辺と市街地とを結んで人が移動するための具体的な方法とは何だろう。答えはすでに春川市街地の空間構造の中にある。坂道とさまざまな形状のスペースとで織りなされたあの空間構造だ。デザインもすでに市街地にあるものから借りればいい。春川の路地はいくら狭くても階段とスロープが設けられている。そのため急傾斜の路地でも自転車や台車を押して昇り下りすることができる。そうした路地に新築される家や新たに作る庭をネットワーク化していけばいい。新たな庭もあえて四角く作る必要はない。それぞれの条件に応じて多彩なかたちをした庭の下、あるいは上に、やはり多様な広さの道が巡る空間ならば、いくら新たに造成されたものでも春川らしさが漂うはずだ。そうした道やスペースのネットワークが水辺にまで行きわたるなら、昭陽江から市街地までの都市空間の至るところに人の流れが広がって町が活気を取り戻すだろう。

水の町には水の流れが必須だ。水の流れる町にはロマンがあり、人を思索にいざなう。町に流れるべきは水ばかりではない。人の流れもぜひほしい。通りに、路地に、水が根元から吸い上げられ、幹を通って葉先まで行きわたるように、人々の活気が都市空間の隅々まで行きわたる春川であってほしい。

歩き疲れ汗まみれになった僕は、町には現象に先立つ理論、現場から遊離した計画などありえないと断言して「春の町」へのしめくくりの旅を終える。今回も夜のとばりの降りるころ中央高速道に乗った。いつものように深い霧が町を離れる僕を見送ってくれる。そして町を寝かしつけるかのように春川盆地を覆っていく。霧に包まれて眠りに就く春川、愛すべき町！　明日も春川には春の日の小川を流れる水のごとく人々が流れるだろう。

☯訳注

1 全国を8つに分割して定めた朝鮮時代の行政区域。京畿《キョンギ》道、慶尚《キョンサン》道、全羅《チョルラ》道、忠清《チュンチョン》道（現在、大韓民国に所在）と平安《ピョンアン》道、咸鏡《ハムギョン》道、黄海《ファンヘ》道（現在、朝鮮民主主義人民共和国に所在）、そして現在南北に分断されている江原《カンウォン》道の8道。

2 朝鮮末期の1894～1896年に開化党政権のもとで推進された改革運動。旧来の文物制度を近代式に改めるなど、政治・経済・社会全般にわたる改革が断行された。

3 朝鮮時代、甲午改革までの約500年間にわたって各道の警察権・司法権・徴税権等の行政一般を統括する長官・観察使《クァンチャルサ》の執務する官庁だった。

4 道路拡張工事の影響で30mほど後退させるとともに周辺に歴史公園を整備し、2018年12月に落成予定とのこと。

5 朝鮮時代後期を代表する実学者、号は茶山《タサン》。朝廷の役人として水原《スウォン》城（世界文化遺産）を設計し、挙重機を考案して築造工事に活用したほか、カトリック思想や洋学に通じ、のちに野に下っても著述家、教育者、哲学者として活躍した。

6 朝廷によって専売特権を与えられた代わりに公共工事を請け負う義務を課された縇廛《ソンジョン》（絹織物＝羽二重）、綿布廛《ミョンポジョン》（綿織物）、綿紬廛《ミョンジュジョン》（絹織物＝紬）、紙廛《チジョン》（紙、紙加工品）、紵布廛《チョポジョン》（麻織物）、内外魚物廛《ネウェオムルジョン》（魚介類）の6業種。

7 その後2012～2014年は優秀、2015、2016年は有望へとランクを下げていたが、2017年に最優秀に返り咲いた。

8 1751年に記された朝鮮全土についての地理書。地形、風土、風俗、交通、故事、人物に至るまで詳細な記載がある。

9 道路名住所制度の実施に伴って多くの路地が「キワジプキル（＊「甍家道」の意）〇番通り」、一部が「昭陽路《ソヤンノ》〇番通り」、「石塔道《ソッタプキル》〇〇番通り」と命名された。古い町並みは再開発の対象でもあるが、映画やドラマロケ地として重宝され、『冬のソナタ』もここで撮影された。

10 2017年現在改築工事中（2018年竣工予定）。裏手の春川女子高校旧校舎を仮庁舎としている。

11 ２０１０年に市内の別の場所にマイム専用劇場「祝祭劇場モムジッ」が新設されたのにともない、同所にあった「マイムの館」は２０１２年から文化活動の拠点「創作館」に転用されている。

12 「ポム」は「春」、「ネ」は「小川」を表す固有語で、「春の小川」つまり春川の言い換えである。

13 農村で豊年を祈願する祝祭などで演じられた管楽器・打楽器を中心とする庶民の伝統音楽。プンムルをもとに４つの楽器で再構成した舞台芸術がサムルノリだが、混同して使われる場合も多い。

14 本書が書かれた当時は両側に個人商店の並ぶ2車線道路だったが、２０１４年10月時点で４車線道路へと拡幅され、沿道から古い建物は消えて街路樹と芝生になり、風景は一変した。

15 ２０１７年2月現在、空き家化・更地化は少しずつ進んでおり、地図サイトには「薬司《ヤクサ》再整備促進地区（本地区は予定／工事中のため変更される可能性あり）」と表示されている。

16 ２０１２年に郊外の新校舎に移転し、旧校舎は２０１８年竣工予定で工事中の市庁の仮庁舎として利用されている。

17 ２０１５年に商店街を改修した際に街路灯のデザインが変更された代わりに、中ほどの辻に『冬のソナタ』キャラクターの銅像が建てられた。

18 朝鮮の第26代王・高宗《コジョン》の妃（１８５１〜１８９５）。閔妃《ミンビ》とも呼ばれる。当時権勢を振るっていた大院君《テウォングン》を退けて高宗の親政を実現させるなど政治の実権を握るも、当時の朝鮮国全権公使・三浦梧楼の指揮のもと暗殺される。

19 ２０１４年に2万坪を超える敷地に18階建てマンション13棟、１４００世帯あまりの入居する巨大団地が造成された。

20 旧市場跡地の南部分は発掘作業を経て春川七層石塔を中心とした歴史公園が造成されるため、建物は撤去された。

21 税として納められた作物を保管する「司倉《サチャン》」が置かれていたことからついた地名だが、「私娼《サチャン》」と同音のため誤解されたこともあり、道路名住所制度の実施に伴って周辺から「司倉」の名は消え、古い家々は撤去されて住宅地と公園が造成された。

5 안성

安城（アンソン）

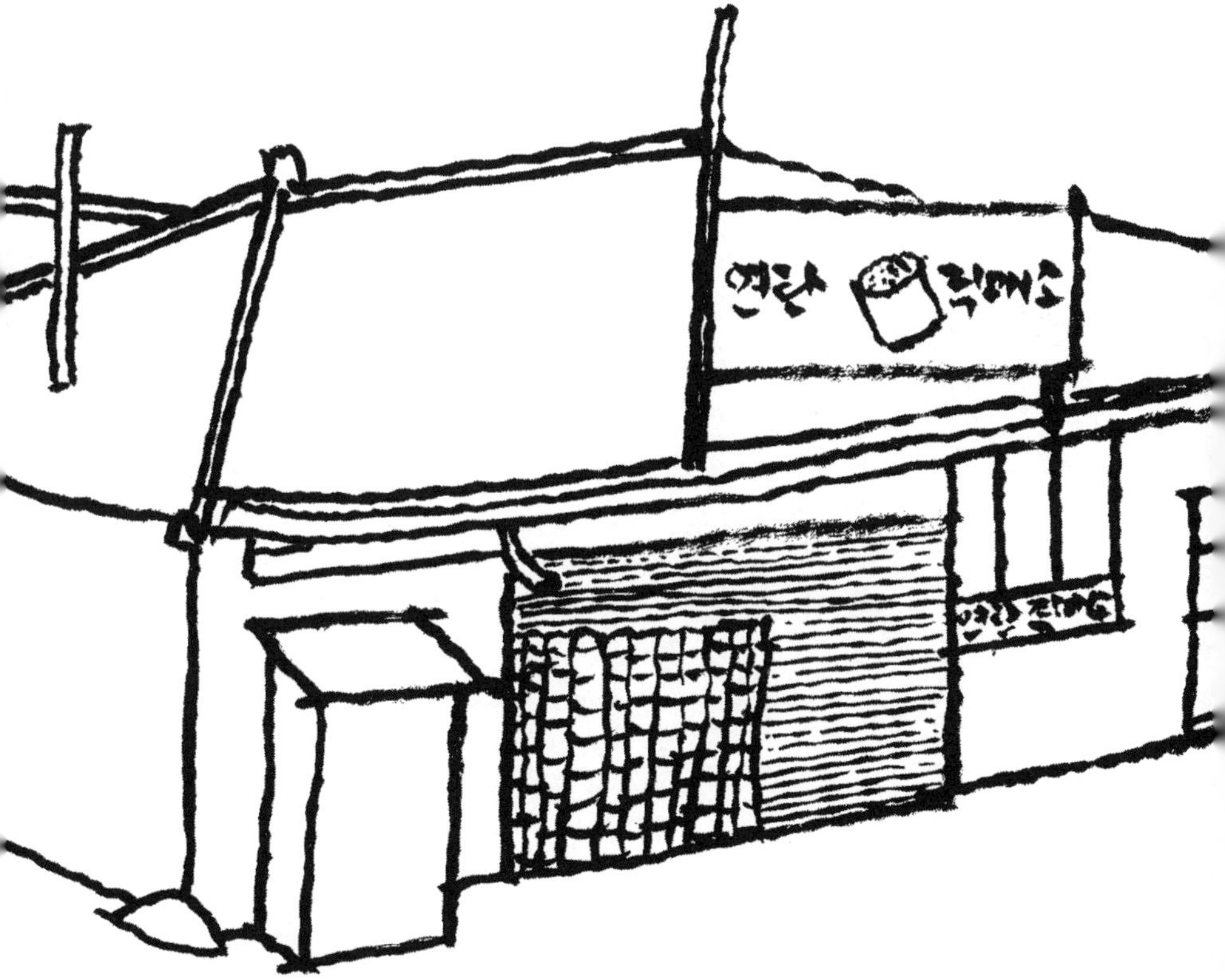

5 商いの町のヒューマニズム 安城《アンソン》

安らぎの里で栄えた商業

高句麗のころは奈兮忽《ネヘホル》（低い谷の意）と呼ばれ、統一新羅時代には白城《ペクソン》郡に属していた。そして高麗時代初期からこんにちまで「安らぎの里」という名で呼ばれている。京畿《キョンギ》道の南の端、忠清《チュンチョン》道と境を接する地点に位置する安城《アンソン》である。

三国時代に百済、高句麗、新羅の順でそれぞれの所領となった安城は、本書第7章の忠州《チュンジュ》同様に政治的にきな臭い地域だった。だが高麗時代になってようやく安定を手に入れ、安城という地名を得て県の中心的な行政都市となる。高麗後期の1361年に元《げん》から紅巾軍が侵入した際に、安城では降伏するふりをして酒宴の席を設け、6人の敵将を

殺害して紅巾軍の南下を阻止した。その功あって翌年には郡への昇格を認められ、安城は行政都市として一目置かれる存在となった。安城の初代郡守として赴任してきた愼仁道《シンインド》はのちに克敵楼《クッチョンヌ》というストレートなネーミングの楼閣を客舎《ケクサ》の東に建て、住民たちの戦功と郡への昇格を称えた。どことなくマンガっぽくて笑いを誘う造形ながら、こんにちなお人々の信仰の対象になっている峨洋洞《アヤンドン》菩薩立像《りゅうぞう》と石仏立像、それに安城公園（現・楽園《ナグォン》歴史公園）の石仏坐像は安城の高麗時代を今に伝える史跡だ。

安城は北の飛鳳山《ピボン》（229m）を鎮山とし、眼下に西へと流れる安城川《アンソンチョン》を擁する穏やかな地に位置する。かつて飛鳳山には山城があり、その下には社稷《しゃしょく》壇、城隍堂《ソナンダン》といった祈りの場が設けられていた。旧韓末期までそれらは存在していたというが、現在は跡形もない。飛鳳山の裾野の都市空間でもっとも高い場所には王権の象徴たる客舎が置かれ、その周辺に東軒《トンホン》などの官衙があった。

朝鮮後期には場市が発達し、安城は平壌《ピョンヤン》、大邱《テグ》、全州《チョンジュ》、江景《カンギョン》とともに商業都市として名を知られていく。三南（*忠清道・全羅《チョルラ》道・慶尚《キョンサン》道）地域から漢陽《ハニャン》に至る交通の要地にあったからだ。当時の交通網は釜山《プサン》郊外の東莱《トンネ》―大邱―忠州―龍仁《ヨンイン》―板橋《パンギョ》―漢陽のルートを通る嶺南《ヨンナム》大路（左路）と、

◀**中央精米所の内部空間**　1952年築の木造の工場が現役で稼働していたころの内部の様子。安城の往年の栄華を物語っている。149ページ参照

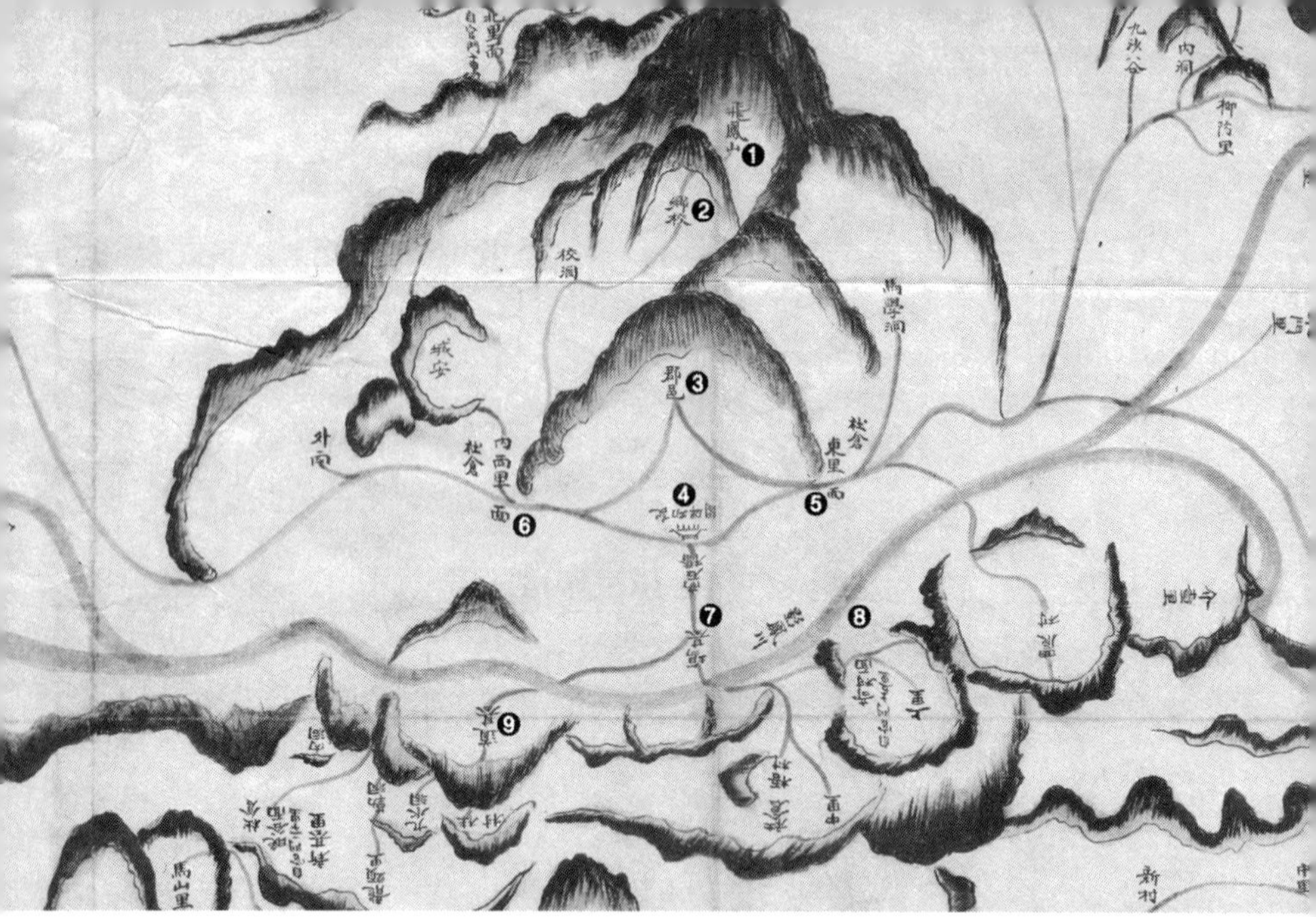

▲安城古地図　1872年、ソウル大学奎章閣所蔵
①飛鳳山　②安城郷校　③客舎・東軒　④記功碑閣　⑤東里　⑥西里　⑦場基　⑧影鳳川（現・安城川）　⑨道基

霊岩《ヨンアム》ー羅州《ナジュ》ー井邑《チョンウプ》ー公州《コンジュ》ー水原《スウォン》ー漢陽のルートを通る湖《ホ》南《ナム》（＊全羅道地方）大路（右路）があったが、安城は両者の交わる地点にある。また現在は水深が浅くて無理だが、当時は西海岸の牙山《アサン》湾から平澤《ピョンテク》を経て安城川を遡上してくる舟の便があったので、安城は陸運とともに舟運にも有利な町だった。こうした申し分ない立地条件に助けられて安城では早くから農業・工業・商業ともに発達した。

李重煥《イジュンファン》は『擇里志』で「安城居畿湖海峡之間貨物委輸工賈走集為漢南都会（安城は京畿と湖南の海辺のあいだに位置するため物資が集積し、職人や商人が集まって漢陽の南の一大都市になった）」と書いており、遅くとも18世紀半ばまでに安城は常設の商業空間が形づくられた町、商業都市の体裁を備えていた。行政都市が行政システム上の位階に従って発展するのとは違い、商業都市の発展は商売の盛衰いかんに左右される。１７８９年刊行の人口・世帯数の記録書『戸口総数』では安城郡の都市部の人口は３４１９人だが、朝鮮時代前期には近隣の竹山《チュクサン》や陰竹《ウムジュク》と似たような規模だった安城が、18世紀後半には近隣地域のほぼ4倍の人口を抱える町へと急成長したのは、それだけ商業が繁栄していたからだった。

安城の市場には「漢陽の市場より品数が多い」といわれ

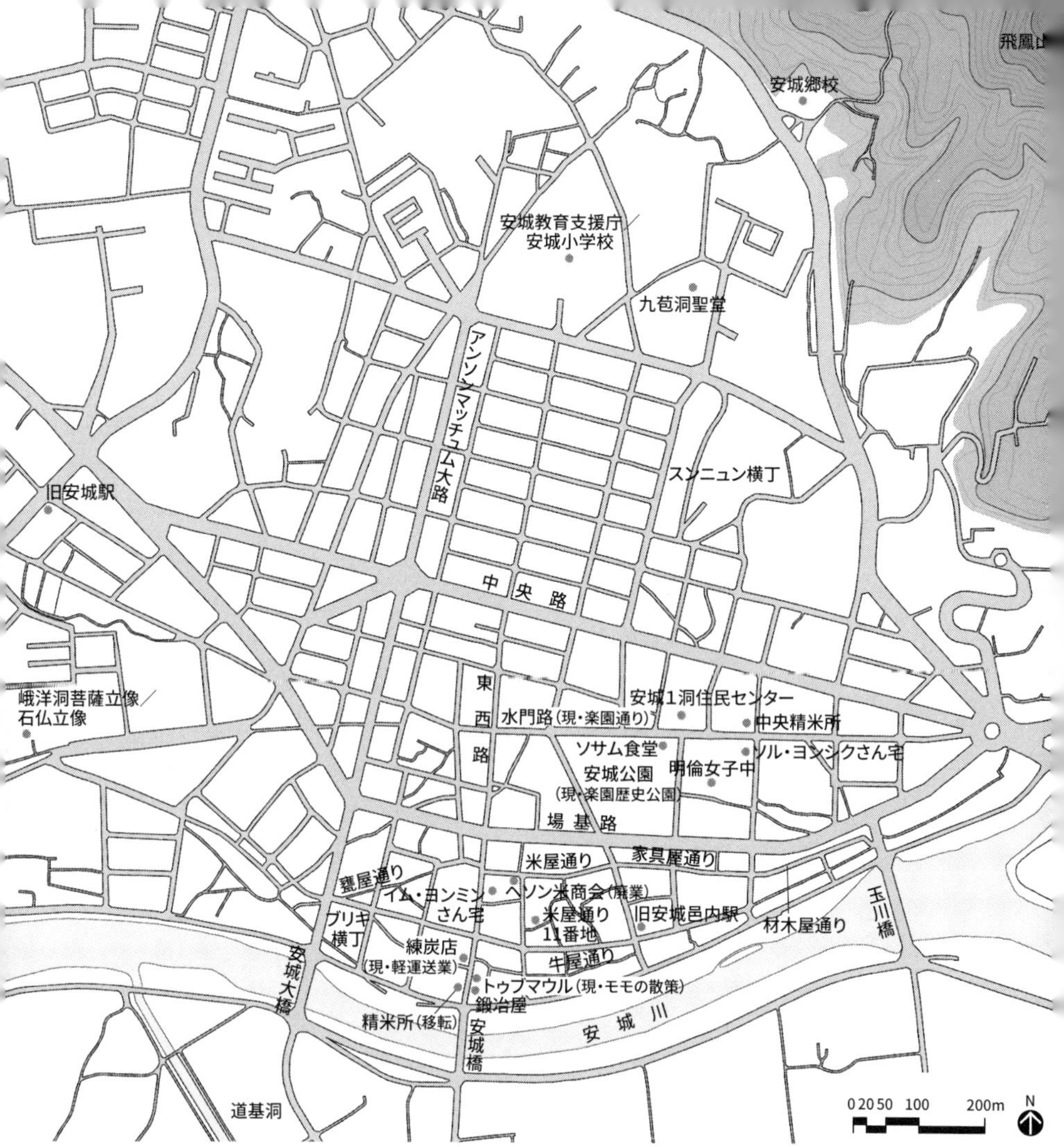
飛鳳山
安城郷校
安城教育支援庁／
安城小学校
九苞洞聖堂
アンソンマッチュム大路
スンニュン横丁
旧安城駅
中央路
東西路
安城1洞住民センター
水門路（現・楽園通り）
中央精米所
ソサム食堂
ソル・ヨンシクさん宅
安城公園
（現・楽園歴史公園）
明倫女子中
峨洋洞菩薩立像／
石仏立像
場基路
米屋通り
家具屋通り
甕屋通り
イム・ヨンミンさん宅
ヘソン米商会（廃業）
ブリキ横丁
米屋通り11番地
旧安城邑内駅
材木屋通り
玉川橋
練炭店
（現・軽運送業）
牛屋通り
安城大橋
トゥフマウル（現・モモの散策）
鍛冶屋
精米所（移転）
安城橋
安城川
道基洞
0 20 50 100 200m
N

▲現在の安城市の中心部

るほど多種多様な物資が揃っており、特に地元の仲卸商を中心とした専門化が大きな特徴だった。たとえば果物の商いでは梨なら梨卸商、栗なら栗卸商と分業化されており、服地を扱う商人も殮布《ヨンポ》（*死に装束用の布）商、綿布商、絹布商と分かれていた。

１９０５年に開通した京城（*現・ソウル）と釜山を結ぶ京釜《キョンブ》線が安城ではなく西の平澤に敷かれたため、安城は交通網から外され、華やかなりし時代に別れを告げて下り坂を歩みはじめる。１９０９年に度支部《たくし》【1】司税局の調査した資料によると、当時すでに安城の取引規模を超える市場は全国に30か所以上あった。植民地期になると商品取引の品目も農産物、海産物が大半を占め、手工業品はほとんど姿を消す。日本の植民地政策によって民族産業に弾圧が加えられ、１９３０年代以降は工業施設が大都市中心に拡大したこともあって安城の手工業は次第に没落していった。

２００１年８月25日、長年にわたって安城の町と建築とを研究してこられた韓京《ハンギョン》大学建築学部の趙庸薫《チョヨンフン》教授の案内ではじめて安城のフィールドワークに臨んだ。最初に１９２０年代に撮影された１枚の写真を見せてもらった。コメや農産物を取引しようと全国各地からやってきた人々で安城の「米屋通り（*現・場基《チャンギ》１通り）」が賑わいを見せる写真だった。そのとき「この町は活気があふれてるんだろうな！」と想像した。１９５０年代まで、安城には「うってつけ」という意味を表す「アンソンマッチュム（*直訳すると「安城誂え」の意）」という慣用句の語源となった鍮器工場が37か所もあったと聞いて、「安城では今も鍮器工場が稼働してるんだろうか」とも想像した。

だが期待とはうらはらに、はじめて訪れた安城に活気はなかった。モノを生産し販売する商業の町として長い歴史を有してはいるが、商売人のしみったれた感じや計算高いところが感じられない。ただ穏やかで静かなばかり、「安らぎの町」という名のまんまだ。それにしても商業の町と安らぎの町、どうもしっくりこない組み合わせではないか。

わが国で物々交換を行う場として場市が開かれるようになったのは15世紀末のことだ。当時、全羅南道の務安《ムアン》、羅州などが大凶作だったのを機に月に２回、市が立つようになった。それが５日ごとに市の立つ定期市へと発展してこんにちまで続いている。当初、朝廷では商業を「末業」として賤業扱いし、商人およびその子弟は官僚になる道も閉ざされていた。だが18世紀になると貨幣経済が発達し、商業活動の主体や場所を制限する規制が解かれ、ようやく都市部でも自由な商業活動が行われるようになった。18世紀末には全国1000か所以上に場市が開設され、市の立つ日が重ならないように調整して毎日近隣のどこかしらで買い物ができるようになった。

一方、17世紀後半以降は既存の道の拡幅・整備や新道の開通により、都と地方を結ぶ陸上交通路が発達した。あわせて海上交通も大きく発達して場市の市場圏は大規模場市を中心に、河岸の市場圏は大きな港を中心に統合されていった。18世紀後半には場市の市場圏と河岸の市場圏が有機的につながり、全国規模の流通ネットワークが形成されていくが、18世紀の安城は、大規模場市にして新たに形成されつつあった全国規模の商品流通の拠点だった。

かつては常設の施設はなく仮設の臨時施設で商いが行われたことから、場市は「虚市」とも呼ばれた。そのため場市が都市空間に大きな変化をもたらすことはなかったが、やがて常設市場へと成長し、通りに沿って常設の商業施設が設けられた。特に行政都市から出発して商業都市になった安城は、行政と商業という2つの都市機能に即した2つの性格の空間システムを備えていたはずだ。官衙と総称される建築群が行政のための施設であるなら、商業のための空間はどんな様子だったのだろう。

ところが行政都市から商業都市へと変容するプロセスや、商業都市に新たに生まれた空間についてはほとんど研究されておらず、目下のところ商いの町の在りし日の姿を正確に描き出すことはできていない。ゆえに現地調査が必要なのだ。安城の古い建築や空間にその端緒が見出せないかと期待しつつ、安城へと足を踏み入れよう。18世紀、この町でどんなことが起きていたのだろう。

☯ 朴趾源《パクチウォン》[2]、18世紀後半の安城市街地を歩く

安城市街地に足を踏み入れると、いきなり鍛冶屋、精米所[3]、練炭店[4]が目に飛び込んできた。軒の低い作業場では農機具らしき金属を鍛え、その向かいでは白いホコリのたちこめる中、中庭の日だまりに向けて米袋を積み上げている。現代の町なかでまるで期待していなかった光景を目の当たりにして、かつての商いの町の雰囲気を予感する。あの仕事、いつからここで続けられてるのだろう、とひそかに心躍る。

かつてこの町を訪ね歩いた人物がいるなら、その人物から古き安城の姿を伝え聞くことができるのではないか。そう思って資料を探したところ、ついに朴趾源《パクチウォン》（1737〜1805）に出会った。清の文物を学ぶべしと唱えた実学

の一派・北学《ブカク》派の中心人物だった朴趾源は、朝鮮社会を現場で理解しようと商いの栄えた安城の町を一巡りしたものと思われる。

朴趾源の記した有名な漢文小説『許生伝《ホセン》』の主たる舞台のひとつが安城だ。この許生という人物の物語は、朴趾源の代表作『熱河日記』の「玉匣夜話」篇に収められており、数え20歳（1756）のころに尹映《ユンヨン》という人物から聞いた話だとしている。だがそれは当時、清を討つべしという北伐論を主張する保守派に難癖をつけられないためのレトリックらしい。今だって微妙な話をするときは「ちょっと小耳に挟んだんだけど……」と言いつつホンネをのぞかせることがあるではないか。たしかに『許生伝』をじっくり読んでみると、そこに朴趾源自身の考えや経験はもちろん、朝鮮後期の社会の現実が溶けこんでいることがわかる。そんな点からも朴趾源が『許生伝』を書いたのは安城を訪れてからだと思われる。

南山《ナムサン》のふもとに住む貧乏両班《ヤンバン》の許生は、漢陽随一のお大尽の卞《ピョン》家の当主から一万両を借りると、「家にも戻らず『安城は京畿と湖南の分かれ道、三南の要衝と聞く』といってその足で赴き、安城に居を構え」る。漢陽に持ち込まれる物流の集散地・安城でさまざまな商品を買い占めては値上がりするのを待って売り、さらには商品の原材料まで産地で独占的に買い付けるなど、許生の物語はすべて当時の現実をリアルに反映したものだ。こうした独占的買い占めでマージンを稼ぐ仲買商法は、18世紀朝鮮の商業のもっとも大きな特徴だった。

朴趾源が安城を舞台にみずからの経済観を開陳したのは、何よりも当時の安城市場が全国から人々の集まる大規模な市場だったからだ。三南地方からの物産が集まってくるのはもちろん、江原《カンウォン》道や咸鏡《ハムギョン》道の物産も安城を経由して漢陽に運ばれたという。特に朝鮮末期の安城には鍮器工房が十数か所もあり、生活必需品である真鍮の器物を全国に供給していた。商業都市の最先端を歩んでいた安城は、つねに変化する経済やそれに伴う未来社会の姿をうかがい知るうえで「アンソンマッチュム＝うってつけ」の町だった。

だが朴趾源が安城を選んだのにはもうひとつ理由があったようだ。名門の出身とはいえ20代で母親と祖父を亡くし、不眠症とうつに悩まされる若き日々を送っていた朴趾源。官職への登用試験である科挙も諦め、野に身をやつしてすごしていたが、朴趾源には多くの友がいた。私欲にくらむことなく信念を曲げない生き方を貫いたため、すぐれた頭脳の持ち主でありながら朴趾源は政治的にも物質的にも厳

▲1920年代の安城の通り　当時は本町通りと呼ばれ、平澤～竹山を結ぶ現在の長基路と推定される。商店を営む藁葺の門間棟が通りに並んでいる。

しい状況に置かれることがままあった。だが多くの友人のうち特に兪彦鎬《ユオノ》（1730～1796）は、朴趾源が苦しい状況に陥るたびに手を貸し、交流は生涯続いた。朴趾源と兪彦鎬はともに漢陽に学び、ともに金剛山《クムガン》を旅して友情の絆を深めた。その兪彦鎬の故郷が安城なのだ。漢城府《ハンソンブ》（＊漢陽の中央官衙）の右尹《ウユン》という高級官僚の次男坊として生まれた兪彦鎬は、朴趾源とは違って処世術に長け、早くから官職に就いて朝廷からの信頼も厚く、実学者を支援する政策を推し進めた。

だが、これほどのエリートコースを歩んでいた兪彦鎬も一時期配流となったことがあり、復職叶って任地に赴くまでの期間を故郷安城に戻ってしばらくすごしていたらしい。その時期に親友朴趾源が訪ねてきて、安城でともに思想を語り合い、社会の革新について論じたのではなかろうか。朴趾源が兪彦鎬とともに安城市場を見てまわったなら、朝廷が商業抑制策を強行しても場市がどんどん発達していった安城に新たな時代の可能性を見ていたはずだ。そしてかつて耳にした許生の物語に、信念をこめた脚色を加えて書き下ろそうと決意したのかもしれない。

それなら朴趾源は18世紀後半の安城、藁葺の門間棟《ムンカンチェ》に精米所、鍛冶屋、鍮器屋、飲み屋などがずらりと並ぶこの商いの町をはたしてどう評価したろうか。全国が場市のネットワークで結ばれ、南は統営《トンヨン》の冠帽や羅州の銘々膳から北は咸興《ハムン》の魚介類まで安城に集まっているのを見て、朴趾源は何を思っただろうか。

数え5歳のころ、引っ越し先の下見をしたあと、京畿道の観察使《クァンチャルサ》を務めていた祖父にその家の規模や間取りを詳細に説明したという逸話があるほど空間把握の感覚に優れていた朴趾源だが、残念ながら『許生伝』に都市空間についての記述はまったく出てこない。小説から推定できるのは、当時すでに安城には常設市場があり物資を保管する倉庫もあったということくらいだ。

朴趾源が兪彦鎬と町なかを散策していたころ、安城市場はすでに国じゅうから客の集まる大きな市場だった。鍮器と、女性の外出用の革製の履物がとりわけ有名で、各種穀物や果物の集散地でもあった。1808年に刊行された『萬機要覧』では全国1061の場市のうち規模の大きな15か所を選んで紹介しているが、京畿道内では安城の邑内市場をはじめ松坡《ソンパ》（*現・ソウル市松坡区）・砂平《サピョン》（*現・ソウル市瑞草《ソチョ》区）・孔陵《コンヌン》（*現・ソウル市蘆原《ノウォン》区）の4か所だ。そのうち町なかにあるのは安城の邑内市場のみである。このことからも当時は安城が京畿道最大の商業都市だったことが確認できる。

そんな安城の町を歩きながら、朴趾源は朝鮮にはいかに多様で豊かな物産があるのかを自身の目で確かめたことだろう。そのうえで消費を勧め、商業を督励して生産を刺激すればじゅうぶんに国富を増大させることができると考え、支配層に商業への認識を改めてもらいたいと期待していたようだ。私腹を肥やす独占は国を疲弊させるから、商業によって得た利潤は国富を増大させ貧しい民を救うなど社会の利益に合致する方向に使うべきだと考えたのも、多くの富を蓄積するほどに商業が発展する可能性を安城で目にしたからだろう。そこで朴趾源は許生の口を借りて「一万両の金子《きんす》がいかに道義の足しになろう」、「徳あらばこそ人はおのずと集まるもの」、「吾に災いを託さばいかがなさらん」と語らせ、経済が利益ばかり追求すれば災いとなりうることを警戒していた。

あんた、トグモリから来たのかね

安城川を挟んで南には道基里《トギリ》（現・道基洞《トギドン》）、北の市街地の側には場基里《チャンギリ》（現・玉川洞《オッチョンドン》、楽園洞《ナグォンドン》一帯）がある。道基里はもとは角に大きな石があることから「トグモリ（*「石の隅」からの転訛）」と呼ばれていたが、1663年にこの地に朝鮮中期の文臣・金長生《キムジャンセン》（1548〜1631）を称えて道基《トギ》書院が建てられたため、「道基里」と呼ばれるようになった。それまでの地名をふまえつつ儒者を称えるにふさわしい意味も盛りこむとは、なかなかの命名法といえよう。「場基里」は文字どおり場市のある場所という意味だ。

金長生は1599年、壬辰倭乱《イムジンウェラン》直後の荒廃した時期に安城郡守として赴任してきた。この戦のため長男一家と弟を亡くした心の傷はなお癒えず、郡守に着任したばかりで戦禍の復旧に明け暮れていたはずだが、驚くべきことに同年のうちに『家禮輯覧』を完成させた。同書はわが国の礼法書の源流にして礼法学の古典と評価されている。のちに何人もの学者が礼法書を編纂したが、大半はこの『家禮輯覧』に準拠したものである。政界でゴタゴタが続くと、金長生は3年足らずで郡守の職にあっさりと見切りをつけ、故郷の連山《ヨンサン》に引っ込んでしまう。

金長生が他界したのち、後継の学者たちはトグモリに道基書院を建てて師を偲んだ。道基書院は王から親しく名称と揮毫《きごう》を授かる栄に浴したが、旧韓末の大院君《テウォングン》[5]による書院撤廃令のため1871年に取り壊され、復元されていない。道基書院は安城近隣の教育機関として中心的な存在だったばかりか、『朱子大全』や『資治通鑑《しじつがん》綱目』の木版本を刊行して安城が出版文化の中心地となる礎を築いた場所だ。安城で出版された木版本を指す「安城板《アンソンパン》」は漢陽の「京板《キョンパン》」、全州の「完板《ワンパン》」に次ぐとされるほど、朝鮮後期の安城は出版の中心地だった。当時、漢陽で人気だった『洪吉童《ホンギルドン》伝』や『春香《チュニャン》伝』などは安城の家内制手工業で出版されたものだった。商売に目ざとい安城の人々が高収益の見込める出版業を見逃すはずはなかった。

トグモリは安城市場への入口に当たる。町の南を流れる安城川は南から買い物に来る者は必ず渡らねばならない大きな川で、この川を渡る直前にあるのがこのトグモリだった。早朝から買い付けにやってくる商人たちはここまで来るとまずは飯屋で腹を満たし、朝酒を引っかけてから川を渡って安城市場へと向かったものだ。ゆえにトグモリは朝から商人でごった返し、そこには幾人もの士大夫も交じっていた。おそらくそれらの士大夫は、金長生を偲んで道基書院に立ち寄ってきた義理堅い儒者か、はたまた許生のように商人に鞍替えして人生の一発逆転を狙う貧しい儒者のどちらかだったろう。

貧しい儒者のかぶる冠帽は当然のことながらやや古びていただろう。あるいは、今どきなら事業が思わしくない者ほど高級車に乗ってハッタリをきかせるように、貧しい者ほど衣冠を正して見栄を張るものだ。そのため道基里にはおのずと冠帽修繕の店が増えていった。「李《イ》氏の店」をはじめ数店は代々冠帽修繕の名店として全国に知れわたっていたという。冠帽は形が複雑で、製作に劣らず修繕にも高度な技術が必要だ。だから専門の職人に修繕を頼まざるをえないのだが、費用がばかにならないので貧しい儒者にとってはかなりの負担だったようだ。そうなると修繕費をめぐるいざこざは絶えず、冠帽の修繕が必要な儒者の足元を見て、たいした手間でもないのに大げさに言って高く吹っかける職人もいたという。そこで安城では無理な値下げを要求したり難癖をつけたりする者がいると、「あんた、トグモリから来たのかね」と嫌味を言われる。朝鮮時代最高の礼法学者ゆかりの正道の地にそんな逸話があったとはちょっと驚きだ。多種多様な人々が町の歴史を共有しているからこそ、こんな面白いやりとりが生まれたのだろう。

☯南北に走る東西路と左右に走る中央路

行政都市から出発して商業都市になった安城の都市空間に存在する2本の軸は、まさに行政と商業という2つの機能に対応している。だがこの2本の軸たる通りの名は予想外だった。

韓国の歴史都市で南北方向に走る道は、町の正門である南門と王権の象徴たる客舎とを結ぶ儀式の軸または政治の軸だ。ところが安城ではこの南北方向の道の名が意外なことに「東西路《トンソロ》」[6]なのだ。他の町ならば「中央路」と呼ばれるべき通りだ。現在ではこの東西路の西に広くてまっすぐな「アンソンマッチュム大路」が開通しているが、近年に既存の細い道を拡幅した道路で、歴史的には町の中心となる通りは東西路だった。

南北方向の道に東西路という紛らわしい名を付けたのはなぜだろう。素っ気ないほど簡略に描かれた安城の古地図を見ると、この道は東西に分岐し、地区も東里《トンニ》と西里《ソリ》に分かれている。1914年に行政区域が変更されるまで安城邑は東西路を挟んで東里と西里に分かれ、それぞれ現在の安城1洞と安城2洞に当たる。古くから安城は東西に分かれていたのだ。

また、かつて安城では毎年正月に東西対抗で戦う風習があった。西仁洞《ソインドン》の旧郵便局裏の空き地で、安城邑の人々は東軍と西軍に分かれて棍棒で手当たり次第に殴りあった。このときケガしたり、まかり間違って命を落としたとしても、殴った側が罪に問われることはなかったという。東西の人々がそこまで命懸けで戦ったとは、なにやら感情的な

◀町の玄関口にある鍛冶屋　体験施設として保存されているのではなく、今なお現役の生産空間の役割を担っている。19世紀末に建てられたという軒の低い作業場で農機具らしき金属を鍛えている。

대
장
간

ミゾがあったのかもしれない。その理由はわからずじまいだったが、勝てば向こう1年間運に恵まれるとして対抗戦を繰り広げたのなら、互いに商売仇と思っていたのではなかろうか。ともあれ、東と西が対立関係にあったことは確かだ。

もともと東西路の東に市場があり、人口も東のほうが多かったので対抗戦は東軍が優勢だったのかもしれない。だが対抗戦の行われなくなった近代期、次第に西のほうが優勢になった。東西路の東で賑わっていた市場が1976年に西の西仁洞に移転すると商業の中心は東から西に移動し、東の旧市場は衰退した。そのうえ西の新市場の近くに市外バスターミナルがオープンし、東西路と並行するアンソンマッチュム大路が開通すると、西のほうが格段にアクセスしやすくなった。今では東西路の東は旧市街地、西は新市街地という印象が強い。

安城の性格が行政都市から商業都市へと変わったことで、東西路は儀式の軸という本来の性格を失った。現在、東西路の入口には威厳ある南門の代わりに精米所と鍛冶屋が向かい合っている。体験施設として保存されているのではなく、今なお現役の生産空間の役割を担っている。L字型2棟が中庭を囲む格好の住居を店の奥に構える精米所は1950年ころに建てられ、鍛冶屋のほうは19世紀末の建築だ。現在の主《あるじ》は1960年代の末から鍛冶屋を営んでいるが、それ以前もここは鍛冶屋だったという。他の町ではかなり珍しい光景だが、他ならぬ儀礼の軸の入口に今もこうした工場《こうば》が稼働している（*2017年9月現在、鍛冶屋は盛業中）という事実から、歴史的に農業と商業の中心地だった安城らしさの一面を垣間見ることができる。

東西路の終点、市街地でもっとも高い場所（現・安城教育支援庁／安城小学校）には高麗末から朝鮮初期にかけての建築様式で建てられた白城館《ペクソングァン》という名の客舎があった。1900年代に朝鮮王朝とともに没落したこの客舎は安城普通学校の所有となり、1932年の校舎新築の際に撤去の危機を迎える。当時の郡守・崔益夏《チェイッカ》は古い建築が失われることを惜しみ、安城郡郷校《ヒャンギョ》の財源で譲り受ける。そして安城公園隣りの、現在の明倫《ミョンニュン》女子中学の敷地内に移築して安城図書館として開館、郷校の資産として運営した。これが安城初の図書館である。解放後、図書館は廃止され、建物は私立明倫公民学校として使われた。そして1995年、東のかなたの山裾の文芸会館前へと追いやられた。

植民地期、各地の古い町で日本は廃れた客舎の跡地に小学校を建て、客舎を校舎に使用し、その庭を校庭として使った。それは教育の名のもとに仕組まれた歴史抹殺であり、人々の脳裏に残っている朝鮮王権の痕跡までも消し去ってしまおうという植民地政策の一環だった。

近年になって各地でそうした経緯で生まれた小学校を移転して客舎を復元しているが、安城では今なお小学校が町のもっともステータスの高い場所を占めている。あちこちさまよった客舎は時代の変わったことにまだ気づかないのか、あるべき場所を取り返そうという気はなさそうだ。白城館に匹敵するほど古い建築物は朝鮮半島全体でも十数棟ではなかろうか。そんな価値ある建築がかつて見下ろしていた町から追われ、南向きから北西向きへと変えられて風雪にさらされている。

もはや儀礼や政治の軸でなくなった東西路は21世紀に入って観光の道へと変貌しつつある。東西路および周辺の伝統的な門間棟では、鍛冶屋や木工所のように代々受け継いできた家業を営んでいる。それは他の町ではすでに見られなくなった光景であり、安城市がこの通りを観光スポットにしたがるのもうなずける。

一方、現代の安城で商業の中心軸は中央路《チュンアンノ》だ。他の町だったら東西路と呼ばれていたはずの通りである。朝鮮戦争による壊滅的な打撃のあと区画整理事業が行われたが、その際に東西方向に造られた新道が中央路だ。やはり東西方向に場基路《チャンギロ》という大通りも開通したが、商業の活気は中央路には及ばない。ところがかつて安城でもっとも賑わっていた商業の道は、中央路と場基路のあいだの水門路《スムンノ》（*現・楽園通り）だった。

安城公園の裏通り[7]に当たる水門路は、20世紀前半までもっとも人通りの多かった道だ。現在でも通りに面して古い商業建築が多く残り、かつての繁栄ぶりを伝えている。安城1洞住民センター前の「ソサム食堂」は植民地期に建てられた木造建築で、一部2階建てになっている。もとは牛馬用の荷車工房だったそうだが、一時は代書屋として使われ、近年は食堂だったが今は空き店舗だ（*その後撤去、跡地は楽園歴史公園に編入）。他にも水門路には古い建物がいくつか残っており、歩いていて楽しい道だ。1930年代築の赤レンガ造りの旧安城邑事務所（現・安城1洞住民センター）、1952年築の大きな木造建築の中央精米所（*廃業。建物は現存）は、行政都市にして商業都市という安城の往年の栄華を物語っている。

以上で見たとおり、安城では都市空間の骨格をなす2本の軸の名称が逆転しており、東西方向の通り（中央路）が南北方向の通り（東西路）より道幅はもとより名称のうえでも優位を占めている。それは行政都市から商業都市へと重心が移っていくなかで、徐々に商業の軸が儀礼の軸より重視されていったことを示している。安城を商業の町と呼ぶ所以である。

☯ 市場のみでよき町になりうるのか

安城公園は楽園公園とも呼ばれている。楽園洞《ナグォンドン》にあるからだ。わが国初の近代式公園といわれるソウルのタプコル公園も、ソウル市楽園洞にある。そう考えると、近代期には公園は楽園にたとえられていたのかもしれない。

近代期に公園は町のパブリックな外部空間として生まれた。パブリックな空間とは一般の人々の立ち入りが制限されない、誰にでも開かれた空間のことだ。安城公園は植民地期に開園し、現在のようなかたちを整えたのは1932年である。その際に3棟の四阿《あずまや》を新築し、池を設けるなどの造園工事が行われ、あちこちに分散していた文化財をここに移した。隣りの竹山郡から石仏坐像を、市内の宝蓋《ポゲ》面《ミョン》から三層石塔を移設し、さらに石造光背、呉命恒《オミョンハン》先生討賊頌功碑といった文化財が運びこまれた。呉命恒先生討賊頌功碑は、政権を追われた非主流派が政権奪取を目論んだ李麟佐《イインジャ》の乱（1728）を平定した呉命恒（1673～1728）を称えて1744年に公園の西に建てられた碑だが、それを公園内に移設した。古地図に記された「記功碑閣」がこの石碑の置かれていた鞘堂《さやどう》だ。さらに次々と下馬碑、歴代郡守の頌徳碑、小説家・李鳳九《イボング》（1916～1983）文学碑、文人石像2基など、計48の石碑類が設置されて安城公園はさながら野外博物館といった趣きだ。

小さな町にこれほど功績碑の多いのを不思議に思って調べてみると、その所以がまた面白い。朝鮮時代、安城鍮器は高い品質が認められて朝廷への献納品になっていたのだが、安城に赴任してくる県鑑や郡守ら地方役人は欲に目がくらみ、都から「安城鍮器10組を上納せよ」との申しつけがあると20組、30組と水増しして作らせてピンハネしたという。それに耐えかねた地元の人々は知恵を絞り、新たに役人が赴任するとまずは「永世不忘功績碑」を建てたのだそうだ。そんな碑を建てられては、さすがに気が引けてちょろまかすこともできなかったのだ。

安城公園は町の人々が集う都市生活の中心だった。次のような新聞記事がそれを物語っている。

> 先月二四日、安城邑内の安城公園の溜池に胎盤の打ち捨てらるるを発見、現地警察署にて仔細に調査せし結果、

▲安城公園　現在の名称は楽園歴史公園。下馬碑、頌徳碑、文学碑、文人石像など計48の石碑類が設置されてさながら野外博物館といった趣だ。

当地東里の金某の妻が前日に玉の如き男児を出産せるも、金某は家族七人ありて生活極めて厳しき故何処へ出奔して帰らず、残されし家族は食事にも事欠く有様、更に子が生まれては食つてゆかれぬ故、金某が母、子が生まれぬよう思い余りて研究せるに「胎盤を人の多く集まる処に放置せば次より子は生まれぬ」との迷信の如き話を聞きて嫁と共に胎盤を公園に打ち捨てたるものと判明せり。

―1930年2月2日付　東亜日報

安城公園ではさまざまな集まりや行事が開催された。1920年5月23日には青年夜学会主催の運動会が行われたが、800〜900人もの男女が観覧して大盛況だった。この運動会には湖西《ホソ》銀行安城支店が10ウォンを寄付したのをはじめ、有志がこぞってノート10冊、鉛筆3ダースを寄付するなどさまざまな賞品が贈られた。1921年5月15日には安城青年会主催の孝烈《こうれつ》[8]表彰式を兼ねた市民大運動会が開かれた。広く市民に呼びかけて運動会が開かれたのはこれが初めてだった。安城公園は運動会だけでなく集会や講演会場としても盛んに利用された。それは古代ローマのフォーラムを思わせる町なかの広場であり会議室だった。

こうして市民生活の中心になった安城公園は1925年に大きな危機を迎える。同年に天安《チョナン》と安城とを結ぶ京南《キョンナム》鉄道京畿線という日本資本の私鉄が開通したのだが、それを機に地元の商人たちが市場発展策の名のもとに安城郡庁を公園内に移転してほしいと役所に陳情し、当局もそれを推進したのだ。当時は地元行政単位である面《ミョン》の所有だった公園に郡庁舎を移転すれば、費用をかけずに用地が確保できるうえ悩みのタネの集会も開けなくなるため、統治する日本人にとっては願ってもないことだった。だがそのことを知った市民は激しく反発する。特に老人会と青年会は、交通の便のよくない郡庁舎を移転するのは妥当だとしても、邑内の中心部に広い田畑がいくらでもあるのに、あえて市民に親しまれている公園をつぶして郡庁舎の建設用地にするとは何事かといって反対運動を主導した。当時の新聞には次のような反対理由が掲載された。

安城公園は数百年に渡りて培養せる樹木鬱蒼と茂り、市街の風致上貴重なるばかりか公園内には四阿あり、四阿の前には運動場及び七、八月には蓮花満開なる池ありて、世事に埋没せる七千余市民の唯一なる散策地にして慰安の場にて、春秋の運動会場となりあらゆる集会場となる。斯様に安城市民にとりて緊要なる公園を撤廃せんとする意思は解し難し。

1926年8月22日付　東亜日報

ついに同年11月11日、老人会と青年会は朝鮮総督府から末端の役所に至るまであらゆる行政当局に抗議書を提出した。抗議書の内容は上記新聞記事と似たようなものだが、次のような項目が付け加えられていた。

一、「安城市街は舟形にて公園の樹木は棹の如き物なり、此を伐採するは舟の棹を折るが如き故市場は滅亡せん」なる迷信によりて公園撤廃に反対する者ある由、迷信を信ずべからずといえども科学思想の不足せる多数民衆が斯くの如き迷信によりて不安中に在るは看過すべからざる也。

1926年11月15日付　東亜日報

つまり安城公園は、町の公共スペースの機能ばかりか風水のシンボリックな機能をも有していた。また、たんなる迷信にすぎないと思われていた風水が、当時の民衆の情緒的・心理的な安定にとって重要な要素として作用していたことがわかる。町を商圏としか見ていない一部の商人や宗主国の統治者によってあやうくつぶされてしまうところだった安城公園は、市民の激しい反対によってその座を守ることができた。安城公園への移転が計画されていた郡庁舎は、結局公園の北、現在は安城1洞住民センターの裏手にあるスーパーのところに移転した。

安城の人々は町が商売をするだけのところではないことをじゅうぶんに理解していた。そうした認識こそが市民の力なのだ。その力をバネに商業の町・安城はその真ん中に広々とした公共スペースを擁する風格ある近代都市へと発展した。安城公園の危機と存続は、韓国近代史において市民の力で町の重要な公共スペースを守りぬいた素晴らしいケースだ。それは、資本主義社会では資本の貪欲さに対抗しうる市民の力なくしては、いくら素晴らしい都市空間も存続しえないという事実に気づかせてくれる。

☯ １・１㎞の通りを歩いてみると

安城をはじめて訪れたときに感じた安らぎはどこからくるのだろう。１９９５年、はじめてのヨーロッパ旅行の際にスイスのバーゼルで感じた安らぎのことをふと思い出した。２つの町に共通点でもあるのだろうか。思い返してみると、これまで安らぎを覚えた町はほかの町に比べて通りや建物の規模が小さかった。つまり答えは規模にあるのだろうか。

市街地と郊外とを隔てる安城川に架かる安城橋から客舎や官衙のあった安城小学校までを結ぶ道、この都市空間の中心軸である東西路の長さは約１・１㎞だ。偶然にも僕の住んでいる大田《テジョン》の中心軸である中央路と同じ長さだ。大田駅と忠清南道庁［9］とを結ぶ中央路は１９３２年に忠清南道庁が公州から移ってきたのちに造られた近代の道だ。安城の東西路は幅８ｍほど、大田の中央路は幅30ｍだ。２つの通りはそれぞれ終点の安城小学校、忠清南道庁に向かってわずかな登り坂になっている。

町の脊椎に当たるこの２つの通りを歩くとどんな感じがするのか、比較するための実験を試みた。アジア建築研究室の探訪チームの５人は２００９年２月２日と３日のそれぞれ午後3時半ごろ、春遠からぬことを感じさせる穏やかな陽気のなか、１日違いで安城と大田の２つの通りを特に何も考えずに歩いてみた。

安城の東西路は歩道が設けられておらず歩行者も自動車も同じ道を行く。道の両側には主に平屋か2階建ての建物が並び、街路樹はない。道幅と道沿いの建物の高さの比率はほぼ1対1だ。東西路の端まで歩くのに約16分かかった。最後にカフェに入って東西路を歩きながら感じた印象を自由に語り合った。

「安城橋から安城小学校へと進むにつれて時間が過去から現在へと流れているような感じがした」、「通りという空間の中を歩く落ち着いた印象を受けた」、「人と車が一緒なのに、道幅が広すぎず狭すぎず負担には感じなかった。それに道幅と建物の高さがちょうどいいと感じた」、「歩いていると両側の店から食べ物の匂いがして町とのつながりが感じられた」。

次は大田の中央路を歩いてみよう。中央路は6車線の車道とその両側にそれぞれ5、6m幅の歩道からなる。道沿いには4階建てくらいのビルが多く、道幅と建物の高さの比率はほぼ2対1だ。この中央路を端まで歩くには20分かかった。足取りは知らぬまに少し早くなったのに安城の東西路より時間がかかったのは、道を渡るのに3度も地下道[10]を通らなければならなかったからだ。今回もカフェに入って中央路を歩いて感じた印象を話し合った。

「特に感想はない。歩行環境が悪いからだろうが、歩くだけで精一杯だった」、「通りが広くて開放的なのに窮屈な感じがした」、「車道が広くて向かい側とのつながりを感じられなかった。うるさくてこちら側のビルともつながっている感じはなかった」、「どこか逃げたいような気がして足早になった。ここに長くいたいとは思わなかった」、「歩いている自分のことを自覚しにくかった」。通りから受ける印象はほぼ正反対で、一様にこんな道はもう歩きたくないと口を揃えた。

このことからわかるように、通りの規模は町を経験するうえで大きな影響を及ぼす。一定の規模以上の通りではゆったりと歩くことが難しくなり、都市空間にぬくもりを感じられない。歩行者が道沿いの建物と真につながりを感じられるとき、その町について肯定的な印象を持つ。さらにそうしたつながりは視覚のみならず聴覚、嗅覚といったさまざまな感覚が複合的に作用したものだと気づけたことも、このささやかな実験の成果だった。

☯ 安らぎの町で考える都市のヒューマニズム

安城の通りを歩いていて受けた印象は、近代期に作られた大都市大田の通りを歩いてからさらに際立ったものとなった。ひとことで言って安城の通りは安らぎと肯定的な印象を与えるのだ。韓国の歴史都市から感じられるこうした人間的な都市空間の空気を「都市のヒューマニズム」と表

▲**南端から見た東西路**　道の両側に並ぶのは主に平屋か2階建てで、右側の2軒目が鍛冶屋、左側の3軒目が精米所だ。

現しようと思う。これからの時代に町の進むべき方向は「ユビキタス」とかなんとかいう高度なテクノロジーで機能を極大化した都市ではなく、人間的な生き方を享受できる町、すなわちヒューマニズムの町だと思う。都市空間にゴミが、いやペットや赤ん坊まで捨てられる状況だとしたら、住んでいても魅力が感じられず歩きたくもない町だとしたら、行きすぎた利便性や効率性にいったいどんな意味があるだろう。

都市のヒューマニズムはいかなるものから成り立っているのか。もっとも重要な条件は当然のことながら都市空間に人が暮らしているということだ。だがここで暮らすというのは日中または夜の時間帯にそこにいることではなく、都市空間に人々が居を構えて長期にわたって生業とともに暮らしを営んでいくことを意味する。そんなふうに住居が商業、業務、文化といったさまざまな都市機能と複合的に共存するとき、さまざまなタイプの人々が相互作用することで町に人間的な空気が漂うのだ。

安城市街地は古くから平屋や2階建てからなる低層の町並みに、商業や手工業の場が住居とともに組み込まれている。そのため商業地区といっても商業活動に従事する人々はそこに暮らしている。商人イコール地元住民なのだ。こういった人々はポップアップ・ストアや露天商などとは違い、目先の利益のために町の評判を落とすようなことはしない。そうした市街地居住は、住居と店舗という性格の異なる機能空間がつながりつつ適切に分かれて共存する住居のパターンがあるから可能なのだ。

市街地居住の問題について別の考え方をする向きもあろう。「静かな郊外に住むべき、ごちゃごちゃした市街地になど住めるもんか」。もちろんそういう考えにも一理はある。けれど条件が整っているなら町なかで暮らすほうがいろいろと都合のいい場合もある。共働きの夫婦や職住接近で通勤の負担を軽くしたい人などはその一例だ。多くの人が町なかに暮らせば自動車通勤が減るから省エネだし環境にもやさしい。町なかに暮らす人々は自宅近くの各種施設を利用して楽しめる。そういう住民がいれば市街地は活気を帯び、犯罪や災害の被害も減らすことができる。

都市のヒューマニズムのためのもうひとつの条件は、都市空間が小規模のコミュニティ空間に適度に分かれていることだ。住民どうしが顔見知りであるような小さなコミュニティでは帰属意識が強く感じられる。人々の集団と同様、空間も大きすぎると内部にいる人々が知り合いになり交流することが難しくなる。小さなコミュニティでは匿名性の

陰に身を隠すことができないため、世間体を気にして倫理的な生活態度を取るようになり、それゆえに品位ある安定した都市社会が形成されうる。朝鮮時代のご先祖様が少なくとも今の僕らより倫理的だったのもそういうわけだ。

では、小さなコミュニティとはどれくらいの規模なのだろう。歴史都市に古くから存在してきた「町里《まちさと》」（＊116ページ参照）にその答えがある。それぞれの家へのアプローチとして同じ通りを共有する人々からなるコミュニティくらいが適当だろう。もちろん通りの長さによって違いはあるだろうが、絶対的な数値が重要なわけではない。通りに沿って店舗兼住宅の並ぶ商業の町・安城では、それぞれの通りで取り扱う品目が違っていた。そのため通りごとのコミュニティは同じ品目を製造販売する人々で構成されている。互いに商売仇であると同時に同じコミュニティのメンバーであり、近隣のコミュニティにとっては客でもある。つまり社会的な関係を意識して世間の目を気にしなければならず、シビアな競争よりは共存共栄の道を選んだのだ。

徐有榘《ソユグ》（1764～1845）の『林園十六志』には全国1052の場市のうち328か所について取引品目が記録されているが、安城の市場は全国と取引するだけあって扱

う品目もきわめて多様だ。コメ、大豆、大麦、胡麻などの穀物、エゾイヌゴマのような薬剤、棗《なつめ》、栗、梨といった果物、魚介に塩、木綿や麻の織物、鍮器、鉄器、磁器、砧《きぬた》、杵《きね》、木器、冠帽、皮革製品、ゴザなどの手工芸品、それに牛など、俗にいう「ないものはない」市場だった。朝鮮後期の安城の市には漢陽より多くの品が出回っているといわれるほどだった。

それほど多種多様な品物を売る複雑な市場だったが、通りごとに品目がまとまって専門化し、秩序ある都市空間が形づくられていた。安城市場の中心に当たる米屋通りには高級米を売る店が集まっていた。安城の西、安城川流域に発達した安城平野で生産される京畿米は質の高いことで有名だが、そのコメが米屋通りに入荷してきた。牛屋通り（*現・場基2通り）は牛市場のあったところだ。牛市場は1960年代に郊外に移転して今では住宅街になった。冠帽は道基洞、甕《かめ》類は新興洞《シヌンドン》の甕屋通り（*現・場基路60番通り）、革製の履物は西仁洞、煙管はスンニュン（*おこげに湯を注いだ飲み物）横丁（*現・山栄萸《サンスユ》通り）で扱っていた。それからストーブの煙突やバケツなどのブリキ製品を売る店はブリキ横丁（*現・場基路60番通り、場基2通り）に集結していた。今では古い店の大半が消えてしまったが、取り扱う商品は通りの名にそっくり残されており、かつての町並みを偲ばせる。安城では大通りだけでなく狭い路地にも名がついている。最近推進中の「道路名住所」への移行に向けたとってつけたような命名ではなく、商いの町の古い歴史の中で自然と呼びならわされた名だ[11]。

最後の条件だが、都市空間がヒューマンスケールに合っていなければヒューマニズムの町にはなれない。ヒューマンスケールとは人体と関連づけられたサイズのことだ。絶対的な数値で示すことは難しいが、町の規模でいえば徒歩でおよそ30分ほどの距離ならヒューマンスケールといえる。安城では旧市街の主軸である東西路を歩くのに15分ほど、ゆっくり歩いても30分あれば旧市街のどこにでもたどり着ける。そんなヒューマンスケールを持つ町ならどこにでも歩いて行けるのだから、それこそ省エネだ。道幅は東西路と同じ8mくらいならちょうどいい。東西路では道幅と通り沿いの建物の高さの比率がほぼ1対1だが、通りを歩くときもっともゆったり感じられる比率だ。一般に道幅より建物が高いと息苦しさを覚え、その反対だとガランとした印象を受ける。

高さについて論じるとき、落ちても死なない程度ならヒューマンスケールといえるのではないか。あるとき、安城の全景写真を撮ろうと中心部にあるマンションの屋上に上がりたかったのだが、警備員の許可がもらえなかった。以前そのマンションの屋上から投身自殺する事件があったからだという。それを聞いて、自分たちってそんなに暗い顔をしているのかと探訪チームの面々はしばし顔を見合わせた。２０１０年の韓国の自殺者数は１万５５６６人、１時間に１・８人がみずから命を絶ったことになる。残念なことに韓国はＯＥＣＤ加盟30か国[12]で自殺率がトップ[13]だ。韓国の町がヒューマンスケールを有するようになれば自殺率の軽減にも寄与するのではないか。

　実際に、羅州や安東《アンドン》のような古い行政都市でも前述の３つの条件を備えた「都市のヒューマニズム」をすでに確認している。商業都市でも同じことがいえるのかという疑問を抱いていたが、安城を歩いてその疑問を振り払うことができた。

☯あっぱれ、門間棟！

　通りと建物がヒューマンスケールを有していても雑然とした感じの町がある。実は韓国の多くの町がそうだ。雑然とした印象は主に統一感がないときに生まれる。統一感は何かしら都市空間の拠り所となる力強い要素のあるときに得られる。そんな要素のないまま建物がてんでに自己主張して騒ぎたてるとき、たとえひとつひとつの声は小さくとも町の空気はまずもって無秩序になる。

　安城はさほど雑然としていない町だ。だから安らぎを覚えるのだ。それもみな門間棟のおかげだと僕は思う。通りに面して門間棟が並ぶことで通りの連続性が維持され、それによって都市空間に視覚的な統一感とアイデンティティが感じられる。

　門と一体となった棟割り長屋のような門間棟は、韓屋《ハノク》でも不確かな存在だ。住み込みの使用人の寝起きする部屋だった門間棟は、住人同様、韓屋でもっとも冷遇された空間だった。韓屋の典型例といえる論山《ノンサン》の明斎《ミョンジェ》故宅[14]では表門間棟、つまり外部との境界をなす表門の門間棟はとっくの昔に取り壊されている。他の両班屋敷も同じようなありさまで、時代の流れとともに使用人が出ていくと、見捨てられた門間棟を管理する者は誰もいなかった。

　安城では門間棟は早くから店として利用されるようになった。他の町でも使用人部屋扱いではなくなったにせよ、なお大家の顔色が気になるしがない貸間どまりだったが、商いの町安城では堂々と家計を牽引する建物になった。門間棟がどれほどの規模で、そこで何を生産し販売するかに

▲米屋通りの門間棟　安城で商業空間に変容した門間棟は、家庭経済の重要な空間となった。

よってその家全体の経済状況が決まった。

かつて使用人の暮らしていた空間が商業空間へと変容したことは、安城に出現した都市建築の重要な革新だった。門間棟は通りと住居とのあいだに置かれ、前面は通りに面し、裏は住居のほうを向いている。門間棟は通りと住居とを隔てるとともにつなぐことによって前述の「市街地居住」の物理的な装置となりえたのだ。そして切妻屋根の門間棟が並ぶことで連続性のある街路空間が形づくられた。

安城では門間棟の生命力は、かつて上位のステータスにいた母屋より強かった。４本の柱に支えられた四角いスペースをつなげていくことで新たな機能を獲得していったため、門間棟は現在まで生き残れたのだ。構造上、柱だけ残して壁面を取り払っても問題はなく、単位空間のサイズも弾力的に調整できる。こうして門間棟は身分制社会の抑圧から解放されて商業または手工業の空間へと変身した。

門間棟の変身は、貧しいうえに幼くして両親にも先立たれた孤児の出世物語にも似ている。裕福に生まれながら日本家屋に、洋風家屋にと目まぐるしい変節の道のりを歩むことになった母屋に比べて、いかに気骨にあふれ毅然たる存在か。いまや門間棟は貶められた身分から解放されて一家を養っていく重要な空間になった。あらゆる哀しみを乗り越えて建つ門間棟に拍手を送る。あっぱれ、門間棟！

☯ 韓屋の進化と骨太の建築の力

韓屋は、高密度化およびより広い商業空間を必要とする町のトレンドに適応しながら進化してきた。本節では典型的な韓屋である論山の明斎故宅と、安城の「トゥブマウル（*「豆腐の里」の意、2017年9月現在のテナントはペットカフェ「モモの散策」）」という店舗兼住宅を比較しつつ韓屋の進化を見ていこう。

明斎故宅は安城が商業都市へと変容しはじめた18世紀初頭に、現在の忠清南道論山市魯城面校村里《ノソンミョンキョチョンニ》の山裾の広々とした地に建てられた。この韓屋は母屋、中門間棟、舍廊《サラン》棟《チェ》、庫間棟《コッカンチェ》（*穀物倉庫）、祀堂《サダン》（*先祖を祀る祠）、そして今はなき表門間棟の6棟とそれぞれに対応する6つの庭からなっていた。こうした韓屋が安城の市街地では門間棟と母屋だけになり、それがつながった形状へと簡略化された。安城の通りに面した典型的な店舗兼住宅の「トゥブマウル」がそんな韓屋の変化を物語っている。東西路の南端にあるこの飲食店の一字型の門間棟は、隣家の鍛冶屋とくっついており、奥はL字型の母屋ともくっついている。屋根も本来2つに分かれていたものを適当につなげてある。門間棟と母屋の角度が微妙にねじれているのは、もとは別棟だったのを後でつなげたからだ。高密度化を図って空間を賢く利用しようとしたのだ。なのに中庭はつぶさずに残している。そこから韓屋で中庭がいかに大切な存在だったかがわかる。ただ、正方形に近い韓屋の中庭とは違い、この建築では間口が狭く奥行の深い庭になっている。そこから少しでも多くの店が通りに面して商売が営めるようにした意図を読み取ることができる。

門間棟と母屋からなる安城の韓屋を見ると、おおよその場合、通りに面した門間棟を店舗に、母屋を住居にすることで平面上で機能を分離している。門間棟が通りに沿って長く続く面をなし、その奥で中庭を囲む主としてL字型や一字型の母屋が住居になっている。この飲食店では門間棟が東西路に面して西向き、母屋が南向きだ。L字型の家では大庁《テチョン》と呼ばれる広い板の間のあるほうが本体で、その方角を家の向きと考える。安城ではここと同様、門間棟と母屋の向きが違うことが多い。住居は南向きのほうが好ましいが、店は通りに面していなければならない。路面店で大事なのは店の向きより通りに面する規模だ。そのため住居とは違って店は北向きでもかまわない。安城では建物の向きへの相反する要求を棟を分けることで解決している。

▲ソル・ヨンシクさん宅の門間棟　韓屋の門間棟だったと思われるところに1944年に日本式の２階建ての家が建てられた。通りに面した入口は韓屋より閉鎖的だ。

残念ながら韓屋の進化はそこまでだ。植民地期の社会的条件によって韓屋は日本式や西洋風の建物に道を譲らざるをえなかった。ソル・ヨンシクさん宅の門間棟、イム・ヨンミンさん宅や米屋通り11番地（*現・場基2通り65―7）の母屋などに見られるように、20世紀になると韓屋は2階建ての日本家屋に取って代わられた。それまでの韓屋は一般に平屋建てだった。2階の床に床暖房のオンドルを設置する技術がなかったことがその大きな理由だ。韓国社会が植民地支配を受けることなく独自に近代化の道を歩んでいたならば、韓屋、とりわけ店舗用の門間棟はきっと2階建てへと進化を遂げていたはずだ。お隣の中国や日本では平屋建ての在来の住宅建築が2階建ての都市型の店舗兼住宅へと発展した。ソサム食堂やソル・ヨンシクさん宅はそうした日本家屋だが、韓屋の進化の方向を暗示しているようだ。韓屋の進化が途切れることがなかったなら、安城の通りは2階建ての門間棟が整然と並んでなかなか壮観だったはずだ。

　韓屋について語るとき住宅に限定して考えがちだが、本来、韓屋は住宅のみを指すわけではない。前近代期に建てられた公共建築や宗教建築もすべて木造構造で荷重を支え、4本の柱を立てた部屋とその半分の寸法の縁《えん》で空間を構成しており、これもまた韓屋といえる。韓屋が新たな時代に2階建てに進化しうる可能性を、1922年築の美しい近代建築、九苞洞《クポドン》聖堂に確認することができる。

19世紀末にキリスト教が伝来すると、それまで存在しなかった新たな建築の礼拝堂をどうやって建てるのかという問題が浮上した。20世紀初めにたどり着いた解決策は、石造りのゴシック様式の聖堂を韓屋にならった木造へと翻案することだった。そのため各地で韓屋と西洋建築を折衷した教会が建てられた。そうした折衷は韓屋、ゴシック建築のどちらも棒状の部材で組み立てる骨組構造だったからこそ可能だった。それらの建物からは、伝統的な建築様式を尊重しつつもそこにキリスト教という新たな宗教の機能を盛りこみたいと願う真摯な思いと、故知を根拠に新しきを創造するという朴趾源のことば「法古創新」の精神が見てとれる。

九苞洞聖堂は当時安城郡宝蓋面新安里《シナルリ》の東安《トンアン》集落にあった東安講堂を譲り受け、その瓦、木材、石材を利用して建築したものだ。もとは今の聖堂より韓屋に近い姿だったが、1955年に正面入口のある前面部を取り払ってロマネスク風の鐘楼を増築したため、正面から見ると西洋建築、側面から見ると韓屋という2つの顔を持つ建物になった。内部は左右に回廊を配して2階部分としている。

玉川洞にあるので地元の人々は「玉川駅《オッチョン》」と呼んでいる安城邑内《ウムネ》駅の跡地に行くと、お年寄りが集まってのんびりと日向ぼっこをしている。一同のもたれている一段高くなった食堂のデッキが、かつて商品を売り買いしに安城へと行き来する大勢の人々の乗り降りしていたプラットホームだ。1944年に太平洋戦争遂行のための物資供出令が出されると、天安と長湖院《チャンホウォン》を結んでいた京畿線の安城—長湖院の区間は線路が撤去された。その後、1955年に京畿線は安城線と改称された。やがて高速道路が開通すると利用客が減少して1989年に安城線は全面廃線となった。1920年代にあれほど賑わっていた米屋通り。そこに並ぶ門間棟はなお健在[15]だが、現在もコメを扱う店は100年以上続いてきたという「ヘソン米商会」1か所のみだ[16]。20世紀後半、安城の旧市街地はこうして急速に衰退していった。

逆説的なことに、町が衰退したからこそかえって都市空間の古い骨格は維持することができた。2009年2月2日、家具屋通りと材木屋通り(*どちらも現・場基1通り)の境目あたりで出会ったハン・ビョングクさん(当時76歳)は、「ここで50年暮らしているが、家は建て替わっても道は昔のまんまだ。15年前まではうちも含めて多くの家が屋根が瓦に変わっただけの古い家だった」と語ってくれた。

　安城の町を歩きながら住宅にも変わらない部分のあることを発見した。門間棟だ。今後、安城の可能性は門間棟のこうしたしたたかな生命力にあるように思う。門間棟には21世紀に2階建ての韓屋としてふたたび飛躍しうるポテンシャルがあるのではないか。

　韓屋は木材を構造材として一定規模の空間を次々とつなげていく建築だ。そうした特性からすると、韓屋は生活の場である母屋より商業や文化のスペースとして使われる門間棟に適している。2階建ての門間棟の1階は店舗、2階は文化施設、そして母屋は家族の生活空間というふうに使い分ければ、前述の「都市のヒューマニズム」の3つの条件を備えた素晴らしい建築パターンであり、都市観光の要素にもなりうる。その際、母屋は必ずしも韓屋でなくともよい。いずれにせよそこは通りから見えないのだし。

　このところ世は韓屋ブームだという。とはいえソウルのような高密度の大都会では韓屋はさまざまな制約を受けざるをえない。だが主に低層の町がすでにある安城では、むしろ2階建ての韓屋が高密度化のための現実的な対応策になりうる。韓国の歴史都市に韓屋の住宅地はあっても韓屋の商店街はない。商業や手工業の空間へと変身することで、門間棟は商いの町・安城に朝鮮時代の代表的市場という栄光をもたらした。その門間棟にもう一度チャンスを与えてみよう。それこそヒューマンスケールの商業都市・安城のルネサンスに至る近道になるだろう。

訳注

1 大韓帝国政府の財務部局。韓国併合後は朝鮮総督府度支部（後に財務局）に継承される。

2 朝鮮後期の文筆家、実学者。清への使節団の随行員として記録した『熱河日記』が名文として名高い。

3 2017年9月現在、門前に移転の案内が掲示されており、4㎞ほど南の郊外に新築移転した。跡地はそのまま残されている。

4 2011年12月までは練炭店の看板がかかっていたが、2013年8月には軽運送業者になっている。大幅にリフォームされてはいるが、建物の骨格は維持したままだ。

5 朝鮮末期の政治家（1820〜1898）。朝鮮第26代王・高宗《コジョン》の実父で、幼くして王位についた高宗の執政となって権勢を振るい政治混乱を招いた。

6 道路名住所制度の導入に伴って名称変更され、東西路《トンソロ》の名は消滅した。現在は安城橋から場基路《チャンギロ》までが「場基路74番通り」、場基路から中央路《チュンアンノ》までが「中央路400番通り」、中央路から突き当りの安城小学校までが「中央路399番通り」となっている。安城市はこのうち安城橋から場基路までの300mで「6070（＊「1960～1970年代」の意）思い出の街」事業として石畳風の舗装、沿道の建物の撤去および改装、ポケットパークの整備を推進し、2017年9月に開通した。同事業とその際に策定した南行一方通行化について住民生活への配慮を欠くとの声もあり、注3の精米所の移転も同事業と無関係ではなさそうだ。

7 かつては道路沿いに店舗が建ち並び公園に面していなかったので「裏」という印象だったが、2016年までに道路沿いの古い店舗を撤去して公園を拡張したため、公園に面した通りになった。

8 「孝」は親孝行な子ども、「烈」は夫の死後、その死に殉じた夫人、または貞節を守る未亡人「烈女」を指す。

9 大田が1989年に直轄市（1995年からは広域市）に昇格して忠清南道の管轄を離れてからも、道庁は大田市に置かれたままだったが、2013年1月に洪城《ホンソン》郡と禮山《イェサン》郡の境界に造成された内浦《ネポ》新都市に移転した。旧庁舎は大田近現代史展示館となっている。

10 朝鮮戦争の休戦状態が続く韓国では、大都市の大通りには有事の際の待避所とするための地下道が設けられ、現在も定期的に待避訓練が実施されている。近年はバリアフリーの観点からかなり改善されたが、今なお横断歩道がなく横断に地下道を利用するしかない交差点が多く残っている。

11 残念ながらここに列挙された道路名は新道路名には活かされず、地図上からは消えてしまった。

12 2010にチリ、スロベニア、イスラエル、エストニアが、2016年にラトビアが加盟して2017年11月現在35か国。

13 残念なことに2015年の統計でも1位は韓国である。以下OECD加盟国ではポーランド、ラトビア、ベルギー、ハンガリー、日本の順。

14 朝鮮後期の学者、政治家の尹拯《ユンジュン》（1629～1714）の本家。明斎《ミョンジェ》は尹拯の号。尹拯は死亡するまで別の家で起居していたため、古宅とせず故宅の文字を当てている。1709年築。

15 2014年11月時点までは大きな建物が残って往年の姿を彷彿させたが、2017年9月時点では撤去され駐車場になっている。

16 2011年12月までは看板が掲げられていたが、2013年8月時点では白いペンキで塗りつぶされている。

6 강경

江景（カンギョン）

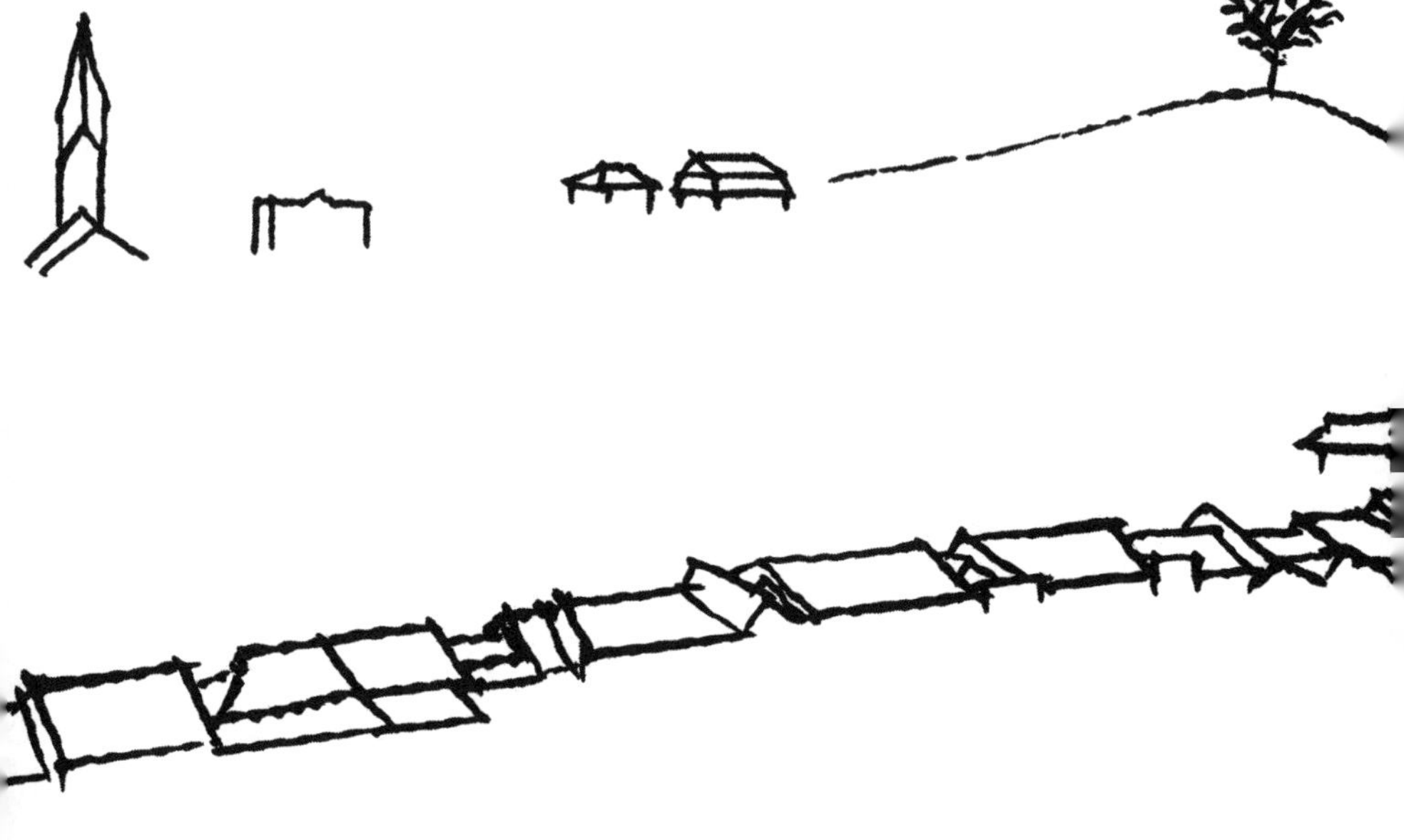

6

古き舟運の町の異国風景
江景《カンギョン》

☯ 湖南《ホナム》と湖西《ホソ》の出会う近代舟運の商業都市

江景《カンギョン》は全羅《チョルラ》北道の群山《クンサン》と忠清《チュンチョン》南道の扶余《プヨ》、公州《コンジュ》を結ぶ錦江《クムガン》の舟運の中間地点に発達した商業都市だ。かつては1731年に江景の南東に築かれたアーチ型の「ミネダリ」という橋が2つの道《どう》の境界を示すしるしだった。

江景と同じ論山《ノンサン》地域で生まれ育った【1】僕にとって、小学生のころテコンドー教室に通っていた江景警察署新都《シンド》支署が江景という地名との最初の出会いだった。論山郡なのに論山警察署でないのが不思議だったが、「江景は昔すごく栄えてたんだよ」という母の説明で疑問が解けた。1900年代初め、警察署や検察支庁、裁判所支所といった権力機関はすべて江景に置かれていたことからも、かつて江景の誇った力のほどをうかがい知ることができる。

江景、つまり川（*「江《カン》」は「大きな川」の意）の風景とは実に魅力的な町の名だ。だが本来はやや意味が違う。江景のことを全羅道の言い方では「カンゲンイ」あるいは「ケンゲンイ」というが、この「ゲンイ」は「辺」という意味だ。つまり江景は「川の風景」ではなく「川辺」という意味なのだ。いずれにせよ川の風景とは水と川辺とでつくりあげるものだから、川の風景という解釈もあながち誤りとはいえない。

18世紀以前の江景は全羅道から漢陽《ハニャン》に通じる街道筋にあるというだけの、のどかで眺めのいい村にすぎなかった。とりわけ湖南《ホナム》と湖西《ホソ》（*忠清道地方）の出会う江景の南にある黄山《ファンサン》は景観にすぐれ、朝鮮時代に湖南、湖西両地方から士大夫がこぞってやってきた。それらの人々は夕焼けに染まる黄山のふもとの川辺に1626年、黄山書院（現・竹林《チュンニム》書院）を設けた。同じような時期に、畿湖《キホ》学派【2】の大学者にして子弟の関係にあった金長生《キムジャンセン》と宋時烈《ソンシヨル》（1607〜1689）は、川に映える夕日のよく見晴らせる丘にそれぞれ臨履亭《イミジョン》、八卦亭《パルゲジョン》という講学の場を建てた。

一方、半農半漁の川辺の町・江景は河川港を中心に商業が栄え、錦江の舟運市場圏の中心地へと発展した。18世紀

◀江景邑大興里の米穀倉庫　江景を通じて外部に運び出されたもっとも重要な商品はコメだった。1935年に江景駅と国道1号線にアクセスしやすいところに倉庫街が造成されたが、現在は2棟だけ残っている。178ページ参照　©チョン・ジェホン

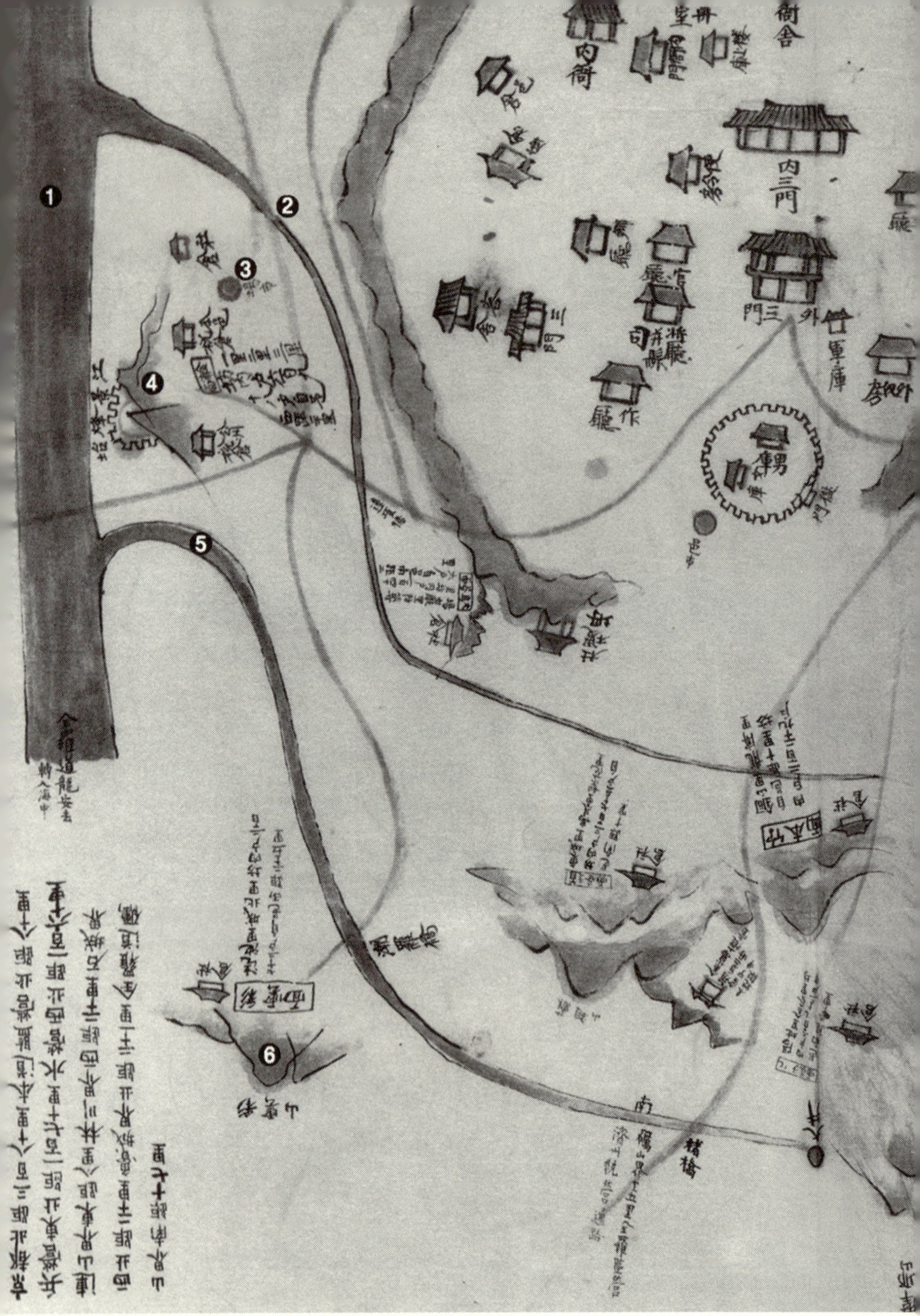

▲江景古地図（恩津古地図の一部）　1872年、ソウル大学奎章閣所蔵

①錦江　②江景川　③下市場　④玉女峰　⑤大興川　⑥彩雲山

元の古地図は南を上にして描かれているが、他の地図と方角を合わせるためにここでは上下を逆転させた。江景の属する金浦（キンポ）面は戸数698戸と他の面に比べて人口が密集していた。

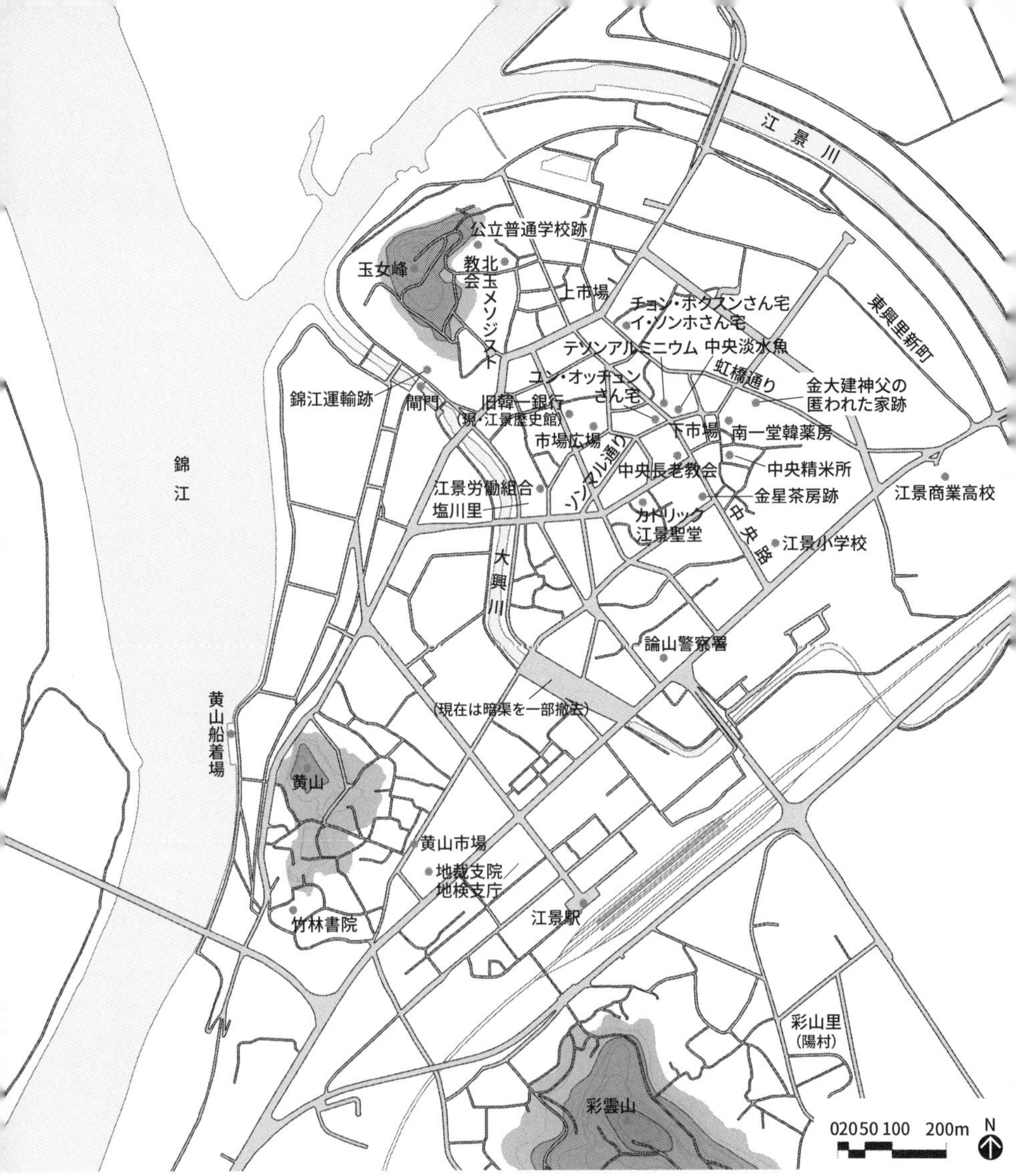
江景川
東興里新町
公立普通学校跡
玉女峰
北玉メソジスト教会
上市場
チョン・ボクスンさん宅
イ・ソンホさん宅
テソンアルミニウム
中央淡水魚
虹橋通り
金大建神父の匿われた家跡
ユン・オッチュンさん宅
旧韓一銀行
（現・江景歴史館）
錦江運輸跡
閘門
下市場
南一堂韓薬房
市場広場
ソンマル通り
中央長老教会
中央精米所
江景商業高校
江景労働組合
塩川里
金星茶房跡
カトリック江景聖堂
中央路
江景小学校
錦江
大興川
論山警察署
（現在は暗渠を一部撤去）
黄山船着場
黄山
黄山市場
地裁支院
地検支庁
竹林書院
江景駅
彩山里
（陽村）
彩雲山
0 20 50 100 200m
N

▲現在の江景邑の中心部

中盤に李重煥《イジュンファン》は『擇里志』で江景を「陸海之間為錦南野中一大都会（陸地と海とのあいだに位置して錦江の南の野にある一大都会）」と描写した。江景の市場は発達し、「一に平壌《ピョンヤン》、二に江景、三に大邱《テグ》」という言い回しまで生まれた。江景の港は錦江の本流に接しているばかりか、内陸へと通じる論山川《ノンサンチョン》、江景川《カンギョンチョン》、塩川《ヨムチョン》といった支流につながって中継港として成長しうる絶好の立地条件に恵まれていた。付近の水深は平均12m以上と深く、周囲は沖積氾濫原でありながら港付近に花崗岩層が発達し、洪水で一帯が氾濫しても浸食や土砂の堆積の影響を受けなかったため、船を停泊させることができた。

18世紀には海上交通の発展に伴って全国をカバーする海路の流通圏が成立した。全国の沿岸の主要港が周辺の小規模港の商品流通の拠点として機能し、それら主要港がさらに場市と結びついた。また、沿岸の主要港が江景をはじめ七星浦《チルソンポ》（*慶尚南道金海市《キメ》）、元山浦《ウォンサンポ》（*現在は北朝鮮地域）、京《キョン》江《ガン》（ソウルのトゥクソムから楊花《ヤンファ》の渡し場に至る漢江《ハンガン》一帯）といった大きな河川港と有機的に結びついて全国に船舶による流通網が形成された。そのため港湾商業は18世紀以降飛躍的に発達し、それまで漁業および租税穀物輸送の拠点だった各地の港が商業の中心地へと変化した。

19世紀になると遠く咸鏡道《ハムギョン》の商人まで元山浦で棒鱈を買い付けて浦項《ポハン》や昌原《チャンウォン》の港を経て江景まで遡上して売り、さらに京江まで北上して必要な物資を仕入れると、また元山浦へと戻っていくというふうに、江景のかかわる交易範囲は拡大した。京江をはじめ栄山江《ヨンサンガン》・洛東江《ナットンガン》流域の市場、さらに済州島《チェジュド》との交易もすべて江景を通じて行われていた。江景に集まった物資は公州、全州《チョンジュ》など近隣の大規模な場市へと分配され、各地で仕入れた商品は逆ルートをたどって江景に集められたのち、ふたたび全国各地へと供給された。

１８９９年5月に群山港が開港すると舟運都市・江景はさらに発展して最盛期を迎える。だが江景の成長は基本的に宗主国日本の戦略に付随するものだった。日本は江景を農水産物収奪の前線基地ととらえ、忠清道および内陸地方のコメや綿花を江景の舟運と鉄道を通じて日本へと持ち出した。１９１１年7月には朝鮮総督府鉄道湖南線の大田《テジョン》－江景区間が開通して江景駅が開業した。さらに同年、京城－全州－木浦《モッポ》を結ぶ幹線道路が江景を経由するかたちで開通し、１９１４年1月には湖南線が全線開通した。交通網の変化によって江景へのアクセスは便利になったが、隣接する他の町もまた急速に成長してそれまで江景が浴してきた流通の中心という地位を脅かすようになった。

開港当時は戸数100戸、人口700人ほどにすぎなかった漁村・群山が開港と湖南線の開通によって大きく成長し、ついには江景を圧倒する。論山平野と湖南平野で生産されたコメは大半が江景を経ずに群山へと直送された。江景は陸路のネットワークでは隣接する論山より劣勢に置かれ、1914年にはそれまで恩津《ウンジン》（*現・論山市恩津面）に置かれていた郡庁が江景ではなく論山に移転した。江景の中心は駅前へと移ったが、その「駅前通り」は今も未成熟なかたちで残っている。

17世紀までの江景は、澄んだ日差しにきらめく川面と川辺に広がる芦原の美しい、人影もまばらな地だった。周辺の広い湿地は手つかずの自然のまま、流れに乗ってときおり魚獲りの舟がやってきていただろう。論山から江景へと向かうとき、はるか時を越えて川辺のあちこちに残る芦原は当時の風景を物語っているようだ。

すぐに町なかへと向かわずに、江景と近隣の村々とを結ぶ土手の上の道に腰を下ろして「川辺」の町を眺めてみる。大きいばかりで無粋なマンションと教会の塔があちこちで視野を遮っている。しかたなく土手の上を行ったり来たりしながら町の様子を覗っていると、行きかう人々が怪訝そうな表情ですれ違う。「あんなにジロジロ見て、いったい何者？」と思われたらしい。

なんとか見定めた江景の風景は、僕のよく知る歴史都市とはかなり違う。他の古い町は城壁に囲まれ、四方に城門がそびえ、真ん中には瓦屋根を戴く立派な客舎《ケクサ》があった。堂々たる屋根はどれも暗灰色だ。だが江景では高い建物の屋根はたいてい赤褐色だ。

江景では城壁のあるべきところに色とりどりの屋根を戴く家々が肩を寄せ合うように並んでいる。ひょっとすると全国一長くまっすぐな町並みかもしれない。邑城の正門・南門があるはずのところには江景聖堂の赤レンガの鐘楼が削りたての鉛筆のようにツンとそびえている。邑城でもっとも立派な建築の客舎の屋根が見えるはずのところには、江景でもっとも古く近代期にはもっとも大きかった旧韓一《ハニル》銀行の屋根が見える。マンサードという2段勾配の寄棟屋根だ。色は韓屋《ハノク》の屋根瓦と同じだが、天に向かって反り返る韓屋の屋根とは逆の腰折れ屋根である。そして右手奥に遠く、邑城なら鎮山に当たる玉女峰《オンニョボン》の大欅《けやき》が見える。

江景は本書で紹介している9つの町で唯一、商業の中心地として出発した。統営《トンヨン》は軍事都市として始まり、他の7つの町はすべて行政の中心地として始まった。江景という地名からしてのどかな川辺の集落から商業都市へと発展したことを暗示している。釜山《プサン》や大田のような近代都市とは違い、行政の中心地として出発した古い町には行政上のステータスに応じて「州」や「城」という文字が使われることが多い。安東《アンドン》、密陽《ミリャン》、春川《チュンチョン》も高麗時代にはそれぞれ福州《ポッチュ》、密州《ミルチュ》、春州《チュンジュ》と呼ばれていた。

行政都市として出発した町とは違い、江景には最初から決まった枠組みなどなかった。そのため江景には南北・東西の軸という枠組みから逃れられなかった行政都市とはひと味違う、個性ある都市空間を期待していた。それに近代期に商業都市として栄えた江景ならば、昔ながらの伝統建築からなる歴史都市とは違う近代的な空間や景観、行政都市の権威よりは商業都市特有のダイナミックな空間にお目にかかれるのではないだろうか。

古い伝統のない代わりに自然発生的に生まれた町の、近代と現代の姿を調べるうえで江景は最適だ。近代期の江景を理解するために各種資料集から古い写真を何枚か探し出し、近年になって消えたスポットについては1997年から江景を写真で記録してきた写真作家チョン・ジェホンさんにお借りした。さらに2009年10月25日と2012年4月20日には古い写真を手に江景に赴き、写真が撮られたのと同じ場所に立ってシャッターを切った。この100年のあいだに江景ではどんなことがあったのだろうか。

☯ 文学作品にみる20世紀初めの江景

文芸雑誌『文学』1936年4月号に収められた「追懐」は、江景に生を受けた嚴興燮《オムフンソプ》（1906〜?）の小説だ。1929年にKAPF（カップ、朝鮮プロレタリア芸術家同盟）に加わった嚴興燮は、翌年『朝鮮之光』に「流れ去りし村」を発表して文壇の注目を浴びる。1930年代に活躍した文学者だというが、どうもなじみのない名だ。のちに嚴興燮が北朝鮮に行ったからだ。この小説は電子ブック版でしか読めず、タイトルは「退懐」だった。だが「追懐」と紹介した資料もあって訝しく思っていたのだが、2014年11月にあるセミナーでお目にかかった公州《コンジュ》大学の趙東吉《チョドンギル》教授に尋ねたところ、掲載誌を当たって確認してくださり「追懐」だと教えてくれた。それほどに嚴興燮の作品世界は僕らから遠いところにある。

嚴興燮は1934年1月14日付の朝鮮日報に「1934年度の文学建設—取材と実写的描写」という文章を寄せている。そこでは「多彩的・多量的に生々たる人生生活の裏側からも取材を試みん」とし、生活体験からにじむリアリズム描写を用いて創作に臨む意志を表明している。そんなリアリズムの態度で描かれた「追懐」は、江景のかつての様子を他のいかなる資料より忠実に描写している。

「追懐」で作家は記憶に残る幼き日の江景を描いているが、そこに書かれた建物などを根拠に推定すると、この小説は1910年代の江景を再現したものだ。

今から一八年前に私はこの江景の停車場のすぐ裏手の彩雲山《チェウン》のふもと、陽村《ヤンチョン》という村に暮らしていた。

陽村は彩雲山の東にある集落だ。嚴興燮は幼いころ「夕焼けが雲を彩る山」から錦江を眺めて育ち、文学の道にのめり込んでいったのだろう。

私は汽車が停車場に着いたとき、火急に飛び降りて一晩をここに泊まり、翌日ゆっくりとかつて我が足の踏みしめた彩雲山の麓でも歩んでみようと願いつつも、なぜか闇の中に映る彩雲山と江景市街は私を歓迎していないように思われてそのまま目を閉じてしまった。……私はもはや凝視したくなかった。いつしかカーテンを下ろして我知らず長嘆息をつき、目を閉じてしまった。然るにどうしたことか閉じた我が目の前に一八年前の幼き日の記憶が、彩雲山を中心とした我が影が絵の如く思い浮かび、頭を激しく叩き始める。

開通してまもない湖南線の列車で南に向かっていた作家は、江景駅で車窓に見える江景の町並みの変化に、驚きと違和感を同時に覚える。今では目を閉じねば思い出せぬほどの過去である。嚴興燮は幼いころ父親を亡くし、母親と3人の兄弟と暮らしていた。上の兄が一攫千金を狙って各地を転々とするなかで若くして亡くなり、母親をも亡くすという不幸の日々を送った町が江景なのだが、嚴興燮にとってはつねに思い出したいと願うふるさとだった。嚴興燮が思い出したかったのは、幼い彼を慰めてくれた錦江一帯の美しい風景だったのだろう。だが大人になって通りかかったふるさとの姿は、幼き日の思い出を脅かしていた。

一八年前に我が目に馴れ親しんだ建物や道はすっかり消え失せて跡形もない。黄山と江景と上江景、一八年前には三つに分かれていたのが、今ではひとつの大きな市街を為しているのか電気の灯りが一面に敷かれている。

この記述から、もともと江景には黄山、江景、上江景の3つの地区があったことがわかる。1914年に作成された「江景市街図」では江景の町は黄山、下市場、上市場の3地区となっている。嚴興燮のいう3つというのがその3地区だ。

住宅地は玉女峰（48m）、黄山（37m）、彩雲山（57m）という小高い丘の裾野の比較的高いところに形成されている。1924年に大興川《テフンチョン》に堤防が築かれるまでは氾濫の危険があったため高台が選ばれたのだろう。あるいは漁船の出入りするのを見張るためだったかもしれない。実際に調査したことのある漁村では氾濫の危険はなくとも住宅は高台に位置していた。

蛇行する大興川を中心としてその北側に江景の下市場と上市場が形成され、南は黄山が田んぼに囲まれている。もとは北の江景川と南の大興川に囲まれたところが忠清南道恩津郡金浦面江景里《キンポミョンカンギョンニ》で、黄山は1912年の行政区域の改編前は全羅北道礪山《ヨサン》郡北一面《ブギルミョン》に属していた。植民地期には日本人が黄山の裾野を住宅地として開発し、黄金町と呼ばれていた。

当時の江景市街は彩雲山から見下ろすと掌ほどの小さな町にすぎなかったが、新たにできた黄山の立派な東拓支店や烽火台の下に聳える普通学校や韓一銀行支店や湖南病院をはじめ、次々と何の為に建てるのか二階建て、三階建てがやたらに建っていくのだ。

嚴興燮に目障りだと思われたせいだろうか、ここに挙がった建物は韓一銀行江景支店以外はいずれも現存しない。東拓つまり東洋拓殖株式会社は、日本が朝鮮経済を独占し搾取する目的で1908年に設立した国策会社だ。もっぱら土地を強制占拠・強制買収して高額の小作料を徴収し、大量の穀物を日本へと持ち出した。穀物輸送の拠点だった江景で、1910年に下市場、つまり大興川の川沿いに東拓の出張所が開設され、その後、江景駅が開業すると新たに造成された黄金町（現・黄山里《ファンサンニ》）に移転した。舟運が鉄道に取って替わられると江景は衰退の道を歩み、1921年に江景の東拓は閉鎖されて支店は大田に移転した。

東拓江景支店は1923年まで江景公立商業学校（現・江景商業高等学校）の校舎として使われた。江景商業高校は金融界はもとより各分野に多くの人材を輩出した名門校だ。商業高校とはいえ詩人・朴龍来《パクヨンネ》（1925〜1980）、詩人で翻訳家の金冠植《キムグァンシク》（1934〜1970）ら傑出した文学者

▲旧韓一銀行江景支店　1913年築のこの新古典主義建築は銀行、読書室、塩辛の倉庫などに使われ、2007年に登録文化財に指定された。写真では右に大きな倉庫が写っているが2006年に撤去された。

が同校出身だ。嚴興燮に続き土俗的な情緒を描いたこれらの作家を生んだのは、江景商業高校というより川の風景ではなかったか。

公立江景普通学校は現在の江景中央小学校だ。１９０７年に4年制学校として開校し、翌年に烽火台のあった玉女峰のふもとに2階建ての木造校舎を建てた。その後１９２０年代に現在の南校里《ナムギョリ》に移転したが、朝鮮戦争で講堂を除くすべての建物が焼失した。１９３７年築の赤レンガの講堂は登録文化財でありながら現在も体育館兼講堂として使われている。

築年数からしても建築の品格からしても江景一を誇るのは、旧韓一銀行江景支店だ。１９１３年築のこの建物は天井の高い吹き抜け構造で、背面に2階を設けた金庫室が突出している。朝鮮戦争の際に爆撃されたが、屋根が破壊されただけで残ったきわめて運のいい建物だ。通りから向かって右側に大きな倉庫があった。銀行に金庫ならぬ倉庫が併設されているのは異例だが、水産物を担保としていたからだという。江景の銀行ならではといえるこの倉庫は朝鮮戦争の爆撃で一方の壁が崩れ、半世紀ほどそのまま放置されていたが、２００６年に崩壊の恐れがあるとして撤去された。

基壇、オーダー（柱部）、エンタブラチュア（水平梁）の3つの部分で構成された正面、角部や玄関、窓上部の花崗岩の装飾などからわかるように、この建物は西洋の新古典主義建築の要素を取り入れている。厳格な規格に沿って建てられる新古典主義建築は、建築を通じて権威を示すのに向いている。それゆえ20世紀を迎えて新たな施設として登場した金融機関の権威と信頼を象徴するうえでも新古典主義の建築様式が利用され、その後のわが国の近代建築様式の主流をなす。

旧韓一銀行はその後、東一《トンイル》銀行、朝興《チョフン》銀行、忠清銀行の江景支店として使われ、さらに読書室として利用されたこともあったが、近年は江景名物の塩辛［3］の倉庫として使われていた。それこそありとあらゆる用途に利用され、2007年に登録文化財に指定されたものの活用法が見つからないまま空き家状態になっている［4］。

韓一銀行の建った翌年に向かい側に2階建ての木造建築・湖南病院が建設された。十数室の病室を備えた近代式病院だった湖南病院は、一時期はホテルとしても利用されていた。1928年に改築されたが最近になって取り壊されて跡地は塩辛店になった。1999年5月8日に当時は個人宅として使われていたこの建物を調査したことがある。通りから眺めた姿とは違い、L字型の建物が中庭を取り囲んでいた。直角に折れた階段を昇って2階に行くと廊下に沿って薄暗い部屋が並び、そこで10歳くらいの子どもたちが遊んでいた。やたらと明るい現代のビルとは対照的な雰囲気だった。暗い廊下のきしむ床板を慎重に歩いているとき目にした、突然の訪問者に戸惑う子どもたちの姿を思い出す。

嚴興燮は江景の変化を受け止め切れずにいたが、当時の江景の人々の多くは町の繁栄を歓迎し、生きる道を新たに切り拓いていった。郊外で厳しい暮らしを強いられていた農家の人々も賑わう市場の様子を見て町なかへと集まってきた。みな単身で、あるいは家族とともに移り住み、商店を開業したり労働者となったりした。江景でお目にかかったお年寄りはおしなべて地元出身ではなく周辺の農村部から移り住んだ人々だった。大半が江景の南の彩雲山周辺の集落からやってきたという。近隣の城東《ソンドン》や世道《セド》などからやってきた人々も多く、遠く古群山《コグンサン》群島の島々からやってきた人々も少なくなかったという。

初対面の僕にそんな話を聞かせてくれた江景の人々のことを思い出す。まずは、年齢を聞いて驚くほど達者な様子で歓迎してくれたユン・オッチュンさん（2012年当時86

歳)。嚴興燮と同じく彩雲山のふもとに住んでいたユンさん一家は、江景のソンマル(*「島の村」の意)地区に引っ越したという。そこで成長したユンさんは農地開発営団に勤務し、兄たちは船問屋を営んでいた。ユンさんは営団を辞めると「ソンマル製粉製餅所」を経営した。彩雲山の南の彩雲里《チェウンニ》に住んでいたパク・ナムギュさん(同70歳)は下市場に移り住み、1977年に精米所を買い取って1995年まで経営していた。小学校6年生のときに下市場に引っ越したホン・サンピョさん(同62歳)もまた彩雲里の出身だ。引っ越しを決めた両親は下市場でクッパと酒を出す食堂を営んだ。そして作家の朴範信《パクボムシン》(1946〜)の記述によると、彩山里《チェサンニ》に住んでいた作家の父親もまた、「いくばくかの田んぼでは7人家族を食わせていくのも厳しく、江景の町に移って反物商売を始めた」という。一家を支えたその反物の店は、現在は「中央淡水魚」[5]という商店に変わっている。

それらの人々とは違い、幼くして孤児になった嚴興燮は小学生のころに下の兄とともに江景を離れて父親の故郷である晋州《チンジュ》に移った。もし両親が生きていたならば江景の下市場のどこかに引っ越し、のちに北へ渡ることもなく江景を舞台にした小説を何作か残したのではあるまいか。

☯ 川の風景

江景の北端にある玉女峰からは川と町の両方が見渡せる。玉女峰の頂上の平らな岩に腰を下ろして町を貫く大興川と町を回りこむように流れる江景川、そして論山平野を横切って町へと流れてくる論山川が錦江に合流する様子を眺めていると、江景の物語が川に始まって川に終わるのは必然の成り行きだと思わざるをえない。

玉女峰は高さたった48mにすぎないが、江景の町はもとより周辺の平野でもっとも目につく突出地形だ。そのため朝鮮時代にはここに烽火台があった。玉女峰の頂上広場にはみごとな欅の大木があり、この欅は少し視線を上げれば町のどこからでも例外なく目につくランドマークにしてアメニティスポットだ。この欅のおかげで、過去の写真の撮影地点はもちろん、撮影された方向や季節まで容易に知ることができた。

江景の町なかを貫く大興川は布袋葵《ほていあおい》などの水草に覆われて魚たちが幸せに暮らしている区間もあるが、下流のほうは塩辛の匂いが充満して魚の姿など見るべくもない。その昔もこの川の下流に魚の姿はなかった。ここを行き来していたのは魚ならぬ帆掛け船だった。20世紀初めまで、町の中心部に中洲のごときソンマル集落を形成し、江景聖堂前まで船で行けるほど大きく蛇行していた大興川が中心部と郊外の境界だった。そして大興川の左岸には水田が広がっていた。

　風景はすべからく風と光とともに移ろう「何か」が存在してはじめて完成するというのが僕の持論だ。江景でも川に船が浮かんで風景が完成していたはずだ。最盛期には40～50隻の漁船が江景の港を埋め尽くしたという。錦江を往来していた帆船は最大で全長60尺（約18ｍ）だから、大型乗用車の3倍以上にもなる。そんな大型の船には300石（*約45ｔ）の穀物を積むことができた。1925年の資料によると、当時江景に籍を置く船は3997隻に及んだという。

　江景から公州や群山までは定期船が運航していた。1930年には旅客輸送を担う錦江運輸株式会社が閘門《こうもん》の前に開業した。公州とのあいだを往復する定期船は1930年頃まで、群山とのあいだを往復する定期船は1960年代まで運航していた。江景にはそれら国内の船だけでなく日本や中国からの船も随時出入りしていた。

　1978年、アミの塩辛のドラム缶100ｔを積んだ船が江景港に向けて遡上中、14㎞ほど手前の笠浦《イッポ》付近で座礁・沈没した。被害を免れた塩辛は20ｔほどと大きな損失が出たが、これが江景に向かう最後の船だった。1990年に錦江河口堰が完成し、この町に船がやってくることはなくなった。1世紀にわたって江景に繁栄をもたらした舟運に、こうしてピリオドが打たれた。

　川の風景を構成する重要な建物は、精米所と塩蔵だった。江景を通じて外部に運び出されたもっとも重要な商品はコメであり、外部から持ち込まれたもっとも重要なものは塩だった。ゆえに生活必需品ともいうべきこれら2つの商品を扱う施設が大興川の川沿いに次々と建てられた。論山平野や全羅北道益山《イクサン》市龍安《ヨンアン》一帯など全国屈指の穀倉地帯が背後に控えていたおかげで、江景はコメ流通の拠点となりえた。また、江景に運び込まれる塩は全国でもっとも高品質の泰安《テアン》塩田で生産されたものだった。1909年には江景で塩取引をしていた船問屋が30戸あまりあり、取引量は計2万石（*約3000ｔ）ほどだった。

　日本は江景港を収奪の窓口としており、1911年に中《チュン》央里《アンニ》の太平《テピョン》市場通り（*現・階伯路《ケベンノ》167番通り、玉女峰路《オンニョボンノ》27番通り、同51番通り）の市場のそばに林《はやし》精米所が開業したのを皮切りに、1922年に大興川沿いの江景労働組合の隣りに高橋精米所が設けられるなど、江景の町なかに6、7

か所の大型搗精工場が建てられた。だが朝鮮人の経営するものは１か所だけで、あとはすべて日本人の工場だった。１９１０年代に江景から持ち出された主要商品は精米所で加工した玄米だったが、川沿いの精米所は地元の農民を対象に小規模の精米も請け負っていた。玄米は船積みされて群山の米穀商を経て大半が日本の阪神地方に送られた。そのコメは当時の新興工業都市だった大阪や神戸の労働者の消費に供されたという。１９２６年の朝鮮のコメ生産量は１４９７万石（*約２２５万ｔ）だったが、日本はその36・３％の５５４万石（*約83万ｔ）を収奪した。収奪された量の４分の１に当たる１３７万石（*約20万５０００ｔ）あまりがここ江景から運び出されたのだ。近代日本の発展の礎に朝鮮のコメがあったことになる。これらの精米所は１９４５年の解放とともに閉鎖され、現在は残っていない。

大興川沿いの塩川里《ヨムチョンニ》は朝鮮時代には「塩村《ヨムチョン》」、植民地期には「塩町」と呼ばれていた。地名から一度も「塩」の字が消えることのなかったこの場所には塩蔵が並んでいた。塩なくしては魚を貯蔵することも、塩辛を漬けることもできない。江景に集められた塩は船に積まれて川を遡り、内陸奥地まで供給された。

１９２４年に大興川の堤防工事が終わり、その際、町を貫く大興川の水量を調節できるように閘門が設置されたことから川の風景は様変わりした。満潮の際は閘門を開き、干潮の際に閉じることによって町の奥まで船が円滑に行きかうようになり、船舶の荷役作業も容易になった。また、閘門に取水塔を設けて大興川の水量が増えすぎた場合には錦江へと排水できるようになった。

１９２５年10月には大興川沿いに入母屋造りの瓦屋根を戴く２階建ての韓屋・労働組合事務所が建てられた。初代組合長で船問屋を営んでいたチョン・ホンソプが私財を投じて建設したそうだ。１９１０年代に結成された江景港の労働組合は荷役労働者の同業組合に近い単一組織だったが、自前の２階建ての建物を持てるほど規模の大きな組合だった。一時期は組合員が２０００～３０００人に達したとのことだ。新築時の記念写真を見ると、１階と２階の軒下に並んだ組合員たちの誇らしげな様子が印象的だ。この労働組合は１９５３年に全国埠頭労働組合江景支部へと体制が変わった。一時期廃墟のようになっていた建物は最近になって復元されたものの、かつての写真とはかけ離れた姿になってしまい残念でならない。整形手術とは違い、復元は以前の姿と違えば違うほど失敗だ。

☯町なかに進出した中庭

かつて江景は川を境界とし、山裾に居住空間が集中し、町なかはすべて商店の並ぶ市場だった。川の風景が船の浮かぶことで完成していたとするなら、市場の風景は人々の集うことで完成していた。江景は人々の動きがつくりあげる活気あふれる町だった。

17世紀末、江景に下市場が開かれた。当初は農閑期の田んぼに商品を並べて物々交換をする程度だったが、やがて広い市場が必要となり、1808年に現在の中央小学校の裏手の低湿地を埋め立てて場所を確保した。すると市場を中心に市街地が形成されていった。

市場の規模が次第に大きくなるにつれ、玉女峰のふもとに住んでいた人々も市場を求めるようになった。そこで1868年に玉女峰の東に上市場が開設された。水路に面した下市場では水産物が、平野に隣接する上市場では主として農産物が取引された。下市場は盛漁期の3~6月がもっとも活気にあふれていた。忠清道や全羅道北部の人々は日用雑貨まで江景で買い求めた。1905年に漢陽と釜山を結ぶ京釜《キョンブ》線が開通する以前は、群山港に陸揚げされた雑貨類の80%ほどが江景の市場で販売されていたという。

江景市場は一帯でもっとも大きな市場だったため、周辺地域では江景の上市場・下市場で市の立つ下一桁が4と9の日を避けて市が立った。現在でも江景の定期市は下一桁が4と9の日に開かれる。江景市場は、周辺地域の物産が集散する機能とともに、外部から運び込まれた物産を配分する機能も果たしていた。朝鮮半島最大の穀倉地帯で生産されるコメなどの穀物は漢陽/京城から済州島に至るまで全国の消費者に供給され、陶磁器・甕類・金属製品などの手工業製品、全羅道の綿布も江景に持ち込まれて取引された。また西海岸で生産される塩やイシモチ・タチウオ・ニベ・エイ・アジ・カニ・エビなどの魚介類はすべて江景を経て消費地へと供給された。遠く咸鏡道の元山で加工された棒鱈まで江景に持ち込まれていたが、これらの海産物は江景を経て錦江水系を遡り、終点の芙江《プガン》(*江景から延長距離約170㎞)で忠清北道や江原《カンウォン》道にまで供給された。各種の海産物が江景に集まるにつれ、取引後の売れ残り品の処理が問題になった。そこから長期保存のために塩漬けにして貯蔵する塩蔵法と塩辛の加工法が発達した。江景が塩辛の町になったのにはそうした背景があった。また1909年の調査資料によると、漢陽を経てもたらされた中国の絹織物、全州から持ち込まれた西洋の織物など外国からの

▲かつての南一堂韓薬房前の広場　1920年代後半に撮影されたものと推定される。
左の2階建ての木造韓屋が1923年に建てられた南一堂韓薬房だが、復元後の姿とはかなり違う。
右端に見えるのは旧韓一銀行背面の金庫部分。

輸入品も江景から地方へと運ばれた。

南一堂《ナミルダン》韓薬房前の広場も賑やかな市場だった。市の立つ日には900店ほどが店を構え、4000〜7000人もの人々が詰めかけた。盆暮れの前後には1万5000人ほどでごった返したという。前述のホン・サンピョさんの両親もここでクッパの店を営んでいた。いろいろな商品が売られていただろうが、釜はここでしか買えなかったのか、今なお人々はこの広場のことを「ソッチョン（*「釜屋」の意）」と呼んでいる。

旧韓一銀行の裏手の太平市場通りの奥にひっそりとある市場は、江景市場の栄枯盛衰を物語っている。弓なりにカーブした太平市場通りは大興川を埋め立てて造成した道で、市場に船を直着けできる最適の立地だった。間口2間《けん》（*3・6m）にすぎない細長い店が市場をぐるりと取り囲み、幅14・5m、長さ46mの巨大な長方形の広場を形づくっていた。今も現役の1軒の店を見せてもらったが、前後に庭があり、台所と部屋が一列になっている。そこで41歳のころから青果店を営んでいるという女性（2012年75歳）は、この市場の主要品目は野菜だったが、魚介類を商う店も2、3軒あったと教えてくれた。売り物によって市場の場所が分かれていたことが推測できる証言だ。この市場は黄山市場が形成されたことで消滅した。商人がひとり、ふたりとここを離れ、市場を取り囲んでいた店は放置されて荒れ放題だ。2004年にはアーケードも撤去され、今では僕のような物好きな人間が訪れるばかりのがらんとした空き地[6]になっている。

ほかの町ではたいていは大通りの沿道に市が立ったが、江景にはなにしろ多くの人々が集まったため新たな商業空間が必要だった。そのとき家の中にあった庭が身の丈を押し広げて町なかに進出し、広場になった。そのため江景には他の町には見られないような広場が残っている。

本来、庭は家族のプライベートな活動の行われる空間だ。わが国の町にはヨーロッパ都市のプラザやスクウェアといった公共の広場はなかった。パブリックな活動はたいていが通りで行われた。だが行きかう人々と肩がぶつかってうかうか歩けないほど混雑していた江景にぜひとも必要な空間は広場だった。そうした時代の要求に応えぬわけにはいかず、専業主婦の「お内儀」だった庭が町なかに進出して「職業婦人」たる市場の広場になった。すると5日ごとに大勢が集まって町は活気に満ちた。こうして江景には新たな公共空間が誕生した。

町に繰り出した女性たちに日傘が必要だったように、暑い日差しや雨をしのぐためにいつしか市場にはアーケードが設けられていった。地元の人々が「場屋《チャンオク》」と呼ぶこのアーケードは、木で柱と屋根枠を組み立て、トタンやスレートで覆った構造物だ。のちに鉄骨のものも造られた。江景にはまだこうした場屋があちこちに残っている[7]が、かつてはもっと多くの場屋が町なかに進出した広場を覆っていたことだろう。

通りが市場として使われるようになると、やがてそこにも場屋が設置されていった。だが、場屋で覆われると店先が暗くなるという問題が生じた。場屋で覆われていたソンマル通り（*現・玉女峰路35番通り、同36番通り）も同様だった。ユン・オッチュンさんの店にはその問題を解決する面白いアイディアがある。この家は前方が平屋で奥が2階建てという江景では典型的な路面店だが、平屋部分の屋根に天窓を設けて店内に入っても実に明るい。ソンマル通りの場屋は朝鮮戦争の際に焼失したのちに再建されたが、2006年に撤去された。現在はユンさんの店の前に柱と部材が何本か残っているだけで、注意深く観察しなければかつて場屋が存在したことに気づかない。

☯ 都市型の住居の出現、長屋型住宅

▲旧韓一銀行裏の市場跡　黄山市場が形成されたことで消滅した市場跡は、
今では僕のような物好きな人間が訪れるだけのがらんとした空き地になっている。

都市部ではその町なりの要求に従って新たなタイプの住宅が生まれ、やがてそうした住居タイプがその町らしさの特徴になる。江景には他の町ではあまり見かけないユニークな家があちこちにある。道沿いに塀を設けずに建てた1棟に2軒または3軒が入居しているのがそれで、虹橋《ホンギョ》通り(*現・階伯路219番通り)にはそんな江景らしい家がまだ数軒残っている。

これらの家は純然たる住居ではなく店舗兼住宅だ。歴史的に見るとき、ヨーロッパはもとよりお隣の中国や日本にはあるのに、韓国に存在しないのがこうした長屋型の共同住宅だ。そのため韓国では現在でもこうした2軒長屋を建てた場合、建築法上は2軒ではなく2世帯が共同所有する一戸建てに分類される。隣家の同意がなければ売却もできないから、隣家と生涯ケンカしない自信のある場合に限ってこのタイプの家を建てられるわけだ。したがって2軒長屋がずらりと並んでいた虹橋通りは、わが国の歴史都市に類を見ないユニークな景観だったはずだ。今では歯が欠けたごとくぽつりぽつりと残るだけだが、かつての通りの様子は想像に難くない。

かつて南校里との境にアーチ橋、韓国語でいう「虹の橋」があったことから虹橋里《ホンギョリ》と呼ばれていたこの地区を、植民地期に日本人は江景の中心地として整備して本町《ほんまち》と名づけた。1907年、日本人は虹橋通りに面した現在の江景聖潔《ソンギョル》教会のところに漢湖農工銀行（のちに殖産銀行に改称）を建て、1932年にはそこに本願寺という寺を建てた。本町通り、つまり今の虹橋通りは下市場と直結しており商業活動も盛んだった。道幅が今より狭いうえ売り子が通りに出て商売をしていたため、たいへんな賑わいだったという。この通りは1970年代に展開された農村改善運動・セマウル運動の過程で現在の8m幅に拡幅された。

虹橋通りにユニークな家が次々と建てられるようになった1920年、江景中心部の人口は7147人、うち日本人は1310人だった。5人に1人が日本人ということだ。日本人の入植に伴って江景には日本式の住居建築も持ち込まれた。そのとき壁1枚で隣家と隔てられたユニークな家が現れたが、日本在来の都市部の庶民住宅・長屋に似ていることから「長屋型住宅」と呼ぶことにしよう。発音は市場のアーケードの場屋と同じ「チャンオク」だが、両者はまるで別物である。

日本の長屋は間口が狭く奥行の深い土地に複数軒の小規模住宅が横に連なった格好の集合住宅だ。建物の裏には数軒が共同で使う裏庭がある。長屋は江戸時代に成立し、第二次世界大戦前までは東京など都市部の庶民の一般的な住居として定着していた。江戸時代、町人、つまり商人や職人の70〜80％は長屋暮らしだったという。長屋はもともと平屋建てだったが大正期になると2階建てへと発展する。

2004〜2005年に江景中心部の北東の外郭を走る虹橋通りから長屋型住宅の密集する錦江路《クムガンノ》（*現・錦伯路《クンベンノ》）方面の約300m区間を調査した際に、全44戸の住宅のうち12戸が長屋型住宅だった。これらの住宅は主として1920〜1930年代に建てられている。平屋または2階建ての木造建築で、2軒か3軒の長屋形式だ。長屋型住宅は仕切り壁を共有する1棟の構造体だが、所有区分は各戸に分かれている。戸建て住宅でありながら長屋型住宅の構造、平面、間取りの家もある。

これらの長屋型住宅は大半が店舗機能を兼ねていたため、店舗空間と住居空間とで構成されていた。通りに面して土間があり、雑貨、米穀、資材、薬、洋品などの日用品を販売する小規模な店として利用していた。店ではなく小規模な工場の場合もある。奥は裏庭に面したプライベートな住居空間があるが、このように座敷の前後に土間と裏庭があるのが長屋型住宅の大きな特徴である。

チョン・ボクスンさん宅、隣接するイ・ソンホさん宅か

▲虹橋通りの長屋型住宅　1932年築の長屋型住宅が2棟並んでおり、手前がチョン・ボクスンさん宅、イ・ソンホさん宅の2軒長屋。2軒は屋根の高さがやや違い、屋根材も違う。イ・ソンホさん宅の前には植木鉢が置かれている。©チョン・ジェホン

らなる長屋型住宅はかつて米屋と造船工房を兼ねていた。左のチョンさん宅の側は長い通し土間があって裏の家とつながっており、裏庭がない。右のイさん宅のほうは土間が裏庭と地続きで、土間からどちらにも出られるようになっている。チョンさん宅の通りに面した側は、店舗部分（土間と板の間）が住居部分より窓を大きく取ってあり［8］、解放感がある。イさん宅は土間が掃き出しになっている。

家々は通りの南側にあろうが北側にあろうが通りの側に出入口が設けてある。商売のためには通りに向けてアピールする必要があることから、北向きだろうと店の正面を通りに向けるのだ。通りの南側にある場合、店は北向きになるが裏庭が南なので住居としてはむしろ好都合だ。長屋型住宅の多くが屋根のひさしを二重にして軒を深くとってあるのも、軒下を有効利用するためだ。

江景の町なかの長屋型住宅は、平屋または2階建ての木造の店舗兼住宅で、居住空間の前後に土間と裏庭のある点、屋根が軒の深い二重ひさしになっている点、外壁が下見板張りで仕上げてある点などが日本の長屋と似ている。だがせいぜい長屋の規模は2、3軒以下と比較的小さく、敷地も日本のいわゆるウナギの寝床ほどの奥行きはなく、裏庭を各戸が独立して使う点などが日本の長屋とは違う。

長屋型住宅で特徴づけられていた虹橋通りの町並みは、朝鮮戦争を経て様変わりした。戦争前は虹橋通りの両側に長屋型住宅が軒を連ねていたが、戦争で通りの南側の家はほとんど焼失してしまった。現在は通りの北側に多く残り、南側は戦後に建てられた家が大半を占める。この地区で50年以上暮らしてきたヤン・チャンオクさん（2005年76歳）は、「戦争までは長屋型住宅が通りの両側に建っていた」と回想している。

長屋型住宅、その町並みは江景ならではの情景だ。長屋型住宅と江景の町並みは互いに求めあい、頼りあって存在している。大きく反り返った屋根、家の前後を解放面とした伝統的な韓屋ではあそこまで直線的で整然たる商店街にはなりえない。また、韓屋はあそこまで通り際ギリギリに建てることもできない。韓屋は町なかの通りではなく、集落に縦横に伸びる袋小路を必要とする建築だ。都市部の住居タイプは、かくして住宅と都市空間が呼応することで誕生したのだ。

ある町に定着した住居タイプは引き続き再生産されていく。1960年代初めに江景川の二線堤（*本堤の予備的役割を果たす控え堤防）に沿って細長く形成された集落があった。江景の町歩きに先立って江景川の土手の上から興味津々で眺めた「東興里《トンフンニ》新町」だ。人々の脳裏に刻まれたパターンが代々再生産されることにより、町は空間的なアイデンティティを持つ。ゆえにパターンを生産し再生産する町にはオリジナルな特色があり、借り物のパターンでつくられた町は個性を持つことができない。

江景で出会ったエキゾチックな風景

はじめて江景を訪れたときは、名物の塩辛の店ばかり乱立する特に見るべきもののない町という印象だった。だが期待を胸にやってきた二度目の江景は、そんな思いを見透かしたかのように、他の歴史都市ではお目にかかれないシーンを少しずつ見せてくれるようになった。どの町に行っても鵜の目鷹の目の僕のほうが健気なのか、訪問者を失望させまいと気遣いを見せる江景のほうが健気なのか、ともあれ「江景」という町で僕は求めるものをひとつずつ見つけていった。

心を開いた僕に江景がようやく見せてくれるようになった数々のシーンは、前近代の町を見慣れた僕にとって物珍しく目新しい風景だった。18世紀に舟運市場圏の中心地の地歩を築いていた江景は、外来の文物伝来の窓口だった。1882年に中国・登州から2隻の帆船が西洋の品々をど

▲北玉メソジスト教会 垂木を2段構えにした二軒（ふたのき）の入母屋屋根という格式ある韓屋の大枠を維持しつつ、外壁はレンガを用いるなど近代風の変形が加えられている。©チョン・ジェホン

っさり積んでやってきたという記録があり、日本や清の密貿易船も出没していたという。町には洋風、日本式の建築が続々と建てられた。芦原をなびかせる風と水面に映える光の織りなす自然の風景は、船と物資、そして人々で賑わう商業都市の風景へと変わっていった。

１９３０年代初めの江景の人口は１万２０００人、うち日本人は１４５８人、中国人は２３９人と外国人が14%に及んでいた。２００８年の江景の人口は１万１８５９人だが、江景を含む論山市全体で外国人の割合は１・８％だ。ならば人々の紡ぎだす風景もまた今とは違っていたことだろう。

近代期に朝鮮・中国・日本の東アジア各国の西洋受容の基本的な態度は、伝統的な制度や思想は守りつつ西洋の技術は受け入れるというものだった。韓国語の「東道西器《トンドソギ》」という語はその態度を端的に示している。中国の「中体西用」、日本の「和魂洋才」も、表現は異なるものの、手段と形式は西洋式を採用しても本質または精神はおのれのやり方を貫くという態度において同じだ。だが20世紀初頭の朝鮮における初期キリスト教建築は、それとは正反対の態度を示している。西洋の宗教を朝鮮の伝統建築に盛りこもうと試みたのである。いわば「西道東器」とでもいうべきか。その代表的な建築が北玉《ブゴク》メソジスト教会だ。1923年に玉女峰に登る狭い坂道に建てられたこの教会は、もとはホーリネス派の教会だった。建築様式は韓屋式で、垂木を2段構えにした二軒《ふたのき》の入母屋屋根という格式ある韓屋の大枠を維持しつつ、外壁にレンガを用いるなど近代風の変形が加えられている。北玉メソジスト教会で「西道東器」方式が可能だったのは、西洋の教会建築の規範ともいうべきゴシック教会も韓屋も棒状の部材で組み立てる骨組構造であり、いずれも構造材を露出させて建築美を強調する工法だったからだ。

ちょうど住宅1軒分くらいの92坪の敷地に、周辺の家々に混じって建てられたこの教会は、立地からして庶民の暮らしの中に謙虚に身を置こうとしていた20世紀初めのキリスト教のありようを示している。間口は4間《けん》（*「間」は柱と柱に挟まれた空間）というこぢんまりした規模だが、そこに出入口が2つ設けられている。中に入ると床は板敷で、かつては座布団を敷いて礼拝したそうだ。礼拝堂の中央には2本の高い柱があり、その間に仕切り幕を張って男性信徒と女性信徒の空間を分離していた。礼拝中に異性の側が見えないようにしたのだ。嚴興燮の「追懐」では女性信徒の側を「かみさんたちの席」と描写している。小説で語り手は母親のことも「かみさん」と呼んでいるところを見ると、当時この語は現在のように必ずしも俗っぽい意味にのみ使われていたわけではなさそうだ。

カトリック江景聖堂は北玉メソジスト教会とは違う態度をとった。フランス人ジュール・ベルモン神父の設計で1961年に竣工したこの聖堂は、外観はシンプルだが建物内部は尖頭アーチの天井をもつ鉄筋コンクリートの構造体が連続する独特の雰囲気だ。露出した骨組のあいだの天井は板張り仕上げだ。床は板敷だったが、現在はコンクリートを打ちビニール材を敷いてある。

江景聖堂は天高くそびえて町全体を圧倒していたヨーロッパ中世期のゴシック聖堂の伝統を受け継いでいる。シンプルかつ軽やかに天へと伸びる四角錐の鐘楼は江景の町なかのどこからも見えるランドマークで、町の異国情緒を醸し出すのに一役買っている。聖堂が町のランドマークになる、それだけでも韓国離れしている。

たしかに江景にはカトリックの聖堂がランドマークになるだけの理由がある。中国上海で司祭の叙階を受けて朝鮮人初のカトリック司祭になった金大建《キムデゴン》神父（1821〜1846）は、帰国の途につき千辛万苦の末に黄山浦《ファンサンポ》付近のひと気のない「ナバウィ」という岩陰にたどり着いた。18

４５年10月12日の夜のことだ。そして虹橋通りのある家に２週間ほど匿われた。ナバウィは行政区域こそ全羅北道益山市に属するが、生活圏としては江景だ。つまり江景は朝鮮カトリックの歴史の現場にもっとも近い町なのである。

そんな記念碑的な建築でなくとも、江景の通りを歩きつつ少しだけ気をつけて目を凝らせば、日常の風景が新たな顔で迫ってくる。中央長老教会の向かい側もそうだ。一見しただけでは何の変哲もない通りだが、道より一段高くなった敷地に沿って家々の四角い屋根と三角屋根が繰り返し続いて独特のリズムを醸し出している。三角も四角も近代の図形だ。前近代期の韓屋は軒の先端がゆるやかにカーブして天を仰いでいた。それに古い町並みでは通りから三角は見えない。韓屋では屋根の三角の妻の部分は建物の側面にくるからだ。だが近代期になって少しでも多くの建物を道沿いに建てようとしたために、幅をとらない側面を通りに向ける必要がでてきた。ところが三角の妻は建物の側面という認識が残っていたせいか、この通りで三角の妻をこちらに向けているのは母屋に付随する納屋だ。それゆえ母屋の四角と納屋の三角が交互に並ぶ面白い景観が生まれた。

交通網が水路から陸路に依存するようになるにつれ、江景の中心は港周辺から駅へと移っていく。新市街地である江景駅周辺と旧市街地が離れていて不便だと感じた日本人は、１９２２年に人車《じんしゃ》軌道なるユニークな運送手段を開発し、駅前から中央小学校（当時は江景普通学校）まで、黄山《ファンサン》路（＊現・階伯路）を通るルートで結んだ。人車軌道とはレールの上を人が押して移動する車だ。長さ３・５ｍ、幅１・６ｍほどで10〜15人乗り、２人の車夫が後ろから押して動かした。運賃は３銭だったという。人車軌道は１９２９年までの８年間運行し、人力車の登場とともに姿を消した。建築様式の混在やユニークな交通手段は、港町江景の異国情緒を引き立てるのにじゅうぶんだった。韓国でこうした特徴をもっともよく示している町がここ江景なのだ。

☯ 欲望の拡大と風景の破壊

１９７０年代に江景に船がやってこなくなると、川の風景も市場の風景も残光として存在するばかりとなった。

降りる人影ばかりあり
乗る者ひとりなき
満月　市の立つ日の終バス
車窓の外　刺さる雁の群れ
雁の群れを見よ

ああ　いずこ川辺の村
残光まばゆきそこに
降り立つのか

朴龍来「終バス」より [9]

詩人・朴龍来が亡くなる前年の1979年に月刊文芸誌『心象』5月号に発表した「終バス」は、100年以上も栄えていた江景を描いた作品のようだ。江景の中央里に生まれ、生涯をふるさとから遠からぬ大田とその近隣で暮らしつつ郷土の生を叙情的に描いた詩人は、誰よりも傷つきやすい感受性で「残光まばゆき」川辺の村に戻ってゆく江景の衰退を目撃したことだろう。

衰退と再生の身もだえの中で江景は近代史の名残を喪失していった。100年前の近代の風景を物語る実物の史料はほぼ破壊され、失われた。破壊の主犯は朝鮮戦争と1980年代以降の無分別な建て替えだ。朝鮮戦争中の戦闘と爆撃で江景の中心部の70％以上が破壊された。それこそほぼ廃墟と化したのだ。戦闘は当時の江景警察署の警官が全員戦死するほど激烈なものだった。

そのうえ町なかに急速に増殖してきた塩辛店、さらに21世紀の考えなしの、いや誤った考えに基づく復元事業がそうした破壊のバトンを引き継いだ。塩辛店が競うように大きな店を構え、赤を基調とする派手な看板を掲げていくなかで、町の景観は画一的になっていった。近代建築の醸し出す異国情緒あふれる風景を一方的に植民地支配の町並みと受け止め、破壊に心を痛めることなどなかったようだ。

2012年4月20日、江景でのフィールドワークを締めくくる記念に、週に一度の研究室のミーティングを江景の古い喫茶店で開こうと思い立った。そこで研究室のメンバーにも江景に来てもらった。喫茶店は近代期にわが国の都市部では重要な社会的スペースの役割を果たしていたが、他のどの都市インフラよりも急速に消えていった。複合的な機能をもつ喫茶店の代わりに、コーヒーそのものを楽しむコーヒーショップと座っている時間さえない人たちのためのテイクアウトスタンドという業態が生まれた。「でもコーヒーショップやテイクアウトスタンドがほとんどない近代の町・江景ならば、今なお古きよき喫茶店が町の辻々を守っているのではないか」と考えた。江景こそ古い喫茶店を体験できる町だと思った。

一足先に江景にやってきてどの喫茶店がいいかと探したが、ぐるぐる歩き回ってみても古きよき喫茶店はなかった。しかたなく3年前に見かけた金星《クムソン》コーヒーショップに行くことにした。建物も店名もいわば新式に変わっていたが、古い喫茶店の雰囲気は残っているだろう。だが金星コーヒーショップも見つからなかった。たった3年で記憶力が落ちたものだと自分を責めながら中央精米所のパク・ナムギュさんに尋ねると、すぐ向かいを指さした。そこもまた新しい塩辛店になっていた。

　研究室のメンバーも到着して一緒に古い喫茶店を探したが、適当な店はなかった。結局、店名に「茶房」とあるものの建物も価格も今ふうの店でほろ苦い気分でコーヒーをすすりつつ、金星茶房のことを思い浮かべた。1940年、賑やかなファッションストリートだった中央路《チュンアンノ》（*現・玉女峰路）の入口に金星茶房は建てられた。その喫茶店は西洋風のレンガや石造りのように見えたが、実のところ木造建築だった。日本式の木組構造に洋風の外観を備えた面白い造りの建物は、朝鮮戦争後の一時期は病院に、さらに料亭に、そしてふたたび喫茶店や中華料理店として使われてきたが、ある日突然取り壊された。

　それにしても突然の取り壊しに至る事情が聞いてあきれる。2001年、文化財庁は消滅の危機にある近代文化遺産保護のために登録文化財制度を導入した。同年12月に金星茶房にも登録予告の通知が届いたが、翌年オーナーみずから建物を取り壊したのだという。結果的に文化財保護制度が現役で使われてきた建物の寿命を縮めたわけだ。金星茶房が残されていたならば、一同で古い喫茶店探しに苦労することもなかったろうし、忠清南道でもっとも古い喫茶店のコーヒーだと思えば、大都市のコーヒー専門店の2倍の値段でもありがたく味わっただろう。近代の面影を偲ばせるコーヒーなど滅多にお目にかかれないのだから、いかに高価でも満足したはずだ。

買い物客を観光客へ

江景では官民ともに地域経済テコ入れのためにあれこれ工夫しているが、人口は減少の一途をたどっている。夜間人口が1万人ほどにまで減りつづけて1920年代の水準に戻ってしまった。意図的に人が写りこむのを避けたわけではないが、僕の撮った江景の写真には人影がほとんどない。人口が減るのは体重が減るのと同じで、町の健康にとって赤信号だ。

　何度か江景を訪れてフィールドワークをしながら、江景ほど人々の親切な町はないだろうと思った。商業の町に似つかわしくないと思えるほど、人々は親切だった。町なかで建物の寸法を実測するのはかなり厳しいのだが、江景ではこころよくドアを開けてくれる家が多い。街角で出会うお年寄りもにこやかに挨拶を返してくれた。ところが20 12年4月に南一堂韓薬房のあたりでクリップボードを手に家を仔細に眺めていたところ、そんなお年寄りのひとりが愛想よく会釈する代わりに妙な質問を投げかけてきた。

「もしや、役所のお方?」

不吉な予感が脳裏をよぎったので尋ねてみると、南一堂韓薬房の一帯では古い家を取り壊してまっすぐに道を通し、公園を造成[10]するのだという。ふと清掃職員がポツンとベンチに腰掛けていた江景労働組合裏の公園が頭に浮かんだ。あんな国籍不明の公園をさらに作ろうというのか。

江景に「市場の広場」という個性的な空間が誕生したように、すこやかな都市空間はニーズによって生まれる。江景市場を訪れた人々が広場を求めたとき家の中の庭が町なかに進出したように、新たな空間は人々のニーズがあるとき、あたかもみずからそれに応えるかのごとく出現する。その順序が逆になるならば生きた空間にはなりがたい。江景労働組合裏のガランとした公園がそうであるように、お仕着せでは人を呼びこむことができない。にわか造りの都市空間は必ずや見捨てられる。

平屋や2階建ての長屋型住宅が整然と並び、それぞれの家の前に植木鉢の置かれた江景の通りは、実に安定した美しい空間だ。だがひと冬分のキムチをまとめて漬ける塩辛需要の最盛期を前に開かれる10月の江景塩辛祭りの時期を除けば、江景には人影が少ない。かなり古びた喫茶店のドアの前には大きな石が立てかけてある。ある夏の暑い日、全員が冷麺を注文した探訪チームの面々に、ソンマルのクムサン食堂のおばちゃんは、「江景に来たなら塩辛を食べなくちゃ」と言ってごはんとイカの塩辛をオマケしてくれた。冷麺の他に旨いおかずにごはんまで出してくれたありがたい食堂にふたたび足を運んでみると、扉は固く閉ざされていた。

人の出入りが感じられるのは塩辛店ばかりだ。町じゅうが塩辛を製造し、保管し、販売するための場所と化しつつある。随所に積まれている塩辛のドラム缶を見ていて、不意に身のすくむ思いがした。江景ではしゃれた雰囲気の喫茶店はさておき、ミネラルウォーターの買えるちょっとした店さえなかなか見つからない。ひたすら塩辛のことしか頭にない町のように、江景は景観はもとより機能まで画一化している。町の機能の地滑り的な偏りがすでに町をマヒさせはじめている。

毎年11月のキムチづくりの最盛期になると全国各地から

▲中央路　右から作家・朴範信の父親が移り住んで始めた反物の店だった「中央淡水魚」、日本式の「中央農薬社」、その向こうに「テソンアルミニウム」のモダンな建築が並ぶ。

何百台もの観光バスが江景へと詰めかけ、塩辛店の前はもちろん、裏通りや路地まで埋め尽くす。見方によっては、あのバスの群れは１００年前に錦江の流れに乗って大興川へと集まってきた帆船の後裔のようでもある。だが帆船が川の風景をつくりあげていたのに対して、バスは町の風景をぶち壊している。観光バスに乗ってやってきた人々は塩辛を買うだけで、町の光景を観ることはない。彼らは観光客ではなく買い物客だ。

塩辛の匂いを感じながら観て楽しめる歴史都市の風景を甦らせ、整備すること。つまり塩辛店の店内を見て回ったらすぐバスに乗りこむ買い物客を、ふたたび都市空間へと招き入れて町の体験者になってもらうこと。それが「川の風景」の町に与えられた課題ではないだろうか。

町の戦略は段階的に慎重に取り組まねばなるまい。中央小学校から始まって大同《テドン》電気商会（１９５５年築）へと続く中央路は、江景らしい雰囲気を今も色濃く残しているから、まずは中央路から始めればいい。この通りに固有の秩序とは何なのかをまず発見し、それを力強く推進していくべきだ。登録文化財の中央小学校講堂（１９３７年築）を通りから気づきやすいようにする目印を設置し、金星茶房を１９４０年代当時の趣ある姿で再現する。またテソンアルミニウム、新光《シングァン》洋靴店、和信《ファシン》洋服店（1954年築）、大同電気商会といった2、3階建ての建物と平屋の家々とが交互に並ぶ通りのリズムを活かせば、中央路は江景の古い異国情緒を味わいたいと思う人々がぜひとも歩きたくなる通りになるはずだ[11]。

近隣の村人たちが集まってきた江景、庭も興に乗って家から飛び出し、整然と並ぶ家々が落ち着いた通りの景観を生むこの町をまた訪れてみたい。思い描くのは、時が移ろい、ふたたび江景の町並みにレンズを向けたとき、いくら待っても人が写りこんでため息をつく僕自身の姿だ。

☯ 訳注

1 31ページにも書かれているとおり著者は鶏龍《ケリョン》山中に実家があった。現在は忠清《チュンチョン》南道鶏龍市に属しているが、著者の幼いころは論山《ノンサン》郡の一部で、後に論山が市に昇格し、2003年に論山市から分離して鶏龍市が設置された。なお、江景《カンギョン》邑は論山市の一部である。

2 朝鮮時代に発展した李珥《イイ》（号は栗谷《ユルゴク》）を祖とする性理学の一派。李《イ》退渓《テゲ》の嶺南《ヨンナム》学派と双璧をなす。

3 各種魚介類を塩漬けして発酵させた保存食品。数十種類もあり、そのまま食べるより調味料として使うことが多く、特にキムチ作りには欠かせない。

4 一時期テナントとして営業していたディスコが火災を起こして放置されていたが、その後改修されて2012年9月に江景歴史館としてオープンした。

5 2014年9月には存在したが、2016年3月には取り壊されて広場になっている。

6 2016年3月現在、写真にある一帯の建物はほぼ撤去されて砂利が敷き詰められ、広い更地になっている。

7 2015年現在で確認できるアーケードは中央《チュンアン》市場と駅前通り西側の大興《テフン》市場の2か所のみ。

8 2016年3月時点では住居部分の窓を3分の1だけ残して壁を塗りこめてある。

9 原注：朴龍来『먼 바다』、창비、1984、115ページ

10 2016年5月現在、周辺の家が撤去されて南一堂《ナミルダン》韓薬房前のY字路の分岐部分を貫く格好で歩道つきの2車線道路が開通したのをはじめ、一帯に広い道路が幾本も開通している。公園は未整備の様子。

11 2016年3月現在、旧中央路《チュンアンノ》である玉女峰路《オンニョボンノ》はタイル舗装となり観光スポット化に向けて整備が進んだように見える。特に注5の「中央淡水魚」の跡地広場から北は沿道の近代建築の外壁や窓を真新しくリフォームし、古い趣を消してこざっぱりした雰囲気を目指しているように見える。

7 충주

忠州（チュンジュ）

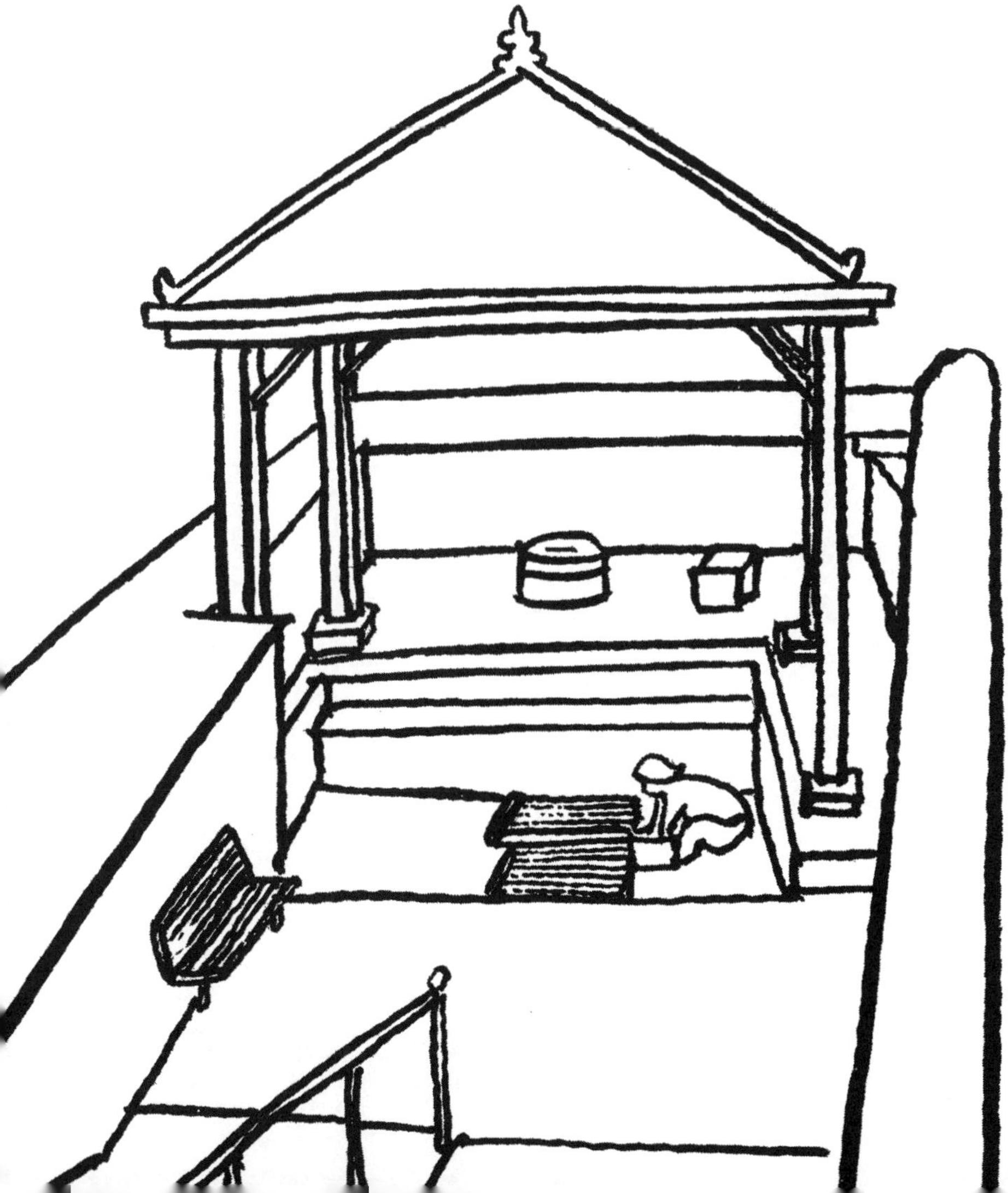

7

町を動かす文化の両輪
忠州《チュンジュ》

枠にとらわれない歴史都市

忠州《チュンジュ》は忠清道《チュンチョン》でもっとも古くから政治、行政の中心地だった。忠州と清州《チョンジュ》から1字ずつとった忠清道という地名がそのことを物語っている。さらに忠州には国の中心を意味する中原《チュンウォン》(*統一新羅時代の忠州の古名)文化の地というプライドがある。

古代の忠州は戦雲渦巻く紛争地帯だった。古代の三韓時代には馬韓(*朝鮮半島西部の52の小国からなる)の一部であり、三国時代には高句麗・百済・新羅の角逐の場となった。百済、高句麗、新羅それぞれの所領となったが、その時々で忠州はつねに最前線だった。それは朝鮮半島内陸中部に位置する地の避けがたい運命だった。百済の地だった忠州は5世紀に高句麗に編入されたらしい。現在、韓国内にある唯一の高句麗期の石碑である可金面龍田里《カグンミョンヨンジョンニ》の中原高句麗碑(国宝)からそのことが推測される。その後、550年ごろからは新羅が領有した。その際に古代朝鮮の楽聖といわれる于勒《ウルク》(生没年不詳)が没落してゆく祖国・伽耶を離れて新羅に帰順し、忠州に移り住んだ。

戦陣の本拠地という重要性ゆえ、忠州はつねにこの地の中心的な地位を守ってきた。高句麗期には國原京《クグォンギョン》、新羅中期の6世紀半ばには國原小京《クグォンソギョン》と呼ばれ、貴族の子弟や富裕層が移住して行政・軍事の拠点都市へと成長した。三国統一後は中原小京、中原京といった「国の真ん中」であることを掲げる名で呼ばれた。高麗初期の940年、中原京を忠州府と改称し「忠州」の名がはじめて歴史に登場する。朝鮮時代には全国8か所に置かれた地方行政の中心都市である牧《モク》のひとつとされ、公州《コンジュ》と並んで忠清道地域でもっとも大きな町であった。

忠州は交通の要衝だ。南漢江《ナマンガン》と達川《タルチョン》の合流する水上交通の要地であり、竹嶺《チュンニョン》・鶏立嶺《ケリムニョン》・梨花嶺《イファリョン》といった峠道の集まる場所でもある。高麗時代に各地方から現物徴収した租税を船で都まで運搬する漕運制が導入されたことから、全国の水運の要地13か所に徴収した物資を保管する漕倉《チョチャン》が設け

◀古韓屋家(イェッタノッチプ)の回廊　細長い敷地に建てられた植民地期の韓屋。二重ひさし、ガラス戸、タイルなどをあしらったL字型の韓屋が2棟、中庭を挟んで向かい合っている。中庭には植え込みがあり、ブロック敷きの回廊が取り囲む。現在は旅館兼飲食店として使われている。212ページ参照

▲**忠州古地図（部分）**　太く濃い線は河川、薄い色の線が道。1872年、ソウル大学奎章閣所蔵

①北門　②客舎　③西門　④内衙　⑤外門楼　⑥東軒（清寧軒）　⑦東門　⑧南門　⑨弾琴台　⑩達川
⑪泗川（現・忠州川）　⑫南漢江　⑬忠烈祠　⑭獄　⑮塩海川（現・校峴川）　⑯郷校　⑰鶏足山（現・鶏鳴山）
⑱社稷壇　⑲鎮営　⑳錦鳳山　㉑大林城烽火台

▲現在の忠州市の中心部

かつて城壁のあった場所は道路になっている。

られたが、唯一内陸部に置かれた徳興倉《トクンチャン》（朝鮮時代には可興《カフン》倉《チャン》）は忠州付近にあった。忠清北道地域で徴収された穀物類がこの地に集められたのはもちろんだが、慶尚道《キョンサン》地域についても鳥嶺《チョリョン》の峠を越えて徳興倉に集約されたのちに都・開京《ケギョン》へと運ばれた。

　高麗時代には馬を利用しての駅路が陸上交通であり通信手段だった。10世紀末に開京を拠点とする駅路網が形成されるが、『高麗史』によると当時の駅制は22本の駅道に５２５か所の駅が置かれていた。この22本の駅道を地図上に重ねてみると、開京をはじめ安州《アンジュ》（＊現・北朝鮮平安《ピョンアン》南道安州市）、平壌《ピョンヤン》、漢陽《ハニャン》、公州、尚州《サンジュ》、全州《チョンジュ》、光州《クァンジュ》、海南《ヘナム》といった当時の中心都市にはいずれも４本の駅道が集まっている。だが唯一５本の駅道の集まる町がある。それが忠州なのだ。忠州は利川《イチョン》、原州《ウォンジュ》、堤川《チェチョン》、栄州《ヨンジュ》、延豊《ヨンプン》へとそれぞれ通じる交通の中心軸だった。

　交通アクセスの便利な場所は平和な時代には経済が繁栄するが、戦乱の際はもっとも被害を受けやすい。そのため李重煥《イジュンファン》は『擇里志』で忠州のことをきわめて否定的に評価し、その内容は以下のとおりである。「畿嶺往来之衝有事為必争之地而実為一国中央如中国之荊豫故壬辰倭之敗申砬也亦於此地而常時殺気衝天白日無光地勢走瀉西北無停蓄

之気故亦少富厚者而人民稠衆常多口説浮薄不可居（京畿道と嶺南《ヨンナム》との往来の要衝なので有事の際は必ずや争いの地となるだろう。実に一国の中央にて中国の荊州や予州にも似ているがゆえに、壬辰年に申砬《シンリプ》が倭に敗れた【1】のもまたこの地においてである。そのため常時殺気が天を衝き、太陽に光がない。地勢が西北に走り下り精気が留まらず蓄積することもないため、富裕な者は少なく民はひしめき、つねに諍いが多く浮薄で住まうに値しない）」。

　李重煥も言及しているように忠州は地形に恵まれていない。１８７２年に作成された古地図からもわかるように、忠州は北西の山のもつ気が脆弱である。鶏鳴《ケミョン》山（７７５ｍ）、南山《ナムサン》（６３６ｍ）といった高い山は町の東側にあるため、山を背に水を臨むという風水にかなう都市計画にするには建物を西向きに建てなければならなかった。ところが忠州の建物はおおよそ南向きで、町は南から北へと成長していった。最近になって市庁舎も南の中心部（跡地は大型スーパーになった）から北の新市街地（金陵洞《クムヌンドン》）に移転した。結果的に忠州は風水の背山臨水の原理から正確に90度回転した位置関係になっている。

　忠州は碁盤の目のような邑城を中心に市街地が形成されている。全長約１・２㎞、幅約７・５ｍ、高さ約６ｍの小

規模なわりに高さのある城壁を中心に、城内は官衙建築群の密集する行政空間であり、城外は通りに沿って市場の形成された商業空間だった。忠州の人々は前者を「クァナッコル（*「官衙横丁」の意）」と呼ぶ。後者は「市場街」とでもいうべきか。なかなかに厳粛なクァナッコルと活気あふれる市場街という対照的な雰囲気は、城内にあった役所が20世紀末にひとつ、またひとつと城外の北に開発された新市街地へと移転していくまで続いた。あれほど高く分厚かった忠州邑城の城壁は1907年に取り壊され、東西南北4か所にあった城門も姿を消した。さらに翌年に地方行政の要である監営《カミョン》が清州に移されたのを機に、忠州の政治的地位は低下していった。

　真っ赤な林檎をタテに積み上げたモニュメントが忠州に近づいたことを知らせてくれる。さらに少し走って達川橋を渡り、忠州市内に入ると街路樹も林檎の木に変わる。高校時代、余裕のない下宿暮らしをしながらも箱買いして1日に1個は食べた林檎好きだったが、真っ赤な忠州の「紅玉」が特にお気に入りだった。紅玉は僕が独断で定義するおいしい林檎の3大要件をすべて満たしていた。「甘み」と「酸味」が緊張感に満ちたバランスを保ち、さらに「シャキッとした食感」も備えた最高の林檎だった。のちに「ふじ」が登場して人気を呼んだが、色合いと酸っぱさが物足りず、僕の中では忠州の紅玉より1ランク下だ。

　ところが、最初に忠州の町をざっと一回りすると、林檎への思いは一気に消え失せた。急に妙な気分になった。いつもなら目を皿のようにして見てまわる興味深い都市空間が、なかなか目に入ってこないのだ。古くて雑然とした家みたいだとでもいおうか。忠清道的な表現を借りるならば「ちょっとあれ」なのだ。

　これまで習慣的に歴史都市における「中心部」とは城壁で囲まれた空間だと考えてきた。かつて、少なくとも朝鮮時代には城内が町の全域だったからだ。だが忠州のように城壁の規模が小さな場合には中心部だけに多くを求めるのは難しい。朝鮮時代には行政単位として都護府より上位の牧が置かれていたほど重要な町だったわりに忠州城はとても小さい。城内の面積が3万5000坪あまり（約11・6ha）と、済州島の城邑《ソンウプ》集落の城内と似たような面積だ。町の規模に比べて邑城がこれほど小規模だったのは、要衝としての防御が重要だった三国時代とは異なり、朝鮮時代の忠州は内陸部の中心都市へと成長し、広い城郭で町を守るべき必要性が低かったからだと思われる。

邑城は行政の中心であって、文化や芸術、学術の中心ではなかった。官立の高等教育機関である郷校《ヒャンギョ》もたいていは城外にあった。それゆえ町の文化の歴史に触れたいなら城壁の内側に閉じこもってばかりでは困る。ましてや忠州のように城域の狭い町で城内にばかり注目していては井の中の蛙ではないか。朝鮮時代初期の１３９５年から１６０２年まで２００年以上にわたって忠清監営のあった町なのに意外なほど見どころが少ないと失望したのも、城壁に囲まれた中心部、つまりかつての城内の地区にしか目を向けない狭い見方をしていたからだろう。忠州と聞いたとき、当初はわが国の文化史を牽引した人物などいないと錯覚したのも、実は同じ理由からだった。

何度か忠州を訪れて、わが国の歴史都市を空間的にもっと広い視点でとらえる目を養うことができた。城内ばかり歩き回っていないで、自転車の銀輪が車軸からスポークが広がるように、周囲へと足を伸ばしてみよう。邑城からはるか離れたところで、忠州の秘められた物語が僕を待っているかもしれない。

☯ 城壁の内と外

町の南東にそびえる南山の裾野の平地に城壁を巡らせ、行政の中心地とすることによって忠州は町としての形を備えた。その後は北西の弾琴台《タングムデ》のほうへと成長していった。市街地を流れる忠州川《チュンジュチョン》の川下に向かって町が成長していったのだ。それは、北に鎮山、南に川というわが国の典型的な歴史都市が成長してきた方向とは正反対だ。

忠州市内を一巡りしてみると、かつての城壁を境に都市空間の性格がまるで違う印象だ。かつて官衙《クァナ》建築群が集中していた一角は１９８０年代に官衙公園として整備された。門楼の忠清監営門から中に入ると、清寧軒《チョンニョンホン》・製錦堂《チェグムダン》・水清《スチョン》閣《ガク》という3つの殿閣があるだけでやや寂しい気がするが、１９０９年に出版された『韓国忠清北道一般』には44棟にも及ぶ官衙建築および門の現況が紹介されている。１００年前までは建築群が密集していたわけだ。清寧軒の裏手の塀の外の忠州教育支援庁[2]のある場所には、高麗時代から客舎《ケクサ》として利用されていた中原館《チュンウォングァン》があった。記録によればその規模は44間《けん》（*「間」はいずれも柱と柱に挟まれた空間）ないし48間となっている。清寧軒が28間だから、その１・５倍はある大型建築だった。

官衙建築群の大半が１９００年代初めに日本の手に渡った。植民地期に進出してきた日本の各種行政機関が官衙建築群を接収して使用したのだ。たとえば地元の有力者が合

◀**忠清監営門**　官衙公園の入口に建つ官衙の正門たる二層楼門。一帯にはかつて官衙建築が密集していたが、その大半が植民地期に日本に接収されて使用されたり取り壊されたりした。

忠清監營門

議のうえ地方長官・守令《スリョン》への諮問を行う場所だった15間規模の郷庁《ヒャンチョン》は、1905年に開局した忠州郵便局として使われた。公園の向かいの現在の位置［3］に建物を新築・移転したのは1926年である。

官衙公園には「忠州築城事蹟碑」があって忠州邑城を修理・復元した旨が記されている。碑文によると、1866年の丙寅洋擾《ピョンインヤンヨ》［4］の後に城や兵器などを修繕し、1869年に蘂城《イェソン》を改築したとのこと。忠州のことを花のおしべ・めしべの蘂《しべ》という字を用いて「蘂城」と呼ぶ理由もこの碑文に書かれており、高麗時代の1277年に忠州邑城を改築した際に城門の門柱の礎石に蓮華紋を刻んで華やかに装飾したからだという。

官衙公園に残る建築群をちょっと見てみよう。清寧軒は忠州牧の東軒《トンホン》で、地方長官たる忠州牧使《モクサ》の執務室だ。1870年に火災で焼失したが、同年のうちに当時の忠州牧使・趙秉老《チョビョンノ》が再建したという。その後改築されて中原郡庁舎として使われ、1983年に郡庁が移転して本来の姿に復元された。

正面7間の左右対称建築である清寧軒からは韓屋《ハノク》の気品が感じられる。基壇が低い代わりに建物の床が高く、深い軒が建物の内に濃い陰を落として威厳ある姿だ。建物の前の広い庭はしばしばイベント会場に使われているが、そのとき清寧軒が絵になる背景となる。建物本来の機能を果たすだけでなく絵になる背景をも提供する建築、それがベストな建築だ。

清寧軒の東にひっそりと控える建物が水清閣だ。1929年11月28日付の東亜日報は行政が所管する全国の有名な古建築120か所を紹介している。忠清北道では沃川《オッチョン》郡の沃川館《オッチョングァン》（*現存せず）、堤川《チェチョン》郡の八詠楼《パリョンヌー》とともに忠州面の水清閣が掲載されている。同じ敷地内にある多くの官衙建築群のうち、あえてこの建物が選ばれた理由はわからない。『韓国忠清北道一般』によると、水清閣は日本人巡査の官舎として使われていたそうだ。その後は中原郡庁の職員官舎として使われた。偶然にも当時水清閣で幼少期を送ったという人物の連絡先を知り、話を聞かせてもらおうとしたが接触を断られた。当時のことは語りたくないのかもしれない。

3つの建物のうち手前（南）にあるのが朝鮮初期の官衙建築である製錦堂だ。来客をもてなす迎賓館として使われていた製錦堂は、清寧軒とともに焼失して再建される運命をたどった。一時は中原郡知事の執務室として使われたが、ここもまた1983年に復元された。床下を縫うようにオンドルの煙を抜く煙道が走るユニークな建物だ。

城壁の外には市が立った。朝鮮時代、忠州市場は釜山《プサン》の東莱《トンネ》から大邱《テグ》―忠州―龍仁《ヨンイン》―板橋《パンギョ》―漢陽へと続く街道・嶺《ヨン》南《ナム》大路の沿道に形成された邑内市場のうちでも規模の大きな市場だった。そこは南漢江上流の商品流通の中心地だった。1979年に忠州市は、露店を整理するとして忠仁洞《チュンインドン》一帯で5日ごとに開かれていた定期市を廃止し、忠州川に沿って公設市場と武学《ムハク》市場という常設市場を開設した。だが定期市は場所を移して開かれつづけ、1997年に元の場所に戻ってきた。現在でも下一桁が5と0の日は忠州川と校峴川《キョヒョンチョン》の合流する小鳳橋《ソボン》周辺にプンムル市場と呼ばれる市が立つ。忠州市場ほどしたたかな生命力を有する場市もそうはないだろう。

2012年2月5日、ふたたび忠州を訪ねて武学橋を渡ったが、独特の雰囲気が充満していた。市の立つ日だったのだ。真冬の寒さにも負けぬ活気にあふれていた。ドーム状のアーケードがかかって薄暗い武学市場とは違い、通りを埋めた人々の表情は明るく、どこか浮かれた気分になる。これが常設市場と定期市との違いなのだと思った。

市場の活気は旗振り役がいたところで生まれるものではない。それぞれがささやかな売り場を確保して思い思いのモノを売る大勢の人々の熱気が集まって大きな活気になる。市場で繰り広げられるこうした伝統的な営みから、現代社会の課題解決のカギを見出すことができる。今ホットな話題となっている「参加民主主義」なるものも、ひょっとするとこうした市場の論理を出発点に考えてみてもいいのではなかろうか。

プンムルのリズムに乗って巡る都市空間

2012年の旧暦1月14日（2月5日）の早朝、プンムルの打楽器の音が冬の空気を切り裂いてまどろむ日曜の町に一撃を加えた。楽聖・于勒の末裔の演奏だからだろうか。プンムルの響きは真冬に味わう水キムチの汁のように冴え冴えとクリアだ。

「農者天下之大本」と書かれた旗を先頭に、プンムルの一団は午前10時に官衙公園の西の塀際に立つ樹齢500年を超す大欅に深々と一礼すると、地神を鎮め1年の幸を願って家々をめぐる「地神《チシン》パッキ」へと出かけた。僕もつい後をついて歩きはじめる。まず向かったのは「パクセム」と呼ばれる井戸だ。二層楼門の忠清監営門を抜けて南門跡から東へと社稷大路《サジッテロ》を進むと東村《トンチョン》交差点に出るが、その南のカーセンターの塀の下に井戸と洗濯場が隠れていた。

忠州城の内外には3つの井戸があったというが、今残っているのはパクセム1か所だけだ。1932年に刊行された『忠州発展史』に「市内の井戸は水量豊富で水質も良好、水道の必要切実に感じず」との一文がある。パクセムも水量が豊かだった。そればかりか水は冬場に温かく評判だった。かつてはここで水を汲み洗濯をしようと女たちが列をなすほどだったという。

プンムルの一団はパクセムに供物を献じ、代わる代わる伏して礼を捧げると、「子々孫々暮らしに困らぬようふつふつと湧きたもう」と唱えつつひとしきり舞った。やがて通りを練り歩きながら振る舞い酒のマッコリを分かちあって飲んだ。この祭の主催者である中原民俗保存会のイム・チャンシク会長に勧められて僕もご相伴に預かった。50歳を過ぎたあたりから聞こえが悪くなって難儀することが増えたが、「耳明かしの酒」をいただいたからさぞや霊験あらたかなことだろう。一同でこの井戸の保存方法について話し合った。最長老らしきご老人が「去年この井戸がはじめて涸れた」といって水量の減ったことを心配していた。なかなかのアイデアも飛び交った。「井戸端に張られたビルの工事現場の余り物みたいなタイルをはがして自然石に替えよう」、「伊吹か何かの木を植えよう」……。

伝統社会において井戸と洗濯場は女性たちの社交の場であり共同体の中心だった。たいていの場合、同じ井戸を共有する家がもっとも基礎的な行政組織である班《パン》として括られていた。だから井戸の消滅は共同体の破壊をもたらす。井戸を保存・活用しつづけたいという市民の願いは、すなわち都市コミュニティを甦らせたいという願いである。

集落の土着信仰の中心である城隍堂《ソナンダン》で捧げられる城隍《ソナン》クッ、水場で水の神に捧げられるウムル（*「井戸」の意）クッを終えると、プンムルの一団はふたたび社稷大路を西へと戻り、道すがら開店した商店に立ち寄っては地神パッキを捧げていった。「無病長寿ならんことを、商売繁盛ならんことを！」。かなり冷え込んだ日だったが、朝日が町を照らしプンムルの音色が響き渡ると、町には華やいだあたたかな空気が満ちあふれた。プンムルの一団とともに練り歩く人々が増え、近所の子どもたちも一人二人と輿に乗ってついてくる。プンムルの一団はかつての南門と北門を結ぶ「官衙《クァナ》4通り」を北へと進みながら一軒ずつ回ってゆく。そして北門跡を過ぎて蘂城橋の手前で西に折れて中央路《チュンアンノ》を進み、公設市場を経て特産物展示場ヌリセンター前の広場で長い道のりをしめくくった。校峴川と忠州川の合流地点にある広場には多くの人が集まっていた。中原民俗保存会

▲官衙公園の大欅　樹齢500年を超す欅の大木に深々と一礼すると、地神を鎮め1年の幸を願って家々をめぐる地神パッキに出かける。この木は忠州の精神的な根っこだ。

で用意した五穀ごはんで労をねぎらい、地神パッキのパレードは幕を閉じた。

　プンムルの一団とともに町を一巡りして、忠州の精神的な根っこは官衙公園の大欅だということがわかった。それは村々にある神の宿るとされる巨樹と同じような意味を有していた。井戸もまた水の供給場所という以上の精神的・社会的意味をもっている。一団の巡った官衙4通りは古くから儀式の軸だった通りだ。朝鮮時代には新任牧使が赴任するときや葬礼を執り行う際に行列がこの道を進んだ。だが北門を過ぎると厳粛な雰囲気は失せ、次第に緊張がほぐれていく。やがて市場という喧騒の巷では駆け引きの声が飛びかう。歴史都市忠州では、こうした2つの性格が隣り合わせで共存していた。東アジアでは古くから「城市」といって城壁と市場のあるところを都市としていたが、その意味では忠州は真の歴史都市である。

☯ 于勒と林慶業《イムギョンオプ》

　町は無数の人々の生生流転の仮の宿だ。浜の真砂のごとき人々の物語は、時の移ろいとともに空中へと蒸発してゆく。そして忘れられてゆく。だが歴史に墨痕鮮やかに名を残した人物が都市空間に刻んだ物語は、繰り返し回想されることによって永遠に伝えられる。それゆえ人物と歴史とを長く記憶するには回想のよすがとなるものを維持しなければならない。人々が町の由緒ある空間や建築を保存しようとするのは、まさにそこに刻まれた人物の物語を記憶するためだ。いまやニュータウンだ何だといって回想のよすがをきれいさっぱり始末してしまう再開発が伝染病よろしく蔓延しているが、それは建築や空間のみならず町についての人々の記憶までも破壊する。すべての人を記憶喪失にしてしまおうとしているかのようだ。

忠州には「芸」の品格と「武」の剛健さを町にもたらした2人の大人物がいる。それが于勒と林慶業（１５９４～１６４６）だ。この2人は、こんにち忠州が于勒文化祭、世界武術フェスティバルを通じて育てているこの町の文化の芽である。

于勒は琴に似た12絃の伝統弦楽器・伽耶琴《カヤグム》の名曲を作曲し、演奏し、教育したわが国初の、そしてわが国を代表する音楽家だ。于勒はコムンゴ[5]演奏の大家だった高句麗末期の音楽家・王山岳《ワンサナク》（生没年不詳）、朝鮮時代に楽器の改良や音階の調整に努めて宮中音楽を整理した朴堧《パクヨン》（１３７８～１４５８）と並び朝鮮の三大楽聖と呼ばれている。

伽耶琴は朝鮮半島南部にあった伽耶国で6世紀半ばに誕生した。『三国史記』には伽耶の嘉實王《カシル》が中国の箏を模して伽耶琴を作らせ、楽師の于勒に伽耶琴のための12曲を作らせたとの記録がある。伽耶が没落への道を歩みはじめると、于勒は祖国を離れて弟子の尼文《イムン》とともに新羅に帰順する。忠州のすぐ東の娘城《ナンソン》で暮らしていた于勒と尼文は、５５１年にその地を行幸中だった眞興《チヌン》王の目に留まり、國原、つまり現在の忠州に移り住む。

忠州を中心とする漢江《ハンガン》上流域を掌握することによって三国統一の基盤を整えた眞興王は、中央集権の統治に音楽を活用する策を心得ていた政治手腕の持ち主だったようだ。そんな眞興王にとって伽耶からの亡命者・于勒は、みずから漁網に入ってきた大魚も同然だった。于勒は王の寵愛を受けて音楽教育と創作活動に没頭し、１８５曲の伽耶琴曲を作曲した。眞興王はそれらの伽耶琴曲を宮中音楽（『三国史記』の表現によれば「大楽」）と定めた。かくして于勒は、一地方の泥臭い民俗音楽を整理・体系化し、一国の宮中音楽へと発展させることによって朝鮮音楽の祖と評価されることとなった。１５００年近くたった今、残念ながら于勒の記した楽譜は伝わっておらず、その作品12曲のタイトルのみが伝えられているにすぎない。

于勒は忠州市街地からわずか４㎞も離れていない弾琴台

で活動し、于勒を慕う人々が近隣に集まってきたため琴谷《クムゴン》里《ニ》（現・漆琴洞《チルグムドン》）、琴脳里《クムノェリ》（現・金陵洞《クムヌンドン》）、聴琴里《チョングムニ》といった集落が生まれたという。ならば忠州は于勒になおのこと感謝すべきだろう。于勒は紛争地域だった忠州を一気に文化都市の隊列へと押し上げてくれたばかりか、忠州の歴史を6世紀、つまり三国時代にまで遡らせてくれたのだ。ある町が千数百年前に生きた芸術家の物語と空間とを共有しているとは、おおいに誇っていい事実に他ならない。

　忠州で于勒に次いで名高い人物に林慶業将軍がいる。朝鮮時代中期の名将、丁卯胡乱《チョンウホラン》（1627）と丙子胡乱《ピョンジャホラン》（1636）という外敵の侵入に際して国のために一身を捧げた忠臣、明・清の交代期の混乱の中で明への忠義をあくまでも貫いて清を討つことを主張し、非業の最期を遂げた義人、死して神となり伝説やクッでおなじみの登場人物、それが林慶業だ。

　忠州市街地の南西にある楓洞《プンドン》で生まれた林慶業は、数え33歳の若さで楽安《ナガン》郡守として赴任し、たった2年の在任中に楽安邑城の城壁を修復・再建した。それを手始めに、1633年に清北《チョンブク》防御使兼寧辺《ヨンビョン》府使として赴いた任地で白《ペン》馬《マ》山城と義州《ウィジュ》城の修復を行うなど、行く先々で城壁の修復・再建事業に取り組んだ。林慶業を主人公とした歴史小説『林将軍伝』にも朝廷から城壁の築造を命じられて天磨《チョンマ》山城を築く物語が出てくるほどだから、城造りの名人だったようだ。清への侵攻という名分ばかり重んじた人物ではなく、人々を巻き込んで城を築くことのできる行政の手腕と技術とを備えた武官だった。

　1646年、数え53歳の林慶業は親清派の領袖だった領《ヨン》議政《ウィジョン》（*首相）金自點《キムジャジョム》の差し金で送りこまれた下級役人の手にかかって惨殺される。死後に忠愍《チュンミン》という諡号を賜り、没後50年が経過した1697年に故郷の村の近くの忠烈《チュンニョル》祠《サ》に祀られた。墓所は忠烈祠から達川を隔てた向かい側、林慶業の生まれた村の裏山にある。

☯自転車で歴史と自然の道を一巡り

　城壁という狭い囲いにとらわれずに、ゆったりとした気分で忠州を巡ってみよう。忠州は他のどこよりも山や川に近く一体として成長してきた町だ。歴史に大きな名を残した人物の故郷であり、活動の舞台であり、骨を埋めた地だ。その歴史と自然の現場をこの目で確認せずして忠州を語ることはできないはずだ。

　予定のルートを地図上に書きこむと、2つのV字になった。第一のV字ルートは自然を巡る道であり、第二のV字ルートは人の歩みをたどる歴史の道だ。歴史の道のほうがVの開きがやや大きいが、2つのVで描かれる4本の道はいずれも直線距離にして3・75㎞ほどと似通っている。地図上に2つのV字ルートを示してみると、それは忠州を理解し親しみを抱くための最低限の巡礼の道であり、その道を訪ねることは町を育んだ自然と町が生み育てた人物への最低限の敬意の表明だと思う。

自然の道は忠州市街地を貫く校峴川と忠州川に沿って進む道だ。2本の川によって形づくられるV字の折り返し点は大鳳橋《テボン》。大鳳橋から忠州川の源流に近い南山山中にあるチャレバウィという大岩の付近、そして大鳳橋から校峴川の源流に近い薬幕《ヤンマク》集落を流れる渓谷を結ぶと、自然のV字になる。こうしてみると、忠州ほど水辺の空間を活用できそうな町も珍しいだろう。地図に町巡りのルートを記しただけで忠州の可能性が感じられる。

歴史の道は町の真ん中の官衙公園から始まる。まずは市街地を通って弾琴台路を北西に弾琴台まで行き、于勒と申砬(1546~1592)に会って官衙公園へと戻ってくるコース。そして官衙公園を出発して南西へと進み、社稷《サジク》山を一巡りしてから忠烈祠まで行き、林慶業将軍を偲んで帰ってくる。

2つのV字の道の両方を往復すると最低30㎞にもなる。現実にはこの距離を1日でめぐるのは不可能だ。町歩きとはひたすら歩くわけではなく、じっくり観察し、写真を撮ったり地元の人たちの話を聞かせてもらったりするので、歩くだけと比べて2~3倍の時間がかかるのがふつうだから、2日がかりでも難しそうだ。

「それでも1日で見て回れる方法はないか?」という悩みは、忠州市内でやけに目につく自転車のおかげで一瞬で解決した。韓国の町はイタリアの町とは違って街道沿いに見どころが次々現れるわけではなく、ぽつりぽつりと点在しているので、自転車は町巡りの交通手段にぴったりだと思った。どこにでも停められるし、とりわけ夏場はペダルを踏むごとに風を感じられていうことなしだ。研究室の徐《ソ》くんと2人、猛暑の盛りの2008年7月29日、自転車2台を車に積んで忠州へと向かった。全国に高温注意情報が発表された日だった。

☯歴史の道その1　于勒、芸の道を訪ねて

官衙公園の近くに車を停めた僕らは、まずは弾琴台を目指した。久しぶりに自転車を漕ぎはじめると、シニル食堂のおばちゃんに出くわしたのでひとこと挨拶した。「また

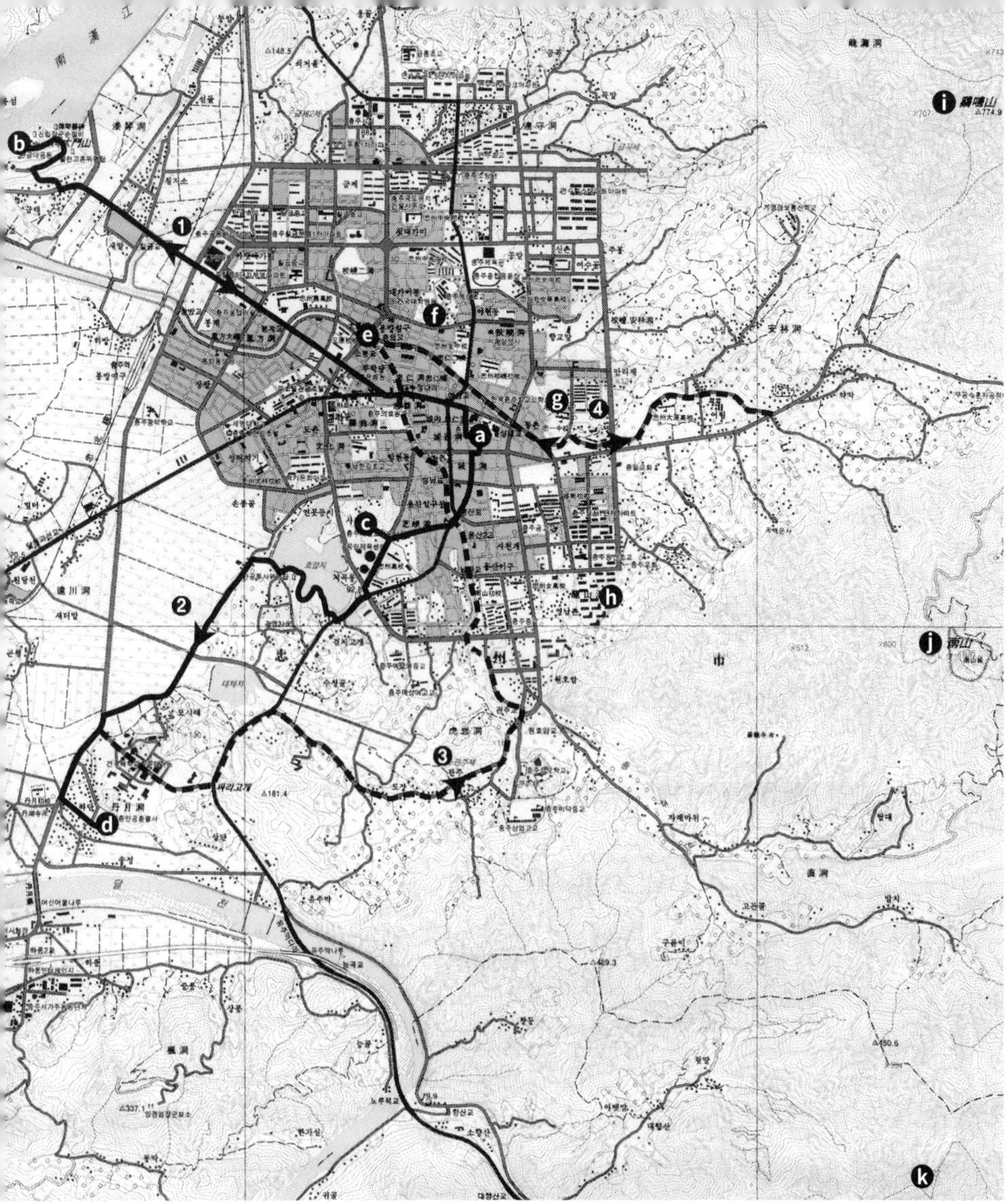

▲自転車でめぐる忠州の自然と歴史のルート

①歴史の道その１　ａ 官衙公園　ｂ 弾琴台

②歴史の道その２　ｃ 社稷山　ｄ 忠烈祠

③自然の道その１　ｅ 大鳳橋　ｈ 龍山　ｋ 大林山

④自然の道その２　ｆ 珠峰　ｇ 萬里山　ｉ 鶏鳴山　ｊ 南山

来ました！　後で食事に伺います」。前回の訪問のときにこの店の棒鱈とモヤシのヘジャンクク（＊酔い覚ましにいいとされるスープ）で朝食にしたのだが、実に美味だった。シニル食堂は忠清監営門前のクァナッコルのグルメ街で築80年の韓屋を店にした食堂だ。おばちゃんはここで16年前から営業しているというが、飛び込み客の僕らにこころよく裏庭を見せてくれる人柄に親戚みたいな気兼ねなさを覚えた。

　シニル食堂の厨房の暗くて狭い勝手口を出てみると、この町で住宅と店舗とがどのように共存しているかがわかる。通りに面して間口の広い南向きの店があり、その裏手にこぢんまりとした中庭を挟んでL字型の住居があるから、これもまた店舗兼住宅だ。通りに沿って店が並び、その裏手の住居も一列に並んでいるので、道、店、住宅という空間のレイヤーが形づくられている。これが忠州の都市空間の一般的なスタイルだった。古いL字型の日本式の家に１９８１年に開業したチャメ茶房も同じ空間構成だ。官衙４通りに面したほうを喫茶店に、直角に折れたもう一方を住居に使っている。L字に囲まれて通りからはまったく見えない中庭には池まであった。池は埋められてしまったが中庭は往時のままだ。最近の都市部で「住商複合」といえば低層階に店舗が入居し、その上が高層住宅になっているタワーマンションのことだ。だが忠州では住宅と店舗が平面で共存している。

　シニル食堂の前を過ぎると小さな四つ角があり、右手前の角がロイヤル工芸家具だ。植民地期には殖産銀行、その後は忠北《チュンブク》銀行として使われていた。金融機関が置かれていたのだから、当時ここがきわめて重要な辻だったことは確かだ。この角を右に曲がると家具横丁だ。家具横丁を抜け、中央路を渡って少し行くと、右手に「古韓屋家《イエッタノッチプ》」という焼肉店がある。屋根の前面に長々と看板が掲げられており、通りからは韓屋のたたずまいは見えない。中に入ると奥にはL字型が2棟、中庭を挟んで向かい合っている。中庭には植え込みがあり、ブロック敷きの回廊が取り囲む。二重ひさし、ガラス戸、タイルなどをあしらった近代期の韓屋だ。南向きの母屋を通りと直角に配置することで、西向きの通りにうまく対応している。植民地期に建てられ、これまでに旅館、料亭、飲食店などに使われてきたこの家は、忠州市街地でもっとも大きな韓屋である。おそらくかつては家具横丁にもこうした韓屋が建ち並んでいたはずだ。古韓屋家も多少の違いはあるものの通りに開かれたスタイルはシニル食堂と同じだ。

▲弾琴台の２つのステージのうち下のステージ　弾琴台と川の流れが出会って絶景をなす当地は、自然と人間の出会う場所でもあり、生と死の出会う悲壮な美しさの息づく場所だ。

もう一度中央路に戻って西に少し行くと、まず公設市場の入口が、次に武学市場の入口がある。川の両岸に沿った道をアーケードにして市場にしているのだ。この2本の市場通りは両側にずっと建物が建ち並び、忠州川は申し訳なさそうに裏に隠れて静かに流れている。店の裏に川があることを知っているなら、その人は忠州の事情通だ。

武学市場の入口を過ぎると右手に弾琴台路が伸びている。自転車専用車線はないが、歩道が広いので自転車で走るには問題ない。さっきは隠れていた忠州川が姿を現し、橋を渡ると忠州農業高校（＊現・國原《クグォン》高等学校）前だ。しばし立ち止まって振り返ると蛇行して流れる忠州川、その向こうの校峴川のはるかかなたに鶏鳴山がどっしりと構えている。高校からは僕らの自転車の旅を応援するかのような大音量が響いてくる。誰が音頭を取るわけでもない自発的な蝉時雨の応援団だ。人生でこれほど蝉時雨に励まされたことはなかった。腕は真っ赤に日焼けして汗みずくだったが、力が湧いてくる。

官衙公園を出発して30分、大型スーパーの前を過ぎて鉄道忠北線の高架下をくぐると、いきなりビルの姿が視野から消えた。地方道と鉄道が都市化地域の境界線になっている。そこから10分ほど直進すると大門《テムン》山のふもと、弾琴台の入口だ。急な上り坂が自転車を降りて于勒と申砬に敬意を表すべきときだと教えてくれる。

官衙公園を出発してちょうど1時間で弾琴台に到着した。于勒が伽耶琴の演奏活動をしていた場所だから「琴を弾く高台」と名付けられた。だが振り返るに官衙公園から弾琴台に至るまで于勒のことはこれっぽっちも考えなかった。道筋のどこにも于勒をイメージする手がかりはなかった。少し前に旅してきた中国・敦煌のことを思い出した。敦煌市中心部の交差点には莫高窟第237窟にある、琵琶を背中に回して弾く反弾琵琶像が立っている。石窟の壁画に描かれたシーンを町のシンボルとした敦煌のことを思うと、忠州市内から弾琴台に至る道筋に于勒をイメージする手がかりがなかったのは不思議だ。

江原《カンウォン》道の五台《オデ》山から流れ下る南漢江と俗離《ソンニ》山に源流をもつ達川は、弾琴台の前でぶつかりあい、にわかに瀬となって激しさを増す。だがこの荒々しい自然は100mもそそり立つ弾琴台と対をなして美しい光景となる。水と地とが出会って絶景をなす当地は、自然と人間の出会う場所でもあり、芸と武、さらには生と死の出会う場所でもある。それに呼応するようにここには2つのステージがある。上の広いステージ、それは音楽と生の丘である。祖国の滅亡を予感して新羅に帰順した于勒は、この地で新しい支配者の支援を得て芸術家として生きながらえた。この丘には1954年に文人・崔南善《チェナムソン》[6]（1890~1957）の記した「弾琴台記」碑がある。碑文を書いた崔南善もまた、志ある多くの者たちが苦難を強いられた時代に全身全霊で立ち向かう代わりに、命を長らえることのほうを選んだ。

弾琴台で于勒の奏でる伽耶琴の音色が静かに響いてから千有余年の歳月が過ぎた1592年旧暦4月28日。于勒が伽耶琴を弾いていたそのすぐ足元、狭く水際迫るもうひとつのステージに、8000あまりの兵をすべて失った数え47歳の将軍が立ち、南漢江の流れを見下ろしていた。王命を受けて都から派遣されてきた都巡辺使《トスンビョンサ》・申砬である。申砬が部下の金汝岉《キムヨムル》とともに川に身を投じた瞬間、この世のすべてが、そして申砬をここまで追い詰めてきた敵将・加藤清正や小西行長も息を呑んだことだろう。

弾琴台から市内に戻るには30分しかかからなかった。自転車を押して昇らねばならない坂道もなく、キョロキョロすることも少なかったので行きの半分の時間で済んだ。それでも弾琴台まで往復してくるとほぼ昼時になっていた。自転車で出かける前に聖公会聖堂と華僑小学校に立ち寄って出発が遅れたからだ。

ふたたび中央路に入った。この大通りの北は幾筋もの市場が連なり、年配の人々が好んで足を運ぶ場所だ。それに対して中央路の南は若者の街だ。この暑さの中、シニル食堂まで戻るには中央路をまだかなり行かなければならない。しかもシニル食堂のメニューは季節を問わず熱々のヘジャンクク一筋だ。「義理を立てるべきか、裏切るのか……」。中央路を行かず思い切って忠州川に沿って南の現代《ヒョンデ》タウンアパートのほうに向かった。やがて現れた「弾琴《タングム》葛冷麺」の前に自転車は吸い寄せられていった。つい今しがた行ってきたのが弾琴台だったから、店名に惹かれたのだ。赤いたれの葛冷麺は辛すぎず実においしかった。

▲**トッポッキcafeの路地**　この狭い入口の奥に、忠州で、いや他の町で目にしたどの路地よりも素晴らしい路地の空間が広がっていた。

☯歴史の道その2　林慶業、武の道を訪ねて

官衙公園に戻る途中で興味深い路地を見つけた。路地の入口に店を閉めてからずいぶんたつらしい「トッポッキ[7] cafe」という看板がかかっていた。その路地は僕が忠州で、いや他の町で目にしたどの路地よりも素晴らしかった。道とスペースが出会って都市空間が織りなされる様子がよくわかる路地だった。四角形と三角形のスペースが変化に富んだ路地の空間をつくりあげていた。路地の片側は韓屋の軒下だった。四角い庭にある背の高い2本の銀杏の木が、シニル食堂の中庭の梧桐《あおぎり》と同じく界隈の歴史を物語っている。路地の片隅に座りこんでスケッチし、しばらくのあいだアート作品でも鑑賞するかのように路地にみとれていた。そのとき空の段ボール箱を積んだ台車を押して通りかかったおばあさんが、そんな僕の様子をしげしげと見つめた。僕は路地の魅力が不思議だったが、おばあさんは路地を眺める僕が不思議だったようだ。

官衙公園に戻って一休みしてから、第二の歴史の道へと出発した。かつて南門があっただろう場所を目指して走りはじめたが、すぐに立ち止まることとなった。官衙正門の忠清監営門から南門跡までは建物6、7軒分の距離だろう

か。儀礼の道であり邑城の主軸たる通りにしてはあまりにも短い。赴任してきた役人たちもさぞがっかりしたはずだ。沿道を睥睨するいとまもなく輿を降りなければならなかったのだから。そのせいか朝鮮後期の古地図を見ると、客舎と東軒が左右に並ぶ他の邑城とは違い、忠州邑城では２つの建物が前後に並んで描かれている。南北の軸を少しでも長く見せようとしたのだろう。

南門跡から東に2軒目の家の外観がユニークだ。かつて教育長の官舎だったこの家は、傾斜の違う複数の屋根を組み合わせたシャレた日本式の2階建てだ。社稷大路を渡るとまっすぐな城南《ソンナム》2通りに出る。かつてこの道は放送局、税務署、市庁舎、それにピンクのネオン輝く飲み屋の並ぶ市街地の中心部だったが、今では公共機関はみな移転して昼間は閑散としている。

さらに南に進んで忠州川を渡り、右折して社稷山に向かった。だがそこには配水池があって頂上まで登れなかった。がっかりして立ち止まると、自転車の旅の道中でもっともさわやかな風が吹いてきた。北東には鶏鳴山と南山のあいだに横たわる忠州の全景がパノラマのように広がっている。

「社稷山」という名は、かつてこの山の頂に土地の神と穀物の神に祈りを捧げた社稷壇《しゃしょくだん》があったことに由来する。

1923年、日本人は社稷壇のところに忠州神社を建てたが、解放直後に市民の手で打ち壊された。その跡地は上水道の配水池になっている（*現在は移転）。社稷山のふもとには1970年代以降、忠州高校、女性会館［8］をはじめ各種公共施設が建設された。

社稷山からさらに南のちょっとした峠を越えると虎岩池《ホアムジ》がある。虎岩池は植民地期に造成された貯水池だが、ビオトープとしてよく整備されている。池の南西のほとりは車両通行止めにして歩行者と自転車のみ通行可能で、忠州でいちばんの散策コースになっている。虎岩池に面した社稷山の西麓には、最近になって体育館、青少年修練院、于勒堂、芸術館、図書館などが次々と建設されている。前に虎岩池、後ろに鶏鳴山という美しい風景に囲まれているが、建物のデザインは立地と釣り合っていない。

忠烈祠に到着するころには市街地を出発してほぼ2時間がたっていた。祀堂の境内には「御製達川忠烈祠碑」と「貞烈碑」が並んで達川のほうを見渡している。林慶業将軍を称える左の「御製達川忠烈祠碑」は朝鮮第22代王・正《チョン》祖《ジョ》（在位1776〜1800）から、将軍の夫人を称える右の「貞烈碑」は朝鮮第21代王・英祖《ヨンジョ》（在位1724〜1776）から賜った碑文を刻んだ石碑である。将軍の夫人は清に護送され、瀋陽の監獄で割腹自決した。夫妻を称える2基の石碑を保護する鞘堂《さやどう》はデザインが違う。左の将軍の鞘堂は入母屋屋根、右の夫人の鞘堂は切妻屋根になっている。鞘堂の高さ、柱の太さ、装飾部材の数などあらゆる面で左のほうが右よりも若干高く、太く、多い。2棟の鞘堂を比べれば、朝鮮建築ではいかなる要素をもって地位の上下を表していたのかがよくわかる。

祀堂には遺影が奉安されているが、明の絵師の描いた肖像画の模写だという。2点描かれたというが、1点は明に持ち帰り、もう1点は乷味面洗星里《サルミミョンセソンニ》にある「林慶業祠宇」に祀られている。遺影は将軍の数え47歳のころの姿を描いたものだとのこと。その日僕は、僕と同年輩の2人の先達と会ったことになる。申砬と林慶業、彼らが川に身を投じて武の本懐を成し、また民の安寧を期してひたすら城壁を築いていたその同じ年頃に、自分は何をしていたのだろうという思いがふいに湧く。

忠烈祠の向かいには、本堂前の松の古木が豪快に幹をくねらせる丹湖寺《タノサ》がある。ここで見るべき文化財は本堂の鉄造如来坐像である。この仏像は社稷山の東北の芝峴洞《チヒョンドン》にある大圓寺《テウォンサ》の鉄造如来坐像と瓜二つだ。どちらも宝物《ほうもつ》に指定されている高麗時代の2体の仏像は、忠州が重要な鉄の産地だったことを物語っている。1909年発行の『韓国忠清北道一般』を見ると、忠州郡の工業従事者は141戸だが、うちもっとも多く（37戸、26％）を占める職種は冶匠、つまり鍛冶職人だった。忠州城の北にはとりわけ鍛冶屋が多く「冶峴《ヤヒョン》」すなわち「鍛冶屋峠」なる地名もある。

☯ 自然の道その1　忠州川の源流を訪ねて

自然の道は忠州川と校峴川の合流する大鳳橋から始まるが、実際にフィールドワークに出かけた際は、大鳳橋まで戻って忠州川を上流に向かう代わりに丹湖寺から忠州川上流の貫珠《クァンジュ》橋へと抜ける道を選んだ。忠州川の上流から下流に移動すれば行程を節約できると思ったのだ。丹湖寺前のバス通りから達川に沿ってしばらく行き、その先を左折すればそう遠くなさそうだと思い軽い気持ちで出発したのだが、柳酒幕《ユジュマク》橋のあたりで道に迷ってしまった。やっとのことで予定の道にたどりついたが、そこは思いがけずきつい山道だった。地形図の等高線1本がこんなに恐ろしいとはついぞ知らなかった。高低差を安易に考えていた代償として、建国《コングク》大学のキャンパスを抜けるルートを取れば避けられたはずの険しい峠を越えるはめになった。自転車のギアチェンジくらいですむような昇り坂ではなかった。頭を空っぽにして右手に大林山《テリム》の山裾を、左手に林檎のまだ青い実を眺めつつ、ひたすら自転車を押して登った。

林慶業将軍が幼少期に武芸の腕を磨いたという三超台《サムチョデ》が大林山のどこかにあるのだと思い至った瞬間、新たな応援団が現れた。夏の日盛りとあって外出を控えている犬たちに代わって登場した雉や百舌だった。百舌の歌声を聞くのは実に久しぶりだった。鳥たちのおかげで力を振り絞ってようやく峠を越えると、なんたること、またもや峠だ。車道の脇に自転車用車線があるが、そこは自転車という荷を押して進む歩道にすぎない。だが今度は午前中の忠州農業高校前の応援団に次ぐ規模の蝉時雨が励ましてくれた。やっとのことで峠を越えると、自転車の旅のクライマックスが待っていた。ここからは下り坂だ。僕らは颯爽と風を切り、歓声を上げながら一気に下り降りた。

町なかに入ると以前は目に留まらなかった事実に気づいた。忠州川に沿って一方の川辺には駐車場が設けられているが、もう一方には自転車専用路が途切れることなく続いているのだ。実際に走ってみると、自転車路は幅も広く滑り止め加工まで施してあってかなり立派なものだ。ひとつ注文をつけるなら自転車路が車道と交差する地点に車両の進入を防ぐボラードが設置されているのだが、これがかえって危険だ。

中央路を渡って市場通りに入るといくつか橋がある。だがこれらの橋を渡るとき、橋とは気づかなかった。橋上にも店が並んでいてふつうの商店街のように見えるからだ。面白いことに橋ごとにスンデ[9]、苗木など商品が専門化している。この橋上の専門店街は忠州でもっとも栄えている場所だ。忠州川はフィレンツェのアルノ川よりずっと川幅が狭いので比べるのも気が引けるが、これらの橋はフィレンツェの名所ポンテヴェッキオを思わせる。「古い橋」という意味のポンテヴェッキオは今ではフィレンツェでも指折りの見どころで、観光客はもとより地元の若者たちにも人気のスポットだ。ポンテヴェッキオに現在のように貴金属店が建ち並ぶようになったのは、400年以上前に出されたメディチ家のフェルディナンド1世の命によってだった。それ以前は橋の両側に魚や肉を売るスタンドが並んでいたが、おそらく環境は忠州川のスンデ橋よりはるかに劣悪だったはずだ。橋の上に築かれた通路（設計者の建築家ジョルジョ・ヴァザーリの名から「ヴァザーリの回廊」と呼ばれる）を通りかかったフェルディナンド1世が悪臭に耐えかねて橋上商店街の業種を変えさせたというのだから。

▲武学市場のスンデ橋　橋上にも店が並んでいて橋とは気づかない。
下に川が流れていることを知っているなら、その人は忠州の事情通だ。

☯自然の道その2　校峴川の源流を訪ねて

午後6時を過ぎて大鳳橋から校峴川を遡るようにペダルを踏んだ。一定の間隔で現れる橋の親柱には中央塔《チュンアンタプ》のミニチュアが置かれている。可金面塔坪《タッピョン》里《ニ》にある中央塔（国宝）は、この奇妙なミニチュアからは想像も及ばないほど品位を感じさせる七層石塔で、その前に立てば国宝であることを疑う者はひとりとしていない。

校峴川もまた北岸に沿って自転車路が整備されており、対岸は1車線分が駐車場になっている。よく整備されてはいるのだが、歩道兼用にしては幅が狭すぎる。忠州川沿いの自転車路のボラードの隙間をすり抜けた実力を発揮して、ここでも歩行者に接触することなく通り抜けはしたものの、かなり危険だ。対向する自転車が来ていたらすれ違うのは難しかったろう。

車道との交差点で自転車を降りて振り返ると、午前中に行ってきた弾琴台のほうは視界がすっきり開けている。河川がいわば景観軸（景色を見晴らせるように確保された直線状の空間）の役割を果たしているのだ。当初、校峴川の川沿いは町なかでは珍しく野菜畑として利用されていたが、今回のフィールドワークの後で花畑に変わった。だが以前のようにミニ菜園として利用するほうがいいように思う。
校峴川の周囲を見回すと車道（川辺路《チョンビョンノ》）の1車線を駐車用スペースに充ててあり、その横に川の上にせり出すように自転車路を設けてあるので、川の一部がガード下のようになっている。現在の駐車用の車線を自転車路にして、駐車は他の場所を確保したほうがずっといい選択だろうに、残念でならない。2本の川に沿って両岸に駐車スペースを設けたせいで、今や忠州は自動車だらけの町になってしまった。自動車を視界から遠ざけるほど町がいきいきするのだが、むしろ視界の至るところに露出[10]しているため、町の雰囲気は雑然としている。

校峴川をさらに上流に向かうとLGマンションの団地があり、川沿いに車両進入禁止の広い遊歩道が造られている。川のほうから子どもたちの声が聞こえてきた。4、5人がアメンボを捕まえて、家に帰ろうと岸辺から遊歩道に上がる階段を探していた。あたりを見回しても「困った」ことに子どもたちの探す階段はなかった。降りるときはなんとか岸辺まで行けたのに、帰り道のみつからない子どもたち。このいたずらっ子たちがすぐ目の前のマンションに帰るには、川沿いをかなり下ってからまた戻ってこなければならなかった。

マンション内の遊歩道の先が萬里峠《マルリジェ》だ。その前を南北に走る錦鳳大路《クンボンデロ》が現在の市街地の東の境界線だ。この大通りを渡ろうとした瞬間、後ろを走っていた徐くんが「うわ、参った」と声を上げた。振り返ってみると、後輪のタイヤがぺちゃんこになっている。なるほど、「困った」と「参った」の違いはそういうことだったか。

☯ 高台に囲まれた町

自転車の旅は午後6時半、徐くんの自転車がパンクしたために打ち切りとなった。幸いなことに予定のコースをほぼ走り終えたところだった。一日かけて自転車で町を巡るあいだ、銀輪がたえず知らせてくれたことがあった。今走っている道が昇り坂なのか下り坂なのか、だ。自動車ではとうてい感じられず、歩きでもここまで敏感には感じられなかったことを2つの車輪が伝えてくれたのだ。

まるで人生のように昇り坂があればやがて下り坂が現れ、しばらく下り坂が続いたかと思うと約束したように昇り坂が現れて泣かされた。昇り下りを繰り返して気づいたのは、小さな山がまるで囲いのごとく忠州市街地を取り巻いているということだ。城外の北に珠峰《チュボン》、東に萬里《マルリ》山、南東に龍《ヨン》山《サン》、南西には社稷山があり、ちょうど歩哨が陣地を守るが

▲校峴川　城内橋から北西を望む。今は花畑に変わったが、数年前までは校峴川は町なかでは珍しい野菜畑だった。

ごとく小さな山が町を守っている。今でこそ本来の地形に変形が加えられ、ビルが建ち並んでちょっとした丘くらいにしか感じないが、かつてはこうした小山が都市景観の主要な要素だったはずだ。

こうした小山や丘陵に造られた場所を高台という。高台は洋の東西を問わずさまざまな文化圏に共通して存在するが、人は高台を目指し、造り、利用し、意味を与えてきた。高台は人が立ち、周囲を見渡すのに適した平坦な眺めのいい場所である。さらに固定の壁、または壁や境界になぞらえる岩や木立がある。弾琴台では自生する松の樹林が壁の役割を果たしている。

また、高台はこの世に属する地と不滅の天とのあいだを切り結ぶ場所である。ゆえに高台に立つ者は人間より上、神よりは下の存在となる。宗教や権力が高台を好む理由はそこにある。忠州でもまるで鉄が磁石に惹きつけられるように宗教施設や町のシンボリックな施設が高台の周辺に集中して造られている。

珠峰は校峴洞《キョヒョンドン》にある山だった。ところが１８６９年に忠州邑城を改築する際に珠峰から大量の石材を切り出したために頂上部が平坦な高台になった。１９４３年にその下に忠州女子中学を建設したときも、珠峰の一部を切り崩して敷地の嵩上げをしたそうだ。

市街地の東にある丘陵地帯の萬里山は萬里峠ともいうが、そこに忠一《チュンイル》中学校がある。町を挟んで向かいにある社稷山の中腹から見ると、長く伸びた萬里山の丘を一望することができる。かつてはうるう年の春にこの山に登ると流行病にかからないとされ、大勢の人々が登山に訪れたという。萬里山のふもとの高台にも「三忠寺《サムチュンサ》」という寺がある。

龍山には王を輩出する気が漂うとされたため高句麗、新羅期に山上に小さな池が作られ、石塔を建てることで忠州の地脈を封じたのだという。1912年に忠州専売支庁を建設する際に池は埋められ石塔は撤去[11]された。

「山水」ということばが意味するように、自然景観は山と水が一対となって完成する。高台もまた山ゆえ、水と出会ったときその景観の美しさが際立つ。高台の高みは対をなす水によってさらに高みに至る。内陸の地・忠州にこうした山と水の調和を見出したのは予期せぬ成果だった。2つの地点で高台と水の輝かしい融合に触れた。ひとつは社稷山とその西の虎岩池、もうひとつは弾琴台とその北の南漢江だ。前者が高台と静なる水の出会いならば、後者は高台と動なる水の出会いである。なお、芸と武との美しくも悲しい歴史を秘める弾琴台は2008年に国の文化財「名勝」に指定された。

☯ 文化の両輪で前進を

不快指数がすこぶる高い日の自転車の旅だったが、思いのほか気持ちよくすごせたのはひとえに親切な忠州の人々のおかげだった。自転車を停めて郵便局の向かいの忠州芸総会館前の植え込みを囲むベンチに腰を下ろし、ぼんやりと自転車を眺めているうちに自転車の2つの車輪が忠州の姿に重なるように思えてくる。忠州という町の文化を動かしている、そしてこれから動かしていくのは2つの文化の輪、つまり芸という前輪と武という後輪だ。自転車が前後両輪で前進するように、忠州にはこれからも芸と武の両輪で進んでいってほしい。

ところで芸と武、両者ははたしてひとつの町に共存できるのだろうか。ちょうどそのころ見た映画『レッドクリフ』（ジョン・ウー監督、2008）で、両者が素晴らしい対として共存しうることを知った。映画でもっとも印象深かったのは、諸葛孔明と周瑜が琴（嘉實王が伽耶琴を作らせた際に見本にしたという箏もこうした古琴の一種だったはずだ）の演奏を通じて曹操との戦いに臨む決意を固めるシーンだった。舌先三寸で丸め込むとか、腕相撲で力比べをするとかではなく、武ともっとも遠いところにありそうな音楽によって思いを伝え、ついには意気投合するという設定で、『男たちの挽歌』で名高いジョン・ウー監督のこの作品は、中国武芸の伝統に軸足を置いているのだと思った。「武」という漢字は止と戈の組み合わせであり、戈を止めることを意味する。武とは要するに戦いを止めさせるためのしくみであり、最終的には文や芸へと昇華してこそ意味をもつ。それならば忠烈祠から始まる武の軸は、市街地で芸へと転じてさらに芸の軸に受け継がれ、弾琴台でクライマックスに至るというシナリオが可能になる。

　昼食に立ち寄らなかったことが気になって、その日の夕食はあえてシニル食堂で摂ることにした。店に入ると、おばちゃんはすぐに気をきかせてエアコンのスイッチを入れ、扇風機も強風にしてくれた。先月も食べた棒鱈とモヤシのヘジャンクク、今回もおいしくいただいた。その前に冷たいビールを2杯あおったせいか、そのまま横になってしまいたかった。熱くほてった腕を見ると、高校生のころ食べた忠州の紅玉のような色だ。それでも何とか席を立ち、「しばらく忠州に来ることもないけどお元気で」と挨拶して店を後にした。

　自転車でフィールドワークをして3年半たった2012年2月5日、シニル食堂はなくなっていた。前年の夏におばちゃんが腰を痛めて手術を受け、廃業したそうだ。残念な思いで市内を巡ってみると、忠州でいちばんのお気に入りだった「トッポッキcafe」の路地も消えていた。代わりにそこは薄っぺらなファッションストリートになっていた。がっくりうなだれて引き返そうとしたとき、何かにぶつかりそうになった。キャッチコピーの書かれた赤いチラシをマフラー代わりにした雪だるまが目の前にあった。ちょうど通りかかった子がいたので雪だるまと一緒にカメラに収め、立ち去ろうとすると、後ろから声をかけられた。「写真を撮ってくれてありがとうございます」。写真を送ってほしいと言われることはあっても、ありがとうと言われたのは初めてだ。

　家へと車を走らせる道中、3年半前、自転車の旅に出る前に立ち寄った華僑小学校の子どもたちのことを思い出した。グラウンドに集まってきた子どもたちが後をついてまわりながら口々に中国語で自己紹介をしてくれたが、韓国に暮らす子とは思えないほどみごとな発音だった。カメラの前で行儀よく気をつけをした子どもたちの後ろには「礼儀廉恥」という標語が100年前から掲げられている。両《ヤン》班《バン》の里・忠州の文化の両輪は、いずれこうした礼儀正しい子どもたち、雪だるまよりも明るい子どもたちの手によって回されていくのだろう。

☯ 訳注

1 1592（壬辰）年の文禄の役で市の北西の南漢江《ナマンガン》を望む弾琴台《タングムデ》を背水の陣とした将軍申砬《シンリプ》が戦死したことを指す（214ページ参照）。

2 2017年10月に約1・8㎞北西の國原《クグォン》高等学校（213ページの忠州農業高校）に隣接する新庁舎に移転した。跡地については忠州市と協議中とのこと。

3 忠州郵便局本局は2013年5月に移転し、官衙《クァナ》公園前の郵便局は忠州城内洞《ソンネドン》郵便局として営業している。

4 当時実権を握っていた大院君《テウォングン》のカトリック弾圧の報告を受け、フランス艦隊が江華島《カンファド》を侵犯した事件。

5 伽耶琴《カヤグム》に似るが6鉉で音も低く、指で爪弾く伽耶琴とは違って竹製の撥を用いて演奏する。

6 三一独立運動の際には独立宣言文の起草委員になるなど独立派として活動していたが、のちに親日の立場に転向して教育者として活躍、第二次大戦後は日本帝国主義の協力者として指弾されるも67歳で病没するまで生をまっとうした。

7 棒状の米粉の蒸し餅を野菜や薄い揚げかまぼことともに甘辛いたれで炒め煮した軽食。日本ではトッポギと称されることもあるが、トッポギは老眼鏡、拡大鏡の意味。

8 2009年に郊外に新築した忠州市生涯学習館に統合され、旧女性会館は改修を経て2017年8月に忠州音楽創作所に生まれ変わった。

9 豚の血液、もち米、春雨、刻んだ野菜、スパイスなどを混ぜ合わせたフィリングを豚の腸に詰めて蒸したもの。

10 199ページの地図に示したように、2012年まで忠州川《チュンジュチョン》の社稷《サジッ》大路《テロ》から現代《ヒョンデ》タウンアパートに至る約300mを暗渠とし上を駐車場に利用していたが、撤去工事を経て2016年に川が姿を現した。

11 植民地期の専売庁は解放後に韓国たばこ人参公社（現・KT&G）に継承されたが、その後郊外に移転して跡地は大規模団地となった。現在は近くの公園に人工の池があり、龍の昇天を表す石碑が建てられている。

8 전주

全州（チョンジュ）

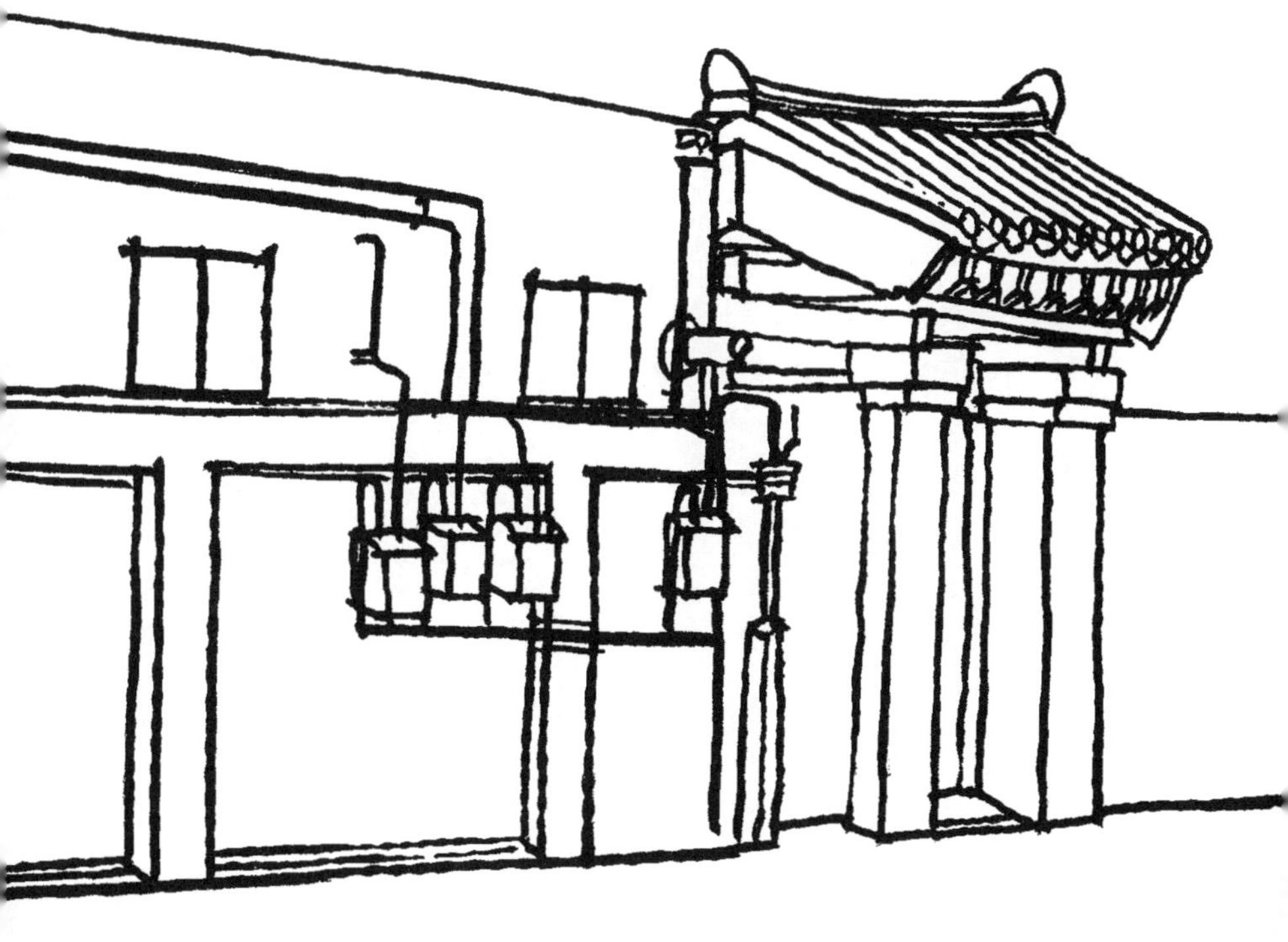

8 韓屋《ハノク》が守ってきた町の伝統 全州《チョンジュ》

朝鮮王朝を生み育んだぬくもりの伝統都市

このところ政府は「韓《ハン》スタイル」とやらでハングル、伝統料理の韓食《ハンシク》、民族衣装の韓服《ハンボク》、韓屋《ハノク》、手漉き紙の韓紙《ハンジ》、韓国音楽の6分野のブランド化を進めているが、うち韓食、韓屋、韓紙のふるさとが全州《チョンジュ》である。それだけに全州は伝統文化の源流を探るうえでぜひとも訪れたい町だ。

こんにち全羅《チョルラ》北道の道庁所在地である全州は、三韓時代には馬韓に属し、三国時代には百済の所領で完山《ワンサン》と呼ばれた。「全《まった》き町」という意味の全州という名は新羅が三国を統一したのちの756年から使われている。

統一新羅時代には全国を9つの州に分割して統治していたが、660年代に完山州がそのひとつに任じられ、それまで全羅北道地域の中心だった益山《イクサン》を押しのけて行政・軍事の中心地へと急浮上した。10世紀前半に武珍州《ムジンジュ》（現・光《クァン》州《ジュ》）を占領して勢力を伸ばした甄萱《キョンフォン》は、後百済を建国して37年間（900〜936）にわたって全州を都としたが、もし甄萱が後三国まで統一していたなら全州が統一国家の首都になっていたはずだ。だが甄萱は全州の南の南固山《ナムゴ》に石造りの山城を残したものの、実の息子によって幽閉の身とされたため王建《ワンゴン》率いる高麗に投降した。高麗時代の全州は、界首官《ケスグァン》つまり地方の大都市であり全羅道地方の行政の中心地だった。

朝鮮時代に全羅道監営《カミヨン》のあった全州は、湖南《ホナム》一帯はもとより遠く済州島《チェジュド》まで管轄下に収めていた。全州李《イ》氏という同族集団ゆかりの地であり朝鮮王朝の創始者、太祖《テジョ》・李成《イソン》桂《ゲ》（在位1392〜1398）の本家のある全州は、朝鮮王朝のシンボルとしてきわめて重要な町だった。邑城《ゆうじょう》の南東角に李成桂の御真影（宝物《ほうもつ》）を奉安した慶基殿《キョンギジョン》（史跡）、全州李氏の始祖および妃の位牌を奉安した肇慶廟《チョギョンミョ》を設け、朝鮮王朝のふるさとであることを満天下に知らしめていた。

1410年に建立《こんりゅう》された慶基殿は、ソウル以外に現存する唯一の王室の廟である。この2つの廟とともに朝鮮前期の4大史庫のひとつ、壬辰倭乱《イムジンウェラン》の際にも唯一『朝鮮王朝実

◀**古い町並みの路地**　古い町並みの味わいはまっすぐ伸びる通りではなく、その内側でくねくねと入り組んだ、つい心惹かれて足を踏み入れたくなる路地にある。244ページ参照

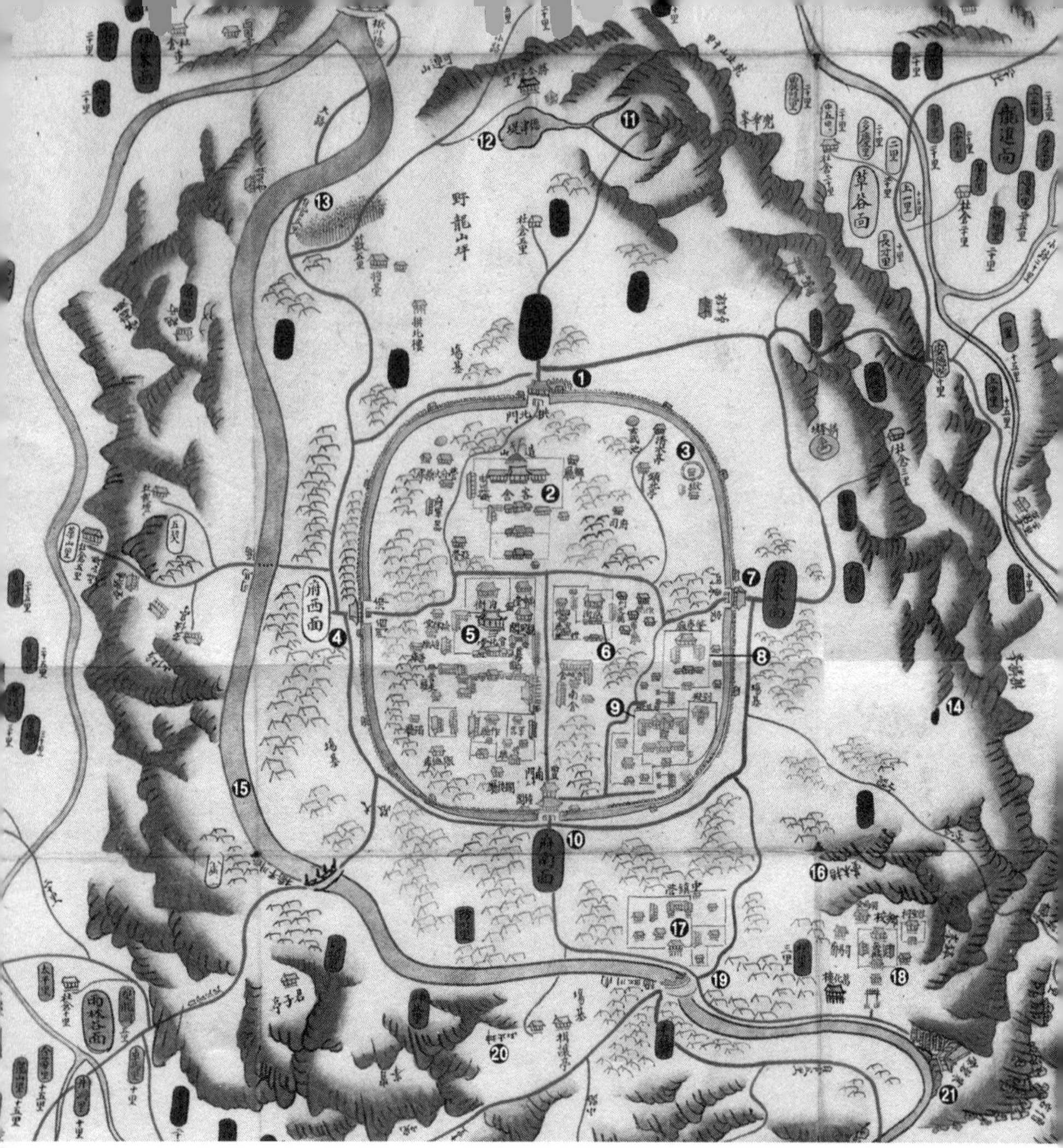

▲全州古地図（部分） 1872年、ソウル大学奎章閣所蔵

①北門 ②客舎 ③獄 ④西門 ⑤監営 ⑥府営 ⑦東門 ⑧肇慶廟 ⑨慶基殿 ⑩豊南門

⑪乾止山 ⑫徳津堤 ⑬スプチョンイ ⑭麒麟峰 ⑮全州川 ⑯梧木台 ⑰中鎮営 ⑱全州郷校

⑲南川橋 ⑳坤止山 ㉑寒碧堂

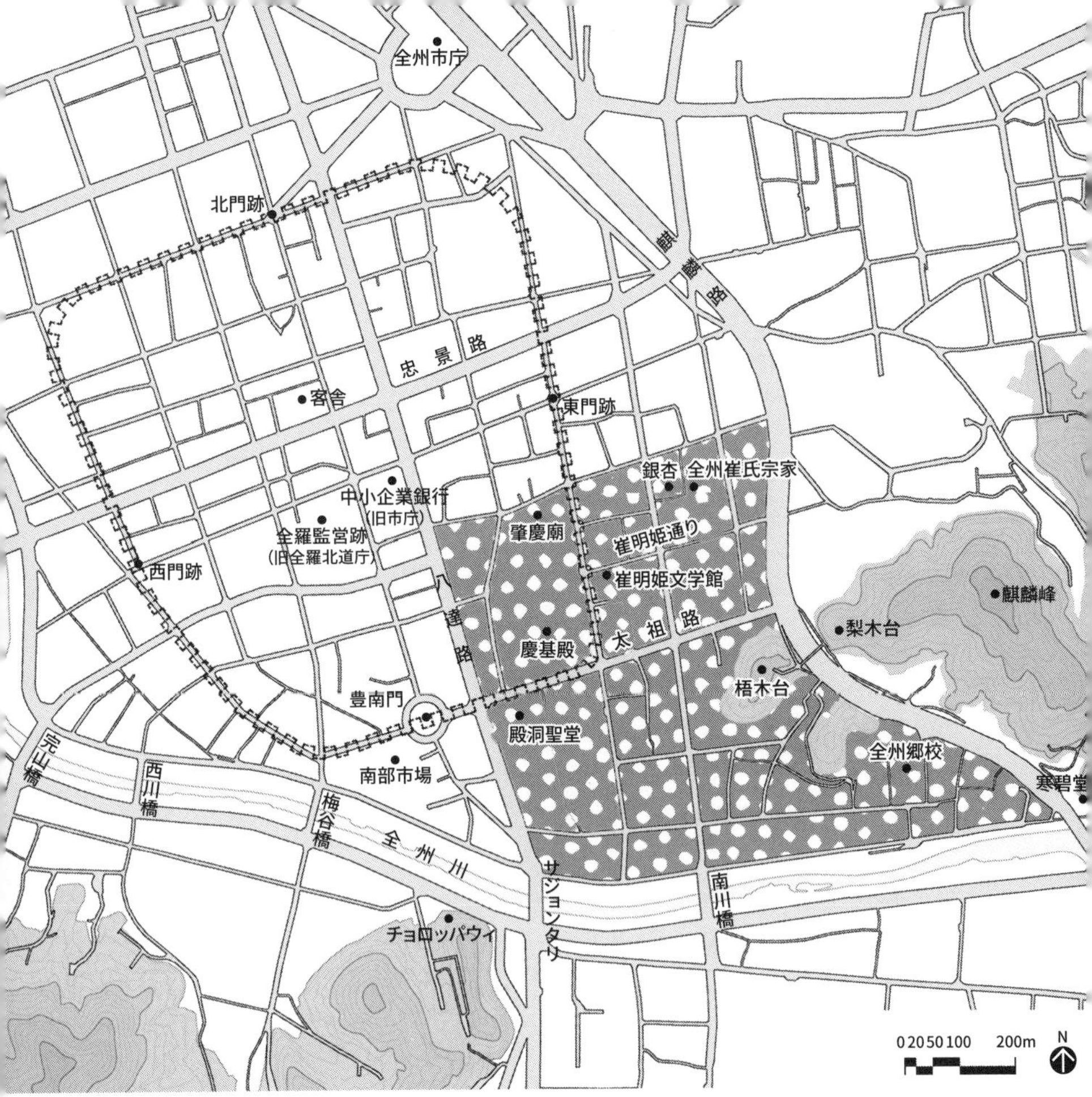

▲現在の全州市の中心部

朝鮮時代の城壁（豊南門－西門跡－北門跡－東門跡）、▒部分が古い町並み

録』を守った全州史庫や、のちに当地に移設された睿宗《イェジョン》大王胎室【1】などの集まる聖なる領域が都市空間の大きな部分を占めている。

　町の南東にある小高い丘、梨木台《イモッテ》と梧木台《オモッテ》には、どちらにも朝鮮王室のルーツがそこにあることを告げる朝鮮第26代王・高宗《コジョン》（在位1863〜1907）の揮毫《きごう》した石碑がある。梨木台は李成桂の4代前の祖・李安社《イアンサ》の生まれ育った場所だ。高麗末期の1380年、全羅・楊広《ヤングァン》・慶尚《キョンサン》3道の巡察使《スンチャルサ》だった李成桂は全羅北道南原《ナムォン》市雲峰《ウンボン》邑の黄山《ファンサン》で倭寇を撃退し、都・開城《ケソン》に戻る道すがら、一族郎党とともに梧木台で戦勝祝賀の宴を開いた。その席上、李成桂は前漢の劉邦が故郷沛《はい》県の豊邑で歌ったという「大風歌」を吟じてそれとなく政権への意欲をにじませたという。1388年に「威化島《ウィファド》の回軍」と呼ばれるクーデターで政権を奪取する8年も前に、李成桂が本当におおっぴらに「大風歌」を吟じたかどうかは疑問だ。ともあれ、その宴席には李成桂に帯同していた副官で高麗の忠臣だった鄭夢周《チョンモンジュ》（1337〜1392）の姿もあった。李成桂の野心を察した鄭夢周は急ぎその場を辞し、全州川《チョンジュチョン》を挟んだ向かいにある南固山城の萬景台《マンギョンデ》に登った。そして「悒悵無由望玉京（悲しみに暮れただ都を望むばかり）」と締めくくられる「登全州萬景台」という詩におのれの複雑な心境を表現した。

　史実では鄭夢周は開城にある善竹《ソンジュク》橋で暗殺されるのだが、皮肉にも鄭夢周を殺害するよう教唆した李成桂の子・李芳遠《イバンウォン》（*のちに朝鮮3代王となる太宗《テジョン》、在位1400〜1418）から宰相に当たる領義政の位と「文忠《ムンチュン》」という諡号を授かり、忠のシンボルとして名を残すことになる。さらにその後、鄭夢周は教育者として尊崇され、全州郷校《ヒャンギョ》を含む全国の文廟に祀られている。現在は全州市内の古い町並み【2】の南東の角にある全州郷校だが、もとは慶基殿の北に隣接していた。つまり高麗末期から朝鮮初期にかけての政治上のライバルが至近距離に祀られていたわけだ。

　27代にわたって受け継がれた朝鮮王朝が幕を閉じると、都を離れて散り散りになっていた王家の末裔たちが訪ねてきたのも全州だった。朝鮮王家のラスト・プリンセスのひとりとして知られた李文鎔《イムニョン》は1975年に全州に移り住み、慶基殿の敷地内の守直舎《スジクサ》という庵に暮らし、1987年に波乱の生涯を終えた。高宗の孫・李錫《イソク》も2004年から全州市が古い町並みの一角に用意した承光斎《スングァンジェ》という韓屋で暮らしている。つまり全州は朝鮮王朝を育んだ聖なる町であり、朝鮮王室の末裔を迎え入れたぬくもりある「伝統の町」である。

1985年の初め、大学院への進学を控えた僕は建築家・金基雄《キムギウン》が代表を務める設計事務所でアルバイトをしていた。ある日、事務所の片隅で鉄筋コンクリートのビルに韓屋の屋根と窓をはめこんだ特異な形状の建物の図面を目にした。それが全州市庁舎だった。1981年、国鉄（＊現・韓国鉄道公社）全羅線の移設による全州駅の郊外への移転に伴い、全州府営の跡地にあった全州市庁舎が旧全州駅の跡地に移されることになり、新たに設計したのだ。歴史都市・全州の象徴である城壁の南門・豊南門《プンナムムン》（宝物）のデザインを取り入れたユニークにして果敢な設計だった。当時はポストモダンだなんだと騒がれたが、コンクリートの枠にはめこまれた瓦屋根を見て、「屋根をこんなふうに好き勝手にいじっていいのかな」と素朴な疑問を抱いた。

それから20数年が過ぎて今また全州の町を歩き、町のそこここに瓦屋根が漂流しているのを目撃した。道路には横断歩道ごとに小さな家のようなモノがあって不思議に思ってよく見ると、交通信号制御機の上に瓦屋根が載せてあるのだ。ときおり見かけるやや大きなやつは公衆電話ボックスだ。南部市場の入口の鉄製のゲートにも瓦屋根が当たり前のように載っている。誰もが知るとおり、瓦屋根は本来、韓屋の木製の門柱や家が毅然とした趣で戴いているものだった。そんな瓦屋根がいかに自由を手にしたことか。

フィールドワークを繰り返して全州の古い町並みを観察してみると、コンクリート製の門の屋根がひとつふたつと瓦屋根に変わりつつある。どこからか強風が吹いてきて近代期の殺風景な屋根を吹き飛ばし、韓屋の瓦屋根を据えたらしい。近代を片づけたあとに古い要素を据えつける、その風のことをポストモダンの風と呼べそうだ。だが20世紀後半にはそれと真逆の風が吹いた。

全州のように長い歴史をもつ町はまれだ。20世紀以降、韓国の歴史都市には近代の風とポストモダンの風の両方が吹いたが、全州ほど伝統と近代、そしてポストモダンの風のいずれもが強く吹き荒れた町もまたおそらくないだろう。3つのトレンドがそれぞれ力強く展開した場合、町はいかなる姿になるのだろう。異質な要素の入り混じった複雑なコラージュになるのか。あるいはさまざまな素材がコチュジャンを媒介にバランスよく融合する全州名物ピビンパのごとき味わい深い町になるのか。

☯町の境界で出会った美、そして破壊

集落を城壁で囲った邑城から出発した歴史都市の、目に見える境界はもちろん城壁だった。そして城壁の外周には

邑城の防御のために濠を巡らせて町の境界がさらに安全な防御線になるようにした。だが城壁の周囲にぐるりと濠を穿つよりも、自然の河川を濠として利用するほうが一般的だった。

全州では城壁のすぐ外の南と東を流れる全州川が濠の役割を果たしていた。ところで、全州が町になるはるか以前、人々が少しずつ集まり定着しはじめたころは、全州川の流れは今とは違っていた。現在は遠く南から流れてきた全州川が寒碧堂《ハンビョッタン》の手前の絶壁にぶつかって大きく西に回りこんでから北に向かっているが、当時は絶壁にぶつかった小川が西に行くかと思いきや梧木台の下を経て北へと流れていたのだという。だから初期に定着した人々は麒麟峰《キリンボン》の裾野に西向きに集落を形成したのだ。

全州に坤止《コンジ》山を望む南向きの都市空間が形づくられたのは、全州川が悠久の歳月を経て徐々に西へと流れを変えていったからだ。全州川が長い時間をかけて少しずつ都市空間を用意してくれたおかげで全州という町が生まれたのだ。ブルドーザーが川の流れを無理やり変え、土地を平らに造成して作る現代のニュータウンとは、その生い立ちからして違う。したがって自然が整えてくれた町・全州の境界はかっちりとした直線ではなく、川の描くやわらかな曲線である。

全州川は町の内と外を区分けした。全州川の右岸は町であり、左岸は未開拓の地だ。ゆえに右岸には役人が、左岸には下層民が居住していた。たいして広くもないこの小川を渡ることは、自然の空間から人間の空間へと入る儀式だった。1872年に刊行された地図を見るとわかるように、町の正門たる豊南門へとつながる南川《ナムチョン》橋を手のこんだアーチ橋にしたのは、この橋が町の第一印象を左右するからだ。この橋は最近ふたたびアーチ橋へと復元され、その上に9間《けん》の立派な見晴らし堂が築かれて夏場には市民の憩いの場所となっている。

裏路地のもの陰に等し並みの日々の宿らぬことなどある
ものか　しかし
しかし　ここは全州川のほとり
晩夏、風も水も清らか
道は自転車を押していく柳の並木
こんな夕暮れ
北極星に住まう友のひとりくらい
腹の固いロバにまたがって遊びにこないか
ならば僕は国一家《クギルチプ》［3］のすこし先　黄金《ファングム》スーパーの前あ

▲南川橋の見晴らし堂　最近ふたたびアーチ橋へと復元された南川橋の上の立派な見晴らし堂は、夏場には市民の憩いの場所となっている。

たりで　友を迎えるのさ
友はロバに乗り　僕は車輪がじりじり音をたてて回る自
転車を押し
けらけらけらと笑いながら校洞《キョドン》の丘の板間の広き我が家
へと　ともに昇るのさ
風よき夕暮れ

金思寅《キムサイン》「全州」より[4]

全州川は「風も水も清らか」だから詩の1篇くらいすぐにひらめきそうだ。古くから全州が韓紙で名高いのも全州川のきれいな水のおかげだ。全州の韓紙は全州川の上流、完州《ワンジュ》郡九耳面《クイミョン》、上関面《サングァンミョン》一帯で生産されている。こんにちでも夏になると全州の人々は大人も子どもも全州川に繰り出す。子どもたちは水遊びに興じ、大人たちは川底を覗きこんでカワニナ獲りだ。都市部も農村部も川が汚水や廃液の排水溝へと転落してしまった現代だが、全州だけは町の境界を流れる川で心置きなく水遊びができる。天然記念物のカワウソが生息するほど全州川は今なお清流を誇り、水草の生い茂る生態系を保っている。全州川は人工的な演出の施されたソウルの清渓川《チョンゲチョン》とは格の違う、ホンモノの天然の川である。川沿いは金思寅の詩「全州」に描かれたような「風よき夕暮れ」に友と会うのにもってこいの場所だ。あえて遠くに避暑に行かずとも、町なかでゆったりと友と待ち合わせのできる全州の人々は幸せ者だ。

　町の境界は人間が舵取りをする行政と自然の織りなす景観の接線である。町の内部で繰り広げられる行政は町の力を、町の境界の景観は町の品格と魅力を物語っている。現代都市が摩天楼を誇るなら、歴史都市は絶景を望める楼閣や四阿《あずまや》が自慢の種だ。高層ビルのない現代の大都市など考えられないように、絵になる楼閣や四阿のない歴史都市など考えられない。密陽《ミリャン》に嶺南楼《ヨンナムヌー》が、春川《チュンチョン》に昭陽亭《ソヤンジョン》があるならば、全州には寒碧堂がある。

　寒碧堂は朝鮮建国の功臣として若くして官吏に登用された崔霔《チェダム》（1346〜1434）が官職を辞して故郷に戻り、1404年に築いた四阿だ。当初は崔霔の号・月塘《ウォルタン》にちなんで月塘楼《ウォルタンヌー》と呼ばれていた。「寒碧《ハンビョク》」とは岩にぶつかって翡翠のごとく砕ける冷たい水のことで、朱熹の詩「九曲棹歌」の「山下寒流曲曲清」を彷彿させる。崔霔は現在の古い町並みの一角に一族の本拠地を築いた人物だ。朝鮮時代の士大夫は、日常の住まいだけでなく別墅《べっしょ》と呼ばれる別邸を構えてこそ居所が定まったとみなされたものだが、崔霔は寒碧堂を築くことでそうした士大夫の生活観をいち早く実践したのだ。

　寒碧堂は僧岩《スンアム》山のふもとの絶壁に「乗っている」。そう記したのは構造上そうなっているからだ。石柱と礎石の上に土台となる長い木製の部材を巡らせて据え、その上に柱を立てて床板を敷くための根太《ねだ》を渡してある。礎石の上にじかに柱を立てる一般的な韓屋の構造とは違い、建物の下部が土台でひとくくりにされている。そうすることで柱がまちまちに動くことがなくなり、きわめて安定した建築になる。絶壁上の建物の柱が前滑りするなど考えただけでぞっとする。絶壁上という特別な立地が、韓屋にはまれな寒碧堂の特殊な構造を生んだのだ。

　寒碧堂は急な石段を登り、建物の側面から中に入るような造りになっている。寒碧堂の下に何軒か小さな家の描かれた古地図を見ると、かつては寒碧堂に至る石段に沿って回廊が築かれていたらしい。1931年の改修の際に取り払われたと思われるその回廊は、四阿に登る道中にも趣を添えていたはずだ。回廊を従えた楼閣や四阿はそう多くはない。密陽の嶺南楼、南原の広寒楼《クァンハルルー》、清風《チョンプン》の寒碧楼《ハンビョンヌー》くらいだが、奇遇にも清風の寒碧楼は漢字まで一緒だ。

　寒碧堂に上がると視線はおのずと右に誘《いざな》われる。そちら側だけ大きく開けているからだ。その視線はやがて全州川を遡ってかなたに見えるつんととがった山の頂へと至る。高徳山《コドク》（603m）だ。その右手前に迫る山が南固山で、目を凝らせば甄萱の築いたという南固山城が見える。

　1931年に寒碧堂の下にトンネルを穿ち、今の麒麟大路《キリンデロ》（*全州川以北が麒麟大路、以南は春香路《チュニャンノ》）のところに全州―南原を結ぶ鉄道が開通した。南原から色長洞《セッチャンドン》経由で走る全羅線は、寒碧トンネルを通り、梧木台と梨木台という朝鮮のルーツの地をまっぷたつに断ち切って益山方面へと向かっていた。全州の生んだ小説家・崔明姫《チェミョンヒ》は大河小説『魂火《ホンプル》』で次のように描写している。「やがて発車した汽車は梧木台を脇にかすめて全州川の清らかな水に影を落とす寒碧の楼閣を望みつつ真っ暗なトンネルへと入っていく」。

▲全州川に臨む寒碧堂　遠く南（右）から流れてきた全州川が寒碧堂下の絶壁にぶつかって大きく西へと方向を変える。かつては寒碧堂に至る階段に回廊が築かれていた。

　寒碧堂に腰を下ろした人々は尻に感じる汽車の響きに日に幾度かは落ち着かなかったろうが、町の境界に位置する美しいシンボルの寒碧堂は、それでもなお麗容を誇ることができた。寒碧堂を取り壊して鉄道を敷設しようとした日本の計画に、儒学者が激しく反対したからだ。だがそれから半世紀が過ぎ、寒碧堂は町から消えたも同然となった。有無を言わせず消したのは開発独裁のブルドーザーだった。1985年に寒碧堂の真下に4車線の寒碧橋が架けられた。それ以来、寒碧堂の場所はますますわかりにくくなり、しかも暗くじめじめした橋の下をくぐらなければならなくなった。開発の時代を経て経済の豊かさを手にしたと自負している現代人のありさまを見よ。回廊を通って風情を楽しみつつ四阿へと登る代わりに、見えもしない四阿に行くために真っ暗な橋の下を進み、明るい場所に出てまぶしさに面食らう。ヘトヘトになって四阿にたどり着いても、その見晴らしは半分しか楽しめない。橋が全州川の下流側の景色を隠してしまい、上流側しか見えないのだ。そのうえ自動車の騒音がひどく、すぐにイライラしてくる。

　橋を寒碧堂からもう少し離れた位置に架けていたなら、

寒碧堂は視覚的にも聴覚的にもここまでみごとに消し去られはしなかったはずだ。高層マンションを建設すると発表しただけでカネがどんどんつぎ込まれた開発独裁の時代に、団地の片隅の集会所よりも小さな四阿ごときにブルドーザーの進行方向を変えられるはずもなかったろう。都市部では伝統や文化が資本の力を食い止めるのはきわめて難しい。問題は、都市部における資本の勝利はつまり人間の敗北だという事実だ。

伝統都市のシンボル、城壁と市場

周辺に広い後背地を形成する役割を有して一帯の中心をなし、相対的に規模が大きく建物が密集して人々の定住する地域を「都市」という。「都市」という用語は20世紀初めに日本で本格的に使われはじめ、やがて朝鮮半島にも伝えられた。韓国語の「都市」は100年そこそこの新しい用語というわけだ。それ以前は首都のことは「都城《トソン》」（*固有語で「ソウル」）」、地方都市は「邑治《ウプチ》」または「コウル」という語を用いていた。中国では最近こそ専門分野で「都市」なる語を使いはじめたが、それ以前は「都市」ではなく「城市」という語を使っていた。

都市に備わっていなければならない要素とは何だろうか。答えは文化圏によって違う。インドでは寺院・宮殿・市場であり、中世イスラム圏ではモスク・常設市場・公衆浴場だった。ヨーロッパでは城、神殿（教会）、広場、公会堂（市庁舎）、市場などだ。ではわが国ではどうだったろう。「城市」という言い方に表れているように、わが国を含む東アジアでは都市とは行政施設を取り囲む城壁とモノを売り買いする市場のある場所だった。すなわち、都市とは周辺地域を治め、地域の人々がモノを取り引きする場所のことだった。

全州の城壁は高麗時代末期の1388年に全羅道観察使《クァンチャルサ》の崔有慶《チェユギョン》が築いたという。時代は下って1734年に赴任した観察使・趙顕命《チョヒョンミョン》が城壁を改修・増築し、四大門を設けた。邑城の南門には高くアーチ型の石積みを施し、その上に明見楼《ミョンギョンヌー》という木造の三層楼閣を築いた。東西および北にはそれぞれ判東門《パンドンムン》、相西門《サンソムン》、中車門《チュンチャムン》を設けて二層の門楼を建てた。だが1767年3月に全州城内が火の海となった丁亥の大火によって南門と西門は焼失してしまった。同年9月に赴任した観察使・洪楽仁《ホンナギン》が2つの門を復旧し、建国の祖ゆかりの地を表す「豊沛《ほうはい》」から一字ずつ取ってそれぞれ豊南門、沛西門《ペソムン》と名を改めた。「豊沛」とは、漢の劉邦の出身地、沛県豊邑に由来する語だ。再建の際に南門の

▲豊南門　全州城の南門。もともと三層だった門楼が二層へと低層化したためだろうか、甕城がやや大ぶりに見えるが、それでもなお豊南門は美しい。

門楼は二層、西門の門楼は一層になった。低層化したためだろうか、甕城《おうじょう》（城門前を囲むように築かれた城壁で、甕《かめ》のような外観をしているところからこう呼ばれる）がやや大ぶりに見えるが、それでもなお豊南門は美しい。

全州城は三南地方でもっとも大きな城だった。北部では平壌《ピョンヤン》と咸興《ハムン》、南部では全州と大邱《テグ》の城郭の規模が大きかったが、大邱城は全州城の3分の2ほどにすぎなかった。現在の推定による城内の面積は約72haだ。城壁で囲まれた町の中心を占めるのは「豊沛之館《プンペジグァン》」の銘板の掲げられた客《ケク》舎《サ》である。客舎と豊南門を結ぶ南北方向の軸と東門と西門を結ぶ東西方向の軸の出会うT字路が町の中心となる街路だった。現在も客舎の裏手は賑やかな商業地区だが、朝鮮時代にはこの地区には錫器工房、鉄具工房、扇工房などがあった。客舎の前には全羅監営と全州府営が左右に並んでいた。監営には全羅道の行政を総括する全羅監司《カムサ》（＊＝観察使）が、府営には全州府の行政の責任を負う全州府尹《プユン》がいた。いずれも従二品（＊朝鮮時代の18段階の位階制度で上から4番目）と同等だったため、壬辰倭乱後はひとりが兼職することが多かった。

古地図を見ると、監営の敷地内に王室に献上する扇を作る扇子庁《ソンジャチョン》なる役所が大きな面積を占めており、全州が韓紙と扇の一大拠点だったことは監営の配置からも確認できる。1921年に全羅監営の跡地に全羅北道庁舎が新築されて最近まで使われ[5]、府営のほうは1934年に撤去されて郡庁舎が建てられ、その後1961年から20年あまり全州市庁舎として使われた。

都市はモノの流通の中心地でもある。そのため中世から現在まで中国、日本、インド、イスラム圏、ヨーロッパなどほぼすべての文化圏で市場は都市の中心的な構成要素であり、都市の人々の生活の中心だった。わが国の歴史都市も例外ではなく、咸鏡《ハムギョン》道の内陸地方のような一部の山奥を除けば、ほぼすべての町で市が立っていた。常設市場のあるかなり大きな町を除き、大半の町では5日ごとに開かれる定期市だった。

全州は全羅道の行政の中心都市だったので、城門を経て周辺の町々へと通じる街道があり、城門の外は周辺地域の人々の集まる結節点だった。そのため4つの城門すべての外に市が立った。邑城の南西、つまり南門と西門を結ぶ通りには銀細工屋、紙屋、日用雑貨を扱う商店街が形成された。かつて全州は湖南地方最大の物流の集散地だったが、現在は南門の外側にのみ「南部市場」という名で存続している。

南門で下一桁が2と7の日に立っていた定期市では生活用品とともに穀物を扱っていた。この場市は穀倉地帯の湖南平野で生産されるコメの集散地だった。そのため任実《イムシル》、鎮安《チナン》、完州など近隣地域の商人はもとより、遠く釜山《プサン》や馬《マ》山《サン》からもコメの買い付けに訪れ、全国のコメ相場がここで決まっていた。

また、全州川沿いには扱う品目の異なる複数の小規模な市場がずらりと並んでいた。サジョンタリ（*「米屋橋」の意）の周辺にはコメをはじめ穀物を商う市が立った。梅谷《メゴク》橋の付近には牛市が立ち、そこは「牛屋の川辺」と呼ばれた。牛市の立たない日、人々は広々としたその空き地で凧揚げをした。面白いことに夏場にも凧揚げをしたそうだ。梅谷橋と西川《ソチョン》橋のあいだには煙管屋が店開きした。もっとも西の完山橋一帯は塩市場だった。今では川沿いの道の両側に店が並ぶのはサジョンタリと梅谷橋のあいだだけだ。

城壁の撤去とともに吹き寄せた近代の風

城門と城壁は伝統都市のシンボルだった。全州の城壁は1894年の東学農民戦争の際に農民軍に占拠され攻防が繰り広げられて破壊が進んだ。日本はそんな城壁を復旧するどころか、南門以外の城門と城壁をすっかり撤去してしまった。１９０７~１９１１年のことである。植民地期の城壁の撤去は強いられた新時代、近代の始まりを告げる事件だった。城壁という伝統が崩壊したころ、豊南門の近くに殿洞《チョンドン》聖堂が建設された。

聖堂は町のもっとも高い場所に建てられるものだ。少しでも近くで神にまみえたいからだという解釈も可能だが、それは地形の高低が精神的なステータスとも関係しているからだ。全州市街地で高い場所といえば梧木台だ。事実、殿洞聖堂を梧木台に建設しようという計画もあったが、当時全羅監司を務めていた李完用《イワニョン》[6]がそれに歯止めをかけた。それほどに朝鮮王朝のことを思っていた李完用が、わずか10数年で国を売る旗振り役になろうとは……。

19世紀末から欧米の宣教師たちによってわが国に教会や学校といった西洋建築が建てられるようになる。なかでも殿洞聖堂は大邱の桂山《ケサン》主教座大聖堂と並んで20世紀初めに建てられた代表的な聖堂建築だ。殿洞聖堂で初代司祭を務めたフランス人神父ボドネーは、漢陽《ハニャン》の明洞《ミョンドン》聖堂内部の設計を担当したポワネル神父に設計を依頼する。当時の朝鮮半島で教会建築をリードしたのは主としてボドネー神父の所属するパリ外国宣教会の聖職者たちだった。日本を介して欧米文化に接することの多かったわが国の近代史で、殿洞聖堂は西洋人の直接持ち込んだ西洋建築であるという点で大きな意味を持つ。

殿洞聖堂が建設される前、つまり18世紀末から１００年あまりのあいだ、一帯は刑場だった。民への見せしめとする必要のあるたびに、人々で賑わう豊南門外が刑執行の場に選ばれていたのだ。わが国初のカトリック殉教者、尹持忠《ユンジチュン》とその従兄の権尚然《クォンサンヨン》が斬首されたのもここだ。１７９１年、尹持忠は母親の葬儀をカトリックの儀礼にのっとって執り行った廉で処刑される。次いで「辛酉の迫害」と呼ばれる１８０１年のキリスト教徒弾圧の際には「湖南の使徒」といわれた柳恒倹《ユハンゴム》とその弟柳観倹《ユグァンゴム》、尹持忠の弟尹持憲《ユンジホン》といった全州地域の初期カトリック信徒たちがこの地で殉教した。柳恒倹は死後に首と手足を切断されたうえ、その首は豊南門の楼閣に晒されたという。伝統とともに権威の象徴だった豊南門のすぐそばに近代建築様式のカトリック教会が建てられたのだから、時代の変化とはいえ、ずいぶんな変わりようだ。

ロマネスク様式を基本に正面中央の鐘楼と左右の階段塔にビザンツ風のドームを戴いた殿洞聖堂は、全羅道地域にはじめて建てられた西洋建築だ。ロマネスク様式は前後に長い内部空間を分厚い壁体で囲み、垂直性を強調し、西洋建築史ではじめて塔を重要な形態的要素として用いた様式である。そのためノルウェーの建築史家ノルベルグ＝シュルツは「ロマネスク教会は要塞であると同時に天に通じる扉」と表現した。ロマネスク様式の教会では内部空間はリズミカルに区画されている。その特徴がよく表れている殿洞聖堂は、韓国でもっとも美しいロマネスク建築といっていい。聖職者たちは建築家としてはアマチュアだったにもかかわらず、7年（1908〜1914）もの建設期間の全般にわたり、細心の誠意を尽くして内部・外部ともに美しい建築を誕生させた。

殿洞聖堂が建設されたころ、ちょうど全州邑城の城壁の取り壊しが進んでいたことから、豊南門の一角に使われていた石垣の一部を運び出して新たに造られる聖堂の礎石に利用したという。殉教者の血の染み込んだ礎石の上に、信徒たちは中国人技師の指示に従ってレンガと石材をひとつずつ積み上げた。工事現場には全州はもとより鎮安郡や長《チャン》水《ス》郡に住む信徒まで毎日早朝から駆り出され、夜更けにたいまつを手に帰宅したという。聖堂の床はもとは板敷だったが、今は石材で仕上げられている。

どこよりも伝統の力の強かった全州に高くそびえる鐘楼を擁する殿洞聖堂を見るにつけ、こもごもの思いが去来する。当時、この町に吹き寄せた近代の風はたしかに「西風」だった。だが殿洞聖堂の裏手に幾重にも連なる韓屋の甍の波を目にした瞬間、混乱が生じる。あの家々もまた城壁が消えて町の境界が広がってから建てられたはずなのに、なぜ？　こうした風景は近代の風が町の隅々までガラリと変えてしまいはしなかったことを物語っている。さらに韓国の歴史都市において、近代とは伝統と完全に断絶した現象でなかったことも示唆している。

☯殉教の地チョロッパウィと客舎、そして味元《ミウォン》タワー

坤止山の裾野が全州川と出会うところ、サジョンタリの南西には天然記念物に指定された一葉田子《ひとつばたご》の茂みの奥にチョロッパウィ（＊「緑の岩」の意）が隠れている。例年5月には樹齢200年を超える24本の一葉田子の白い花むらに覆われるこの岩は、町の北西にある鎮北洞《チンブットン》のスプチョンイ（＊「里森」の意）とともに朝鮮時代に罪人の刑場だった。全州川の左岸に道が拓かれる前、チョロッパウィは全州川ぎわにそそり立つ高い崖だった。「丙寅の迫害」と呼ばれる1866年のキリスト教徒弾圧の際に漢陽・漢江《ハンガン》の中州セナムト（＊「茅と木のあるところ」から転訛）で殉教した南鍾《ナムジョン》三《サム》、洪鳳周《ホンボンジュ》の幼い息子たちがここに連行されて殺害された

◀**殿洞聖堂**　ロマネスク様式を基本に正面中央の鐘楼と左右の階段塔にビザンツ風のドームを戴いた殿洞聖堂は、全羅道地域にはじめて建てられた西洋建築だ。映画『約束』（キム・ユジン監督、1998、ゆうばり国際ファンタスティック映画祭2008で上映）のロケ地としてさらに有名になった。

주차금지

うえで川に突き落とされ、下を流れる川が血に染まったという。１８９５年初めには東学農民軍の３人の指導者のひとり金開南《キムゲナム》もここで打ち首となった。東学農民軍の総大将・全琫準《チョンボンジュン》がかつての部下の密告によって捕えられたまさにその日、金開南は全羅北道井邑《チョンウプ》郡山内面《サンネミョン》でやはり友人の密告によって逮捕され、全羅監営に送致された。漢陽に送致された全琫準とは違い、金開南はただちに処刑されて頭部だけが漢陽に送られ、西小門《ソソムン》外で晒し首となった。

なぜよりによって清らかな水の流れる美しい全州川のほとりで残忍な処刑が行われたのか。東学と西学（*キリスト教）、正反対の名を持つ理念を信奉した人々が同じ場所で死を迎えた事実は何を暗示しているのか。地図の図版を作成していてチョロッパウィが客舎や監営と一直線上にあることに気づいた。王権を守る行為である処刑の場としてチョロッパウィが選ばれた理由はまさにそこにあるのだろう。王権の象徴たる客舎とまっすぐに結ばれることにより、チョロッパウィは王権守護のシンボリックな場所となりえたのだろう。

東学と西学、それは少なくとも万民平等を信奉したという点において異ならなかった。その信念は当時の王権にとって恐るべき脅威だった。チョロッパウィで東学と西学を信奉する人々の首を刎ねた剣《つるぎ》は、毎月満月の夜に王を象徴する「殿」と書かれた木牌に平伏し、王権を代行する全羅監司から授かったものだった。岩が苔むしていたことから緑の岩を意味するチョロッパウィの名で呼ばれていたが、王権が脅かされる事件の頻発した朝鮮末期になると、岩はたびたび血の色に染まった。

朝鮮王朝が没落し、王権の象徴たる客舎は東の翼廊が取り壊され、王権守護の象徴であるチョロッパウィはコンクリートでぶざまに覆われて白っぽい擁壁となった。どちらも近代期に行なわれた道路拡張の結果だ。チョロッパウィは１９３６年の洪水で堤防設置工事の際に一部が切り崩されたそうだが、現在のようなありさまになったのは１９７０年代の全州川沿いの道路工事のせいだ。近代の風は新設された道路を通って吹き荒れた。人間の建てた客舎は宝物に指定されて復元されたが、自然の作りあげたチョロッパウィは復元のすべさえない。

現在全州のもっとも中心的な南北の軸である八達路《パルタルロ》は、植民地期から少しずつ工事が進められ、１９６３年に全州で開催された全国体育大会を前に軍隊式の突貫工事で同年９月に開通した。３回も誘致に失敗しながら懲りずに申請してやっと誘致を勝ち取るほど、国体開催には相当なうまみのあったことがうかがえる。市内には公衆浴場が10か所、公衆便所は15か所しかなかったため、国体開催期間中は各家庭に「便所使用歓迎」の貼り紙を掲示せざるをえなかった町が、本来10年かかるところを一気に発展させるチャンスは国体しかないと考えたのだろう。東西を貫く道路の忠《チュン》景《ギョン》路《ノ》もまた国体の産物だ。この道路は1980年開催の全州で2度目の国体を控えて完工した。朴正熙《パクチョンヒ》大統領暗殺事件（1979年10月）、光州民衆抗争（1980年5月）[7]と相次いだ韓国現代史の激動の中でも諦めきれないほど、国体の魅力は大きかったのだろうか。

伝統都市・全州の骨格が王権を象徴する客舎を中心に形づくられたとするなら、現代都市・全州の骨格は、奇遇にも朴正熙政権の始まりの年と終わりの年に前後して開催された2度の全国体育大会によってもたらされた。かくして前近代期に南北と東西の中心軸をなしていた通りは、それぞれ東と北へ1ブロックずれた八達路と忠景路へと、長年担ってきた役割を明け渡した。2度の国体が終わると、町の中心軸は古地図のT字型から十字型へと変わり、町は4つの区画に分割された。

新たな南北の軸である八達路もまた、過去の南北の軸がそうだったように政治的な儀式の軸になった。この近代の軸では各種の政治パレードが繰り広げられた。10月1日の「国軍の日」には戦車を先頭に街頭パレードがあり、小銃ならぬ竹箒を肩にかついだ壮年男子が「冬季大掃除前進大会」の行進をしたこともあった。

新たな中心軸の交差点には「味元《ミウォン》タワー」が建てられた。4つの側面に化学調味料「味元」のロゴとともに「忠孝」と書かれたこのアーチ看板は、町の空間構造の位相から見れば過去の中心軸における客舎の位置に該当する。忠誠を求めている点でも両者は一致する。味元タワーは、創業者が全羅北道庁で働いていた縁から化学調味料メーカー味元（＊現・大象《テサン》）が全州のど真ん中に建てた広告塔だった。味元が化学調味料の代名詞だったころ、僕はよく食卓で「味元入れた？」と尋ねたものだ。料理の腕はいまいちのくせに加工食品が嫌いで天然素材にこだわっていた母親へのささやかな抗議だった。調味料の広告塔は人々に忠孝を求めていたが、僕は調味料を要求する親不孝者だった。

1980年の全斗煥《チョンドゥファン》政権の登場とともに撤去されるまで、味元タワーは1970年代の全州で最大の名物にしてランドマークだった。当時、町なかで道行く人に道を尋ねると、味元タワーを基準に教えてくれたという。千年の町・全州の重厚な伝統は、「忠孝」という文字に置き換えられて交差点の上に軽々と掲げられていた。

☯韓屋と居住地、そして町の品格

長年にわたって行政の中心だった全州市街地に今も残るかつての官衙建築は客舎だけだ。こんにち、全州を全州たらしめているのは見事な官衙建築ではなく、旧城壁の外に広がる消炭色の甍の連なる韓屋群だ。それらの家がこの伝統の町に品格を添えている。

古い町並みは全州市街地の南東角に当たる完山区校洞、豊南洞《プンナムドン》一帯に位置する。古い町並みの東には麒麟峰の裾野へと続く麒麟大路が、西には八達路があり、南は全州川が東から西へと流れ、北は慶基殿裏の道が境界となっている。全州邑城は南は豊南門、東は慶基殿が境界だったから、古い町並みは邑城の外側に当たる。

古い町並みを含む全州市街地は、碁盤の目のように区画されている。現代の都市計画でもこうした格子状の道路配置はしばしば用いられるが、中国文化圏では古代からこうした配置がなされてきた。百済までのわが国の古代史をまとめた13世紀の史書『三国遺事』の慶州《キョンジュ》についての記録は、すでに古代から格子状の道路体系を導入していたことを伝えている。客舎と豊南門を結ぶ道を中心軸とする全州の道路体系も、古代の格子状の土地区画に由来するものと推定される。また、城壁も格子状の土地区画に沿って築かれるなど、格子状の区画は全州の空間構造の骨格をなしてきた。

だが古い町並みの味わいはまっすぐ伸びる通りではなく、その内側でくねくねと入り組んだ、つい心惹かれて足を踏み入れたくなる路地にある。崔明姫の『魂火』では地元のことばで「コサッ」と呼んでいる場所だ。かつては110あまりもの路地が古い町並みに彩りを添えていた。特に韓国の都市空間を特徴づける袋小路は、古い町並みでも発達していた。袋小路が枝分かれしてT字路になっていたり、奥でつながってL字型になっていたりする。

袋小路は公道というよりは内密な雰囲気さえ漂うひそやかな空間だ。こうした路地はたいていは奥の家の私有地の一部で、所有関係においてもプライベートな性格を有する。だが最近、浅薄な善意を振りかざすお役所、専門家、エンジニアが結託して路地の整備に乗り出したりするものだから、恐ろしいことこのうえない。プライベートな空間はオーナーを信じてその手に委ねるべきだ。よかれと思ってカネをつぎこんでも的外れな結果を招きかねない。むしろ地域住民の美的センスを磨く教育をしたほうがはるかに効果的かつ経済的だ。

▲古い町並みの韓屋群　客舎と豊南門を結ぶ道を中心軸とする全州の道路体系は古代の格子状の土地区画に由来するものと推定されるが、その内側ではくねくねと入り組んだ路地が発達している。

古い町並みの家々は1920~1950年代に集中的に建てられ、建築は1970年代まで続いた。韓定食の店に利用されている「両班家《ヤンバンガ》」の棟札には「己卯年」と記されており、1939年に建築されたことがわかる。統一新羅時代から1300年以上の歴史を有する古都で100年足らずを歴史と呼ぶのも憚られるが、この地区に匹敵するスポットがない以上、新参者の町並みが歴史都市・全州の雰囲気を盛りたてるべく奮闘している。

ソウルや全州で韓屋の残る地区が手厚く保護されるようになったのは、1960年代以降の無分別な都市開発のせいでもっと古くからの町並みが消えたからだ。全州の古い町並みは、1970年代ソウルの新興開発地域だった江南《カンナム》地区と同様、「新しい町」として造成された。20世紀初めに日本が全州邑城の城壁を取り壊し、市域を拡張して豊南門外に区画整理を行った地区に、湖南平野から上がる収益で豊かになった農業資本家と都市ブルジョアが住宅を建設することで新興高級住宅街が形成された。近代期に新たに建てられた韓屋を一般に改良韓屋と呼んでいたが、近年は都市韓屋と言い換えることが多い。「改良」は従来の韓屋が立ち遅れていることを前提とする表現だからだ。

韓屋は、ひとことで言えばシンボリックな記号体系だ。

その記号のひとつが屋根である。韓屋の屋根材は居住者の身分を、形状は建物の位階を表している。つまり、瓦葺なら両班すなわち支配階級を、藁葺なら庶民または賤民階級を表し、一軒の住宅を構成する母屋・舎廊棟《サランチェ》・門間棟《ムンカンチェ》にもそれぞれ格があり、屋根も格に従って入母屋、寄棟、切妻から選ばれた。だが両班と庶民の区分が瓦解し、門間棟に暮らしていた奉公人も去って新しい世の中がくると、古い町並みではどの家ももっとも格上の入母屋の瓦屋根を戴くようになった。そのため全州の古い町並みには、他のいわゆる「韓屋村」で見かける屋根のバリエーションや瓦葺・藁葺といった素材の変化がなく、比較的単調な景観だ。

古い町並み地区には７００棟あまりの建物があるが、うち韓屋が５４０棟と大半（約77%）を占めている。韓屋の建て坪は91～１３０平方m（27・5～39・3坪）とソウルの北村《プッチョン》地区より10坪ほど広い。さらに大半の家が南向きだ。近代期に建てられた当地の韓屋は部屋を前後に並べる間取りで、横一列に並べる伝統的な韓屋に比べて広い空間を確保でき、安定感を増した。前述の「両班家」では部屋は3列に配置され平面図は正方形に近い。これらの家では特に台所の手前に小部屋が設けられ、台所は奥へと退いた。都市空間の限りある敷地で広い部屋を確保するには、こうした間取りのほうが都合がよかった。そのため庭は狭くなった。台所の主《あるじ》たる主婦が多用途空間の中庭と菜園のある裏庭とを行き来しつつ家事を仕切るのが伝統的なスタイルだったが、今や庭は狭くなり台所は奥の隅に隠れている。

多くの家に広い板の間「大庁《テチョン》」がないのも伝統的な韓屋と異なる点だ。韓屋の大きな特徴は、日ごろは遊ばせておいても必要に応じてどんな用途にも使える中庭と大庁にあるといえる。冠婚葬祭や人寄せの際は大庁と中庭を一体の空間として使った。要するに中庭なくしては大庁も用をなさないのだ。だが20世紀初頭、韓屋の中心をなすそれらの空間を省略したり縮小したりしてややアレンジした韓屋が全州に現れた。それらの家は単位空間をきっちり決めてそれぞれの空間に一定の機能を割り当てようとした点で、建築の近代性（modernity）が確認できる。こうした韓屋を近代韓屋と呼ぶことができよう。

２０１２年4月1日、ふたたび訪れた全州の古い町並みは観光客で賑わっていた。うららかな日曜日だからか、思い思いに町並みを散策する人々は、長い冬ごもりから目覚めたかのように足取り軽やかで表情も明るかった。そんな一群にしばし取り囲まれて戸惑っていた僕は、何かに吸い寄せられるように直角に折れた路地へと入っていった。

▲**両班家**　1939年築のこの近代韓屋は韓定食の店になっている。部屋は前後3列に配置され平面図は正方形に近く、横一列に並べる伝統的な韓屋に比べて広い空間が確保できる。

路地に足を踏み入れると、たちまちあたりがしんとした。奥は行き止まりになっているらしく、さらに静けさが漂う。あたたかな春の日差しが明るく差しこんでいたその路地で、僕は「人の暮らす場所とはこういうもんだ」という覚醒を得た。門にも、塀にも、長年の暮らしの痕跡があった。セメントやモルタルで仕上げた石積みの柱の上に瓦屋根を載せた門からは、住人の経てきたであろう伝統、近代、ポストモダンの時間が感じられた。より広い内部空間を確保するために敷地の境界ぎりぎりに家を建てたことから、家の壁面と塀が一体化している。壁になった塀、あるいは塀になった壁に取り付けられた何本ものガス管やメーターは、人々が町に集まり、１軒の家に何世帯もが暮らさざるをえない事情を包み隠さず物語っている。

　では、この地区にはいつごろから人々が暮らしていたのだろう。区画は近代期に造成されたものだが、それ以前からここが人々の生活の場だったことをうかがわせるものがある。それがこの路地の傍らに立つ樹齢６００年にはなる銀杏の大木だ。銀杏は千年を超えてもなおたくさんの実を結ぶ木だから、誰かの植えたこの木は、この地区の来し方行く末の物語をすべて聞かせてくれることのできる唯一の存在だ。１９５０年代初めにこの銀杏の前を通って全北《チョンブク》大学に出勤していた国文学者・李秉岐《イビョンギ》が「公孫樹《いちょう》」という詩で詠んだように、「甲午はもとより丙子、壬辰の乱[8]をことごとく経」ているはずだ。だが樹齢に比べてずいぶんと痩せ衰え、年老いて見える。自動車の排気ガスのせいかもしれない。みずから危機感を覚えたのか、根元近くに新たな芽を吹いてわが子に跡目を継がせようとしている。今でもこの銀杏は地区で起きている諸々のことを細ごまと記録しているのかもしれない。

路地のぬくもりに浸っているあいだにも、何人もがそばを通りすぎていった。不思議なことにみな浮かれた観光客の姿ではなかった。足取りが遠慮がちだった。「ここが路地?」と尋ねる子どもも、年齢に似合わず「路地って落ち着くよね」という若者も、みなひそひそとささやくようにことばを交わしていた。そのとき、高麗時代の文人・李奎《イギュ》報《ボ》が『南行月日記』で全州を描写した表現を思い出した。「瓦葺の家々櫛比《しっぴ》し古《いにしえ》の都邑の趣あり、人々荷車にて物品を運び衣冠整斉たりて手本とすべし」。

空間の雰囲気が人の思考や行動に影響を及ぼすというのは環境心理学の定説だ。先人たちも、かねてその事実に気づいていたようだ。李退渓《イテゲ》が晩年をすごした陶山《トサン》書堂を安《アン》東《ドン》郊外の地に完成させる1560年までの15年間に10回近く引っ越しを繰り返したのも、空間の雰囲気がおのれの学問の日々に大きく影響することを認識していたからだ。たしかに悪態の飛び交うすさんだ社会は荒々しい薄っぺらな空間と無関係ではない。逆に、古い町並みを訪れた人々の柔和で落ち着いた物腰は路地や塀、そして古い家や木々の醸しだすぬくもりや穏やかな空気と関係がある。謙虚に、慎重に、空間をこしらえ手をかけなければならない理由がそこにある。

☯ 生きている町・全州

現在、古い町並みは「地区単位計画」なる制度の規制を受けている。地区全体の雰囲気を維持するための方策だというのだが、軒の深さは最低これこれということまで細かいきまりがある。問題は軒であれ何であれ一律に規制することにある。韓屋の軒とは、部屋に差しこむ日光を調節して夏場は暑さを、冬場は寒さをしのぎやすくするための工夫の所産だ。だから軒の深さは家の向きによってまちまちだった。韓屋は形式美ではなく、太陽の動きに応じてデザインされていたのだ。古い町並みで不必要に軒の深い家を見ると、四六時中裾を引きずって歩くぐうたら者を連想してしまう。

２００６年に古い町並みの一角に「崔明姫文学館」がオープンした。今の僕と同い年で生を閉じた作家の肉筆原稿を見ると、深い感動の中にも伝統と現代、生と芸術についてあれこれ考えさせられる。全10巻本として刊行された作家畢生の大作『魂火』を読むと、冒頭から、「コサッ」から中庭を経て大庁、居間、台所、奥の間、閨《ねや》、向かい間といった間取りの母屋、そして屋根や裏庭に至るまで、伝統的な集落の多様な空間の要素がこと細かに描かれていく。１９４７年に古い町並みの一角、東門《トンムン》３通り（＊現・崔明姫通り）のある家で生まれて幼年期をすごした作家が、記憶の中の界隈の様子を再現したかのようだ。そうしたリアルな描写が、色とりどりの食べ物にまつわるシーンとあいまって序章から独特な小説世界を構築する。

だが崔明姫の小説とは違って「崔明姫文学館」はなんとも残念だ。伝統社会の暮らしを細密に描いた作家の文学に宿る真実が感じられないのだ。外観こそ韓屋だが、本質的な空間構成は韓屋とはかけ離れている。建物の内と外とのつながりが不十分で、建物の前には庭というには曖昧な広い空き地が塀もなくぼんやりとあるだけで、作家の文章にも似た古い町並みの緻密な空間構造をかき乱している。

全州市は豊南門から慶基殿、そして梧木台、梨木台に至る５００ｍほどの通りを「太祖路《テジョロ》」と名づけた。太祖路は、古い町並みの文化財と近代期の殿洞聖堂、韓屋風に新築した工芸品展示館といった町並みの主要ポイントを結ぶルートだ。もとは幅10ｍに満たない狭い道だったが、植民地期に城壁を取り壊して拡幅された。この広い通りはすでに商店街へと変貌を遂げており、毎年旧暦の端午の節句に開かれる「豊南祭[9]」の様子を見ると、太祖路が古い町並みの風情を呑みこんでしまいそうに思えた。

綱渡りのような危うさを覚える太祖路では、韓屋風の２階建て商店建築が特に目を引く。オンドルというユニークな床暖房が制約となるため、２階建ての韓屋はきわめて少ない。あっても２階部分は暖房を必要としない間取りになっている。温水パイプの利用でオンドルの現代化が図られて久しいのだから、もはや２階建ての韓屋を建てることにためらいを覚える理由はない。だが韓屋風の２階建てを見て「フェイクか？」と思ってしまうのはなぜだろう。おそらく韓屋のもっとも重要な要素の庭がないからだ。２階に庭を設けるには韓屋の純粋な木造構造では難しい。今は韓屋の本質を失わない範囲内で新素材や新技術を導入する必要がある。全州では韓屋にも、町並みにも、町にも「法古創新」を考えさせられる。

このところ韓屋が派手に脚光を浴びている。政府は数百億ウォンもの資金をいわゆる新韓屋の研究に投じている。その研究にかかわっている僕でさえ戸惑うほどで、正直なところこんな劇的な大逆転はどうにも解せない。韓屋の身になってみればなおさらだ。1960年に登場したマンションの攻勢で窮地に追いこまれ、ついに卒倒して仮死状態に陥っていたのが韓屋である。過去半世紀のあいだに歴史都市でも韓屋はほぼ姿を消した。高層ビルの隙間に身を隠し、息をひそめていたわずかばかりの韓屋さえ、1棟また1棟と息絶えつつあるところだった。

韓屋が瀕死の状態にあったあいだに世の中は大きく変わった。2009年の真夏の夜、全州の古い町並みで僕はその変わりようを痛感した。夕刻、探訪チームのメンバーが冷えたスイカを囲んで車座になり、おしゃべりしていたときのことだった。塀の向こうに赤ん坊にお乳をあげている母親の姿がふと見えて、目のやり場に困った。夜も更けるとわいわいしゃべっているのも気が引けた。かつての開放的で余裕ある空間構成だった韓屋を、現代都市の高密度な住宅地に持ちこんだ結果だった。塀や木立、庭といった要素を考慮せず建物だけを復元対象としたせいで、韓屋ではプライバシーの確保が難しくなった。

韓屋を構成する建物は、開放的な木架構の木組工法を採用している。韓屋の開放性にはいくつもの利点があるとはいえ、高密度を追求する現代都市の条件には向かない。建物の前後両面に開口部を設けることを特徴とする韓屋を寄せ集めて密度を高めれば、プライバシーは確保しにくくなる。そうした問題は全州のみならず他の歴史都市の古い町並みでも深刻化している。かろうじて残る町なかの韓屋が飲食店など住居以外の用途に変わっていったのはそのためだ。

全州の古い町並みの特色と魅力は、そこが長年にわたって居住地、つまり人々の生活の場としての性格を維持してきた点にある。だからこそ幅広い世代の観光客が訪れるのだ。子どもたちはそこで路地のわくわく感を知り、大人たちは現代都市でしばし忘れていたゆったりした空間を再確認し、身の丈に合った暮らしぶりを目にする。2011年の統計によると、全州の古い町並みの年間訪問者数は400万人を超えたという。1日平均1万人以上の観光客がやってくるとは信じられないほどだ。

全州の古い町並みを生活の場として末永く維持していくには、商店、展示館といった住居以外の用途の建物は大通り沿いに線状に配置し、それらが居住地内部に進出するこ

▲韓屋の門構え　全州の古い町並みの「崔明姫通り」に建つ韓屋の門構え。
通りにピタリと寄せて建てるのではなく、一歩下がって「アプローチ」ともいえる小さなスペースが設けてある。

とを防がなければならない。路地をたどって入っていく奥のほうはプライベートな暮らしの領域として維持すべきだ。開放的な韓屋でプライベートな領域を確保するには塀を賢く利用することがポイントだ。古い町並みで塀はプライベートな空間を構成し、統一感のある落ち着いた雰囲気づくりにきわめて重要な役割を果たす。だから塀を取り払ってオープンな広い庭を設けた韓屋風の展示館など、もう建ててはいけない。ピリリと旨いコチュジャンを入れない全州名物のピビンパなど考えられないように、そんな建築は真の韓屋ではない。

　町歩きを終えて駐車場に戻るとき、ふと「崔明姫通り」の両側の家を見比べて目を見張った。そこには韓屋の門構えと近代期の門構えが向かい合っていた。どちらが古いのだろうか。外観は韓屋のほうが古そうに見えるが、伝統様式で新築した可能性もあるから速断は難しい。それに古いものにだけ価値があるのかというとまた疑問だ。だが面白いことに素材も形状もまるで違う2つの門構えは、同じ思想をたたえていた。通りにピタリと寄せて建てるのではなく、一歩下がって「アプローチ」ともいえる小さなスペースが設けてある。どちらも町と穏やかにゆとりをもって向き合おうという意図を示している。わずかな面積でもわが物にして家の中に取りこみたがる態度とはかけ離れた、コミュニティを念頭に置いた心やさしき思想だ。

同じ思想でも時代が変わればそれを表現する素材や形状も違ってくる。全州の古い町並みで感じ、学ぶべきは古い素材や形状ばかりではない。むしろそこにこめられた豊かな思想が僕らの目を開かせてくれる。多くの現代都市から失われた過去の「時間」が僕らに考えるヒントを与えてくれる。ささやかな路地からも伝統、近代、ポストモダンのいずれも感じられる町、真に生きている町に出会うために全州を訪れたい。

訳注

1 王族の出産の際の胎盤やへその緒などを収めて地中に埋め、上に壺を模した石碑を立てたもの。

2 旅行ガイドブックなどでは逐語訳の「韓屋村」と記されることが多いが、「村」は村落をイメージさせ、本書の訳語としては不適当と判断した。

3 全州川《チョンジュチョン》のほとりに建つ韓屋《ハノク》で2009年まで営業していた韓国式ハンバーグ風のトッカルビとカワニナスープの名店だったが、道路拡張工事のため閉店、撤去された。

4 原注：金思寅《キムサイン》『가만히 좋아하는』、창비、2006、20〜21ページ

5 道庁は2005年に新市街地に移転し、跡地に全羅監営《チョルラカミョン》を復元する予定だ。計画は大幅に遅延したものの、発掘調査を終えて2017年現在工事中である。

6 旧韓末から植民地期の政治家（1856〜1926）。1905年の第二次日韓協約調印を推進、1910年の韓国併合条約の際には大韓帝国首相として調印した。

7 全羅南道の光州《クァンジュ》で市民が全斗煥《チョンドゥファン》軍事政権の退陣、戒厳令の撤廃を求めて繰り広げた民主化運動。軍が鎮圧に出動して5000人以上の死傷者・行方不明者を出した。

8 甲午は1894年の甲午農民戦争ともいわれる東学農民戦争、丙子は1636〜1637年に清が朝鮮に侵攻して起きた丙子胡乱《ピョンジャホラン》、壬辰は1592年の豊臣秀吉の朝鮮出兵＝壬辰倭乱《イムジンウェラン》を指す。

9 第50回を迎える2008年に「全州端午」と改称した。2009年は盧武鉉《ノムヒョン》元大統領の死去、2014年には旅客船セウォル号沈没事故、2015年は中東呼吸器症候群MERS流行の影響で開催が見送られた。

9 나주

羅州（ナジュ）

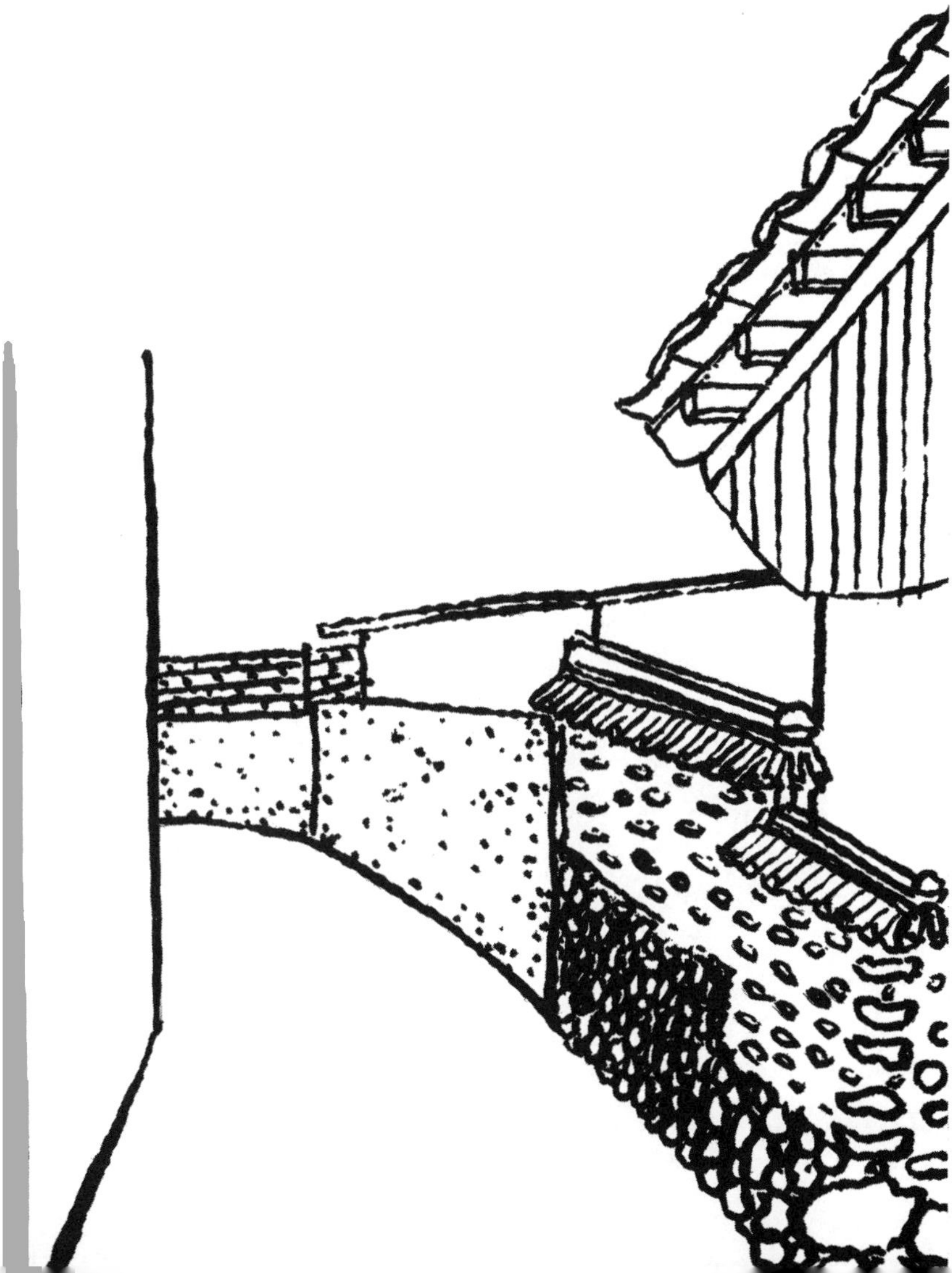

9 千年の古都の3本の線 羅州《ナジュ》

水の取り持つ縁に育まれた町

湖南《ホナム》の代表的な歴史都市・羅州《ナジュ》は、栄山江《ヨンサンガン》を遡って海と内陸とをつなぐ地、北西から伸びる錦城《クムソン》山（451m）の山並みと南東を流れる栄山江のあいだの穏やかな平地に絶妙に位置している。大自然の懐に抱かれた羅州を見ていると、わが国の歴史都市は山と川という陰陽の調和の中から生まれてきたのだとしみじみ思う。「邑治局勢恰似漢陽（町の地勢が漢陽《ハニャン》に似ている）」[1]という『擇里志』の表現を受けて羅州を小さなソウルになぞらえるならば、錦城山と南山《ナムサン》はソウルの北岳《ブガク》山と南山、そして羅州川《ナジュチョン》と栄山江はソウルの清渓川《チョンゲチョン》と漢江《ハンガン》に相当する。

この町が羅州という名を賜り、高麗王室のおぼえめでたくなった裏には水にまつわるエピソードがある。この地が戦略上の要衝だった後三国時代（892〜936）、高句麗の復興を掲げた弓裔《クンイェ》（在位901〜918）率いる泰封《テボン》国（*905年に後高句麗から改められた国号）の将軍だった王建《ワンゴン》は、903年から914年にかけてたびたび当地に遠征し、後百済の甄萱《キョンフォン》と対峙した。王建はこの要衝を守り抜いた功により現代の首相に当たる侍中《シジュン》という高い位を授かり、918年、ついには弓裔を追放して王に推戴される。高麗の太祖《テジョ》（在位918〜943）となった王建は錦城郡と呼ばれていたこの地の名を羅州に改めた。

羅州滞在中のある日、王建は陣地の裏手にある山麓の泉のほとりで洗濯をしていた娘に1杯の水を所望した。そこは現在の羅州市庁舎前の国道脇に当たるという。娘はひさごに水を汲み、柳の葉を浮かべてうやうやしく差し出した。葉を浮かべたのは慌てて飲むと体に障るからだと聞き、聡明さに惹かれた王建は娘を妻に迎える。それが王建の第2夫人荘和《チャンファ》王后で、地元豪族・呉多憐《オダリョン》の娘だった。つとに知られているとおり、王建は各地の豪族を包摂するために生涯にわたって2年に一度の割合で結婚し、29人の妻を迎え、25人の息子をもうけた。荘和王后の産んだ息子・武《ム》は25倍の競争率を勝ち抜いて高麗の第2代王・恵宗《ヘジョン》になった。羅

◀羅州川から望む東漸門 「東漸門」とは『書経』に出てくる「東漸于海」にちなむネーミングだ。「東の海へと漸進する」という意味で、羅州川が栄山江を経て海に注ぐことを意識している。262ページ参照

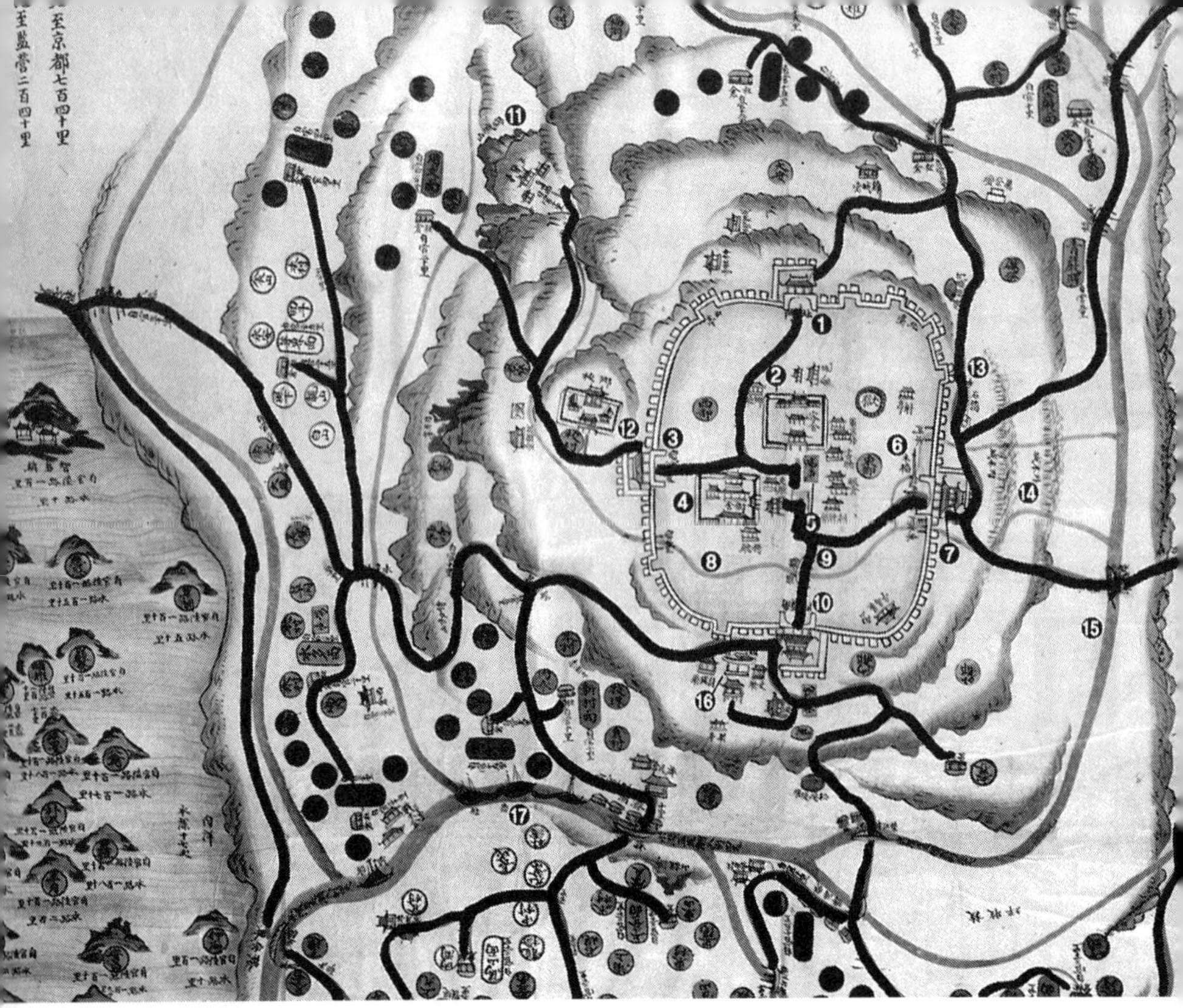

▲羅州古地図（部分）　1872年、ソウル大学奎章閣所蔵
①北望門　②客舎　③西城門　④衙舎　⑤場市　⑥木橹　⑦東漸門　⑧羅州川　⑨鶴橋
⑩南顧門　⑪錦城山　⑫郷校　⑬石橹　⑭木城　⑮栄山江　⑯鎮営　⑰商船
薄い線は水の流れ、太く黒い線は道路だ。

▲現在の羅州市の中心部

直線の主要道路と有機的な袋小路が羅州千年の足跡を示している。

‥‥線は1929年11月27日に行われた羅州学生デモ隊の行進した道筋である。

州の洗濯場だった浣紗泉《ワンサチョン》の取り持つ縁が一国の王を誕生させたのだ。その後、浣紗泉のある村は興龍洞《フンニョンドン》と呼ばれた。王を龍になぞらえ、恵宗の生まれた里という意味だ。高麗王の姻戚ゆかりの地である興龍洞は、羅州の誇る義兵の将・金千鎰《キムチョニル》（1537〜1593）の出生地でもある。

　羅州と水と高麗王室とをめぐる奇《く》しき縁はさらに続く。1010年に契丹族の遼が侵入して都・開京《ケギョン》を占領すると、翌年に王・顕宗《ヒョンジョン》は遠く南の地、羅州に逃れて十数日間をすごした。ごく短期間とはいえ羅州が臨時の都になったのだ。このとき顕宗は現在の客舎《ケクサ》の北西にある小川に架かる橋を4頭立ての馬車に乗って渡ったという。それ以来この橋は「駟馬《サマ》橋」、そして橋を通る道、つまり客舎の西を北上する道は「サメギ（＊「駟馬道《サマギル》」の転訛）」と呼ばれるようになった。1653年に県監《ヒョンガム》・鄭之虎《チョンジホ》が橋を改修して駟馬橋碑を建てたというが、当の小川はすでに涸れてなくなり、橋の痕跡も残っていない。現在、サメギ通り（＊現・錦城館《クムソングァン》通り）を歩きながらその名の由来に思いを馳せる者は少数派だ。

　983年に羅州は全国12か所に置かれた牧《モク》のひとつとなり、全州《チョンジュ》、昇州《スンジュ》（＊現・順天《スンチョン》市昇州邑）とともに一躍全羅道の行政の中心地となった。1018年に牧が8か所に縮小されたときも羅州は全羅南道唯一の牧として残り、地域の中心都市としての面子を保った。このとき全国は五道両界という行政区分に改編され、現在の全羅北道に当たる江南《カンナム》道の全州と全羅南道に当たる海陽《ヘヤン》道の羅州から1字ずつ取って「全羅道」と呼ばれた。こんにち、羅州は隣接する光《クァン》州《ジュ》のまぶしさの陰で農村部の小都市くらいにしか思われていないが、高麗時代以来長期にわたって広大な土地と多くの島を統べる全羅南道随一の町だったのだ。

　朝鮮時代以降にも各種資料で羅州は安東《アンドン》とともに大邑、すなわち大きな町と描写されている。丁若鏞《チョンヤギョン》が1817年に記した『経世遺表』巻四によると、羅州牧は民家の戸数が2万2300戸と平壌《ピョンヤン》、忠州《チュンジュ》、尚州《サンジュ》、密陽《ミリャン》に次いで全国で5番目に多く、耕作地に課される税は2万8000単位と全国トップだった。

　1895年の改編で羅州牧が羅州郡となり、全国23府のひとつとして羅州観察府《クァンチャルブ》が置かれた。同年の暮れに断髪令が公布されると、それに反発した民衆は羅州観察府の参《チャム》書官《ソグァン》・安宗洙《アンジョンス》を処断し、義兵抗争に立ち上がった。この一件に対する報復として1896年に羅州観察府は廃止され、全羅南道観察府は羅州の管轄下の郡にすぎなかった光州に移された。もって羅州は900年近く享受してきた全羅南道における行政の中心地の座を光州に譲ることとなった。

朝鮮時代の羅州牧の中心部は城壁を巡らせた邑城だった。観光地として有名な順天の楽安《ナガン》邑城がはるか昔に成長の歩みを止め、今ではどこにでもある農村風景にしか見えないのとは違い、羅州は伝統社会を過ぎ近代期を経て、現代都市へとたえず変容してきた。そんな変容を遂げたことで羅州は歴史の重みと深み漂う、稀有な現代都市になったのだ。

光州から国道13号線を南下すると「健齋路《コンジェロ》」という慎ましやかな標識が羅州市に入ったことを教えてくれる。「悠久の歴史、羅州梨のふるさと」とかいうおおげさなくせに陳腐な案内板のないことにホッとする。持てる者の自信があるから看板など必要ないのだろう。

後三国時代の遺跡に出会える「千年の牧使《モクサ》（＊牧の代官）の里」羅州、遥かなる歴史には郷土の誇る偉人もまたあまたいることだろう。そんな羅州が真っ先に示した人物「健《コン》齋《ジェ》」とは何者か。健齋とは義兵の将・金千鎰の号である。役職を辞して故郷羅州へ戻っているときに壬辰倭乱《イムジンウェラン》が勃発した。王が難を逃れて遠く平安道《ピョンアン》に移ったと耳にした金千鎰は、56歳の若からぬ身で高敬命《コギョンミョン》らとともに義兵軍を組織して北へと赴き、漢陽や江華島《カンファド》で戦闘を繰り広げた。やがて死守していた晋州《チンジュ》城が日本軍に陥落すると、息子の金《キム》象乾《サンゴン》とともに矗石楼《チョクソンヌー》から南江《ナムガン》に身を投じた。『羅州牧輿地勝覧』によると、まさに同日、金千鎰の父親の墓を傍らでひとり寂しく守っていた松の木が枯れたという。

さて、電車で羅州市街地を目指すなら羅州駅で下車する。駅は羅州邑城の南門である南顧門《ナムゴムン》の東の少し先にあった。今はこの駅に列車は止まらない。駅は市街地の南、市庁舎の近くに移転したからだ。待合室の壁にかかった時計の針は現在の時間を指しているが、改札口で検札する青い制服姿の駅員のポーズは２００１年7月のまま止まっている。

１９２９年10月30日午後、一群の高校生がここ羅州駅から出てくるところだった。そのとき、数人の日本人生徒が光州女子高等普通高校3年の女子生徒にいやがらせをし、それを見とがめた光州高等普通高校2年の朴準埰《パクチュンチェ》らが憤って詰め寄り、両者のあいだでもみ合いになった。すぐに出動してきた駅前派出所の警官は一方的に日本人生徒の肩を持ち、朴準埰を殴打した。それを機に高校生どうしの衝突が起こり、それが光州学生抗日運動へと拡大した。旧羅州駅舎に隣接して当時の学生たちの独立運動に関する資料を展示した「羅州学生独立運動記念館」がある。どの交通機関で行こうとも、羅州に行ったら抗日の歴史を避けて通るわけにはいかない。

　ところで、羅州学生独立運動記念館には1929年11月27日に羅州農業補習学校と羅州普通学校に通う10代の若者180人あまりがデモ行進をしたルートが示されている。朝鮮時代の軍事施設・全羅右営《ウヨン》の跡地にあった羅州普通学校（現・羅州小学校）を出発したデモ隊は、錦城通りを北に進み、西のサメギ通りを回って南下する。そのルートを目で追いながら、デモ隊はなぜそのルートを通ったのか俄然気になりだした。まだ年端もゆかぬ高校生がデモをするとなれば、親たちも家でじっとしていられなかったはずだ。ならば親たちがわが子のデモする姿をやきもきしながら見守った場所はどこだったのだろう。疑問は次から次へと湧き、若くてもしっかりした市民意識を持っていた高校生たちの生まれ育った町についてますます知りたくなった。

☯ 2枚の地図をつなぐ3本の線

　羅州を描いた2枚の地図を並べて見比べると、この歴史都市の骨格がある程度わかってくる。1枚は1872年に作成された朝鮮後期の地方地図だ。この古地図が作られた当時、羅州は38の面《ミョン》（*行政単位）と31の島を管轄する大きな町だった。地図の左手の海上に山のようにいくつも描かれているのはすべて島だ。もう1枚は現在の道路を調べるために研究室のメンバーで何度もフィールドワークを重ねて仕上げた現代の羅州市街地の地図だ。コンピュータで作成したこの地図は、今の都市空間を正確に示している。ぬくもりを感じるのは古地図のほうだ。どちらの地図も数百年もしくは千年以上この町に生きた人々の足跡によって刻まれた道筋なのだと思うと、驚嘆の念を禁じえない。

　2枚の地図のあいだには140年という時間が圧縮されている。絶え間なく土砂を運んで羅州平野に肥沃な土壌を堆積してきた栄山江を見習いでもしたかのように、人々は町に空間の層を積み重ねつづけて徐々に複雑な空間構造をつくりあげた。だが、すっかり様変わりしたように見える2枚の地図をつなぐものがある。水の流れと人の流れ、そして城壁だ。どちらの地図もこの3本の線が町の骨格をなしている。

　古地図では、栄山江は町の西から東へと貫く2筋の流れを集めて町の東と南を巡るように流れている。だが城内に4本の大通りだけが描かれて狭い裏通りは省略されているように、地図に描かれた水の流れも大きなものだけにすぎない。東門の北に水路が1本描かれているだけで、東西方向、南北方向に流れる小川は省略されている。一方、地図の下のほうの幅の広い栄山江には幾艘もの商船が浮かび、当時から船商人たちによる商業活動が活発だったことがわかる。だが現代の地図には川は1筋、つまり羅州川しか残っていない。他の流れは市街地から姿を消した。

古地図の下のほう、つまり南の栄山浦《ヨンサンポ》や斎浦《チェポ》をはじめ川沿いの主要ポイントを通る道が、まるで舞い踊るように波打って4本の道に収斂し、城内へと集まっていく。東西南北それぞれの城門から入った道がかざぐるまのように集まる邑城の中心には、場市と客舎がある。たいてい5日ごとに開かれる定期市である場市は15世紀末にはすでに生まれていたが、栄山江流域の羅州と務安《ムアン》こそ場市発祥の地なのである。

もちろん城内にはこの4本の大通りしかなかったわけではない。大通りは都市空間の背骨のごとき幹線道路にすぎない。そこからは大小さまざまの路地が伸び、城内の家々を結びつけていた。時間がたつにつれ道はどんどん増えていき、また、既存の道がさらに伸びて現代の複雑な市街地の地図ができあがった。この地図を見ると100年あまり前に撤去された城壁跡に沿って道が伸びている。そして城内には不規則な格子型の道路網がからみあっており、その奥に有機的な路地が四方から食いこんでいく。あたかも区画整理された田んぼにヒビが入ったようなユニークな形状だ。

羅州市街地に張り巡らされた格子状の道路網には川の流れが大きな影響を及ぼしたようだ。サメギ通り・中央路《チュンアンノ》など一定の間隔で南北方向に走る道がまるで栄山江の磁場から逃れられないようにほぼ並行して走っている点、チンゴサッ（*「長い路地」の意の方言から転訛）通り・東門《トンムン》通り［2］などの東西方向の道が羅州川に並行している点がそのことを裏付けている。一方、風水の観点から街路を説明する場合によく用いられる地形の軸は、羅州では道の方向にたいして影響していないように思われる。南北方向の道は錦城山（鎮山《チンサン》）と南山（案山）を結ぶ北西―南東の軸から大きく外れているからだ。通りは長年にわたって人々の歩いた軌跡といえる。とすると羅州の人々は好き勝手に歩いていたわけではなく、知らず知らずに水の流れに沿って歩いていたことになる。

羅州に最初に城壁が築かれたのは高麗時代で、朝鮮時代に数回にわたって拡張され、壬辰倭乱ののちに大々的に補修されたという。その結果、牧としてはもっとも規模の大きな城壁が築かれた。堅固でビクともしないように思われる城壁も、長い歴史の中で生き物のように成長していく。

だから2枚の地図に描かれた城壁は規模や形状が違う。角を丸めた四角形だった城壁は時間の移ろいとともに南北に伸び、外周が3・25kmにも及ぶ芋のような形になった。現在、城壁の大部分は失われたが、その遺構は国の史跡に指定されている。

城門は東西南北4か所にあった。東門の名称は東漸門《トンジョンムン》である。「東漸」は『書経』に出てくる「東漸于海」にちなんでいる。「東の海へと漸進する」という意味で、羅州川が栄山江を経て海に注ぐことを意識したネーミングだ。日常生活でもっとも重要な町の出入口である東門の命名のしかたからも、町にとって水の流れがいかに重要だったかがわかる。

東漸門と南顧門は二層の門楼を擁する鉄門であり、西城《ソソン》門《ムン》（映錦門《ヨングンムン》ともいう）と北望門《プンマンムン》は一層の鉄門だった。儀礼上重要な南門と、日用の要となる東門をより立派に建築したのだ。1910年代に取り壊された南門と東門、それに西門はそれぞれ1993年、2006年、2011年に復元された。

面白いことに南門を除く3つの城門の近くにはそれぞれ高麗時代の文化財（いずれも宝物《ほうもつ》）があった。西門の内側にあった「羅州西門石燈」は高麗期の石灯の代表格に数えられるが、1929年に京城の景福宮《キョンボックン》構内に移設され、現在は国立中央博物館にある。北門の外にあった三層石塔は客舎の敷地内へと移設された。高麗時代後期のものと推定されるこの石塔は、上層にいくほど塔身が小さく全体的にシャープな印象だ。

今なお本来の場所を守っているのは東門外の石幢竿《いしどうかん》だけだ。寺の門前に立てられることの多かった幢竿は、「幢」という旗を掲げる長い竿で、幢竿を左右から支える2本の石柱を「幢竿支柱」という。よそではほぼ幢竿支柱しか残っていないが、ここには11mもの石製の幢竿が支柱とともに残っており、いっそう価値がある。古地図ではこの石幢竿のことを「石檣《せきしょう》」と表記してあり、「石の帆柱」という意味だ。なお、古地図には東門の内側に木製の帆柱である「木檣《もくしょう》」が描かれているが、現在その痕跡を見つけることはできない。寺などなかった城門の内外に帆柱に見立てた幢竿を立てたのは、羅州の土地を舟形と見なしていたからだ。

☯ 羅州・天使の詩

ある日ふと羅州の町を一望したくなり、南顧門のすぐ外の3階建てビルのオーナーにお願いして屋上に上がらせて

▲羅州市街地全景　高いビルはまっすぐに伸びる大通りに、低い家々はくねくねした路地や川筋に沿って並ぶ羅州中心部の全景。西から東へと町を横切って羅州川が流れる。

もらった。かつての城内の町並みが南顧門にひれ伏しているかのように低く広がっていた。だがこの穏やかな町の雰囲気に波風を立てるものがあった。南顧門の屋根の向こうにそびえる教会の鐘楼と1棟の高層マンションだった。特にポツンと建つT字型のマンションは、衝立《ついたて》のごとく南山の手前に立ちはだかり、いかにも邪魔臭かった。

そのとき、エッフェル塔のことを毛嫌いしていたモーパッサンは、塔が見えないようにエッフェル塔のレストランでよく食事したというエピソードを思い出した。あの高層マンションの屋上からなら、邪魔者の写り込まない全景写真が撮れるはずだ。さて、いざ屋上に上がってみると、映画『ベルリン・天使の詩』（ヴィム・ヴェンダース監督、1987）の天使になった気分だ。ベルリンの天使たちの降り立った第二次大戦で破壊されたカイザー・ヴィルヘルム記念教会が戦争の悲惨さを物語っているなら、羅州の天使の立っているマンションは20世紀後半の開発という暴力を物語っていた。

眼下に広がる町は、中庭を取り囲む一定の高さの建物の建ち並ぶベルリンではなく、背の高いビルはまっすぐ伸びる大通りに、背の低い家々はくねくねした路地や川沿いに並ぶ「羅州」だった。最初に羅州の天使の目に飛びこんできたのは錦渓川《クムゲチョン》とも呼ばれる羅州川だ。羅州の鎮山・錦城山に源を発して町の南を西から東へと横切って流れる。羅州川が東門の外に出ると、遠く潭陽《タミャン》の龍湫峰《ヨンチュボン》から谷あいを縫って川幅を広げてきた栄山江が待ちかまえている。

大通りに並ぶ背の高いビル群の裏手には狭い路地があり、家々が肩を寄せ合っている。大通りを見れば都会だが、小さな家々の並ぶ界隈に目を向ければまごうかたなき田舎だ。羅州は都会と田舎のどちらの雰囲気をも味わえる興味深い町だ。夕刻になって人々が大通りから裏通りを経てそれぞれの家へと帰っていくあいだ、西の羅州高校のほうから流れ下ってきた川は東の東漸門を過ぎて栄山江へと合流する。ビルは四角四面を維持しようと頑張るつもりもないらしく、道や川の流れに合わせて身をかがめる。この町は静止した空間ではなく、人々が水や風とともに息づいている場所なのだ。

『ベルリン・天使の詩』で天使ダミエルが人間の世界に憧れて人間になろうと決意したように、たっぷり時間をかけて町の隅々まで観察していた羅州の天使は都市空間にそっと降り立ちたくなった。映画でダミエルは言う。「天使の望楼から降りるんだ　見おろすのでなく目の高さで見る」。

☯川沿いに建った工場、城壁跡に建った家々

羅州川は誇り高くおのれを守り、いつしか市街地を流れる唯一の川となった。友をことごとく見送った老人のような寂しさはあるが、なお物語を聞かせてくれる。ちょうど『ベルリン・天使の詩』の天使が図書館の階段で出会った老詩人ホメロスのように。ベルリンの天使はホメロスの心の声を聞く。「わが聞き手は時とともに読み手となり、もはや車座にならず、孤独に机に向かい　他人を意に介しない」。

羅州川の魅力あるいはポテンシャルは、何よりも町の規模に比べて狭すぎず広すぎず、眺めているだけで親しみを覚えるところにある。古くから南門と客舎とを結ぶ中心軸の大通りは欄干にアーチのあしらわれた橋、鶴橋《ハッキョ》を渡って羅州川を越える。鶴橋の左右にも適当な間隔で橋が架けられており都市空間にリズムを与えている。だがそんな魅力にもかかわらず、今、人々は羅州川の物語に耳を傾けず、ただ眺めているばかりだ。

川沿いを歩いてみると川に向かって色とりどりの門が並んでいるかと思うと、しばらく無表情な塀が続く。前世紀に狭い裏道の奥に割り込むように建てられた工場の跡地だ。

統営盤《トンヨン》、海州盤《ヘジュ》とともに人気を誇った家具・羅州盤と呼ばれる銘々膳で知られるように、羅州は古くから木工芸の名産地だった。だが1930年代あたりから家内制手工業の工房は高い煙突を持つ近代的な工場に姿を変えていった。その際に役人や地主だった日本人は酒、糸、缶詰などを生産する工場を設立していち早く都市型人間へと転身した。一例として、咸平《ハンピョン》警察署長を経て羅州郵便局長に就いていた村上九平は、1930年に製糸・倉庫・金融業を営む全南製糸倉庫株式会社を設立した。

1938年には羅州商工会が結成されるほど会社が増えた。その会社や工場の立地として好まれたのが羅州川沿いの一帯だった。市街地には工場を建てにくかったため、羅州川の周辺に広い敷地を求めたのだ。工場用地を造成するのにあわせて川沿いに堤防を築き、川筋を直線化する工事も実施した。そのため現在の羅州川は自然な曲線ではなく、短い直線がカクカクとつながった流れになっている。

探訪チームは早朝、鶴橋のひとつ川上側の中央橋《チュンアン》のたもとにある「ケチョン（*「溝川」の意）25時（*2017年10月時点ではゲームセンターが入居）」という店でモヤシクッパを食べることから羅州でのスケジュールを始めたものだ。店が妙に広すぎる気がして資料を調べてみたところ、旧羅州酒造合名会社の跡地だった。南山のふもと、東門脇から羅州川が門外へと出ていくあたりにも高い煙突があるが、そこは今もなおフルーツ缶詰を製造している[3]。1937年、ここに日本人が缶詰工場を作って羅州特産の梨と葡萄を原料に缶詰を生産し、日本や中国に輸出していた。太平洋戦争が勃発すると軍需工場に転換して缶詰を軍に納品した。錦城橋と錦渓《クムゲ》橋のあいだの羅州川沿いには1954年に設立された羅州蚕糸株式会社[4]があった。

こうして近代期に住宅地と羅州川のあいだに工場が割り込んできて川沿いの一画を占めるようになると、羅州川は日常から少し遠い存在になった。そのため川や運河が都市生活の中心としてつねに賑わいを見せ、町に活力を呼びこんでいるヨーロッパや中国の歴史都市の姿が羅州では見られなくなった。

町のもうひとつの線である城壁は1910年代にほぼ姿を消した。日本は実権を握るとすぐに城壁を取り壊し、城門を撤去した。歴史都市の城壁は市域の拡大とともに撤去の憂き目に遭うことが多いが、羅州では象徴的な意味以外に撤去の理由はみつからない。こんにちなお城壁が障害になるほど羅州の都市空間は拡大していない。日本はあえて城郭を取り壊すことで豊臣軍という外敵に備えた「築城」

の象徴的な意味を消去しようとしたのだ。

　現在、城壁を確認することができるのは、旧郷校《ヒャンギョ》に通じる西門周辺にひっそりと残る100mあまりの区間だ。大きな石材のあいだに小石を詰めて築かれた町の輪郭線を実際に確認できるのはここだけである。門楼の規模と不釣り合いなどっしりとした基壇や分厚い城壁で、あるいはすっくと立つ足元で、数百年を経た城壁の石がかろうじて命をつないでいる。

　羅州を愛する者ならば西門近くに残る城壁に足をかけたりしない。でたらめに積んであるように見える城壁に、揺るぎない歴史の重みが積み重なっていることを知っているからだ。何気なくそこにある1個の石にも、1894年の夏の夕暮れ、ついに城壁を越えることの叶わなかった東学農民軍の血がしみているかもしれない。

　城壁が取り壊されると近隣の農村の貧しい小作農たちが町へと押し寄せてきた。『全南事情誌』下巻によると、1930年に羅州地方の農家のうち小作農、半小作半自作農の占める割合は93%だった。新たな生計の手段を探さなければ食っていけない貧困状態にあったこれらの人々は、変わりゆく世の中に一縷の望みをつないで近くの町・羅州にやってきた。ちょうど開業したばかりの工場で労働者を募集しているという噂を耳にしたからだ。需要と供給の法則に従って町に集まってきた小作農出身の労働者たちは1931年に合法的な組合、羅州労働組合を結成し、組合員は200人あまりにも達した。韓国の近代社会の離村と都市への集中はこうして始まった。

　つてもなく町にやってきた人々が生活の拠点を得ることは容易ではなかった。やっと見つけたのは西門や南門周辺の住宅地のはずれにある細長い空き地だった。一条の希望のごとく残っていた空き地は、少し前まで城壁のあった場所だ。木の切り株のように基壇だけ残った城壁を土台や塀にして人々は家を建てた。そのため1、2mほどの低い城壁の上やその周辺にきわめて狭い住宅地が帯状に形成された。城壁の線は家の土台や塀の線に姿を変え、今ではその正体を確かめるのも難しい。城壁を尻の下に敷いて建てられたこのユニークな貧民街を、周囲の人々は「ソンカッ」と呼んだ。「城の際」という意味だが、やや上から目線の言い方だ。

　いつのころからか「ソンカッ」は取り壊されつつある。城壁の復元事業のためだ。町の線を取り戻そうという意図はけっこうだが、城壁が取り壊される前、つまり19世紀末の姿そのままに復元する必要はないだろう。現在残ってい

▲**城壁を敷いて建つ羅州の家々**　大小の石を積んだ城壁を土台にして家が建っている。城壁復元事業の犠牲になりつつあるこれらの家は、千年を超す歴史において「復元」とはいつの時代に戻すことなのかと問いかけている。

る城壁の姿、すなわち労働者の家々の土台や塀として使われている城壁の姿は、韓国社会の痛みと煩悶の爪痕である。それは現在の僕らが何者なのか、何者たるべきなのかを教えてくれる価値ある教材だ。したがって他の城壁は復元したとしても、西門周辺にかろうじて残った城壁の基壇はそのまま活かして住宅の一部として維持するか、あるいは周辺を少し整備して都市歴史博物館を設ければいいだろう。

堂々たる歴史、支配権力の遺産ばかり復元し、実際に町に暮らしていた人々の残した日常の歴史はあっさり消し去ってしまうことが、いつしかひとつの慣行になっている。復古的開発主義とでもいうべきこうしたやり方は、文化の真の歴史性・場所性・日常性を歪めたり抹殺したりする結果を生む。考えてみたまえ。急ごしらえで新築した立派な城壁で、ここはどこ？　と面食らっている石たちが何を語りうるのかを。いくつもの時代を越えて多事多難な生の営みを刻んできた、今は崩れた城壁やその上に建つ家々のように、新たに築かれた石たちも真の語り部となりうるだろうか。

☯通り1本隔てて共存する大通りと住宅地

東アジアで政治の中心として出発した町は、おおよそ

「主要な街路」という線と人々の居住空間である「里」や「集落」という面で構成されている。面はさらに「路地」という細い線で組織されている。基本的に太い線はパブリックな空間であり、何本もの細い線からなる面はプライベートな空間の集合だ。町とはそもそもそういうものと思うかもしれないが、ヨーロッパの多くの町は建物が広い中庭を取り囲むブロックの集積であり、太い線は存在しても細い線が縦横に縫う面は存在しない。『ベルリン・天使の詩』の舞台であるベルリンがそんな町の典型だ。そうした町では線、すなわち街路は規模に関係なくすべてパブリックな空間である。

では、町の3本の線のうち最後に残った通りの物語に耳を傾けてみよう。現在、羅州市街地でいちばんの大通りは南の南顧門と北の大湖堤《テホジェ》貯水池を結ぶ中央路だ。市街地の北を東西に貫く国道1号線（栄山路《ヨンサンノ》）[5]がそれより広い道路だが、羅州邑城の領域を侵して通過するその道路を真の町の通りというわけにはいかない。中央路とは違い、栄山路沿道に建物がまばらなのはそのせいだ。

1947年に南顧門から東門通りまでだった中央路が拡幅され、近年にはそのまま北に延伸して現在のような広くてまっすぐな大通りになった。その過程で中央路と城北洞《ソンブットン》の路地[6]とのあいだに幅8m足らずの狭い土地が一列だけ生まれた。この裏路地には葡萄の房のように肩を寄せ合って家々が並んでいる。そのため裏路地はパブリックな空間である中央路とは異なる、プライベートで共同体的な性格を帯びている。

住宅地が町の中心的な大通りと路地1本隔てて存在しているので、住民はほんの数歩で中央路や羅州川沿いに出かけて市街地の空気に触れることができる。逆に大通りから一歩奥に入れば空間はたちまち緊張が解け、古い共同体の空気が漂う。路地には韓屋《ハノク》と近代期の洋風の建物が混在している。塀も赤土と灰色の石がしっくりとなじむ伝統的な築地塀と、ブロック塀や土塀をモルタル仕上げしてライトベージュに塗装した近代風の塀のコラージュだ。郷校通りのチュ・ビョンギュさん宅に見られるように、伝統と近代が折衷した家もある。1970年頃に錦城山の裾野一帯から伐り出した松材を使って大工だった当主がみずから建てた韓屋だというが、壁面はすべてセメント仕上げだ[7]。

中央路に面した「羅《ナ》氏三綱門《サムガンムン》」は羅州を発祥の地とする羅氏一族の「旌閭閣《チョンニョガク》」[8]だが、市街地の大通りにあるより村の入口にでもありそうな風情だ。住宅地の入口が大通りになったためにこんな風変わりな風景が生まれたのだが、

▲羅氏三綱門　羅州ゆかりの羅氏一族から輩出した忠臣・孝子・烈女を顕彰するために建てられた堂宇。前はパブリックな大通り、裏手はプライベートな住宅地で、堅苦しく厳粛な空気と穏やかで親密な空気のあいだを取り持っている。

旌閭閣の前はパブリックな大通りで、裏手はぐっとプライベートな住宅地だ。旌閭閣という小さなスポットが堅苦しく厳粛な空気と穏やかで親密な空気のあいだを取り持っている。

　日常生活と商業の中心軸である東門通りも同様だ。東門通りでもっとも古くて味わいのある、つまり洗練された老紳士のような旧羅州金融組合（＊現在は洋品店が入居）の裏手に回れば、現在は埋め立てられた池と庭を挟んで素朴な民家に出会う。華やかな商店建築の並ぶ東門通りからは予想のつかない落ち着いた古い住宅街のたたずまいだ。東門通りの向かい、つまり南側の裏手もまた然り。羅州医院として使われている植民地期の屋敷（＊現・宗教法人国際道徳協会一貫道《イルグァンド》支部）があり、古い町並みが残っている。

　城内の中心よりやや南、羅州川を背にして文化財に指定されている南坡《ナンパ》古宅がある。20世紀初めに現在の姿を整えたこの家は、母屋・草堂《チョダン》（＊藁葺の庵）・表舎廊棟《サランチェ》・離れ・納屋・表行廊棟《ヘンナンチェ》・門間棟の7棟からなるが、町なかの住宅とは思えないほど広々とした敷地を有し、各棟の配置にもゆとりがある。現在、表舎廊棟は飲食店として利用されている[9]。個室に通され、豚肉の炭火焼、焼き魚、味噌チゲをメインに、芥子菜の浅漬け、牡蠣のムニエル、大豆葉の和え物、青梅のシロップ漬け、キムチの古漬けなど26品が食卓いっぱいに並ぶ食の宝庫・全羅南道の味わい豊かな韓定食に舌鼓を打てば、とても町なかとは思えずのどかな田舎にやってきたような気分になる。

羅州にはとりわけ長い路地が発達している。客舎と羅州川のあいだの中ほどを横切るチンゴサッ通りは路地というにはやや広めだが、どこまでも伸びてついには東西の城壁に至るきわめて長い路地だ[10]。羅州川を起点に西の城壁の内と外に沿って南北に長く伸びる2本の道、西城門通りと校洞《キョドン》通りも、負けじとばかり栄山路にぶつかるまで途切れることなく続いている。また、町を横切る栄山路のすぐ裏手には斜めに入る「トゥルドッキル（*「力石道」の意、現・錦城館通り）」がある。築地塀が狭い路地に続き、人工素材一色の現代都市の通りとはひと味違う郷土色豊かな路地である。

住宅地の細い路地を通って大通りに出ると、パッと視界が開けて開放感とともに緊張感を覚える。逆に大通りから路地に入るとホッと落ち着いて安堵感を覚える。長い路地はそんな大通りと住宅地のあいだの「つなぎ空間」だ。路地を抜けて市街地のパブリックな空間に入る地点、つまり路地と大通りの出会う地点は、場の空気が切り替わるところだ。海にたとえるなら寒流と暖流の出会うところ。羅州川から西の城壁沿いに形成された住宅地に入る校洞1通りの入口もちょうどそんな場所だ。そこはちょっとした広場になっており、かつて村のシンボルだった巨樹が1本立っている。そこは地元の人々が市街地のパブリックな空間へと行き来する途中でしばし歩みを止めて交流していたスペースだ。とりたてて誰に会うでもなくひととき木陰に腰を下ろし、これから町で慌ただしく処理すべきスケジュールを確認しつつ心の準備をしたことだろう。

大通りに面して高層ビルの建ち並ぶ現代都市で、開放感と親密感、パブリックとプライベートの場を、まるでサウナと水風呂を行き来するように目まぐるしく移動するうちに、人は知らず知らずにストレスを募らせていく。だが羅州には場の空気がゆっくり移り変わる長い路地があり、路地の入口には村落共同体のそれに似たつなぎ空間がある。それらのおかげで大通りと住宅地という性格の異なる2つの空間がゆるやかに共存することができたのだ。

恋愛の破壊

羅州では路地のことを「コサッ」というが、コサッにはそれぞれに名前がある。チンゴサッ、ヨネゴサッ（*「恋愛

▲**トゥルドッキル**　築地塀が狭い路地に続き、人工素材一色の現代都市の通りとはひと味違う郷土色豊かな路地だ。

の小径」の意、現・郷庁《ヒャンチョン》通り）……。路地が、よそでは触れることのできない物語を秘めているからだろう。羅州では、路地は物理的な道としての機能以上に、人の生の営みと記憶の一部をなす人文学的な空間なのだ。

２０１２年3月3日、町に夕闇が迫り旅人は困りはてていた。写真撮影も、スケッチも、語り部の声を聞くことも難しい。通りは閑散として人々は足早に路地の奥へと消えていく。帰るべき家のない僕は、もっとも好奇心をそそられる恋愛の小径＝ヨネゴサッに向かうことにした。羅州の人々は路地でどんな恋をするのだろう。肩を寄せ合わずには歩けない狭い路地、歩く足取り、２人の心の距離には相関関係がありそうだ。屋外で恋を楽しむには肌寒い陽気だったが、思いのほか高い塀が寒風を遮ってくれる路地ならば、なんとかしのげるはず。それに愛しい人のぬくもりもあるのだから何の問題があろうか……。

ヨネゴサッの入口に至ると、いきなり客舎の錦城館のほうから冷たい風が吹いてきた。夕食を済ませて散歩するにはいい時分だったが、ヨネゴサッはもとより錦城館にも人影はなかった。錦城館とヨネゴサッのあいだに並んでいた小さな家々は取り壊されてしまった。ありがちな再開発の現場の情景だった。４年前に来たときには手を取り合うように続いてムード作りに一役買っていた塀も消えていた。町の各所で建物より長く生き残ってきた塀だったが、復元という巨大な破壊の力に持ちこたえることはできなかった。塀が崩れると、町の冷たい空気と遠慮会釈ないネオンの灯が足元に残る路地の痕跡さえ消してゆく。雪道のごとくほの白い路地を歩くと、いつのまにか速足になって135mの路地がとても短く感じられた。もはや羅州の人々の恋も知れたもんだ。

　いつしか韓国社会には記念碑的な、または権威主義的な歴史の名所にのみ価値を置く風潮が生まれた。そこにハコモノ行政が便乗して漠然と過去のある時点に戻せばいいという復元事業をはやらせている。復元の名のもとに長い時間をかけて育まれてきたさまざまなスポットを破壊し、そこに宿っていた集団の記憶を消し去ってしまう。問題は、いくら立派に復元してもその時代を生きた当の本人はすでに存在しないという点にある。100年の時間を飛び越えた復元は、天使の記憶を甦らせることはあっても、町に暮らす人々の記憶を甦らせることはできない。そのため過去の姿に復元された場所は、天使ならぬ僕ら人間にはつねに居心地が悪い。

客舎と警察署

城壁に囲まれた邑城の真ん中、東西と南北の道路の交差点の北に客舎・錦城館が南向きに建っている。錦城館は1475~1479年に羅州牧使だった李有仁《イユイン》が建立し、1603年と1884年に大改修が行われた。植民地期には内部をリフォームし、ガラス戸を取り付けて郡庁舎として利用されたが、1976年に復元された。1966年に錦城館の正門である望華楼《マンファルー》が南山公園に移設されたが、最近になって元の位置に二層門楼の形で復元された。

　客舎は王権に通じる場所ゆえ、邑城でも特別な地位を有している。1655年に羅州牧が錦城県へと格下げになったことがあるが、その理由が客舎に奉安された「殿」と記した木牌を破損したからだという事実は、客舎の重要性を端的に示している。王権を象徴する場所だからこそ壬辰倭乱の際に義兵の将・金千鎰は客舎の前庭で出陣式を執り行った。また、日本人の手にかかって明成《ミョンソン》皇后が暗殺されたとき、人々はここに集まり皇后の棺に見立てた棺を安置して抗日集会を開いた。

　官衙の正門である正綏楼《チョンスルー》は1603年に建てられた二層楼閣だ。門前を通るとき「綏《たれひも》を正す」の文字を見て身なりを整えよとの意味をこめ、当時の牧使が名づけたらしい。楼閣の上には大きな太鼓が置かれているが、朝鮮戦争前まではこの太鼓の音が時を告げていたという。正綏楼は1980年代まで各種公演のステージとして使われていた。

コの字型をした内衙《ネア》は朝鮮時代の地方代官である牧使の住居、つまり官舎である。1894年の東学農民戦争の際、農民軍の指導者・全琫準《チョンボンジュン》がやってきて執綱所《チプカンソ》（＊東学農民軍による地方自治改革機関）の設置を拒む羅州牧使・閔種烈《ミンジョンニョル》に談判したが、受け入れられなかったというまさにその場所だ。植民地期以降は郡知事の官舎として利用された。牧使の執務室である東軒《トンホン》の名称は「製錦軒《チェグモン》」だった。東軒は内衙の東にあるからそう呼ばれるのだが、当地の東軒は客舎の西南前方、現在の毎日《メイル》市場[11]のところにあった。

王権の象徴たる客舎をはじめ朝鮮時代に地方行政を担っていた各施設は、植民統治のための官庁に利用される。客舎は郡庁舎として、内衙は郡知事の官舎として、軍事施設である全羅右営は羅州普通学校として利用された。やがて客舎を除く大半の施設が取り壊されて日本式の建物に置き換わっていく。

植民地期に権威の象徴は客舎から警察署に変わった。泣く子を黙らせる手段が干し柿から「お巡りさん」に取って替わられはじめた1910年、日本は南から客舎に至る大通りの入口、城壁を撤去した跡地にレンガ造りの2階建てを建てた。その威厳たるや錦城館の足元にも及ばないが、前面にポーチを備えた左右対称の外観の、これから繰り広げられる威圧的な権力行使を予告する近代式の建物こそ羅州警察署だった。

羅州警察署の向かいには日本の寺・本龍寺（＊現存せず）が置かれた。さらに警察署が設置されて10年もしないうちに町の表玄関だった南顧門も取り壊された。それ以来、木《モッ》浦《ポ》や栄山浦方面から羅州にやってくるときイの一番に目に飛びこんでくるのは警察署と本龍寺になった。建設主体が日本人だという共通点以外には見た目も性格もまるで釣り合わないこの2棟の建物は、一対の門柱であるがごとく向かい合って南顧門に代わる町の新たな玄関口になった。人々はこの不自然な入口を通って町に出入りするたびに、世の主導勢力が一変したことを思い知らされたはずだ。羅州警察署は1982年の暮れ、もはや町の玄関口を守って踏ん張る必要のない時代であることを予見したかのように城北洞に新庁舎を建てて移転した[12]。

☯3つの時代の政治空間、3本の南北の軸

2007年9月末にフィンランドのヘルシンキ大学で東アジアの都市空間について講演する機会を得た。そのとき、東アジアの歴史都市でもっとも中心的な軸となる南北方向の通りは、本来は王の統治行為としての儀礼のための場、つまり政治の空間であり、商業など日常の都市生活の行われる場ではなかったという話をした。

講演を終えると、ひとりの女子学生がやってきて興味深い話だったと前置きしたうえで、ソウルで大規模なデモの行われる場所に関する論文を準備中だと言った。そしてデモも政治的な活動だが、国会や大統領府など政治機関のある場所ではなく大通りで行われることに興味を覚えたが、講演を聞いてヒントが得られたと言うのだった。

羅州でも南顧門を起点に客舎へと至る南北方向の道は儀式、つまり政治活動の中心軸だった。伝統社会では南北の軸とその始点である南門は日常的に頻繁に利用されることはなかった。そこは都から新たに赴任してくる牧使が旗手、護衛兵、従者、奴婢、楽隊などを従えて仰々しく練り歩いたり、棺を載せた輿の葬列が邑城から出て行ったりする特別な儀式の際に使われた。ところで、1872年の古地図でも、そして現代の市街地図でも、南顧門と客舎を結ぶ通りは一直線ではない。南顧門から始まって羅州川を渡ったら左に、そして客舎の手前で今度は右に曲がらないと客舎にはたどり着けないのだ。

これでは南顧門と客舎が横にずれすぎていてそれを1本の軸とみなすことは難しい。古地図を見ると、むしろ中央路の1ブロック西の錦城通りのほうが南北の軸のはたらきをしていたように思われる。古地図の描かれた19世紀後半には客舎より後方に錦城通りはなく、南北の軸は客舎の西へと回りこんで現在のサメギ通りを経て北門に抜けていたらしい。1929年11月27日、羅州の高校生たちは驚くべきほど正確にこの2本の道、つまり錦城通りとサメギ通りを通ってデモ行進をしたのだ。

だとしたら南顧門と鶴橋の今ある場所が誤りで、本来は1ブロック西の錦城通りの道筋にあったのか。厳密に考証してみなければ正確な答えは出せないだろうが、過去の文献を検討した結果ひとつ確かなことは、羅州邑城が何度かにわたって拡張されたという事実だ。したがって邑城が東に広がった際に南北の軸も東にずれたという推定も可能だ。

ともあれ、現在の南顧門から東門通りに至る中央路が、近代期に政治的な性格を有する南北の軸の地位を手にした

ことは確かだ。この大通りに建つ建物の性格がそれを物語っている。すでにこの通りには「羅氏三綱門」という旌閭閣があった。羅士沈《ナサチム》（1526〜1596）を筆頭に3代にわたる忠臣・孝子・烈女の徳望を誇らしげに伝えるシンボリックな堂宇である。多くの孝行息子がそうしたように、羅士沈もまたみずからの指を切り、そこからしたたる血を瀕死の母親の口に含ませようとした孝行息子だった。この物語は朝鮮15代王・光海君《クァンヘグン》（在位1608〜1623）の命で『三綱行実図』（*庶民層への忠・孝・貞の儒教道徳教化を目的に作成された冊子）が増補される際に記録された。中心軸となる道路に旌閭閣が建てられ、現在までその場所を守りつづけてこられたのは、伝統社会のイデオロギーのもつ力に地元出身の羅氏のもつパワーがプラスされた結果なのだろう。

1917年に中央路沿いに羅州穀物検査所が設置された。それが今の国立農産物品質管理院羅州出張所だが、現在の建物[13]は1977年に建て替えられたものだ。羅州平野を背後に抱える町、栄山江の河川港として農産物の集散地であり、高麗時代から税として納められた穀物の集荷場・漕倉《チョチャン》の置かれていた町にふさわしい施設といえよう。だが別の見方をすれば、収奪の対象になった植民都市の政治的な位置づけを示す施設でもある。

古くからコメは政治的な意味をもつ農産物だ。そのためコメはつねに生産者の手を離れて権力の中心へと移動し、高麗時代には開京へ、朝鮮時代には漢陽へ、植民地期には日本へと運ばれた。朝鮮総督府の調査した資料を見ると、1920〜1924年に羅州・光州・長城《チャンソン》・潭陽・咸平・和順《ファスン》・霊岩《ヨンアム》・務安といった栄山江流域のコメの年平均生産量は100万石（*約15万t）を上回る。そのうちの多くが木浦港を通して日本へと運び出された。

1945年8月16日、解放の翌日には人々が繰り出して中央路を埋め尽くした。やがて世の中は移り変わり、伝統の価値が廃れてゆき米国の宗教が先進国の文明を伝えた。1951年には羅州穀物検査所の向かいに教会（*現・羅州剣道館）が建った。その教会は果敢にも近代期の工場の煙突をもしのぐ高さの鐘楼を築いた。市街地から南を見渡したとき、南顧門の屋根の前に立ちはだかるのはこの教会の鐘楼だけだ。それから半世紀ほど前の1897年、米国南長老教会の韓国宣教部が羅州に宣教部を開設しようとしたが、城内の人々の反対が強く木浦に開設せざるをえなかったことを考えると、たいした変わりようだ。

一方、植民地期には客舎＝郡庁舎と警察署とを結ぶ現在の羅州路が政治の空間に変貌する。この通りは錦城通りや中央路とは違って町の南から客舎へと一直線に伸びている。近代的であからさまなこの直線道路は、日本の抑圧の象徴だ。当時の人々は、道の始点と終点にある権力機関を結ぶこの抑圧の軸をのんびり歩くなどできなかったろう。解放を迎えるまでそこは重圧と緊張の通りだったに違いない。だが、現代になってこの直線道路がふたたび政治の場となったことがある。1980年の光州民衆抗争のときだ。その年の5月21日、羅州市民は羅州警察署とその向かいにあった武器庫を打ち壊し、機関砲、小銃、手榴弾などを奪取して戒厳軍と対峙する光州の市民軍を支援した。そしてみずからも小銃で武装して周辺地域を巡回し、デモをして全羅南道の南西部に運動が拡大することに寄与した。当時、多くの車両および市民が羅州郡庁舎、つまり現在の客舎前に集結した。

☯ 活気あふれる商業空間、東門通り

定期市での物々交換スタイルの商業活動しか行われていなかった羅州で、はじめて常設の商店を構えたのは行商で財をなした日本人・澤井正之輔だった。澤井は1910年代に東漸門と毎日市場とを結ぶ東門通り、今の第一礼式場（*結婚式場、現在は羅州看護専門学院が入居）のところに日用雑貨・書籍・衣類等を扱う澤井商店を開業した。東門通りはもともと東漸門へと弓なりに続いていた道の北に日本が直線で通した新道だ。木浦と光州とを結ぶ一等道路[14]だった東門通りに商店が次々と開業し、商業は町の重要な活動になった。威圧的な権力機関が幅をきかせていた南北方向の通りとは異なり、時を経るにつれて東門通りには人々の活気が満ちていった。

鉄が磁石に吸い寄せられるように続々と集まってきた商店が東門通りの両側に建ち並んだ。その多くは韓屋ではなく近代風の箱型のビルで、モダンな雰囲気が生まれた。古くから日常生活の軸だった東門通りは次第に商業の軸へと変貌し、本町と呼ばれる目抜き通りになった。一方、東門通りのすぐ裏にはなお瓦屋根や藁葺屋根の家々の並ぶ住宅地があり、ここでも都市空間の線と面が対をなしていた。

東門通りに商店を構えたのは主として日本人だった。それは日本人が公権力に次いで町の商圏さえも掌握していったことを意味する。それに対抗して地元住民が1929年に羅州協同商会を開業し、店も個人商店に押されぬようにと木造2階建てにした。日本人資本の食いこみに対抗するために新幹会《シンガヌェ》[15]の羅州郡支部が開設した羅州協同商会は、日本人の卸業者を排して生産者と消費者をじかに結ぼうと

いう消費者組合の店だった。
羅州協同商会は地元の人々の出資をもとに「股券」という証券を発行する株式会社スタイルで運営された。蓄音機、レコード、帽子、衣類、玩具、学用品、陶磁器、食品、化粧品といった各種商品を販売するこの大型店は、多くの地元住民が利用して営業的には成功していたが、日本人商人の牽制といわゆる狙い撃ちによる警察の捜査に苦しめられ、10年後の1938年に閉店に追い込まれた。

▲旧羅州金融組合ビル　商業の中心である東門通りでもっとも古くて味わいのある、つまり洗練された老紳士のようなビル。20世紀初めの商店街に威風堂々と構え、新たな権威を誇示していた金融機関の姿を今に伝えている。

羅州協同商会は客舎前の南北の通りと東門通りの交差点にあり、政治の軸と商業の軸の出会うきわめて重要な場所だった。その二重性は羅州協同商会の有する政治的にして商業的な性格をストレートに反映していた。

1930年代になると商店、旅館、飲み屋などを開業する朝鮮人が増えていった。それらの店は主に客舎の西の「サメギ」と呼ばれる南北方向の道沿いに集中していた。この道は朝鮮時代には客舎から北望門に抜ける幹線道路で、各種役所の並ぶ官庁街だった。1923年の旧暦2月20日には市の立つ日を利用して朝鮮物産奨励運動に関するデモが行われた場所でもある。現在のサメギ通りの南端と、かつて東軒のあった羅州邑内市場 [16] の一帯には、「元祖」の看板を掲げる羅州コムタン（*牛骨、内蔵を長時間煮込んだ白濁スープ）の店が何軒かあるが、その雰囲気のルーツは1930年代にある。ここと日本人の商店街だった東門通りが現在でも羅州の旧市街でもっとも賑やかな界隈だ。

商業には金融がつきものだから東門通りにもおのずと金融機関が置かれた。中央路よりやや西の旧羅州金融組合、東門通りと客舎前通りの交差点の旧錦南《クムナム》金融組合（*現在は外科医院が使用）は、20世紀初めの商店街に威風堂々と構え、新たな権威を誇示していた金融機関の姿を今に伝えている。1907年に設立された錦南金融組合は組合員が1200人あまり、預金業務と事業資金の貸付業務もしていたという。

東門通りと中央路の交わる中央洞（＊現・中央路4）交差点で興味深い現象に気づいた。東門通りに面した古くからある店は間口が狭く奥行きが深いのに、道幅が東門通りの2倍以上もある中央路に面した店は間口が広く奥行きは浅いので店内が一目で見渡せる。したがって中央路より東門通りのほうが一定の距離当たりの立地店舗数が多い。中央路より東門通りに立地したがる店が多いということだ。理由は東門通りのほうが商売向きで人通りも多いからだ。このことから道路の規模ではなく性格が店の立地や空間構成を支配していることがわかる。相撲の力士と同様、町の通りも体格に勝るほうが強いとは限らないのだ。

☯川があるから詩が生まれる町

多くの現代都市では家のすぐ外は市街地であり、市街地から一歩入れば家だ。そんなふうに家と市街地とが隣り合わせで存在している。だが家と市街地とは隣り合うには性

格が違いすぎる。家はプライベートな空間であり市街地はパブリックな空間だ。たとえば市街地でパジャマ姿の人を見かけたら戸惑うのはそのせいだ。その人が非常識なだけかもしれないが、自分の今いるところがパブリックな空間なのか、それともプライベートな空間なのか混乱し、空間の性格がいきなり反転するために生じる戸惑いだ。

歴史都市・羅州の大きな魅力は、住宅地というコミュニティ領域が市街地と家のあいだで両者を取り持ったり、分け隔てたりしている点だ。住宅地の入口や、その界隈を緊密にネットワーキングしている路地は、家と市街地とをゆるやかに媒介する「つなぎ空間」だ。人々は地元のシンボルたる石碑や堂宇、シンボルツリーを中心とする住宅地の入口で日ごろから顔を合わせてコミュニティを形成する。コミュニティに属する人々は都市生活の疎外や孤独から免れることができる。

羅州川に沿って個性的な住宅地の並ぶ羅州で、人が町で人間らしく生きる道は住宅地というコミュニティを構成して暮らすことなのだと僕らは学んだ。だが現在、羅州川には活気がない。空き地が多いからだ。川に向かって色とりどりの門の連なる家々がその空き地を少しずつ埋めていくならば、住宅地が息を吹き返して羅州川はパワーあふれる

町の線として活気を取り戻すだろう。門を出た人々が目の前にある川に降りてスムーズな流れをはばむコンクリート堰を撤去し、命あふれるビオトープに作り替えるならば、大人たちには安らぎの場、子どもたちには遊び場として申し分のない場所になるだろう。そしていずれ羅州川は、それぞれの住宅地のみならずそれぞれの世代をもつなぐ絆となりうるはずだ。

子供は子供だったころ／腕をブラブラさせ／小川は川になれ　川は河になれ／水たまりは海になれ　と思った／子供は子供だったころ／自分が子供とは知らず／すべてに魂があり　魂はひとつと思った

『ベルリン・天使の詩』冒頭で引用されたペーター・ハントケの詩「わらべうた」より

羅州川で大人が子どもたちに、子どもがまたその子どもたちに、小川が川になり、川が海になる物語を聞かせる、そんな町を思い描いてみる。そんな町ならば天使たちも降り立って暮らしたがるはずだ。

訳注

1 李重煥《イジュンファン》・著／李翼成《イイクソン》・訳『擇里志』、乙酉《ウリュ》文化社。著者が底本とした１９９３年初版では原文（漢文）の「局勢」をハングル書き下し文では「地勢」と解釈しているが、２００２年の改訂版では同部分の書き下し文が「官衙の構え」と修正されている。

2 道路名住所制度の実施に伴って羅州バスターミナル前三叉路以西は「羅州路《ナジュロ》」、以東は「東漸門《トンジョムムン》通り」と名称変更された。

3 ２０１０年５月時点で煙突は２本見えるが缶詰工場ではなくそれぞれ倉庫業、農業資材店らしい。２０１７年10月時点で北側の建物は家電家具のディスカウントショップになっている。

4 工場建築を改修・整備して２０１７年10月に計６棟を擁する文化施設・羅州ナビレラ文化センターとしてオープンした。

5 ２０１２年９月に羅州市の東南外郭にバイパスが開通して国道１号線に指定替えとなり、市街地を通過する栄山路《ヨンサンノ》の区間は国道でなくなった。

6 道路名住所制度では、路地は隣接する通りの一部であるとみなして同じ名称でくくられる。したがってこの南北方向の路地は、東西方向に走る城北《ソンブク》１通りとの交差点を境に北は城北１通りと同名、南は南端の接する羅州路と同名になった。なお、北は２０１２年以降東側の隣接地がすべて撤去されて駐車場になったため、路地というより駐車場の通路のように見える。

7 ２０１４年5月時点では屋根が葺き替えられ、それまでなかった塀が建てられている。

8 その集落や一族から輩出した忠臣・孝子・烈女を顕彰するためにゆかりの地に建てる堂宇。

9 テナントの飲食店は文化財の修復に伴って２０１４年に市内の別の場所に移転した。

10 道路名住所制度の実施に伴い、現在「チンゴサッ通り」の名称を持つ区間は2ブロックのみだが、西から西城門《ソソンムン》通り、錦南《クムナム》通り、チンゴサッ通り、羅州路、錦城《クムソン》通り、羅州川《ナジュチョン》3通りと名称を変えつつ東漸門を過ぎるまで約１・２㎞にわたって続く。

11 ２０１０年5月時点では通りの入口に「羅州毎日《メイル》市場」のアーチ看板が掲げられていたが、２０１４年にはアーチ看板と北側の商店が撤去されて駐車場になっている。

12 旧庁舎は登録文化財に指定されて現存、市の複数の外郭団体などがオフィスとして利用している。

13 ２０１３年に市街地南部の市庁舎付近の新庁舎に移転し、その後は国家功労者や退役軍人、戦没者遺族らのための施設である羅州市報勲会館となっている。

14 第2章「統営」訳注7（72ページ）参照。一等道路は京城と各道庁所在地、軍司令部、主要駅、主要港などを結ぶ道路のほか、軍事上・経済上特に重要な道路。

15 民族主義運動と社会主義運動との対立を避けて抗日単一戦線を模索するために設立された民族運動団体。活動期間は１９２７～１９３１年。

16 官衙復元事業の一環で一帯の市場はすべて撤去されて２０１２年に郊外に造成された羅州モクサコウル（*「牧使の里」の意）市場に移転した。２０１７年から5か年計画で同地区を含む市街地で都市再生事業計画が推進中とのこと。

10

韓国の歴史都市を語る

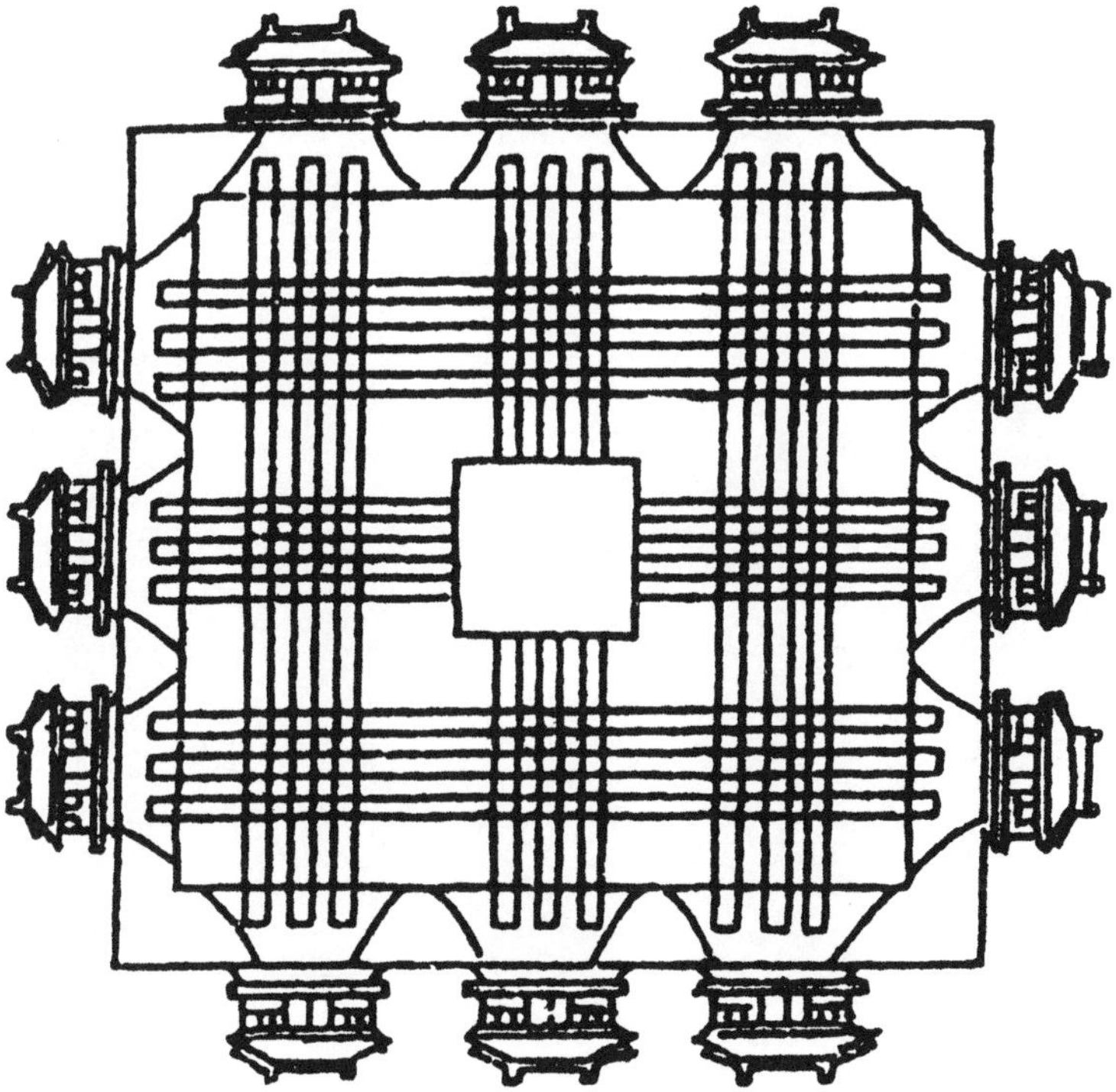

10 韓国の歴史都市を語る

こんにち僕らは「都市の時代」に生きている。韓国社会は西欧に比べてきわめて短い時間で都市化が進み、現在の西欧のどの国にも引けをとらぬ都市化率、つまり全人口に対して都市人口の占める割合が高い。1970年の都市人口は全人口の約半数だったが、2010年には8割から9割が都市部に暮らしている。すでに都市は生活のほとんどのことが起きる舞台であり、都市の問題は僕らの問題であり、僕らの問題は都市と緊密にかかわっている。

では都市とは何だろう。「地方自治法」では人口5万人以上の集住する地域を市とするとしているが、日常においては農漁村のような田舎に対して人口の密集した場所を都市または町と呼んでいる。学術的には周辺の広い後背地を束ねる役割を果たす、中心となる定住地を都市という。

ところで、ポストモダン期を経て国民国家の概念が世界的に希薄になるなか、都市がその穴を埋めるようになった。ある地域が暮らしやすいかどうかという「生活の質」に関する指標を測定して発表する際にも、現在は国名ではなく都市名が用いられる。地域のアイデンティティも都市を中心に語られ、競争も国レベルではなく都市レベルで繰り広げられる。ポストモダン期の人間の生活と文化は、大半が都市空間に関連づけられている。

ならば、都市なるものを僕らはちゃんと知っているのか。現在の都市のあり方に満足しているのか。20世紀後半以来、人は都市の量的成長にばかり関心を注ぎ、歴史や文化、空間と人間の生の営みとがやりとりする関係についてさほど関心を払ってこなかった。都市に暮らしながらつねに田舎暮らしを夢見て、みずからの生きる空間には無関心、ときに目を背けさえする。休日、都市を脱出する車の渋滞がそんな現実を物語っている。

現実の生活空間と心の中の理想の空間が別々に存在するそうした状態では、地元への帰属意識や愛着がわくはずもない。個人的・社会的な生活が自分の暮らす場所＝都市の影響を受けているならば、都市を理解せずして自分自身をしっかり理解できるはずもない。また、僕らの夢見る明るく人間らしい生は、それを支える都市空間を抜きにしては実現しえないだろう。量的な成長から質的な発展へと目指す方向が変わりつつある時代に、古い歴史と豊かな文化を

◀**ベルリン**　大通りに面していようが裏通りに面していようが建物の規模は似通っており、都市景観の同質性が高い。290ページ参照

有する歴史都市を理解することが重要になる理由はまさにそこにある。

☯歴史都市とは何か

前近代の時代から長い歴史をたたえて現在まで人々の営みの続く町を「歴史都市」と呼ぶ。現代を生きる僕らは、町で起きた歴史的な事実を通じて、あるいは都市空間に残る古い建築物や遺構を通じて、そこが歴史都市だと確認することができる。ところどころに城壁が残っていたり、瓦屋根の城門がそびえているならば、市街地に官衙建築や古い韓屋《ハノク》があるならば、たとえ周辺がほとんど灰色の四角いビルばかりでも、そこはたしかに古い歴史をもつ町だ。

ほかにも歴史都市と近現代期に形成された新しい町のあいだには目に見えない違いがある。歴史都市の特定の場所では、長い時間の中で一定の性格の活動が繰り返し行われる。その活動によってその場所には一定の性格の記憶が刻まれる。そうした集団記憶の堆積層はその場所に特有の雰囲気や性格を与え、そのことを「場所性」という。町の裏手の山裾や小高い丘が今なお神聖な場所と認識され、かつて定期市の立っていた城門の入口付近や通りの辻が今も市場として使われているのは、場所性が持続している例だ。

歴史都市の場所に刻まれた記憶を綴ればひとつの壮大な物語になり、それが都市の「叙事」である。こんにち歴史都市に暮らす人々は、そうした叙事構造の中で新たな記憶と物語を紡いでいくさらなる主人公だ。市民がときに訪れる市街地の客舎《ケクサ》にも、日ごろ歩いている路地にも、それぞれに物語が秘められている。羅州《ナジュ》市街地に「恋愛の小径」なる路地があるように、歴史都市の空間にはその場所ならではの物語を示唆する名がつけられていたりする。だからこの道を歩くときとあの道を歩くときでは趣が違うし感じ方も違う。

歴史都市を探索し理解する活動は、町に刻まれた物語を実際の舞台でひもとくことでもある。あたかも1篇の文学作品を読むように。ゆえに町を「読む」という表現は適切なのだ。僕らは町の物語を読むことによってその舞台である都市空間の状況や背景を理解し、逆に都市空間を観察することによって町の物語を推測したり構築したりすることができる。それが町と文学の出会う地点である。僕もまた本書に紹介した町を訪れるとき、まずはそこを舞台に書かれた文学作品を読み、その一部を本書の端々に引用した。それらの文学作品は僕が都市空間を理解するうえでおおいに役立ったばかりか、建築学者と文学者が都市空間という同一のテクストをいかに読み解くのか、その相違点と共通点を発見する楽しみを堪能させてくれた。

そう考えてみると歴史都市は素晴らしいテクストである。哲学者ジャック・デリダが言うように、テクストとはその原本に意味があるのではなく、不断に解釈される対象にすぎない。僕もまたひとつのテクストとして歴史都市を見つめ、現場でテクストを仔細にひもとき、僕なりの解釈を展開してみた。結局、そうした多様な解釈の集積が町のイメージをつくりあげていくのだろう。

東アジア文明の中の韓国の歴史都市

歴史都市はその地域で形成され発展してきた文明の産物であると同時に、その文明を発展させた空間的土台でもある。英語で文明を意味する「civilization」の語源がラテン語で都市を指す「キヴィタス（civitas）」だという点からも、都市と文明の緊密な関係を垣間見ることができる。およそ文明とは国家単位で形成・発展してきたものではないわけで、文明の産物たる歴史都市を見る視点もまた国家という枠組みにとらわれてはならないだろう。したがって韓国の歴史都市もまた朝鮮半島の歴史や文化を越えて東アジア文明の中でとらえるべきである。

東アジアの多くの町は周辺地域を統治する政治または行政の中心地として出発した。本書で紹介した9つの町のうち、軍事都市だった統営《トンヨン》と商業都市として形成された江《カン》景《ギョン》を除く7つの町は、すべて純然たる行政都市として出発した。これら7つの歴史都市の姿から、朝鮮時代から続いてきた都市空間の枠組みを確認することができる。もちろん高麗時代以前にもこれらの町は都市的な空間と機能を有していただろうが、その姿が朝鮮時代と似ていたのか、あるいはまるで違っていたのかを推定しうる文献資料や遺構はほとんど存在しない。

一方、それらの町は朝鮮時代に王権を執行する地方行政の中心だったため、都市空間を新たに造成したり変更したりする際に都である漢城《ハンソン》の姿を参考にしたものと思われる。では15世紀初めに漢城の町を拓いた際には何をモデルにしたのだろう。それは当時の東アジア文明をリードしていた中国の都城制にほかならない。王宮正面から伸びる南北方向の大通りである六曹大路《ユッチョデロ》[1]と宗廟《チョンミョ》[2]、社稷《しゃしょく》といった公共空間の配置にその事実がはっきりと表れている。

中国の都城制の起源は中国古代の制度を記録した『周礼』「考工記」にあるが、そこに記された都市計画の原理は次のとおり（＊本章扉絵参照）。

匠人営国。方九里、旁三門。国中九経九緯、経涂九軌。左祖右社、面朝後市、市朝一夫（匠が都城を造営する。一辺9里の方形とし、各辺に3つの門を設ける。都城には縦横各9条の街路を設け、街路の幅は9軌（軌は馬車が通れる幅）とする。左に祖先を祀る廟を、右に地神を祀る社稷を置き、前に朝廷、後ろに市場を設け、朝廷と市場の面積は1夫（＊100歩×100歩）とする）。

中国文化圏の歴史都市の多くがある程度似たような骨格を有するのは、『周礼』「考工記」に記された都城の図式の影響を受けているからだ。もちろん東アジアの町はこのモデルにそっくり倣ったわけではない。このモデルに忠実に従ったとされる唐の長安も、実際には宮城を都市の中央ではなく北に寄せて配置するなど、変形を加えている。また、地形の変化に富む朝鮮半島ではこのモデルに従うことは事実上不可能だった。

鎮山《チンサン》と呼ぶ高い山を背に、交通路となる川を臨む立地を選んで築かれた朝鮮半島の歴史都市は、『周礼』「考工記」に描かれた格子型の幾何学的な空間ではなく、地形に応じ、地形を活用した特有の有機的かつダイナミックな空間を備えていた。城壁にしても、中国の西安や北京の城壁はかっちりとした正方形なのに対して、朝鮮半島の城壁は一定の形を有するものはほとんどない。朝鮮時代の都だった漢城の城壁も、地方の行政都市の城壁も同様だ。周辺の山の稜線に沿って城壁を築いた密陽《ミリャン》、川の流れに沿って城壁を築いた忠州《チュンジュ》の例から、城壁がいかに多様性を帯びていたかがよくわかる。町の主要な通りも正確に東西方向、南北方向ではなく、自然に合わせて伸びている。羅州の東西の通りは羅州川に沿って、安東《アンドン》の東西の通りは嶺南山《ヨンナムサン》の裾野に沿って斜めに伸びている。

韓国の歴史都市は東アジア文明の中で枠組みを構築しているが、都市空間の具体的な構成は現実の条件や地域文化を反映している。そのため地域ごとに歴史都市の姿は異なり、そこに蓄積されてきた物語もそれぞれ異なる。それらの空間で今なお意味があり、感動をもたらすものは何なのだろう。そうした物語で今なお興味深く教訓となりうるものは何なのだろう。本書に紹介した9つの歴史都市にその答えの糸口を見出すことができる。

☯ 韓国の歴史都市の歩んできた道

朝鮮時代前期の全国の行政区分は、8道、4府、4大都

▲漢陽（ハニャン）都城の不規則な城壁　漢陽都城の東端にある駱山（ナクサン）からの眺め。
城壁がヘビのようにうねって平地にある東大門（トンデムン）へと続く。©アン・チャンモ

護府、20牧《モク》、43都護府、82郡、125県というふうに分けられていたが、府・牧・郡・県の庁舎のある町を邑または邑治《ウプチ》といった。そのうち城壁で囲まれたところを邑城というが、邑がすべて邑城だったわけではない。韓国都市史の先駆的研究者だった孫禎睦《ソンジョンモク》は、1530年に刊行された『新増東国輿地勝覧』の研究で当時の邑城の数を分析したが、329邑の38％に当たる125の邑に邑城が存在していた。一方、朝鮮時代後期の1724〜1776年に各邑で編纂された邑誌を集成した『輿地図書』によると、全国334邑のうち32・6％の109邑に邑城があった。半数にも満たない邑にしか城壁がなかったことがわかる。防御の必要性の高い邑のみが邑城を築いたのだ。

朝鮮時代の邑城から歴史都市の前近代期の姿も描くことができる。都市空間をフィールドワークし、古い文献を参照すれば、現在の町から邑城の空間構造を読み解くことはさほど難しくはない。邑城の中心には王権を象徴する客舎や官庁である東軒をはじめ各種行政施設があった。邑城の正門たる南門と客舎を結ぶ南北方向の通りは町の中心軸をなしていた。そこは新たに赴任してくる守令《スリョン》一行の行列が通るなど儀式の場であり、政治的な意味を有する儀礼の軸だった。それに対して日常生活の軸は東門と西門を結ぶ

東西方向の通りだった。この2本の通りがT字型または十字型に出会って邑城の骨格をなしていた。

一方、壬辰倭乱《イムジンウェラン》（1592〜1598）と丙子胡乱《ピョンジャホラン》（1636〜1637）によって荒廃した農地を離れた多くの人々が都市部に流入し、17世紀には都市部の商業人口が大きく増加した。それに対して朝廷は国の許可を得ていない店「乱廛《ナンジョン》」を禁じる「禁乱」制度を設け、国の調達業務のために許可を受けた「市廛《シジョン》商人」以外の商業行為を禁じた。だが商業化の波はさらに高まり、六矣廛《ユギジョン》と呼ばれる特権商人を除くすべての店の禁乱を解除した1791年の辛亥通《シネトン》共《ゴン》によってようやく個人商店の時代が開かれた。

18世紀には商業の発達によって町の政治的空間構造に変化が起きる。物資を仕入れて販売したり、手工業製品を生産・販売したりする場が設けられ、物資と人間の移動のための空間が重要になってくる。中国に比べて500年以上遅れていたが、こうして朝鮮の歴史都市でも個人の商業活動が盛んになり、町の性格も行政中心から行政と商業という2つの軸へと拡大していった。特に日常生活の軸だった東西方向の通りは、店がずらりと軒を連ねる商業活動の軸となった。羅州や安東では儀礼の軸である南北の通りが短くまっすぐなのに対して、商業の軸である東西の通りはそれよりはるかに長くカーブを描いている。

近代期の歴史都市の景観は日本人の植民地支配によって大きく変えられた。城壁は取り壊され、王権の代行機関だった官衙建築群は撤去または植民統治のための機関へと変更された。主要な街路沿いには西洋古典主義様式の建物が建てられたが、それは主として植民地経済の運営に必要な金融機関だった。また、路地には日本式の住宅が建った。町の要所要所に公園が造成され、至るところに以前は存在しなかった大工場が設置された。美しい曲線を描く消炭色の甍が、四角いビルへと置き換わった。結局は統一感のない雑然とした都市景観が出現しただけでなく、場所性も変化した。前近代期の象徴だった建物は支配国の権力によって解体され、新たな近代のシンボルが建てられていった。かつて邑城の中心施設であり王権の象徴だった客舎が、植民地教育の執行機関である国民学校に利用されたのはその代表的な例だ。歴史都市の景観と経済はそのように植民地化されていった。

20世紀後半になると、歴史都市は再開発という資本主義の貪欲によってふたたび歪められる。無分別な再開発の嵐にさらされて短期間のうちに類を見ない都市破壊が起こった。わずか半世紀のうちに強行された記憶の抹消により、悠久の歴史を有する都市が違和感だらけの場所になってしまった。そんな都市に住む人々は総じて記憶を失ったように、みずからの過去を確認するすべを持たない。

　幸いなことに、地方の中小規模の歴史都市は再開発の波に全面的にさらされずにすんだ。歴史都市の現在の姿に基づいて本書を著すことができたのもそのおかげだ。だが20世紀後半以降、人口が首都圏に過剰集中し、次第に人口を減らしつつある地方の歴史都市は活気を失った。市街地にも今なお平屋建てが多く、空き家・空き地が増えている。フィールドワークの際に高台から町全体を眺めると、急速に薄くなりつつある自分の後頭部を目にしたときのように心もとなくなる。今なお銭湯の煙突がもっとも背の高い構造物というそれらの歴史都市では、高密度を特徴とするのが都市部だという定義は説得力を失う。

　近代になって文化の側面からも歴史都市に大きな変化が訪れる。こんにち、都市は文化を生産し享受する場と認識されているが、前近代期の都市は文化の産室の役割を果たしていなかった。当時の文化は都市部から遠く離れた田舎で両班《ヤンバン》一族を中心に形成され、役人の住む邑城は文化を生産し主導する条件を備えていなかった。町から離れた地方で氏族集落を形成して居住していた両班階層が知識を独占し、高度な文化をリードしていたのだ。それは、支配エリート階層が他の階層とともに都市に暮らすことにより、中世にはすでに都市が高度な文化の主たる生産の場となっていたヨーロッパの状況とは対照的だ。だが近代期以降の産業化の過程で多くの人々が農村を離れて都市へと集中するなかで状況は変わった。今ではわが国でも新たな文化は農村ではなく都市で生まれている。だが都市が名実ともに行政、経済、文化の中心となったのはそれほど遠い過去ではない。

　近代期を経て歴史都市が文化の中心になると、人々はその町をアーティストの名とともに記憶するようになった。作家でコラムニストの高宗錫《コジョンソク》がまとめたように、ある町が文化芸術史に名を刻むのは、次の3つのうちのどれかである。第一はそこが有名なアーティストの故郷の場合、第二はアーティストの活動の場だった場合、第三は作品の背景または舞台の場合だ。ある町がその3つのすべてに該当するならば、このうえなく魅力あるアートの町だろう。統営がまさにそうだ。作曲家・尹伊桑《ユンイサン》が生まれ、はるか北の地に生を受けた画家・李仲燮《イジュンソプ》が活動し、統営に生まれた朴《パク》景利《キョンニ》が故郷を舞台に小説『金薬局の娘たち』を書いた。統営だけでなく他の歴史都市でも文化芸術をはじめ各種分野で傑出した人物の活躍する興味津々の物語に接することができる。

☯町の線と面、そしてヒューマニズム

はたして、現在の韓国の歴史都市をわかりやすく読み解くことができるのだろうか。そんな疑問を抱かざるをえない理由は、ひとつのテクストというには都市空間があまりにも複雑に見えるからだ。経験上、ある町をはじめて訪れたとき、その空間が明瞭に把握できた町はひとつもない。だから何度もフィールドワークを重ねて理解と解釈の手がかりを探し求めた。ひょっとするとその経験があったからこそ、歴史都市を読み解くうえで有効な枠組みが必要だと切実に感じたのかもしれない。

さて、歴史都市ならば空間を読み解く枠組みもまた町の歴史、その生成と進化の歴史から引いてくるべきではないのか。だとしたら韓国の歴史都市を東アジアというさらに広い視点から考察する必要があるだろう。

まず一見して東アジアの都市は西ヨーロッパの都市の同質的な姿とは大きく異なる。典型的な西ヨーロッパの都市空間は、パブリックな空間である広い中庭とそれを取り囲む中高層の集合住宅による一定のブロックからなる。大通りと裏通りの格子状の道が中庭のある集合住宅のブロックを取り囲んでいるが、規模や用途において大通りと裏通りに大きな差はない。それらの道路に面したそれぞれの建物も同様だ。映画『ベルリン・天使の詩』に出てくるベルリンがそんなヨーロッパの町の典型だ。翻って東アジアの都市では大通りによって都市空間がブロックに分けられ、ブロックの内部は路地で構成されている。ここでは大通りと路地、それぞれに面する建物の規模や用途において大きな差がある。そのためヨーロッパの町からは統一性が強く感じられ、東アジアの町はきわめて複雑に見える。

このような東アジアの都市形態の複雑さは何に起因するのだろうか。それは近代期以降、特に20世紀後半の都市開発の過程でもたらされた混乱の姿だろうか。これまでの研究による僕なりの結論は、20世紀後半の原則なき都市開発が拍車をかけたことは確かだが、東アジアの都市形態の複雑さは、根本的に悠久の都市の歴史に起源を発するということだ。

もう一度、東アジアの都市の土台となった『周礼』「考工記」のモデルに立ち返ってみよう。そこには主要な街路という線と、街路によって区画されたブロックつまり面からなる、二元的な空間構造の芽がある。ところが主要な街

路＝大通りとはそもそも日常生活の場ではなく、儀礼と象徴の場だった。儀礼と象徴は地域的な特性を有するものではなく、天と地とをつなぐ宇宙的なコミュニケーションを意味していた。大通りのうちもっとも重要なのは朱雀大路だ。子午線と重なる線である朱雀大路は、天子が天に祭祀を捧げる祭壇である円丘と宮城とを結ぶ儀礼の軸である。つまり統治者が朱雀大路を通って円丘に赴いて執り行う儀礼は、統治者が天（子午線）と地（儀礼の軸）を媒介する天子であることを誇示する行為だった。それ以外にも大通りはさまざまな儀礼や公的活動の場として活用された。

一方、ブロック内部の面は日常生活の営まれる居住空間であり、都市生活から生まれる固有の文化の宿るところだ。そこは家々の集合からなり、路地によって組織される。ブロックを縫うように走る路地で町の共同生活が営まれる。大通りが儀礼という公共の活動の場だとしたら、ブロックは日々のコミュニティ活動の場だ。したがって地域のアイデンティティを見いだせる場所は、大通りではなくブロックだ。

つまり東アジアの都市では宇宙的な側面と地域的な側面、儀礼と日常生活、公的活動と私的・共同体的活動が、それぞれ大通りとブロックを基盤に共存している。ところが都市の線と面は隣接しながらも日常的に関係を結んでおらず、別個の論理と形態で存在している。そうした側面から東アジアの都市の空間構造は二元性を有する。

韓国の歴史都市を見てみよう。現在、多くの町の大通りはすでに高層のオフィスビルや商業ビルばかり、国際的な、または無国籍の大型構造物で埋め尽くされている。高密度を要する後期資本主義都市の必然の結果だ。だが裏通りの路地はなお地域の伝統やアイデンティティを保っている。本書に紹介したどの町も、大通りの内側に一歩踏み込めば、雰囲気ががらりと変わって今なお地元らしさを色濃く残す面が広がっている。韓国の歴史都市のユニークな可能性とアイデンティティを示す部分はまさにここ、線ではなく面なのだ。そうした観点から羅州と安東とを比べてみよう。

羅州では主として長く続く路地によって面が成り立っているが、安東では行き止まりの短い袋小路によって面が構成されている。市街地を格子型に整える区画整理事業が行われる前は、もっと袋小路があったはずだ。2つの町を比較すると、市街地の面を構成するそれぞれ異なる路地が町を特徴づけていることがわかる。

東アジアの町のうち韓国の歴史都市に特徴的なのは、市街地の面が不規則かつ有機的な路地から成り立っている点だ。これは北京をはじめ中国の町の住宅地が「胡同《フートン》、巷《シャン》、里弄《リーロン》」と呼ばれる通り抜け可能な直線の路地によって一定の構造をなしているのとは対照的だ。柔軟で変化に富む空間からなる韓国の歴史都市は、都市空間を効率的に利用するうえではやや不利だが、多様でバラエティ豊かな空間を通じて興味津々な経験に接することのできる場所だ。何よりも人はそんな町に安らぎを覚える。韓国の歴史都市に感じるこうした人間的な町の空気感を、僕は「都市のヒューマニズム」と呼んでいる。都市のヒューマニズムは人々が市街地に暮らすことを前提としているが、町の空間が小規模のコミュニティ領域に適度に分かれているとき、そして町の空間が「ヒューマンスケール」を有するとき、はじめて実現する。そのことについては第5章「安城《アンソン》」で詳細に触れた。

☯ 新たな歴史都市を夢見て

20世紀後半以降一貫して続く韓国の都市再開発は、無定見にヨーロッパのモデルに追従することで、開発と保全を両立不能な葛藤と対立の行為にしている。世界標準に合わせた新たな大型建築物を大通りに「線」状に並べるにとどまらず、ブロック内部の「面」にまで広げることによって事実上その町全体のアイデンティティを破壊している。

すでに歴史都市の古いたたずまいをそっくり守りぬくことは事実上不可能な状況になっている。歴史都市とは成長を止めた町ではなく、進化しつづける町でなければならないため、全面的な保存が望ましいわけでもない。では、今後、歴史都市はいかに変わっていくべきなのか。望ましい方向は空間構造の二元性に従うことだと考える。開発は線に沿って行われるようにし、路地と住居からなる面を維持しうるならば、韓国の歴史都市は国際性と地域性とを同時に備えた現代都市として発展していけるだろう。

国どうしの競争より都市間の競争のほうが注目されつつある21世紀に、長い歴史を通じて培ってきた膨大な記憶の層と興味深い物語を秘めている歴史都市は、もっとも競争力のある文化コンテンツになるはずだ。ところが、歴史都市を生の営みの空間、文化の空間として見るとき、何よりも重要なのは路地によって組織されたコミュニティ領域、つまりヒューマニズムの空間としての「面」だ。線から切り離された面が居住空間としての機能を維持するならば、韓国の歴史都市もまた人間的な暮らしの場として、また文化の産室として持続可能である。

そう考えたとき、現在の韓国の歴史都市では新たな状況

▲**北京**　大通りには高層ビルが並ぶが、その裏には低層の住宅が密集しており、都市空間は入り組んでいる。

や条件にマッチする住居パターンが存在しないことが大きな問題だ。かつて地域的な条件に合わせて形づくられた従来の住宅を現在の都市構造や生活の場とするのはもはや困難であり、その後も特色のない洋風の建物ばかり建設され、歴史都市らしさを活かす住宅が模索されたことはなかった。いくつかの歴史都市ではすでに事態は進んでいるが、韓国でもっとも普遍的な住居パターンになってしまったマンションが歴史都市を全面的にむしばむことになったなら、歴史都市の未来はもはや論じようがないだろう。

　したがって、町の条件に合った住居パターンを確立することは、新たな時代の韓国の歴史都市が最優先で取り組むべき重要な課題である。この課題を解く手がかりは歴史都市の現場に見出すことができた。安城では通りに続く門間《ムンカン》棟《チェ》の進化を理解することによって低層高密度の中小都市に最適な「水平的な店舗兼住宅」の芽を発見した。また、統営では敷地内に高低複数の庭をもつ傾斜地の住宅を見て、地形の変化に富む韓国の町に必要な「傾斜地住居」の端緒を探った。そうした経験から、いかなる都市理論も現状に基礎を置かねばならず、すべての都市問題の解決法は現場にあるという確信を持つに至った。

　現代社会において都市には疎外の場、人間を破壊する犯罪の場という否定的なイメージがつきまとう。米国の著名な都市学者にして文明批評家のルイス・マンフォードは、『歴史の都市　明日の都市』（*生田勉訳、新潮社、1969）で「古代都市、なかんずくギリシアの諸都市に初めて具現された本質的な活動や価値を取戻すことこそ、われわれの時代の都市をさらに発展させるための第一の条件なのである」という結論を下した。すでに1961年に堕落した米国の都市を憂えていたマンフォードのこの言説を想起しつつ、韓国の歴史都市の「ヒューマニズム」から人類が夢見る望ましい都市のオルタナティブを探れるのではないかと思う。こんにち、韓国の歴史都市を探求する究極の目的はまさにそこにある。

訳注

1 朝鮮王朝の王宮・景福宮《キョンボックン》の正門・光化門《クァンファムン》から伸びる大通り。中央官庁が並び、現在の各省に相当する六曹（吏曹、戸曹、礼曹、兵曹、刑曹、工曹）があったことからそう名付けられた。

2 歴代王・王妃の位牌を奉安するための儒教祀堂。朝鮮王朝の都だったソウルでは景福宮の東に置かれ、1995年に世界文化遺産に登録された。

密陽の路地で住宅の門構えをスケッチする著者

あとがきに代えて……………

キーワードで読み解く韓国町歩きのノウハウ

歴史都市とは、前近代期に形成され、近代期を経て現代まで進化してきた、今も現役の政治・産業・居住の空間だ。歴史都市を歩くことは、現在の空間やスポットから数百年あるいは千年以上にもなる歴史の重みを感じ、そこに積み重なった物語や記憶、意味を発見することだ。古い町の構造、ありよう、デザインを丹念に追いかけ、その地に根差す物語に触れることは「歴史都市を読み解く」行為といえよう。

近代期以降に大きな変化を遂げた歴史都市から空間の秩序と論理とを一目で読み取ることは難しい。実際に歴史都市を訪ねたときには都市空間が実に複雑に入り組んでいるように思われる。どの町も似たり寄ったりで、どこに行けばその町らしさが感じられるのか見当がつかないこともある。だがもつれた糸を解きほぐすように丁寧に観察していくと、いつしか都市空間のおおよその見取り図が描かれてゆき、その町ならではの個性ある空間が姿を現す。

ここでは経験をもとに歴史都市、特に行政の中心地として出発した歴史都市を歩く際のコツを7つのキーワードにまとめてみた。もちろん町歩きに定石があるわけではないから、これらを参考に読者のみなさんにも自分なりの町歩きの方法をみつけてもらいたい。

まず町歩きの手順を考えてみよう。行政の中心地として出発した歴史都市で古い空間といえば、客舎《ケクサ》や東軒《トンホン》を中心とする旧市街だ。市街地の境界が城壁で囲まれているなら、それは邑城《ゆうじょう》と呼ばれる。市街地のもっとも高いところに登って都市空間の全容を把握し、おおまかなルートを描くことから町歩きを始めてはどうだろう。次に町なかに降り立ったら骨格をなす南北方向、東西方向の中心となる大通りをゆっくりと歩いて旧市街の全体的な雰囲気に触れてみよう。それから大通りの内側に足を踏み入れ、歴史的な意味をもつ場所、興味を惹かれたスポットなどを訪ねて歩く。たいていの場合、旧市街の広さは歩いて一回りできる程度だ。最後に町の周辺部にある歴史的な空間やスポットを訪ねてみよう。町の歴史を物語る塔や仏像、官立の高等教育機関だった郷校《ヒャンギョ》、眺めのいいところにある楼閣、そして地元の人にとって特別な意味をもつ自然景観などがその対象だ。歩いて行くにはやや遠いところは自転車を借りるなどすれば、時間も節約できるし見どころも取りこぼさずにすむ。

☯中心

客舎と東軒

行政の中心地だった歴史都市の真ん中にはさまざまな公共施設があった。とりわけ重要な施設は客舎と東軒だ。客舎の中心にある正庁には王権を象徴する「殿」という文字の書かれた木製の牌が奉安され、地方長官である守令《スリョン》が新月と満月の日に拝礼を捧げていた。また中央政府の役人が出張に来たときには正庁の両側にある部屋に宿泊した。王権の象徴たる客舎は、ゆえに歴史都市でもっとも重要な建物だった。

東軒は郡守《クンス》、県令《ヒョンニョン》といった地方役人が部下を束ねつつ執務していた官庁で、現在の市町村役場に相当する。地方役人が家族とともに暮らす官舎である内衙《ネア》の東に位置することから東軒と呼ばれる。

前近代期には、王権を象徴する客舎と地方行政を取り仕切る東軒は町のシンボルだった。客舎は迎賓館の役割を果たしていたため密陽《ミリャン》のように見晴らしのいい場所に建てられることもあったが、一般には客舎と東軒は歴史都市の中心部、または北部中央に置かれ、そこを中心に都市空間が構成されていた。羅州《ナジュ》の例からもわかるように、歴史都市に復元された客舎や東軒は市街地の景観の重要なポイントとなり、伝統建築の美を誇っている。

☯ 境界

城壁と城壁跡

すべての歴史都市に城壁があったわけではないが、旧市街の境界は城壁とされている場合が多かった。密陽では城壁の周囲に濠が掘られており、城壁は町の領域をはっきりと区画するとともに防御の役割を果たしていた。背後を鎮山《チンサン》に守られた歴史都市では、四角形の城壁を巡らせることはほぼ不可能だった。そのため地形の流れに沿って不定形に築かれた城壁が多かった。東の城壁の一部を復元した密陽で、そうした有機的な形状の城壁を確認することができる。

城壁の東西南北4か所または東西と南の3か所に城門が設けられ、城門の外をさらに取り囲む甕城《おうじょう》が築かれた。城門のうち町の表玄関の南門と、日常生活で主たる出入口となる東門の形状を見ると、たいていの場合、石造りの高い門の上に二層以上の楼閣を築いて威容を誇っている。それに比べて北門や西門はやや簡略な形状で造られている。

前近代期に築かれた城壁が現在も完全に残っている町はない。大半が20世紀初めの植民地期に取り壊されたからだ。かつての城壁跡は概して周囲よりやや高い地形が線状に続いている。多くの町で城壁跡に沿って道路がつくられ、統営《トンヨン》や羅州ではたんなる土手に転落し、またはわずかに残った基壇が民家の土台に利用されるという憐れな末路も目にする。ところどころ残った痕跡をたどり、在りし日の城壁を示す線を地図上に描くことで歴史都市のかつての姿とその規模を推測することができる。

☯中心軸

南北の通り・東西の通り

前近代期に形成された町の中心軸を歩くことで歴史都市の古い骨格を確認することができる。かつては邑城の表玄関だった南門と北門、または南門と客舎とを結ぶ南北方向の通りに沿って官庁や大型の建物が並んでいた。東門と西門を結ぶ東西方向の通りは日常生活の軸であり、昔からその町でもっとも賑やかな商業の通りだった。羅州で確かめたように、植民地期に建てられた金融機関の美しい新古典主義様式の近代建築が見られるのもこうした商業の通りである。

前近代期の歴史都市の中心軸は、近代に入って延伸され、またはそれよりずっと広い新道が並行して開通することで大きく変化する。城壁が取り壊された後に造られた近代期の通りは、町の領域を越えて隣接地域へと伸びている。さらに中心軸が移動したことで町の象徴たる大通りや繁華街も移動する。安城《アンソン》、全州《チョンジュ》、羅州では近代期の町の中心軸がどういうプロセスで移動し、延伸したのかを観察することによって歴史都市の成長をまた違った観点から理解することができる。

流れ

高低差と水辺

歴史都市を歩いていると坂道を昇り下りすることが多い。たいていの場合、高いところには客舎や宗教施設のようなシンボリックな建築物がある。また、統営や春川《チュンチョン》のように斜面全体が住宅地になっているところも多く、その路地の様子や家々の配置は等高線で示される地形と密接に関係している。その結果、韓国の歴史都市では「第二の自然」ともいうべき「町里《まちさと》」が生まれた。

都市空間で水辺は基本的に快適さをもたらす要素、つまりアメニティ空間である。市街地の小川は道路拡張の際に暗渠化されたが、市街地や町の境界に広い水辺があって町の空間構成や人々の暮らしに影響を与えている歴史都市は多い。統営は町の前に海が広がり、本書で紹介した他の8つの町も水辺とともにある。かつて交通路として利用されていた川は通りの方向にも影響し、型にはまった格子状ではなく有機的な道路体系を形成した。

川沿いの道を歩きながら一方に川の流れを、もう一方に都市空間を眺める体験は、歴史都市で味わう最良のゆとり、ロマンだ。そんな道をそぞろ歩きながら水辺と都市空間の出会い方を考察してみよう。韓国の歴史都市の紡ぎだす空間の変化とダイナミズムは、その多くが都市空間の高低差と水辺の生む流れによるものだ。

☯ 住居パターン

路地と住宅

南北・東西の軸となる大通りの内側に一歩足を踏み入れると、くねくねと路地の行きかう「面」が広がっている。路地には、住宅地を貫いて先の道に出る通り抜け型の路地と、行き止まりになった袋小路とがある。羅州では長く続く通り抜け型の路地が、安東《アンドン》では袋小路が発達している。ユニークなのは密陽の三門洞《サンムンドン》のループ状の通り抜け型の路地だ。いずれにしても、路地はまっすぐ伸びるより予測不能の不定形な道筋で訪れる者の好奇心を絶えず刺激し、都市空間の奥深くへといざなう。

住居へのアプローチとなっている路地の先には当然家がある。一定の時期に建てられた住居はおおよそ形状や空間構成に共通する部分があるが、それは住民の思い描く共通する住居パターンがあったからだ。歴史都市の住居パターンを大別すると、前近代期の韓屋《ハノク》と、近代期の日本式または洋風の住宅に分類できる。面白いことに安東市街地の伝統文化コンテンツ博物館の裏手には、韓屋、日本家屋、洋風住宅が並び、通りを移ろう時間を感じさせてくれる。

住宅とアプローチは空間的に緊密につながっているため、別々にとらえず一体のものとして把握することが重要だ。路地と併せて住宅を詳細に観察すると、その町ならではの特色ある形状や空間構成が発見できる。そうした特有の住居パターンを観察し、そこに影響を及ぼした環境的な、あるいは社会文化的な要因を推測することにより、歴史都市の空間とそこでの暮らしにさらに迫ることができる。

歴史都市には純然たる住宅もあるが、店を兼ねた店舗兼住宅も多い。住居と店舗を水平あるいは垂直に分割して配置した建物だ。安城、江景《カンギョン》、忠州《チュンジュ》の店舗兼住宅でプライベートな生活領域を確保したかつての方式を観察することで、今後の高密度の市街地にマッチするさまざまな住居パターンを開発するうえで貴重なアイディアを得ることができる。

☯ コミュニティ

歴史都市という地域コミュニティはいくつかの「町里」で構成されており、さらに「町里」は複数の小さなコミュニティから成り立っている。これら3段階のコミュニティ空間を訪ね、コミュニティ活動をサポートし、またはメンバーの思いに寄り添った個性ある空間や面白いデザインを探してみよう。

現代の大都市からほとんど消えてしまった小さなコミュニティの空間は、住居へのアプローチ、つまり路地を共有する数軒の家からなる空間だ。忠州や羅州に見られるように、共同利用の井戸や居住地の入口にある広場がそうした小さなコミュニティを取り持つ「つなぎ空間」になっている。住民が日常的にふれあう空間にしばし身を置いてその空気や感覚を味わってみよう。そこから現代の大都市では感じられない人間的なぬくもりが伝わってくるなら、その理由は何だろうか。

☯ 人物

物語と場

歴史上の人物、特に文化芸術分野で素晴らしい業績や物語を残した人物が暮らし、活動していた場所を訪ねてみよう。そういう場所はすでに観光地となって広く知られている場合もあるが、僕が春川で朴壽根《パクスグン》や権鎮圭《クォンジンギュ》ゆかりの地を訪ねたときのように、宝探しよろしくあちこち探し回らないと見つからないこともままある。事前に文献資料をチェックし、現地で古老の話を聞かせてもらえれば、そんな隠れた宝ものを探すうえでおおいに役立つ。また、地名が手がかりになることも多い。

　現地に痕跡をとどめる人物ゆかりの場所や名残を確認し、在りし日を偲ぶにつけ、実存とロケーションとが分離不可分の関係にあることに気づく。小説であれ絵画であれ、その場所で生まれた素晴らしいアート作品を用意して現地で鑑賞すれば、その作品がいかにリアルかが実感でき、さらに大きな感動を覚えるだろう。また、その空間を経験し感じた自分の感覚と、同じ空間を描いたアーティストの捉え方にいかなる共通点や相違点があるのかを比べてみるのも面白い。数多くのアーティストを輩出した統営は、そんな町歩きのしかたをするのにちょうどいい。

　歴史上の人物と特に関連などなくても、特別な物語を秘めた場所というのがある。そんな場所で物語の片鱗に触れられるなら申し分なかろうが、実際の舞台で物語のシーンに思いを馳せるだけでも、心は過去へと旅立つことができる。

　数年にわたって歴史都市を訪ね歩くうちに、休憩するにもかつて誰かが一休みした店を探して茶を飲み、食事するにも古い韓屋の店を選んで食べるクセがついていた。歴史を刻む場所や記憶の痕跡は目に見えなくても、実在する「時間」の存在を確認できるし、自分もその時間の流れの中に存在していることに気づかせてもらえるからだ。一方、そんな路地や家々が工事現場のホコリの中に消えていく現実を目撃しつつ、おのずと歴史都市の行く末を案じるようになった。これらの町は100年後にはどんな姿になっているのか。現代人は、はたしていかなる都市空間でいかなる物語を記しつつ生きていくべきなのか。

　歴史都市で多くの人に美しく興味深い空間、人間味の感じられる空間に出会ってもらいたいし、そのエッセンスを集めて心の中に理想の町の姿を思い描いてもらいたい。そしていま暮らしている町をそんな美しく暮らしやすい場所に変えていくための努力に、一緒に取り組んでもらえればと期待している。

訳者あとがき

本書は韓弼元《ハンピルオン》著『古い町の路地を歩く　繰り返し訪れたい魅惑の地方都市巡り』の全訳である。著者が町歩きを始めたのが２００６年、その成果をまとめた原著が韓国で出版されたのが２０１２年だ。訳出作業をしている今が２０１７年だから5年から10年以上のタイムラグがある。十年一昔ならぬ十年三昔くらいのスピードで移り変わっていく韓国社会ゆえ、この時間差はけっこうな難物だった。ビルのテナントが入れ替わり、建物が建て替えられ、古い建物が復元され、地名まで変わった。第2章脚注12や第5章脚注11、第9章脚注6に記したように、韓国では道路名住所制度の導入によってすべての道に名前がつけられ、古くから言い習わされてきた通りの名が行政の都合に合わせた名称に改められた。

東京にいながら机上の作業で訳出していると、その変化のさまを現地に確かめに行く余裕もない。そのためインターネットは重要な情報源となった。日本ではストリートビューといえばGoogle Mapsだが、本書収載の9つの町でストリートビューがフルに提供されているのは密陽《ミリャン》、全州《チョンジュ》、羅州《ナジュ》のみ。そこで韓国のDaumおよびNAVERの地図サイトが大活躍した。とりわけビュー履歴はうれしい機能で、原著に記された地点を特定し、その変遷のさまを知るうえで役立った。百聞は一見に如かず、画像を掲載できればよかったのだが、紙幅の都合上訳注で補わざるをえなかったことをお許し願いたい。

著者があとがきでも触れているように、古い町の姿は現時点で記録に残しておかなければ「工事現場のホコリの中に消えていく現実」がある。一方で、第2章「統営《トンヨン》」の東《トン》ピランが成功事例となった「壁画による町おこし」は各地に広まり、SNSによる拡散、観光客の殺到、商業施設の進出、地価や家賃の高騰、住民の転出、やがてコミュニティの崩壊へと至るジェントリフィケーション（「高級化、浄化」の悪しき側面）を生みつつある。たんなる復元や観光開発ではなく、建築家の著者が提案するような新たな住まい方の模索なくしては容易に解決しない問題だろう。

以上は現在と将来の話。過去を振り返ってみると、本書に収載された9つの町ならずとも少なくとも韓国（おそらく北朝鮮も）の都市部においては、そのありように日本の影響を受けなかった町は存在しないという重い事実がある。はじめて観光旅行にでかけたとき、「日本みたい」と無邪気に思った背景にそんな事実があるのだと知っておくことには意味があるはずだ。

本書の出版は韓国文学翻訳院の翻訳および出版助成を受けて実現した。ここに感謝の意を表したい。煩わしい質問に丁寧に答え、各種資料を提供してくださった著者にはお礼とお詫びとを申し伝えねばなるまい。三一書房の小番伊佐夫、高秀美両氏には本当にお世話になった。大学卒業以来30数年ぶりの再会となった桂川潤氏には胸躍るようなブックデザインに仕立てていただけて望外の喜びだ。ややこしい組版作業だったはずだが市川貴俊氏は丁寧に仕上げてくださった。心からお礼申し上げる。

2018年1月

萩原　恵美

ら行

洛東江（낙동강）16, 18, 22, 35, 80, 84, 170
羅氏三綱門（나씨삼강문）268, 269, 275
羅州（나주） 2, 7, 8, 9, 74, 82, 138, 140, 144, 158, 253, 254, 256, 257, 258, 259, 260, 261, 262, 263, 264, 265, 266, 267, 268, 269, 270, 271, 272, 273, 274, 275, 276, 277, 278, 279, 280, 284, 286, 288, 291, 297, 298, 300, 301, 304
羅州学生独立運動（나주학생독립운동） 259, 260
羅州川（나주천）254, 256, 261, 262, 263, 264, 265, 268, 269, 270, 274, 278, 279, 280, 286
羅州警察署（나주경찰서）273, 276
李外秀（이외수） 110, 127, 131
李完用（이완용） 239
李源永（이원영） 92, 93
李重煥（이중환）111, 138, 170, 200, 279
李舜臣（이순신） 44, 48, 53
李成桂（이성계） 226, 230
李退渓（이퇴계）79, 82, 92, 93, 100, 102, 112, 194, 248
李仲燮（이중섭）46, 47, 52, 54, 55, 56, 57, 62, 67, 70, 117, 119, 120, 121, 289
李秉岐（이병기） 248
梨木台（이목대） 230, 235, 249
柳致環（유치환）50, 52, 58, 61, 62, 72
柳鎭奎（유진규） 111
領議政（영의정） 209
両班（양반）51, 74, 79, 80, 100, 142, 158, 223, 245, 246, 247, 289
林慶業（임경업）207, 208, 209, 210, 215, 216, 217, 218
『林将軍伝』（임장군전） 209
臨清閣（임청각） 76, 81, 95, 101, 102
ループ状（고리형） 28, 30, 58, 59, 118, 300
『麗日』（여일） 118, 120
嶺西（영서） 106
嶺南（영남） 21, 27, 101, 136, 200, 205, 234, 286
嶺南学派（영남학파） 20, 79, 194
嶺南楼（영남루）18, 20, 21, 22, 26, 27, 36, 37, 38, 234
歴史都市（역사도시）1, 2, 3, 6, 7, 8, 24, 27, 36, 37, 39, 49, 59, 62, 74, 81, 82, 84, 85, 87, 93, 96, 100, 116, 122, 123, 125, 146, 154, 156, 163, 171, 172, 183, 186, 193, 196, 201, 202, 207, 231, 234, 238, 240, 245, 250, 254, 260, 265, 274, 278, 281, 282, 284, 285, 286, 287, 288, 289, 290, 291, 292, 293, 294, 295, 296, 297, 298, 299, 300, 301, 302, 303
『レッドクリフ』（적벽대전） 222
楼閣（누각） 20, 21, 22, 47, 86, 136, 234, 235, 236, 239, 272, 273, 296, 297
労働組合（노동조합）178, 179, 192, 266
六矣廛（육의전） 110, 288
六曹大路（육조대로） 285
路地（골목） 1, 5, 6, 8, 28, 30, 56, 59, 64, 66, 67, 82, 87, 89, 90, 96, 104, 114, 115, 117, 118, 119, 120, 121, 123, 124, 125, 126, 127, 128, 129, 130, 132, 133, 157, 193, 215, 223, 226, 232, 244, 245, 246, 247, 248, 250, 251, 252, 261, 263, 264, 268, 270, 271, 272, 278, 279, 284, 288, 290, 291, 292, 294, 299, 300, 301, 302, 304
『路地裏』（골목안） 121
ロマネスク（로마네스크）162, 239, 240
論山（논산）158, 160, 166, 170, 171, 177, 178, 187, 194

わ行

倭寇（왜구） 20, 108, 230

文化の街（문화의 거리）96, 98
聞韶閣（문소각） 108, 110
プンムル（풍물）116, 134, 205, 206, 207
平安道（평안도） 133, 259
丙寅洋擾（병인양요） 204
丙子胡乱（병자호란）209, 252, 288
平壌（평양） 38, 111, 120, 136, 170, 200, 237, 258
平澤（평택） 138, 140, 143
ヘジャンクク（해장국） 212, 215, 223
『ベルリン・天使の詩』（베를린 천사의 시） 263, 264, 268, 279, 290
望華楼（망화루） 272
鳳儀山（봉의산）106, 108, 113, 122
法興寺址七層塼塔（법흥사지 칠층전탑） 76
法古創新（법고창신） 162, 249
鳳停寺（봉정사） 77, 81, 93
豊南門（풍남문）228, 231, 232, 236, 237, 239, 240, 244, 245, 249
豊沛之館（풍패지관） 237
宝物（보물） 20, 84, 94, 106, 217, 226, 231, 242, 262
法輪寺（법륜사） 63, 64, 72
牧（목） 77, 93, 103, 196, 201, 204, 258, 259, 261, 272, 287
北漢江（북한강）106, 108, 111, 112, 115, 130
北玉メソジスト教会（북옥감리교회） 187, 188
朴景利（박경리）42, 51, 52, 72, 289
牧使（목사）204, 207, 259, 272, 273, 274, 280
朴趾源（박지원）141, 142, 143, 144, 162
朴壽根（박수근） 56, 117, 118, 119, 120, 121, 125, 302
ポクス（벅수） 61, 62, 63
朴正熙（박정희） 103, 243
北望門（북망문）256, 262, 277
北鋪楼（북포루） 44, 68
朴龍来（박용래）174, 190, 194
濠（해자） 26, 40, 232, 297

☯ ま行

『麻衣太子』（마의태자） 62
マイムフェスティバル（마임축제） 110, 111, 115, 116
町里（도시마을）116, 118, 119, 121, 156, 299, 301
マッククス（막국수）124, 125, 128
味元タワー（미원타워） 240, 243
密陽（밀양） 7, 8, 9, 15, 16, 18, 19, 20, 21, 22, 23, 24, 25, 26, 27, 28, 32, 35, 36, 37, 38, 39, 172, 234, 258, 286, 294, 297, 300, 304
密陽アリラン（밀양아리랑）22
密陽江（밀양강）16, 18, 20, 21, 22, 23, 24, 25, 26, 28, 36, 37, 38, 39
港（항구）35, 42, 50, 51, 56, 59, 60, 61, 65, 67, 70, 72, 141, 166, 170, 171, 178, 179, 180, 189, 275, 280
南門（남문） 18, 26, 44, 47, 59, 61, 76, 83, 85, 86, 96, 98, 146, 148, 171, 198, 205, 206, 215, 216, 228, 231, 232, 236, 237, 238, 239, 240, 244, 245, 249, 259, 262, 264, 266, 274, 287, 297, 298
務安（무안） 140, 261, 275
ムッパ（묵밥） 80
門間棟（문간채） 32, 40, 143, 149, 158, 159, 160, 161, 162, 163, 246, 269, 293
明成皇后（명성황후） 124, 272
明洞通り（명동길） 122, 123, 124, 125, 127, 128, 132
目抜き通り（큰길 / 중심가로） 27, 33, 59, 276
木檣（목장） 256, 262
木城洞聖堂（목성동성당） 92, 93
木浦（목포）170, 273, 275, 276
『望月』（망일） 55
『望月２』（망월 2） 55
モヤシクッパ（콩나물국밥） 265

☯ や行

薬司峠通り（약사고갯길）116, 117, 119
邑城（읍성）20, 26, 36, 78, 171, 200, 201, 202, 204, 209, 216, 221, 226, 231, 232, 236, 238, 240, 244, 245, 259, 261, 268, 272, 274, 287, 288, 289, 296, 298
邑治（읍치） 236, 254, 287
雄府公園（웅부공원） 76, 77, 78, 96, 99, 101
『夢見る植物』（꿈꾸는 식물） 127, 131
洋風（양식） 25, 71, 81, 159, 161, 187, 191, 268, 293, 300
艅艎山（여황산）44, 46, 56, 62, 63, 64
寄棟（우진각지붕） 171, 246
ヨネゴサッ（연애고살） 270, 271

302
南一堂韓薬房（남일당한약방）181, 192, 194
南漢江（남한강）196, 198, 205, 214, 222, 224
『南行月日記』（남행월일기）248
南顧門（남고문）256, 259, 262, 263, 268, 273, 274, 275
南山（남산）142, 200, 202, 210, 211, 216, 254, 261, 263, 265, 272, 286
南川橋（남천교）28, 228, 232, 233
南坡古宅（남파고택）269
南望山（남망산）51, 55
『南望山に登る道の見える風景』（남망산 오르는 길이 보이는 풍경）47, 55
南北（남북）20, 26, 27, 48, 59, 64, 78, 79, 96, 98, 118, 133, 146, 149, 172, 201, 216, 220, 237, 242, 243, 260, 261, 262, 270, 272, 274, 276, 277, 279, 285, 286, 287, 288, 296, 297, 298, 300
西城門（서성문）256, 262, 270, 280
西門（서문）18, 26, 44, 51, 64, 76, 82, 83, 84, 90, 92, 93, 99, 104, 198, 228, 236, 237, 238, 262, 266, 267, 287, 298
日本（일본）1, 2, 3, 4, 20, 26, 40, 46, 47, 54, 55, 64, 72, 78, 87, 93, 102, 103, 104, 125, 140, 148, 152, 161, 164, 170, 174, 178, 179, 183, 184, 185, 187, 202, 224, 235, 236, 238, 239, 245, 259, 265, 273, 275, 276, 304, 305
日本家屋（일식주택）56, 70, 81, 159, 161, 300
日本式（일식）25, 35, 37, 61, 62, 161, 184, 187, 191, 193, 212, 216, 273, 288, 300
日本人（일제 / 일본인）1, 2, 28, 120, 152, 174, 179, 184, 187, 189, 204, 216, 259, 265, 272, 273, 276, 277, 288
庭（마당）23, 24, 25, 32, 35, 40, 49, 63, 66, 67, 68, 71, 81, 88, 90, 94, 115, 118, 121, 126, 132, 148, 159, 160, 181, 182, 184, 185, 192, 194, 204, 215, 243, 246, 249, 250, 251, 269, 272, 293
『熱河日記』（열하일기）142, 163
ノッタリパッキ（놋다리밟기）77, 98

☯ は行

白城館（백성관）148, 149
白石（백석）52, 54, 66, 70
パクセム（박샘）205, 206
場所性（장소성）100, 267, 284, 288
八達路（팔달로）242, 243, 244
パブリック（공적）26, 28, 30, 66, 114, 150, 182, 268, 269, 270, 278, 290
『春』（봄）120
『春がくる』（봄이 오다）120
東門（동문）18, 26, 27, 44, 76, 99, 100, 101, 104, 198, 228, 236, 237, 249, 260, 261, 262, 264, 265, 268, 269, 274, 276, 277, 278, 287, 297, 298
ピビンパ（비빔밥）231, 251
飛鳳山（비봉산）136, 138
ヒューマンスケール（인간적인 척도）87, 157, 158, 163, 292
広場（광장 / 마당）24, 44, 47, 70, 72, 96, 114, 115, 126, 128, 151, 177, 181, 182, 192, 194, 206, 236, 270, 301
府（부）21, 22, 26, 40, 72, 74, 76, 77, 78, 79, 82, 83, 91, 92, 95, 96, 98, 99, 101, 102, 103, 106, 108, 110, 125, 143, 152, 163, 170, 196, 201, 209, 226, 228, 231, 237, 238, 250, 258, 274, 275, 286, 287, 296
風水（풍수지리）28, 55, 56, 63, 66, 152, 200, 261
復元（복원）3, 20, 24, 26, 27, 39, 40, 46, 50, 64, 66, 71, 72, 78, 95, 122, 145, 149, 179, 181, 190, 204, 232, 233, 242, 250, 252, 262, 266, 267, 272, 280, 297, 304, 305
袋小路（막다른 골목）28, 59, 74, 77, 86, 87, 88, 89, 90, 91, 100, 101, 118, 125, 186, 244, 257, 291, 300
釜山（부산）16, 21, 23, 26, 35, 42, 51, 54, 56, 136, 140, 172, 180, 205, 238
舟橋（배다리）28, 37, 39
舞鳳寺（무봉사）20
『冬のソナタ』（겨울연가）106, 112, 124, 133, 134
プライベート（사적）10, 30, 74, 182, 184, 244, 251, 268, 269, 270, 278, 301
ブラウン５番街（브라운５번가）114, 115, 122, 125, 127, 128, 132
古い町並み（한옥마을）106, 114, 122, 133, 189, 226, 229, 230, 231, 234, 244, 245, 246, 248, 249, 250, 251, 252, 269

忠武カトリック教会（충무천주교회） 63
忠武教会（충무교회） 61, 63
忠武キンパ（충무김밥）46, 50, 56, 58
忠烈祠（충열사） 44, 198, 209, 210, 211, 216, 217, 223
肇慶廟（조경묘） 226, 228
『朝鮮王朝実録』（조선왕조실록） 226
朝鮮時代（조선시대）7, 20, 24, 26, 42, 51, 64, 68, 78, 79, 84, 86, 90, 92, 94, 96, 98, 100, 103, 104, 112, 118, 133, 138, 146, 150, 156, 163, 166, 177, 179, 194, 196, 200, 201, 202, 205, 207, 208, 209, 226, 229, 234, 237, 240, 258, 259, 260, 261, 273, 275, 277, 285, 286, 287
朝鮮戦争（한국전쟁/6.25 전쟁） 48, 54, 56, 84, 92, 108, 110, 113, 121, 122, 130, 149, 164, 175, 182, 186, 190, 191, 273
町内（마을） 118
朝陽楼（조양루） 110
チョロッパウィ（초록바위） 240, 242
チンゴサッ（징고샅）261, 270, 280
鎮山（진산）106, 122, 136, 171, 202, 261, 264, 286, 297
鎮南門楼（진남문루） 85, 86
「追懐」（추회） 172, 173, 188
つなぎ空間（사이공간）28, 30, 270, 278, 301
定期市（5 일장）140, 180, 205, 238, 261, 276, 284
丁若鏞（정약용） 106, 258
鄭夢周（정몽주） 230
テクスト（텍스트） 48, 50, 51, 58, 285, 290
撤去（철거） 26, 40, 77, 134, 148, 149, 162, 164, 175, 182, 194, 222, 224, 238, 239, 243, 252, 261, 265, 273, 279, 280, 288
伝統市場（전통시장） 25, 27, 125
殿洞聖堂（전동성당）239, 240, 249
店舗兼住宅（주상복합건축）35, 156, 160, 161, 183, 185, 212, 293, 300, 301
統営（통영） 7, 8, 9, 41, 42, 44, 45, 46, 47, 48, 50, 51, 52, 53, 54, 55, 56, 58, 59, 60, 61, 62, 63, 64, 65, 66, 67, 68, 70, 71, 72, 119, 120, 121, 144, 171, 264, 280, 285, 289, 293, 298, 299, 302, 305
『統営沖』（통영 앞바다）46, 47, 55
『統営誌』（통영지） 70
『統営風景』（통영 풍경） 47
『桃園』（도원） 55, 57
東学（동학） 20, 40, 238, 242, 252, 266, 273
東学農民戦争（동학농민전쟁） 20, 238, 252, 273
道基書院（도기서원） 145
東軒（동헌） 18, 20, 21, 26, 76, 78, 80, 108, 136, 138, 198, 204, 216, 273, 277, 287, 296, 297
東西（동서） 20, 24, 26, 27, 35, 65, 71, 78, 98, 101, 118, 146, 149, 172, 201, 221, 236, 237, 243, 260, 261, 262, 268, 270, 272, 279, 286, 288, 296, 297, 298, 300
東西路（동서로）146, 148, 149, 153, 154, 155, 157, 160, 164
陶山書院（도산서원） 81, 92, 100, 103
東漸門（동점문）254, 256, 262, 264, 276, 279, 280
トゥッペギ（뚝배기） 80
東ピラン（동피랑） 58, 63, 64, 65, 66, 68, 72, 305
東鋪楼（동포루） 44, 66
東門通り（동문길） 261, 268, 269, 274, 276, 277, 278
道路名住所（도로명주소） 59, 104, 133, 134, 157, 164, 279, 280, 304
都護府（도호부） 77, 78, 103, 106, 108, 201, 286, 287
トッポッキ（떡볶이）215, 223
取り壊し（철거） 64, 66, 191, 192, 235, 240, 245, 249, 265

な行

内一洞（내일동）20, 21, 22, 23, 24, 25, 26, 27, 28, 38
内衙（내아） 20, 46, 108, 198, 273, 297
中庭（안마당） 16, 31, 87, 88, 114, 141, 148, 160, 176, 180, 196, 212, 215, 246, 249, 263, 268, 290
長屋型住宅（장옥형 주택）182, 184, 185, 186, 192
流れ（흐름） 8, 16, 22, 24, 25, 26, 28, 36, 37, 52, 58, 59, 60, 67, 71, 96, 98, 101, 103, 111, 115, 129, 130, 131, 132, 133, 136, 145, 154, 158, 171, 172, 177, 193, 202, 210, 213, 214, 219, 232, 233, 235, 242, 244, 254, 256, 260, 261, 262, 263, 264, 265, 279, 286, 297, 299,

正祖（정조） 70, 216
西東門路（서동문로） 99, 100, 101, 104
清南楼（청남루） 44, 59, 61
清寧軒（청녕헌） 198, 202, 204
青馬通り（청마거리） 58, 59, 61, 62, 64
西ピラン（서피랑） 42, 49, 55, 58, 63, 64, 65, 66, 67, 71, 72
西部市場（서부시장） 129, 130, 131, 132
西鋪楼（서포루） 44
性理学（성리학） 20, 40, 78, 92, 93, 194
旌閭閣（정려각） 268, 269, 275
石檣（석장） 256, 262
『世宗実録』（세종실록） 88
磚（전） 83, 91, 93, 94, 95, 96, 101
全州（전주） 7, 8, 82, 122, 136, 145, 170, 180, 200, 225, 226, 228, 229, 230, 231, 232, 233, 234, 235, 236, 237, 238, 239, 240, 242, 243, 244, 245, 246, 248, 249, 250, 251, 252, 258, 298, 304
全州川（전주천） 228, 230, 232, 233, 234, 235, 238, 240, 242, 244, 252
磚塔（전탑） 83, 91, 93, 94, 95, 96, 101
全斗煥（전두환） 243, 252
洗兵館（세병관） 44, 46, 47, 48, 49, 53, 54, 55, 58, 59, 61, 62, 63, 64, 67, 70, 71
全琫準（전봉준） 242, 273
全羅道（전라도） 40, 42, 94, 133, 136, 138, 166, 180, 226, 236, 237, 238, 239, 240, 258
全羅南道（전라남도） 140, 252, 258, 270, 276
全羅北道（전라북도） 166, 174, 178, 189, 226, 230, 238, 242, 243, 258
蔵修楼（장수루） 122
漕倉（조창） 16, 18, 196, 275
草汀金相沃通り（초정김상옥거리） 48, 49, 59, 60
ソンマル（섬말） 177, 178, 182, 192

☯ た行

大院君（대원군） 134, 145, 224
大圓寺（대원사） 90, 93, 99, 217
大関嶺（대관령） 106
大邱（대구） 23, 74, 92, 103, 136, 170, 205, 237, 239
大興川（대흥천） 168, 174, 177, 178, 179, 181, 193
太師廟（태사묘） 74, 76, 80, 81, 101, 102
太祖路（태조로） 249
太祖〈高麗〉（태조） 74, 254
太祖〈朝鮮〉（태조） 226
大庁（대청） 160, 246, 249
大田（대전） 5, 6, 7, 26, 79, 121, 153, 154, 170, 172, 174, 190
第二の自然（2 차 자연） 116, 117, 118, 299
太白山脈（태백산맥） 106, 108
大鳳橋（대봉교） 210, 211, 217, 219
大林山（대림산） 211, 218
『擇里志』（택리지） 111, 138, 170, 200, 254, 279
タッカルビ（닭갈비） 8, 118, 124, 127
タッカルビ横丁（닭갈비골목） 122, 124, 125, 127, 128, 132
達川（달천） 196, 198, 201, 209, 214, 216, 217
弾琴台（탄금대） 198, 202, 208, 210, 211, 213, 214, 215, 219, 221, 222, 223, 224
『チウォンの顔』（지원의 얼굴） 122
地神パッキ（지신밟기） 205, 206, 207
地図（지도） 1, 20, 40, 51, 58, 110, 134, 164, 200, 209, 210, 224, 232, 242, 260, 261, 262, 274, 287, 298, 304
チムタク（찜닭） 98
中央市場（중앙시장） 68, 70, 110, 122, 124, 125, 126, 128, 194
中央塔（중앙탑） 219
中央路（중앙로） 20, 21, 24, 25, 27, 28, 32, 33, 35, 36, 38, 48, 59, 60, 99, 102, 110, 123, 124, 126, 146, 149, 153, 154, 164, 191, 193, 194, 206, 212, 213, 215, 218, 261, 268, 274, 275, 276, 277, 278
忠景路（충경로） 243
忠州（충주） 7, 8, 77, 136, 195, 196, 198, 199, 200, 201, 202, 204, 205, 206, 207, 208, 209, 210, 211, 212, 213, 214, 215, 216, 217, 218, 220, 221, 222, 223, 224, 258, 286, 301
忠州川（충주천） 198, 202, 205, 206, 210, 213, 215, 216, 217, 218, 219, 224
中心軸（중심축） 110, 123, 149, 153, 200, 243, 244, 245, 264, 269, 274, 275, 287, 298, 299
忠清道（충청도） 42, 79, 133, 136, 166, 170, 180, 196, 201
忠清南道（충청남도） 153, 160, 166, 174, 191, 194
忠清北道（충청북도） 78, 180, 200, 202, 204, 217

『三国史記』（삼국사기）　208
三国時代（삼국시대）　7, 136, 196, 201, 209, 226, 254, 259
三陟（삼척）　106, 108
三南（삼남）　136, 142, 237
三門洞（삼문동）18, 21, 22, 23, 24, 25, 26, 27, 28, 30, 31, 32, 33, 37, 38, 39, 300
『シークレット・サンシャイン』（밀양）　16, 36
市街地（도심 / 시가지）　7, 20, 24, 26, 48, 52, 71, 79, 81, 82, 90, 91, 92, 98, 99, 100, 101, 102, 104, 106, 112, 113, 114, 116, 122, 123, 128, 130, 131, 132, 141, 144, 148, 153, 155, 156, 159, 160, 162, 180, 189, 200, 201, 202, 208, 209, 210, 212, 216, 220, 222, 223, 239, 244, 252, 259, 260, 261, 263, 264, 265, 268, 270, 274, 275, 278, 279, 280, 284, 289, 291, 292, 296, 297, 299, 300, 301
時間軸（시간성 / 시간의 축）24, 25, 81
司倉（사창）　108, 131, 134
駟馬橋（사마교）　258
社稷（사직）110, 136, 198, 205, 206, 216, 224, 285, 286
社稷山（사직산）210, 211, 216, 217, 220, 222
舎廊棟（사랑채）　32, 40, 160, 246, 269
住宅地（마을 / 주거지）　28, 64, 65, 67, 68, 71, 87, 110, 114, 116, 117, 125, 134, 163, 174, 250, 265, 266, 267, 268, 269, 270, 276, 278, 279, 292, 299, 300
十二工房（십이공방）44, 53, 60
「終バス」（막버스）　189, 190
集落（마을）　5, 22, 23, 46, 58, 61, 62, 63, 64, 67, 68, 72, 106, 118, 162, 172, 173, 176, 178, 186, 201, 206, 209, 210, 231, 232, 249, 268, 280, 289
粛宗（숙종）　27
受降楼（수항루）　44, 47
周礼（주례）　285, 286, 290
守令（수령）　20, 21, 26, 204, 287, 296
『春香歌』（춘향가）　128
『春日』（춘일）　120, 121
春川（춘천）　2, 7, 8, 103, 105, 106, 108, 109, 110, 111, 112, 113, 114, 115, 116, 117, 119, 120, 121, 122, 123, 124, 125, 126, 127, 128, 129, 130, 131, 132, 133, 134, 172, 234, 299, 302
『春川、心で写した風景』（춘천 , 마음으로 찍은 풍경）　131
春川七層石塔（춘천칠층석탑）　106, 121, 134
上院寺銅鐘（상원사동종）　84, 85, 86
商業都市（상업도시）　42, 136, 138, 141, 142, 144, 146, 148, 149, 150, 158, 160, 163, 166, 172, 187, 285
城隍堂（사낭당）　108, 136, 206
場市（장시）　44, 70, 110, 136, 140, 141, 143, 144, 145, 156, 170, 205, 238, 256, 261
城門（성문）20, 26, 78, 85, 171, 201, 204, 237, 238, 256, 261, 262, 265, 270, 280, 284, 297
昭陽江（소양강）106, 108, 111, 112, 113, 130, 131, 132
昭陽亭（소양정）　234
鍾路（종로）　85, 110
『書経』（서경）　254, 262
食の街（음식의 거리）　79, 80, 98, 102
植民地期（일제강점기 / 일제）2, 20, 28, 35, 42, 51, 61, 64, 108, 117, 123, 140, 148, 149, 150, 161, 174, 179, 184, 196, 202, 212, 216, 224, 239, 242, 249, 252, 269, 272, 273, 275, 298
徐廷柱（서정주）　117
新羅（신라）16, 21, 27, 74, 86, 91, 94, 96, 136, 196, 208, 214, 222, 226, 245
『白い牛』（흰 소）　56
新淵江（신연강）108, 112, 113
新幹会（신간회）　276
眞興王（진흥왕）　208
晋州（진주）21, 38, 55, 177, 259
壬辰倭乱（임진왜란）2, 20, 21, 26, 42, 44, 47, 95, 108, 145, 226, 237, 252, 259, 261, 272, 288
申砬（신립）200, 210, 214, 217, 224
推火山（추화산）　18, 20
蘂城（예성）　204, 206
水清閣（수청각）　202, 204
スプチョンイ（숲정이）　228, 240
スペース（마당 / 공간）28, 30, 34, 38, 40, 54, 101, 112, 114, 115, 116, 132, 152, 153, 159, 163, 190, 215, 220, 251, 270
スンデ（순대）　218, 219
西学（서학）　242
生活の軸（생활의 축）26, 276, 287, 288, 298
製錦軒（제금헌）　273
製錦堂（제금당）　202, 204
清州（청주）　196, 201
正綏楼（정수루）　272, 273

244, 249
京畿道（경기도）133, 136, 144, 200
京城（경성）140, 170, 180, 262, 280
奎章閣（규장각） 18, 44, 108, 138, 168, 198, 228, 256
慶尚道（경상도）42, 74, 79, 94, 101, 133, 136, 200
慶尚南道（경상남도） 54, 170
慶尚北道（경상북도） 74, 99, 103, 104
『経世遺表』（경세유표） 258
鶏鳴山（계명산）198, 200, 211, 213, 216
間（칸） 44, 71, 188, 202, 204, 232
県（현） 44, 79, 92, 103, 136, 150, 230, 236, 258, 272, 287, 297
甄萱（견훤） 74, 226, 235, 254
嚴興燮（엄흥섭）172, 173, 174, 175, 176, 177, 188
健齋路（건제로） 259
権燦永（권찬영） 92
乾止山（건지산） 228
原州（원주） 106, 200
『元述郎』（원술랑） 62
顕宗（현종） 74, 258
権鎮圭（권진규）117, 119, 120, 121, 122, 302
光海君（광해군） 275
黄海道（황해도） 133
虹橋通り（홍교길） 183, 184, 185, 186, 189
校宮（교궁） 108, 110
高句麗（고구려）112, 136, 196, 208, 222, 254
江景（강경） 2, 7, 8, 9, 35, 82, 136, 165, 166, 168, 169, 170, 171, 172, 173, 174, 175, 176, 177, 178, 179, 180, 181, 182, 183, 184, 185, 186, 187, 188, 189, 190, 191, 192, 193, 194, 285, 301
江景川（강경천）168, 170, 174, 177, 186
江景聖堂（강경성당）171, 178, 188
校峴川（교현천）198, 205, 206, 210, 213, 217, 219, 220, 221
江原道（강원도）106, 108, 110, 112, 120, 125, 133, 142, 180, 214
江口岸（강구안） 70
甲午改革（갑오개혁）103, 106, 133
黄山（황산）166, 173, 174, 181, 183, 188, 189, 230
孔之川（공지천）108, 112, 113, 115, 123
光州（광주）200, 226, 252, 258, 259, 275, 276
公州（공주）138, 153, 166, 170, 172, 178, 196, 200
光州民衆抗争（광주민중항쟁） 243, 276
高宗（고종） 95, 134, 163, 230, 289
港南１番街（항남１번가） 59, 60, 61
『高麗史』（고려사） 200
高麗時代（고려시대） 16, 39, 74, 80, 86, 90, 91, 92, 106, 121, 122, 136, 172, 196, 200, 202, 204, 217, 226, 236, 248, 258, 261, 262, 275, 285
江陵（강릉） 106, 108
虎岩池（호암지） 216, 222
克敵楼（극적루） 136
国宝（국보） 46, 94, 196, 219
コサッ（고샅） 244, 249, 270
湖西（호서） 151, 166
五台山（오대산）84, 85, 86, 214
古地図（옛 지도）1, 16, 18, 20, 28, 44, 58, 70, 76, 84, 106, 108, 110, 123, 138, 146, 150, 168, 198, 200, 216, 228, 234, 237, 243, 256, 260, 261, 262, 274
湖南（호남）138, 142, 166, 170, 171, 173, 174, 176, 226, 238, 239, 245, 254
梧木台（오목대）228, 230, 232, 235, 239, 249
コミュニティ（공동체） 7, 8, 90, 115, 116, 119, 156, 206, 252, 278, 291, 292, 301, 305
コムタン（곰탕） 277
米屋通り（싸전길） 140, 157, 159, 161, 162
『魂火』（혼불） 235, 244, 249
坤止山（곤지산）228, 232, 240

☯ さ行

彩雲山（채운산）168, 173, 174, 176, 177
再開発（재개발）3, 72, 81, 106, 114, 116, 118, 119, 125, 130, 131, 133, 208, 271, 288, 289, 292
済州島（제주도） 42, 170, 180, 201, 226
崔南善（최남선） 214
崔明姫（최명희）235, 244, 249, 251
サメギ（사매기）258, 260, 261, 274, 277
鞘堂（비각） 150, 217
『三綱行実図』（삼강행실도） 275
『汕行日記』（산행일기） 106
『三国遺事』（삼국유사） 244

110, 122, 136, 141, 143, 153, 201, 202, 204, 205, 206, 207, 210, 211, 212, 213, 214, 215, 224, 244, 272, 279, 280, 284, 288
官衙公園（관아공원）202, 204, 205, 207, 210, 211, 213, 214, 215, 224
咸鏡道（함경도）133, 142, 170, 180, 238
漢江（한강） 26, 108, 111, 112, 115, 130, 170, 196, 198, 205, 208, 214, 222, 224, 240, 254
観光（관광） 27, 39, 42, 46, 47, 50, 51, 64, 72, 81, 111, 124, 149, 163, 191, 193, 194, 218, 246, 248, 250, 259, 301, 305
咸興（함흥） 144, 237
『韓国忠清北道一般』（한국충청북도일반） 202, 204, 217
観察府（관찰부） 106, 258
漢城（한성）110, 143, 285, 286
韓水山（한수산） 110, 131
カンチャンコル（간창골） 42, 64, 65, 67, 68, 71
寒碧堂（한벽당）228, 232, 234, 235, 236
冠帽（갓） 51, 54, 60, 66, 100, 144, 145, 146, 157
漢陽（한양）101, 112, 136, 138, 142, 143, 145, 157, 166, 180, 200, 205, 239, 240, 242, 254, 259, 275, 287
畿湖学派（기호학파） 166
儀式の軸／儀礼の軸（의식의 축 / 의례의 축） 25, 59, 146, 148, 150 , 207, 243, 287, 288, 291
北門（북문） 18, 26, 44, 76, 88, 198, 206, 207, 228, 262, 274, 298
客舎（객사） 18, 21, 46, 59, 63, 76, 84, 93, 95, 96, 98, 108, 110, 136, 138, 146, 148, 149, 153, 171, 198, 202, 216, 228, 237, 240, 242, 243, 244, 245, 256, 258, 261, 262, 264, 270, 271, 272, 273, 274, 275, 276, 277, 284, 287, 288, 296, 297, 298, 299
弓裔（궁예） 254
牛頭山（우두산） 110
九苞洞聖堂（구포동성당） 162
境界（경계） 8, 23, 26, 37, 62, 74, 89, 108, 112, 116, 158, 166, 178, 180, 213, 220, 221, 231, 232, 233, 234, 235, 240, 244, 247, 296, 297, 299
郷校（향교） 18, 76, 84, 90, 92, 102, 108, 110, 115, 116, 122, 138, 148, 198, 202, 228, 230, 256, 266, 268, 296
凝香門（응향문） 20
恭譲王（공양왕） 16
行政都市（행정도시） 63, 136, 138, 141, 146, 148, 149, 150, 158, 172, 285, 286
共同体（공동체） 8, 30, 206, 268, 270, 291
恭愍王（공민왕） 74, 77, 93
玉女峰（옥녀봉）168, 171, 174, 175, 177, 178, 180, 182, 188, 191, 194
虚市（허시） 70, 141
『許生伝』（허생전） 142, 144
切妻（맞배지붕） 159, 217, 246
麒麟大路（기린대로） 235, 244
麒麟峰（기린봉） 228, 232, 244
キワジプコル（기와집골）106, 114, 122
金開南（김개남） 242
錦江（금강）166, 168, 170, 173, 177, 178, 179, 180, 184, 193
金思寅（김사인） 233, 252
錦城館（금성관）258, 270, 271, 272, 273
錦城山（금성산）254, 256, 261, 264, 268
金千鎰（김천일） 258, 259, 272
金宗直（김종직） 20, 79
金相沃（김상옥）48, 49, 50, 52, 59, 60
近代都市（근대도시） 7, 33, 123, 153, 172
金長生（김장생） 145, 166
錦鳳山（금봉산） 198
『金薬局の娘たち』（김약국의 딸들） 42, 52, 62, 63, 64, 289
クァナッコル（관앗골） 201, 212
百済（백제） 74, 136, 196, 226, 244, 254
クッ（굿） 94, 206, 209
『雲に描く』（구름에 그린다）50
郡（고을 / 군）16, 44, 74, 77, 78, 80, 103, 136, 138, 148, 150, 162, 166, 174, 194, 204, 217, 233, 240, 242, 254, 258, 273, 276, 287
群山（군산） 35, 166, 170, 171, 178, 179, 180
軍事都市（군사도시） 42, 44, 48, 52, 53, 63, 71, 171, 285
郡守（군수）136, 145, 148, 150, 209, 297
郡庁（군청） 20, 28, 72, 77, 78, 99, 152, 153, 171, 204, 238, 272, 273, 275, 276
景観（경관）16, 23, 34, 93, 166, 172, 183, 189, 190, 192, 194, 219, 221, 222, 234, 246, 282, 288, 296, 297
慶基殿（경기전）226, 228, 230,

索引

（本文で韓国語の読みのルビを振ってあるものも、ここでは日本語読みで配列してあります）

☯ あ行

アーケード（아케이드 / 장옥 / 지붕）125, 182, 184, 194, 205, 213
アイデンティティ（정체성） 98, 158, 186, 282, 291, 292
阿娘祠（아랑사） 22
暗渠（복개） 26, 40, 224, 299
安城（안성） 7, 8, 9, 135, 136, 138, 139, 140, 141, 142, 143, 144, 145, 146, 148, 149, 150, 151, 152, 153, 154, 155, 156, 157, 158, 159, 160, 161, 162, 163, 164, 292, 293, 298, 301
安城川（안성천）136, 138, 144, 145, 153, 157
安城公園（안성공원）136, 148, 149, 150, 151, 152, 153
アンソンマッチュム（안성맞춤） 140, 142, 146, 148
安東（안동） 2, 7, 8, 22, 73, 74, 76, 77, 78, 79, 80, 81, 82, 83, 84, 85, 86, 87, 88, 89, 90, 91, 92, 93, 94, 95, 96, 98, 99, 100, 101, 102, 103, 122, 158, 172, 248, 258, 286, 288, 291, 300
安東金氏宗会所（안동김씨 종회소） 76, 90, 92, 93
安東焼酎（안동소주） 102
暗門（암문 / 아문） 20, 44
衣岩湖（의암호） 110, 112, 132
石幢竿（돌당간） 262
威鳳門（위봉문） 110
入母屋（팔작지붕） 46, 179, 187, 188, 217, 246
尹伊桑（윤이상）42, 50, 52, 289
『牛の鈴音』（워낭소리） 31
于勒（우륵）196, 205, 207, 208, 209, 210, 214, 216
雲興洞五層塼塔（운흥동 오층전탑） 76
運籌堂（운주당） 44, 46, 63
永嘉軒（영가헌）78, 80, 82, 100
『永嘉誌』（영가지） 78, 80, 82, 83, 91, 95
栄山江（영산강）170, 254, 256, 260, 261, 262, 264, 275
衛正斥邪（위정척사） 102, 124
英祖（영조） 216
睿宗（예종） 85, 230
駅（역） 24, 35, 38, 72, 81, 82, 83, 84, 90, 91, 101, 131, 132, 153, 162, 166, 170, 171, 173, 174, 189, 194, 200, 231, 259, 280
燕飛院（제비원） 94
王建（왕건） 74, 80, 226, 254
王権（왕권）21, 46, 63, 98, 110, 136, 146, 149, 242, 243, 272, 273, 285, 287, 288, 296, 297
甕城（옹성） 237, 297
大通り（큰길 / 중심가로） 20, 28, 30, 59, 60, 87, 99, 129, 149, 157, 164, 182, 215, 220, 250, 260, 261, 263, 264, 267, 268, 269, 270, 273, 274, 275, 282, 285, 290, 291, 292, 293, 294, 296, 298, 300
オンドル（온돌） 46, 58, 161, 204, 249

☯ か行

開京（개경） 77, 200, 258, 275
開城（개성） 22, 77, 230
海川（해천） 26, 27, 40
開発（개발）3, 72, 81, 106, 114, 116, 118, 119, 125, 130, 131, 133, 174, 177, 189, 201, 208, 235, 236, 245, 263, 267, 271, 288, 289, 290, 292, 301, 305
界隈（동네 / 마을） 117, 118, 130, 215, 249, 264, 277, 278
河回（하회） 22, 81, 82
鶴橋（학교）256, 264, 265, 274
衙東山（아동산） 20, 27, 38
衙北山（아북산） 20, 38
伽耶（가야）196, 208, 214, 222, 224
伽耶琴（가야금）208, 214, 222, 224
韓一銀行（한일은행）171, 174, 175, 176, 181, 183
監営（감영）106, 201, 202, 205, 212, 215, 226, 228, 237, 238, 242, 252
韓屋（한옥） 25, 27, 32, 40, 42, 50, 78, 81, 87, 88, 89, 93, 94, 100, 102, 114, 118, 120, 121, 122, 158, 160, 161, 162, 163, 171, 179, 181, 186, 187, 188, 189, 196, 204, 212, 215, 226, 230, 231, 234, 240, 244, 245, 246, 247, 248, 249, 250, 251, 252, 268, 276, 284, 300, 302
官衙（관아） 20, 21, 24, 26, 27, 28, 38, 39, 44, 64, 71, 72, 86,

本書は、韓国文学翻訳院の翻訳および出版助成を受け出版されました。

오래된 도시의 골목길을 걷다
다시 가보고 싶은 그곳, 매혹적인 지방도시 순례기

Original Korean language edition : (주) 휴머니스트 출판그룹
address : (03991) 서울시 마포구 동교로 23길 76 (연남동)
HP : http://www.humanistbooks.com
mail : humanist@ humanistbooks.com+

原著者：ハン・ピルォン（韓弼元）

1961年生まれ。大学院生だった1980年代半ばから一貫して伝統家屋や集落、歴史都市についての総合的な研究に取り組んでいる。建築士として1989年から1995年まで建築事務所で設計の実務に就く。1995年から1年間、中国・清華大学建築学院で研究生活を送り、2003年から1年間は米国・ニューヨーク州立大学で客員教授を務めた。1996年から韓南大学建築学科教授として教鞭を執り、ATA（アジア建築研究室）を主宰。2018年からイコモス韓国委員会事務総長。

邦訳者：萩原　恵美（はぎわら・めぐみ）

韓国に語学留学後、韓国企業勤務を経て翻訳業に従事。1998年から現代語学塾講師（～現在）、2004年から東京外語専門学校通訳翻訳科日韓コース講師（～現在）。訳書に『殴り殺される覚悟で書いた親日宣言』（チョ・ヨンナム著、2005、ランダムハウス講談社）、『ボクの韓国現代史　1959-2014』（ユ・シミン著、2016、三一書房）がある。

韓国 古い町の路地を歩く

2018年３月１日　　第１版第１刷発行

著　　者　ハン・ピルォン（韓弼元）　©2018年

訳　　者　萩原 恵美　©2018年

ブックデザイン　桂川 潤

Ｄ　Ｔ　Ｐ　市川 貴俊

発 行 者　小番 伊佐夫

印刷製本　中央精版印刷

発 行 所　株式会社 三一書房

〒101-0051 東京都千代田区神田神保町3-1-6

☎ 03-6268-9714

振替 00190-3-708251

Mail: info@31shobo.com

URL: http://31shobo.com/

ISBN978-4-380-18001-9 C0026

Printed in Japan

ボクの韓国現代史 1959-2014

ユ・シミン 著　萩原恵美 訳

―同時代を息を切らしつつ駆け足で生きてきた　すべての友へ―

韓国で20万部を突破した注目の書！　ノ・ムヒョン大統領政権下で保健福祉相を務め、引退後はライターとして活躍する柳時敏《ユシミン》が著す、日本人が知らなかったリアルな韓国現代史。

日本語版読者へ／はじめに　リスキーな現代史／プロローグ　プチブル・リベラルの歴史体験／第1章　歴史の地層を横断する　1959年と2014年の韓国／第2章　4・19と5・16　難民キャンプで生まれた二卵性双生児／第3章　経済発展の光と影　絶対貧困、高度成長、格差社会／第4章　韓国型の民主化　全国的な都市蜂起による民主主義政治革命／第5章　社会文化の急激な変化　モノトーンの兵営から多様性の広場へ／第6章　南北関係70年　偽りの革命と偽りの恐怖の敵対的共存／エピローグ　セウォル号の悲劇、僕らの中の未来

四六判　15009-8　2500円（税別）

ソウル1964年冬 ―金承鈺短編集―

キム・スンオク 著　青柳優子 訳

本邦初刊行。厳しい軍事独裁政権を生きぬいた秘かな芸術的抵抗としての表題作他、本邦初訳の6作品と新訳の3作品を収める。

◎1．ヤギは力が強い　2．乾（ケン）　3．お茶でも一杯　4．霧津紀行　5．力士（力持ち）　6．夜行　7．妹を理解するために　8．彼と私　9．ソウル1964年冬　作品解説　年譜　韓国現代史。

四六判　15003-6　2200円（税別）